SANY

品质改变世界 Quality Changes the World

三一集团介绍

三一集团有限公司（以下简称三一集团）始创于1989年。18年来，三一集团秉持“创建一流企业，造就一流人才，做出一流贡献”的企业宗旨，打造了业内知名的“三一”品牌。2007年，三一集团实现销售收入135亿元、利润40亿元，成为新中国成立以来湖南省率先销售过百亿元的民营企业。其核心企业三一重工全年实现营业收入91.45亿元，比上年增长75.52%；实现净利润19.06亿元，比上年增长157.12%。目前，三一集团拥有员工23 000余人。

三一集团主业是以“工程”为主题的机械装备制造业。主导产品为建筑工程机械（包括全液压混凝土输送泵、混凝土输送泵车、混凝土搅拌站等）、路面机械（包括平地机、全液压压路机、沥青摊铺机、沥青搅拌站、铣刨机等）、挖掘机械、桩工机械（旋挖钻机等）、履带起重机械、非开挖施工设备（水平定向钻等）、港口机械（集装箱吊运机等）和煤炭机械（掘进机、采煤机等）全系列产品。

目前，三一集团已全面进入工程机械制造领域，其中混凝土机械、桩工机械和履带起重机为国内领先品牌，主导产品混凝土泵车已全面取代进口品牌，国内市场占有率达56%，居国内前列，且连续3年产销量居全球前列。集团是全球工程机械制造商50强、全球大型的混凝土机械制造商、中国企业500强、工程机械行业综合效益和竞争国具有竞争力品牌、亚洲品牌500强。

集团的核心企业三一重工于2003年7月3日上市，是中国股权分置改革先期成功的企业，目前市值居中国工程机械上市公司前茅。

三一集团秉承“品质改变世界”的经营理念，将销售收入的5%用于研发，致力于将产品升级换代至世界一流水准。拥有国家技术开发中心和博士后流动工作站，拥有授权有效专利近500项和70多项核心技术。荣获国家科技进步奖二等奖、中国驰名商标、全国“免检产品”、中国名牌产品、中国工程机械行业标志性品牌。2007年10月，由三一重工自主研制、代表国际高技术水平的66m臂架泵车问鼎吉尼斯世界纪录。2007年12月，三一重工在上海环球金融中心以492m创造单泵垂直泵送混凝土的世界新高。

在国内，三一集团建有上海、北京、沈阳、昆山和长沙五大产业园。在全球，三一建有12个海外子公司，产品批量出口到110多个国家和地区。同时，三一集团已在印度、美国相继投资建设工程机械研发制造基地，下一步还将在德国投资建厂。

董事长梁稳根先生是三一集团的主要创始人，是全国劳动模范、全国优秀民营企业家、优秀中国特色社会主义事业建设者、“中国经济年度人物”、福布斯“中国上市公司优秀老板”和“蒙代尔•世界经理人成就奖”获得者。

三一重工股份有限公司
SANY HEAVY INDUSTRY CO., LTD.
电话：0731-4031888 | 传真：0731-4031999 | 三一贵宾专线：4008 87 8318 | www.sany.com.cn

精工细作　创方圆品牌

中国机械工业年鉴系列

中国工程机械工业年鉴

2008

中国机械工业年鉴编辑委员会
中国工程机械工业协会
编

机械工业出版社
China Machine Press

图书在版编目(CIP)数据

中国工程机械工业年鉴.2008/中国机械工业年鉴编辑委员会,中国工程机械工业协会编.—北京:机械工业出版社,2008.11

(中国机械工业年鉴系列)

ISBN 978-7-111-25509-3

Ⅰ.中… Ⅱ.①中…②中… Ⅲ.工程机械—机械工业—中国—2008—年鉴 Ⅳ.F426.4-54

中国版本图书馆 CIP 数据核字(2008)第 170457 号

机械工业出版社(北京市百万庄大街 22 号 邮政编码 100037)

责任编辑:王亚水

北京画中画印刷有限公司印刷

2008 年 11 月第 1 版第 1 次印刷

210mm×285mm · 17.25 印张 · 52 插页 · 467 千字

定价:200.00 元

凡购买此书,如有缺页、倒页、脱页,由本社发行部调换

购书热线电话:(010)88379821、88379829

封面无机械工业出版社专用防伪标均为盗版

中国机械工业年鉴系列

作为『工业发展报告』

记录企业成长的每一阶段

中国机械工业年鉴

编辑委员会

中国工程机械工业年鉴

『鉴』证行业发展

挖掘企业亮点

中国工程机械工业年鉴执行编辑委员会

中国工程机械工业年鉴

『鉴』证行业发展

挖掘企业亮点

中国工程机械工业年鉴
特约顾问单位特约顾问

（按姓氏笔画排列）

山东临工工程机械有限公司首席执行官	王志中
福田雷沃国际重工股份有限公司总经理	王金富
三一科技营销公司总经理	王家国
青岛新型建设机械有限公司行政厂长	王晓敏
泰安龙泰机械有限公司董事长	刘　广
泰安泰山福神齿轮箱有限责任公司董事长	刘宜经
广西柳工机械股份有限公司副总裁	闭海东
湖南山河智能机械股份有限公司董事长	何清华
天津市卷扬机厂厂长	张吉发
山推工程机械股份有限公司总经理	张秀文
芜湖盛力制动有限责任公司董事长、党委书记	张武江
贵州力源液压股份有限公司董事长	李　利
徐州工程机械科技股份有限公司总经理	李锁云
住重中骏（厦门）建机有限公司总经理	杨泽湧
厦门厦工机械股份有限公司董事长	陈　玲
威斯特中国主要产品部总经理	林兆鹏
山东众友工程机械有限公司总经理	姜英杰
合肥振宇工程机械股份有限公司董事长	胡乾坤
广西玉林玉柴工程机械有限责任公司总经理	夏禹武
上海电气液压气动有限公司液压泵厂厂长	徐铸农
马鞍山方圆回转支承股份有限公司总经理、董事长	钱森力
江苏三上机电制造股份有限公司董事长	高　飞
四川锦城建筑机械有限责任公司总经理	梁　杰
珠海仕高玛机械设备有限公司董事长	黄志辉
江苏骏马压路机械有限公司总经理	黄炳涛
长沙中联重工科技发展股份有限公司董事长	詹纯新
常林股份有限公司总经理	蔡中青
武汉华威建筑桩工机械有限责任公司董事长	蔡崇晓

中国工程机械工业年鉴

『鉴』证行业发展
挖掘企业亮点

中国工程机械工业年鉴特约顾问单位特约编辑

（按姓氏笔画排列）

贵州力源液压股份有限公司	刘允海
马鞍山方圆回转支承股份有限公司	吕金东
合肥振宇工程机械股份有限公司	朱能全
徐州工程机械科技股份有限公司	吴振光
江苏三上机电制造股份有限公司	张　艳
泰安龙泰机械有限公司	张　静
福田雷沃国际重工股份有限公司	李　波
威斯特中国	李　娇
四川锦城建筑机械有限责任公司	汪碧芬
住重中骏（厦门）建机有限公司	陈　宁
泰安泰山福神齿轮箱有限责任公司	陈伟东
山东众友工程机械有限公司	陈建奎
江苏骏马压路机械有限公司	陈　燕
上海电气液压气动有限公司液压泵厂	周　杰
天津市卷扬机厂	范树旺
广西柳工机械股份有限公司	胡凤莲
长沙中联重工科技发展股份有限公司	徐　佳
湖南山河智能机械股份有限公司	莫湘雄
三一科技营销公司	曹　诚
广西玉林玉柴工程机械有限责任公司	温秀峰
武汉华威建筑桩工机械有限责任公司	蔡迎涛
珠海仕高玛机械设备有限公司	樊瀚书
常林股份有限公司	魏　锋

中国工程机械工业年鉴

『鉴』证行业发展
挖掘企业亮点

中国工程机械工业年鉴
编辑出版工作人员

总 编 辑　郭　锐

主　　编　李卫玲

副 主 编　刘世博

责任编辑　王亚水

美术编辑　刘　青　李永泉

录入排版　刘超琼

编辑部主任　朱彩绵　电话(010)88379829　传真(010)68998970

广告部主任　赵　敏　电话(010)88379812　传真(010)68997968

发行部主任　肖新军　电话(010)68326643　传真(010)68326039

设计部主任　李　晶　电话(010)88379809

市场编辑　陈　霞　黄金赞　杨思远　史丛敏

地　　址　北京市西城区百万庄大街22号

邮　　编　100037

E-mail:cmiy@mail.machineinfo.gov.cn

http://www.cmiy.com

前　言

2007年是工程机械行业的发展年和效益年，主营业务销售收入实现2 223.20亿元，比上年增长37.17%；实现利润总额198.26亿元，比上年增长67.73%；实现销售利润率7.79%，比上年提高0.5个百分点，说明行业总体经营效益有所提高。

2007年，工程机械行业进出口贸易继续保持着高速增长的态势，在2006年首次实现贸易顺差的基础上，2007年贸易顺差额有较大增加。根据海关总署的统计数据，2007年我国工程机械进出口贸易总额累计达到136.4亿美元，比上年增长52.6%；贸易顺差37.6亿美元，是2006年的2.5倍。其中累计进口金额49.4亿美元，比上年增长25.7%，占国内市场份额的19%，比上年下降了1个百分点；累计出口金额87亿美元，比上年增长73.5%，占国内销售份额的29.4%，比上年上升了5.4个百分点。

2007年全国已有工程机械生产企业及科研单位2 000多家；全行业固定资产净值270多亿元（不包括外商独资企业），是1978年的15倍；产品年销售额达2 223亿元，利润总额198.26亿元，是1978年的117倍和36倍。在全国机械工业行业中，其规模仅次于汽车、电工电器及石化通用3个行业，名列第四位。在国际上，中国已成为工程机械行业生产大国，产品销售量仅次于美国，居世界第二位。2007年进入世界工程机械五十强企业中，中国（民族品牌）企业有7家。其中中国企业集团年销售额超过百亿元的有6家，过10亿元的企业有27家，生产集中度和品牌知名度正在不断提高，在国际上的地位不断攀升。

随着世界金融形势的变化，以及国内扩大内需政策的实施，对我国工程机械发展所带来的影响既是挑战也是机遇。因此，中国工程机械要进一步加强产品创新力度和品牌建设，为今后发展打下更坚实的基础。

《中国工程机械工业年鉴》目前已出版第8版，她的出版为工程机械行业企业提供一个重要的宣传窗口。我们希望通过她连接更多的企业和用户，希望通过她见证中国工程机械的过去和未来。

中国工程机械工业协会理事长 韩学松

2008年10月

广告索引

机械股份有限公司
LUN MACHINERY CO.,LTD.
造热交换器产品的民营公众企业。主要生产油冷器、中冷器、
，年生产能力近 800 万台，公司拥有 5 个分厂、独立的研发
，是我国同类生产厂家中设施完善的机油冷却器试验基地。
清洁度、盐雾、传热性能、冷热循环等各种试验。2000 年
年 12 月，公司技术中心被浙江省确认为“省级企业技术中心”；
“浙江省重点研发中心”，“银轮”商标被评为浙江省著名商标；
、OHSAS18001“三合一”质量体系认证；2006 年 8 月公司
业”，同年 12 月，公司还被国家质量监督检验部门评为“产
为公众企业，同年 9 月“银轮牌”产品获“中国名牌”荣誉称号，
。
英国珀金斯、德国道依茨；世界三大汽车零配件集成供应商
众多著名公司，如卡特彼勒、福特、戴克－奔驰、沃尔沃等
、二汽、东风康明斯、潍柴动力、玉柴等发动机和汽车制造
越、拼搏、创新”的精神，向更高的目标努力奋斗，将银轮
光。
输工业园区
38338
传 真：0576−83938333、83938359
83938391
E-mail: Master@yinlun.cn

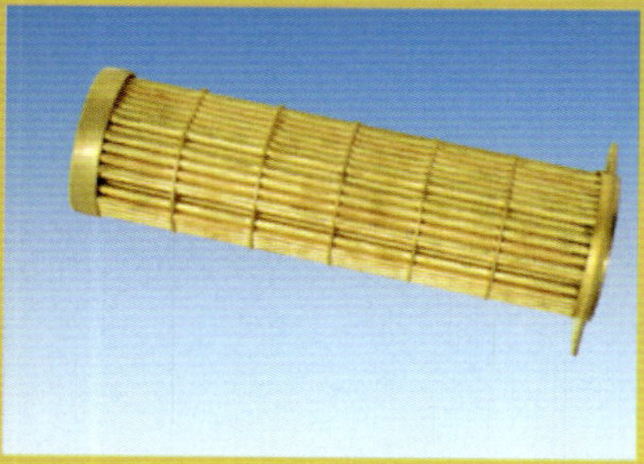
管壳式油冷器

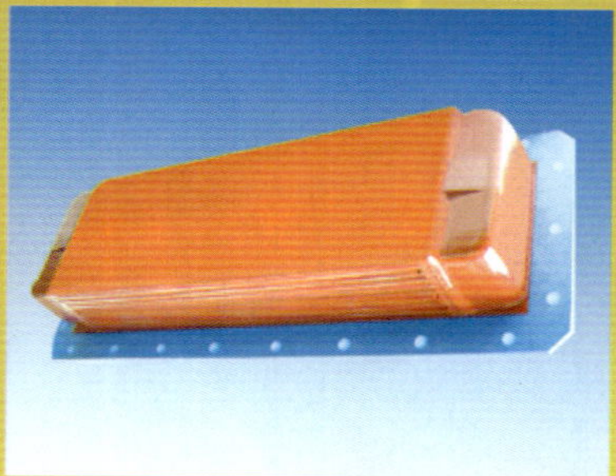
水空中冷器

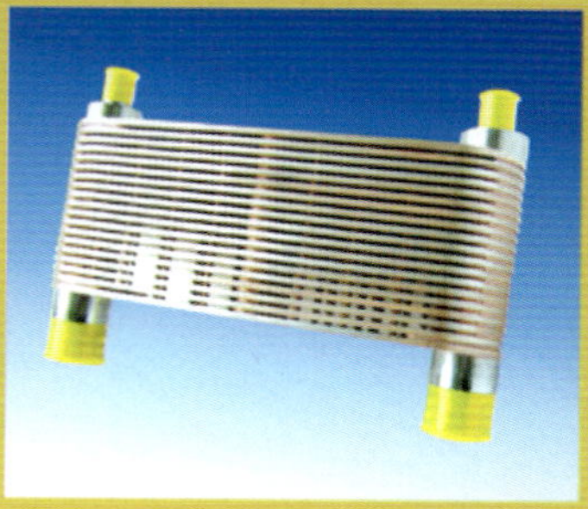
不锈钢板式油冷器

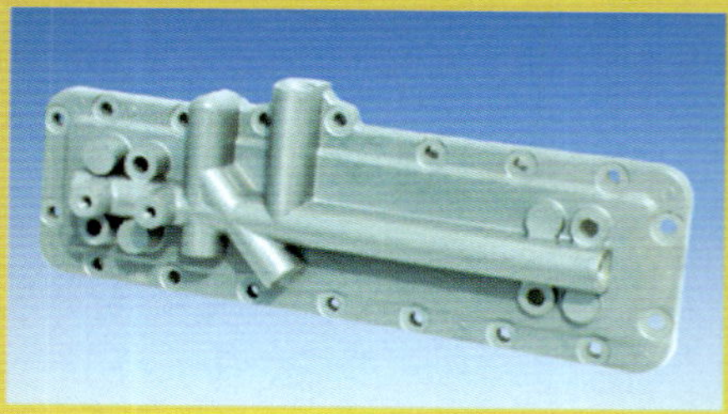
铝压铸

箱体铝油冷器

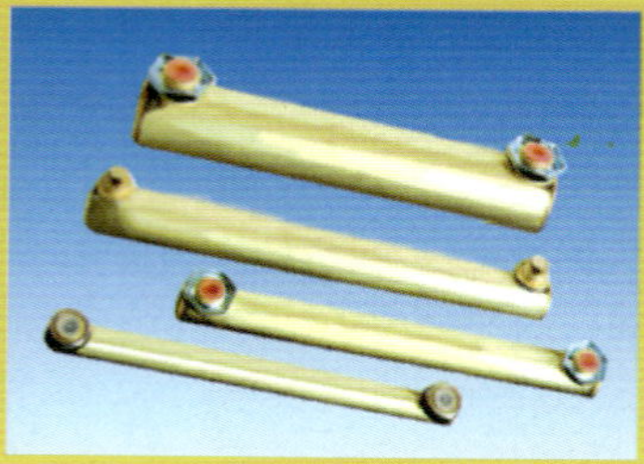
管翅式油冷器

目 录

综述篇

行业篇

企业篇

市场篇

统计资料

标准索引

政策法规

大 事 记

山东众友
JCM
WWW.JCM.COM.CN
中国著名品牌
CFGC
欧Ⅲ电控发动机
节能减排
阔拓者
JCM
913C
握住众友 财富在手
山东众友工程机械有限公司
SHANDONG JOYO CONSTRUCTION MACHINERY CO.,LTD
地址：山东省临沂市金雀山路162号
电话：0539-8162426 邮编：276006
ADD：No.162 Jinqueshan Road, LinYi, China
TEL：+(00)86 539 8160167 POST CODE：276006

Contents

Overview

Line of Business

Enterprises

Market

Statistical Data

Index of Standards

Policy and Legislation

Chronicle of Events

中国有我 敢为厦工
DARE TO BE, DARE TO DO
2015
2008
2005
2003
1993
1964
1951
更高效 More Efficiently
更快捷 More Quickly
更强劲 More Powerfully
XG833
厦工 XGMA
工程机械·绩效专家
Efficiency Expert in Engineering Machinery Industry
厦门厦工机械股份有限公司
XIAMEN XGMA MACHINERY CO., LTD.
地址：中国福建省厦门市集美区灌口南路668号
ADD: NO. 668 Guankou South Road, Jimei district, Xiamen, Fujian Province, China
邮编/P. C: 361023 电话/TEL: (86 592) 298 7666 传真/FAX: (86 592) 203 1757
Http://www.xgma.com.cn
CCRE 机电集团成员企业

工程机械行业抗震救灾特别专题

全国工程机械行业以实际行动为抗震救灾贡献力量

前 言

2008年，我们刚刚经历了一场人类历史上罕见的、异常惨烈的“5.12”汶川大地震，是新中国成立以来破坏性最强、波及范围最广、救灾难度最大的一次地震。

2008年5月12日晚，中共中央政治局常务委员会召开会议，全面部署当前抗震救灾工作。中共中央总书记胡锦涛主持会议。

会议听取了有关部门关于四川省阿坝藏族羌族自治州汶川县等地地震灾情的汇报。会议强调，灾情就是命令，时间就是生命。灾区各级党委、政府和中央各有关部门一定要紧急行动起来，把抗震救灾作为当前的首要任务，不怕困难，顽强奋战，全力抢救伤员，切实保障灾区人民群众生命安全，尽最大努力把地震灾害造成的损失减少到最低程度。

会议要求，要立即组织人民解放军、武警部队、民兵预备役和医疗卫生人员，尽快赶赴灾区，全力抢救受伤人员。要千方百计向灾区运送食品、饮用水、药品和帐篷、防寒衣被等救灾物资，确保灾区群众有饭吃、有衣穿、有干净水喝、有临时住处。要迅速组织力量，抓紧抢修受损的设施和设备，尽快恢复灾区的通路、通电、通信和供水。要严密监测地震灾情，采取有效措施，防止次生灾害发生，同时要科学组织救灾工作，防止造成新的伤亡。要切实做好稳定人心的工作，加强正面舆论引导，对那些散布谣言、干扰破坏抗震救灾的行为，要坚决依法处理，确保社会大局稳定。

为加强对抗震救灾工作的领导，中央决定成立抗震救灾总指挥部，由温家宝同志任总指挥，李克强、回良玉同志任副总指挥，全面负责当前的抗震救灾工作。

中央号召，灾区各级党组织和全体共产党员一定要坚持人民利益高于一切，奋不顾身地投入到抗震救灾第一线，急人民群众之所急，解人民群众之所难，把党和政府的关怀送到每一个受灾群众中去。全国各地区各部门一定要大力发扬“一方有难、八方支援”的精神，万众一心、众志成城，迎难而上、百折不挠，共同夺取抗震救灾斗争的胜利。

为此，全国工程机械行业以实际行动为抗震救灾贡献力量。

中国工程机械工业协会抗震救灾工作汇报（摘选）

中机联党委：

工程机械企业抗震救灾情况。

1. 据不完全统计，截止到目前我国工程机械企业向四川灾区捐赠物资及现金共计2.8亿元，其中救灾用机械设备价值超过2亿元。

2.各工程机械企业全力以赴，支援灾区，不仅捐款、捐赠设备而且派员组成救援突击队开赴救灾一线，直接参加抢险战斗。5月13日成都神钢工程机械（集团）有限公司第一时间派出20余人组成的突击队，携5台装载机、1台挖掘机奔赴灾区积极参与抢险工作。广西柳工集团有限公司震后第一时间不仅捐赠了2台挖掘机、2台装载机，而且在接到国家发展和改革委员会和军方指令后，第二天就调运集结了100台装载机、30台挖掘机发往灾区。同时，广西柳工集团有限公司还组织了近百名员工赶赴灾区操作维修设备。广西柳工集团有限公司在救灾前线的大型设备已达数十台。徐州工程机械集团有限公司无偿提供24台起重机、5台压路机、4台平地机，并派出徐州工程机械集团有限公司援川抗震救灾小分队，至6月2日共计平整地面约38万m^2，为灾民临时安置用房的建设工作争取了宝贵时间。长沙中联重工科技发展股份有限公司在短时间内完成了2000多万元的救灾设备的调动，组织了70多人的救灾突击队，5月13日下午启程赴川。厦门工程机械股份有限公司也表现出应有的社会责任，5月14日发出首批总价值600多万元的救援设备及现金（包括3台挖掘机、10台装载机及救援设备操作人员）同时，由厦门工程机械股份有限公司制造的数十台挖掘机设备也立即随二炮部队开赴灾区救灾。山推工程机械股份有限公司、贵州詹阳动力重工有限公司、湖南山河智能机械股份有限公司、三一重工集团有限公司及卡特彼勒、小松、北京现代京城工程机械有限公司、JCB、沃尔沃等企业均迅速行动，捐赠设备赴川抢险救灾。

5月18日晚在中央电视台举行的“爱的奉献”抗震救灾晚会上，“一方有难、八方支援”，社会各界纷纷解囊相助，工程机械行业企业给灾区捐款：徐州工程机械集团有限公司捐款1372万元，长沙中联重工科技发展股份有限公司捐款800万元，厦门工程机械股份有限公司捐款500万元。

总之，在抗震救灾工作中，全国工程机械行业迅速行动起来，全力以赴支援灾区。截止目前，仅国家发展和改革委员会组织工程机械生产企业共向四川、甘肃灾区及救援部队提供（含捐赠）各种工程机械共计625台。

以上报告如有不妥，请指正。

中国工程机械工业协会

二〇〇八年六月二十四日

常林股份有限公司支援灾区重建家园

长沙中联重工科技发展股份有限公司赶赴灾区——车轮滚滚

长沙中联重工科技发展股份有限公司在救援现场

长沙中联重工科技发展股份有限公司工作人员为救援彻夜未眠

贵州詹阳动力重工有限公司挖掘机在什邡市红白镇重灾区抢险

贵州詹阳动力重工有限公司挖掘机在彭州市通济镇、红岩镇救灾

小松（中国）投资有限公司捐赠设备整装待发

小松（中国）投资有限公司为汶川地震捐款合影

卡特彼勒（中国）投资有限公司及西部地区代理商易初明通在现场实施救援

卡特彼勒（中国）投资有限公司及西部地区代理商易初明通在现场实施救援

徐州工程机械科技股份有限公司职工捐款献爱心

徐州工程机械科技股份有限公司在“爱的奉献”晚会现场

徐州工程机械科技股份有限公司在现场救援

三一重工集团有限公司罗小军撤退时救助孩子

三一重工集团有限公司携人力物力挺进抗震第一线

三一重工集团有限公司全面动员支援抗震救灾——青年志愿者奔赴灾区

三一重工集团有限公司发挥工程机械专业优势，为灾区培养机械操作手

四川成都成工工程机械股份有限公司在灾区一线施工现场

四川成都成工工程机械股份有限公司服务队伍在抗震救灾一线

福建晋工机械有限公司紧急支援灾区，急赴灾区救助

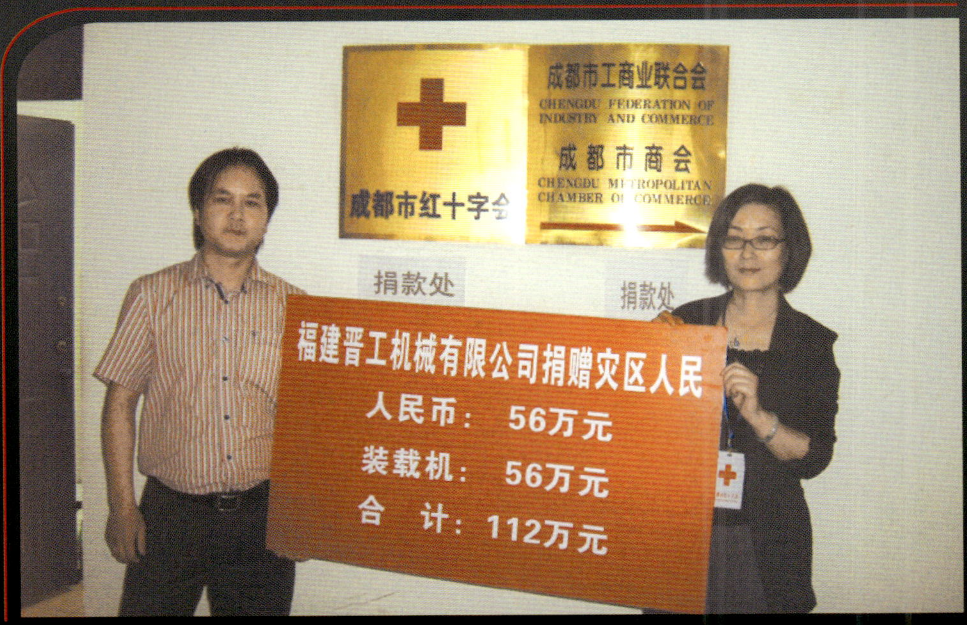

福建晋工机械有限公司为灾区捐款现场

厦门工程机械股份有限公司救援队在绵竹金花镇玄郎村的现场，成功救出两名生还者

厦门工程机械股份有限公司在抗震救灾现场争分夺秒，日夜兼程

厦门工程机械股份有限公司在抗震救灾现场不眠不休，抢救生命

厦门工程机械股份有限公司救援队在现场救援

潍柴动力全力

5月22日，潍柴借山东卫视《帮灾区人民安个家》大型赈灾捐助活动之机，再次向灾区捐款1000万元，至此潍柴已向灾区累计捐款达到1313.8万元，还有部分款项将陆续寄往灾区。

在捐助活动现场，潍柴党委书记、董事长谭旭光代表公司向灾区再次捐款1000万元。在接受现场主持人采访时，谭旭光说，四川汶川大地震时刻牵挂着潍柴人的心，在这次抗震救灾的伟大斗争中，潍柴人表现出了强烈的爱国热情，积极实施了支援灾区的爱心捐助和应急服务大行动，全体员工以前线抗震救灾英雄为榜样，立足岗位，拼搏奉献，全力以赴支持抗震救灾。

5月12日汶川大地震以来，灾情时刻牵动着潍柴人的心。得知消息后的当天，潍柴立即发动全体员工为灾区捐款，短短两个小时，捐款额就达到了64万多元，加上企业捐献的首批200万元，于第一时间寄往中国红十字总会。

5月13日，震灾发生后的第二天，潍柴立即设立抗震救灾24小时服务电话，并迅速调集在成都和地震灾区的服务体系共8家服务站、20余人，配合大型救援设备，第一时间奔赴灾区现场，全程为设备运行提供保障，确保救援设备正常运行。

5月14日，经过周密筹备，潍柴调集挑选20名服务精英组成了“潍柴动力抗震救灾服务突击队”，由公司副总裁带队，携带数十万元的配件立即赶赴灾区参加服务，他们分12个救援服务小分队，分别进驻到广源、绵阳、绵竹、什坊、都江沿、澎州、汶川等重灾区，免费维修“救人”发动机。由于现在灾区已进入雨季，潍柴服务突击队克服重重困难，确保灾区大型救援设备的正常运行。短短几天时间，潍柴动力救援服务突击队已为济南军区、成都军区等救援一线的大型汽车吊、汽铤、装载机、推土机等100余台设备免费提供了维修配件和检修服务。

5月17日，根据抗震救灾工作需要，潍柴紧急组织生产280台柴油发电机组，并设立了“绿色通道”，在当前生产异常繁忙的情况下，对发电设备等涉及救灾的所有产品，作

潍柴动力加紧产出，组织救灾急需设备运往现场

潍柴动力组织服务人员组成救灾服务突击队

支援抗震救灾

为各项工作的重中之重，优先组织排产。全体员工以战斗的姿态和忘我的精神投入到生产中，加班加点，抢产抢运。员工们表示，当从电视、电台看到我们四川汶川我们的同胞遭受地震灾害后，我们作为生产工人，在紧急募捐的同时，现在就是努力地加班加点生产发电用柴油机，争取让我们灾区同胞早一天用上我们生产的发电机，为我们早日恢复家园做出我们应有的贡献。

经过紧张组织，18日晚9时许，首批70台装车完毕，为抢时间，公司决定取消原本定于第二天的仪式，立即组织发运，并为运输司机准备好路上食品，勉励他们不辜负全体职工的重托，一路昼夜兼程，迅速出发运往灾区。其余210台套发电设备也在22日全部运往灾区。同时潍柴动力要求将原本发往其他地区的发电机组，统一调集到成都、西安等地待命，为在最短的时间投入到救灾一线作好了准备。

潍柴动力全体员工与灾区人民心手相连，全力支援救灾

TOP50 2007

中国工程机械年度产品

专栏

TOP50 2007

中国工程机械年度产品TOP50名单

挖掘及铲运机械

1、常林ZLM30E-5型井下作业装载机
2、鼎盛天工PY200Q型平地机
3、斗山DH225LC-7型液压挖掘机
4、卡特彼勒627G型自行式铲运机
5、凯斯CX240B型液压挖掘机
6、雷沃FR65-7型液压挖掘机
7、柳工CLG877III型装载机
8、彭浦PD410Y-1履带式推土机
9、日立ZAXIS60型液压挖掘机
10、山河智能SWE70型液压挖掘机
11、山推SD22R环卫型推土机
12、神钢SK350LC-8型液压挖掘机
13、石川岛60NS型液压挖掘机
14、沃尔沃A40E型铰接式卡车
15、厦工XG955 II 型无线遥控装载机
16、现代R265LC-7型液压挖掘机
17、小松PC200-8型液压挖掘机
18、徐工GH215A型平地机
19、徐挖XCG240LG-8型液压挖掘机
20、宣工SD9型高驱动推土机
21、玉柴YC85-6型液压挖掘机
22、詹阳JYL210E型轮胎式液压挖掘机

筑路与养护机械

1、达刚SX5255TBS型沥青碎石同步封层车
2、戴纳派克F300CS型双层沥青摊铺机
3、华晨华通ARC300E型沥青混合料冷再生搅拌设备
4、靖江骏马YZD6C型振荡压路机
5、凯帆牌KFM5101TYH型沥青路面综合养护车
6、洛建LSS2301型机械式单钢轮振动压路机
7、美通FD5110GLQ型智能型沥青洒布车
8、南方路机LB4000沥青混合料搅拌设备
9、铁拓RLB-1000型沥青混合料再生附楼
10、西筑JD1500型集装箱式沥青混合料搅拌设备
11、徐工XP302型轮胎式压路机
12、雪桃AMP5000-C型沥青混合料搅拌设备
13、宇通6623型垃圾压实机

混凝土机械

1、鸿得利HDL5191THB型混凝土泵车
2、普茨迈斯特M38型混凝土输送泵车
3、三一HBT90CH-2135D型超高压泵
4、四川现代2-HZS240B型环保节能型混凝土搅拌站
5、中联HBT90.40.572.RS型混凝土泵

起重及高空作业机械

1、北起多田野GT-350E型汽车起重机
2、抚挖QUY80A型履带式起重机
3、三一SCC4000C型履带起重机
4、徐州重型QAY300型全地面起重机
5、中联重科QUY260型履带起重机

桩工及非开挖机械

1、南车时代TR180D型旋挖钻机
2、三一SR220R型入岩旋挖钻机
3、上海金泰SD28L多功能钻机
4、新钻CFG20C型长螺旋钻孔机
5、徐工XZ280型水平定向钻

SUNWARD

湖南山河智能机械股份有限公司（股票简称：山河智能，证券代码 002097），创立于 1999 年，是一家以工程机械为主业的现代化国际性上市企业。

公司创立以来，秉承“修身治业，兴企强国”的核心理念，在公司创始人、董事长、中南大学教授，博士生导师何清华先生的带领下，逐步在“自主研发、精益制造、诚信经营”方面建立比较优势，并形成自己的核心竞争力，快速发展，迅速崛起。公司已在大型桩工机械、小型工程机械、中大型挖掘机械、现代凿岩设备、物流设备等门类装备中成功开发出几十个规格的具有自主知识产权的高性能、高品质工程机械产品，差异化明显的特征保证了这些产品均居国内一线品牌位置。公司建立起由原始创新、集成创新、开放创新、持续创新组成的技术创新体系，取得的数十项国家专利使公司产品特色突出，性能提升。产品畅销全国各地，并批量出口到欧洲、大洋洲、北美洲、东南亚等四十多个国家和地区。

山河智能 | 工程机械精品的创造者！

国家博士后科研工作站 | 完善、现代化的小型工程机械生产基地 |
产量规模化的桩工机械生产企业 | 国家“863”高科技产业化基地 |

山河智能主要产品系列

湖南山河智能机械股份有限公司
HUNAN SUNWARD INTELLIGENT MACHINERY CO., LTD.
地址：湖南·长沙·星沙·山河智能产业园　邮编：410100
电话：+86-731-4020688 4020666　传真：+86-731-4020653 4020696
网址：www.sunward.com.cn　邮箱：sales@sunward.com.cn

XP302轮胎压路机

主要性能特点

1.充气轮胎对铺层进行压实，对压实材料无破损作用，可延长路面使用寿命。

2.制动系统分为紧急刹车制动和手制动，整机安全可靠。

3.传动系统采用具有无级变速性能的液力传动，变速平稳，无冲击，减少对压实路面的剪切力，提高路面的压实质量。

4.电控变速，操纵轻便灵活，手感舒适，大大减轻驾驶人员的劳动强度。

5.轮胎压路机专用驱动桥，动力输出扭矩大。

6.双方向盘，双座椅，两套独立操作控制系统，能避免压边、弯道、拐角中的压实死角。

7.洒水系统带有电动喷水、动力洒水、外部抽水、内部补水等一系列完善的功能，能满足了不同工作要求。

8.接地比压可在250～480kPa之间调节，是目前国内接地比压值领先的轮胎压路机。

9.智能远红外加热设备，免去洒水进行压实，提高沥青路面的压实质量和使用寿命。

上海三一科技有限公司

新疆克拉玛依炼油厂吊装210吨反应器

SCC4000 履带起重机

浙江杭州萧山电厂吊装 250t 发电机组模块

福建六鳌风力发电场吊装 1.5MW 风力发电机

2006 年 5 月完成样机试制，该产品目前已交货十余台，主要应用于国内大型火电、风电、石化等行业，其中有一台已出口中东，用于大型炼油厂重型设备吊装。

SCC4000 履带起重机完全由上海三一科技有限公司自主研发，并拥有大量创新技术：

1. 率先成功应用超级起重装置
2. 提升液压系统采用闭式回路
3. 发动机实现负扭矩控制
4. 各机构运行平稳性实现有效控制
5. 主、副卷扬实现同步控制
6. 接地比压采用程序计算
7. 电控系统采用 CAN 总线技术
8. 故障自诊断及实时报警
9. 参数在线监测系统、闭路监视系统、防雷击保护

三一重工上海三一科技 SCC4000 的诞生，不仅填补了国内空白，更重要的是替代了进口。并有力地支持国家石油、化工、冶金、电力、核工业等行业的建设，从长远看，其社会效益要远远大于经济效益。

中国常林　世界品质
CHANGLIN
50 年专业打造
精心设计，用心服务
中国名牌
CHINA TOP BRAND
CHANGLIN
CHANGLIN COMPANY LIMITED
Add:No.10 changlin Road,Changzhou.Jiangsu.P.R.of China
Tel: 86-519-86758888 86788888
Fax: 86-519-86753838 86783838
Http://www.changlin.com.cn
常林股份有限公司
地址：中国江苏省常州市常林路 10 号
电话：0519-86758888　86788888
传真：0519-86753838　86783838

上海彭浦
SHANGHAI PENGPU
为用户创造价值
为用户满意服务
PENGPU
上海 彭浦

玉柴机器 YUCHAI
广西玉林玉柴工程机械有限责任公司
YUCHAI
YC85–6液压挖掘机
YC85–6液压挖掘机是采用了知名品牌玉柴发动机做为动力源泉；泵、阀、电动机等关键部件全部选用进口元件；配备有冷暖空调系统，驾驶室采用新型正压密封式设计，具有更人性化的操作空间，保证了驾驶员在任何工况条件下都能轻松操作，并获得两项国家外观专利。该机具有挖掘、破碎、清沟、抓物等功能，可广泛适用于交通、市政、绿化、农田水利等中小型工程的建设施工和生产作业。
基本参数：
发动机功率：56kW/2200rpm
整机重量：8100kg
标准斗容：0.32m³
最大挖掘力：50.15kN
行走速度：2.8～4.5km/h
平台回转速度：11～13rpm
YC85-6
玉柴机器
YUCHAI

江苏名牌

江苏骏马压路机械有限公司是交通行业中国公路建设行业协会会员，公司是自80年代以来有20多年从事中小型压路机制造的专业生产企业，2000年已通过ISO9001:2000质量体系认证，产品质量由国家质量监督检验检疫部门进行质量跟踪监督，并被评为“国家免检产品”、全国质量稳定合格产品”和“江苏省质量信用产品”、“江苏省高新技术企业”、“江苏省著名商标”及“江苏省名牌产品”、“AAA资信企业”等殊荣及多项国家专利；且被中国公路建设行业协会筑养路机械分会评为“重点推广品牌”企业。2007年入选“中国工程机械年度产品TOP50”。

公司生产的产品主要有YSZ07、YZ1、YZ2型振动压路机适合在施工现场窄小，作业场地受限制的地方作业。YZC3、YZC3H、YZC3.5H、YZ4、YZC4.5H、YZC6、YZ6C、YZC10J、YZC12J、YZ12、YZ14B型振动压路机适合于公路、城市街道、机场、工业区、停车场的基础压实。特别是YZD4、YZDC6、YZD6C振动振荡两用压路机既可压实基础，又可压实表面层，特别是怕受振动的地区段用途很广。2YJ8/10、3Y8/10、3Y10/12、3Y15/18等静碾压路机适合于压实深度高的地方作业等。

企业经营业务范围：压路机械、路面机械、工程机械及配件制造、销售；并从事上述产品的进出口业务。

本公司遵循“技术先进、质量第一、用户至上”的原则，竭诚为国内外用户服务。

China Jiangsu Junma Road Roller Co., Ltd. is a regular member of the Ministry of communications China Highway Construction Association，has specialized in producing complete sets of mini and medium road machinery since the 1980’s. Our products have passed through the quality authentication of ISO 9001: 2000 edition control system. The State Bureau of Quality and Technical Supervision supervise our quality of products. Won honors of “National Standard Product With Steady Quality”, “Trust Product of Jiangsu Province”, “High–New Technological Enterprises of Jiangsu Province”, “Well–known Brand of Jiangsu Province”, “Well–known Products of Taizhou City”, “AAA Credit Enterprise” etc. one after another. As well as we won some national patents ,our products are named as “Major promotion Brand” by China Highway Construction Association and “One of Top 50 of China Annual Construction and Machinery products” in the year of 2007。

Our major products such as Model YSZ07, YZ1, YZ2 Vibratory Rollers are suitable for working in the narrow and limited sites. YZC3, YZC3H, YZC3.5H,YZ4,YZC4.5H, YZC6, YZ6C, YZC10J,YZC12J,YZ12, YZ14B Vibratory Rollers are suitable for compacting highroads, streets, airports, industry zones or parking ground. Amongst Model YZD4, YZDC6, YZD6C can be used for compacting roadbed as well as road surface especially the areas subject to vibration. Model 2YJ8/10,3Y8/10,3Y10/12、3Y15/18 is fit for deep–compacting work.

Our business scope: making and selling compacting machinery, road surface machinery, construction machinery as well as importing and exporting above mentioned products. Based on the principle of "Technique Advanced, Quality Best and Customers Superior", we offer wholehearted service to clients at home and abroad. Our products have been exported to Bangladesh, Indonesia, Serbia etc, and have got good reputation from the consumers both home and abroad.

江苏骏马压路机械有限公司
CHINA JIANGSU JUNMA ROAD ROLLER CO.,LTD
地址：江苏省靖江市骥江西路 288 号　邮编 (Zip code):214501
Address:NO. 288 JIJIANG WEST ROAD,JINGJIANG,JIANGSU, CHINA
电话 (Tel):(86)-0523-84508238 84508239　传真 (Fax):(86)-0523-84508353
Website:http://www.rollerco.com.cn　E-mail:info@rollerco.com.cn

中国工程机械优秀企业
展示窗

中国工程机械优秀企业Logo集锦

银轮股份 YINLUN CO.,LTD

LIUGONG 柳工

厦工机械 XIAGONG MACHINERY

LOVOL 福田雷沃重工

HAINUO 海诺

YUCHAI 玉柴机器

xin

LONGTEC 龙泰机械

SDLG

SUNWARD® 山河智能

KOMATSU

ZOOMLION

WesTrac 威斯特 CAT

上海彭浦 SHANGHAI PENGPU

上海电气

AICHI 杭州爱知

SSCM

山河智能 SUNWARD

华建 HUAJIAN®

SICOMA

SHANTUI 山推

LITTLE SWAN

CHANGLIN

JCM

力源液压 LIYUAN

三上股份 SUNSHINE STOCK

SANY

SCJC 锦城建机

NOBLIFT 诺力

合肥振宇工程机械股份有限公司
HEFEI ZHENGYU CONSTRUCTION MACHINERY PLC
10周年
2008
2007
2006
2005
2004
ZY16
ZY28
ZY35
ZY260
ZY330
ZY210SD

地址：合肥市高新区红枫路21号
邮编：230088
电话：0551-5847373、5846796
传真：0551-5329776
E-mail:hfzhenyu@126.com
http://www.guyue.com.cn
ZHENYU
2002
2000
2001
1999
1998
ZY210
ZY55
ZY80
ZY150
QUY20A
ZYL160
ZYL80

SUMITOMO
住友工程机械
住友技术
全球信赖
LEGEST
SH130
LEGEST
SH210
Jpaver
HA60W

グッドデザイン賞
受賞商品
SH210-5 SH240-5
GOOD DESIGN
AWARD 2007
日本优秀设计奖
住友建机独有的系统，实现了进一步的低油耗
新液压系统
SIHIS
SUMITOMO Intelligent Hydraulic System
新型发动机系统
SPACE5
SUMITOMO Powerful And Clean Engine System
减少油耗20%
※SH210-5与SH200-3相比
SUMITOMO
LEGEST
SH450
LEGEST
SH350
LEGEST
SH240

LONGTEC
龙泰机械

泰安龙泰机械有限公司

泰安龙泰机械有限公司位于风景秀丽的泰山脚下，是生产中、小型工程机械的龙头企业。

公司成立于1998年，是集工程机械研制、开发、生产、工贸、信息、服务为一体，具有综合能力的企业集团。现有员工近300人，总注册资金660万元，建筑总面积30 000多m^2。公司自2007年与韩国现代重工业商讨合作并着力建造中国装载机生产基地之一。

公司现主要生产ZLY08F、ZLY10F、ZLY20F、ZL35F、ZL35G、ZL50G等轮式装载机及变形产品。其中ZLY08F、ZLY10F、ZLY20F机型是公司在中国率先研制出新型环保、节能的静液压轮式装载机。本系列机型均采用静液压传动，充分发挥发动机功率且整机具有作业效率高、可靠性好、节能、维护方便等特点。

公司产品均已通过国家工程机械质量监督检验中心质量检测，并获得装载机液压传动装置的发明及使用专利。具备出口权。公司紧跟经济发展的步伐，立足国内，放眼世界，生产的系列产品无论是品质、服务等各方面在国内同行业中皆属一流。公司产品自2007年初走出国门，其中ZLY20F、ZLY10F、ZLY08F小型装载机至2007年底实现出口近600台，深受用户的好评。目前已批量出口到俄罗斯、东欧、中东、东南亚、南非等十几个国家和地区并签订了长期供货合同。

公司全体员工会秉承自主创新，诚信经营的理念真诚为大家服务。

地址：山东省泰安市泰汶路南首　　邮编：271000
电话：0538-8574418　　传真：0538-3490598
http://www.sdlongtai.com　　E-mai: longtec@126.com

ZL50G装载机

ZL35G装载机

ZLY20F装载机

ZL35F装载机

ZLY10F装载机

ZLY08F装载机

ZLY08F井下机

www.zoomlion.com

ZOOMLION

中联® 中国驰名商标

长沙中联重工科技发展股份有限公司
CHANGSHA ZOOMLION HEAVY INDUSTRY SCIENCE & TECHNOLOGY DEVELOPMENT CO.,LTD.

地址：湖南长沙银盆南路361号中联科技园
邮编：410013
电话：0086-731-8923897 8948316
传真：0086-731-8807313
全国服务监督热线：4008-876-677 800-878-6112

长沙中联重工科技发展股份有限公司创立于1992年，由8名技术人员借款50万元创办起步，是在长沙建设机械研究院科研体制改革过程中逐步孵化而来的高科技上市公司。是我国大型工程机械装备制造企业，工程机械行业领头企业之一，国家高新技术企业。2007年销售收入146亿元，全国工程机械行业上市公司利润排名位居前列，员工12000多人。

中联重科生产具有完全自主知识产权的13大类别，350个品种的主导产品。已进入全球工程机械制造商50强，排名第24位。

中联重科拥有强劲的自主创新能力，各类专业技术人员已占全体员工的近25%，享受政府特殊津贴21人，国家和省部级中青年专家9人，研发经费的投入占年销售收入的5%以上。

至诚无息

近年来先后完成重大科研和新产品课题645项，获授国家专利143项，而且每年以20多项的速度递增；完成“九五”、“十五”和“863”等国家重点科技攻关课题25项、专题55项，主持、参与了300多项国家和行业标准的制修订，目前是178项有效标准的制修订归口单位；并建立了国家企业技术中心和博士后流动工作站。是我国建筑机械、城建机械技术归口单位，是中国工程机械协会8个专业分会会长及秘书长单位，混凝土机械标准化分技术委员会秘书处单位。2006年，中联重科被确定为103家开展国家创新型企业试点单位之一，并被国家科技部门确定为三项“十一五”国家科技支撑计划的承担单位。

中联重科将利用5到10年的自主创新和产业整合，进入世界工程机械行业前10强。

博厚悠远

泰安泰山福神齿轮箱有限责任公司

TAIANTAISHANFUSHEN CHILUNXIANG YOUXIAN ZEREN GONGSI

泰安泰山福神齿轮箱有限责任公司坐落在驰名中外、雄伟壮丽的泰山脚下。企业驻地南接京沪、泰莱高速公路，西临京福高速和104国道，南北铁路大动脉途经泰安。交通便利，信息通达。企业始建于1958年，原名山东齿轮箱厂，1994年由新汶迁至泰安。总资产1.2亿，总占地面积26万m^2，厂房面积4.8万m^2，现有员工800人，其中工程技术人员150余人。公司“汶工”牌商标被命名为“山东省著名商标”。主要生产履带起重机的行走、回转、卷扬、变幅减速机；汽车起重机的卷扬、回转机构及挖掘机、旋挖钻、掘进机、装载机、推土机等各类工程机械齿轮箱；各类刃具、高精度齿轮。

公司董事长、总经理刘宜经同志携全体员工真诚欢迎各界朋友来公司参

地址：山东省泰安市高新技术开发区创业大街东段
邮编：271000
电话：0538-8514673　8510074(销售)
传真：0538-2182795

◀ 行走减速机

输出扭矩：8000～620000Nm
传 动 比：20～1000

◀ 卷扬减速机

输出扭矩：8000～300000Nm
传 动 比：20～300

◀ 变幅减速机

输出扭矩：8000～300000Nm
传 动 比：20～300

◀ 回转减速机

输出扭矩：8000～300000Nm
传 动 比：20～300

▲ 链轮滚刀

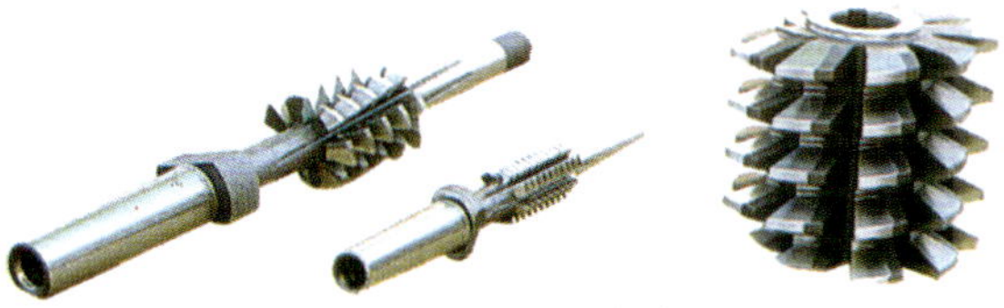

▲ 蜗轮滚刀

▲ 盘形剃齿刀

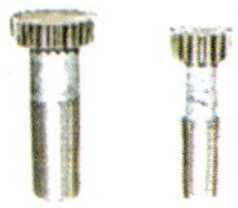

▲ 直齿插齿刀

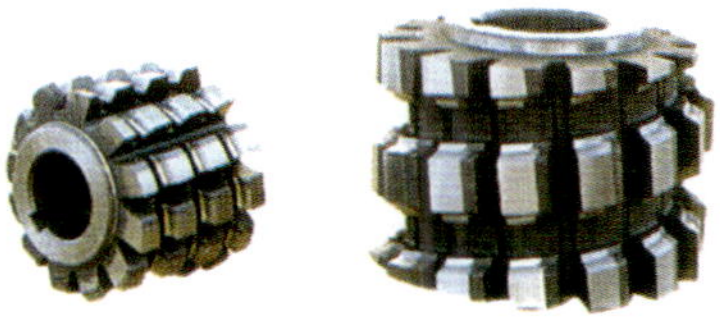

▲ 矩形花键滚刀

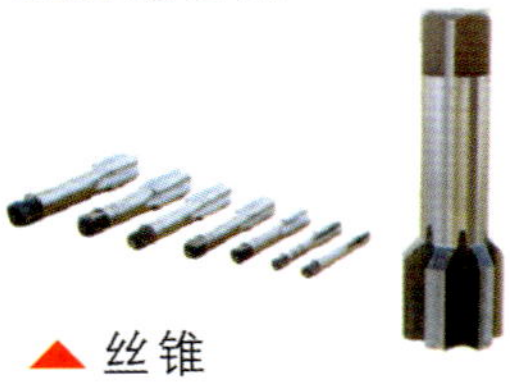

▲ 丝锥

▲ 齿轮滚刀

▲ 铣铰刀

武汉华威建筑桩工机械有限责任公司

WUHAN HUAWEI CONSTRUCTION PILE-DRIVING MACHINERY CO.,LTD.

总经理　蔡迎涛

公司创办于1998年，是一家技术力量雄厚、管理制度严谨、检测系统先进，以建筑桩工机械、钢结构、重型液压油缸、桥梁吊机为主业，集发明、设计、制造生产、基础施工于一体的现代化优秀高科技民营企业。

公司创立以来，在公司创始人、高级工程师、中国建设部门劳动模范、武汉市劳动模范蔡崇晓先生的带领下及总经理蔡迎涛先生的卓越管理下，依靠良好的技术信誉，利用公司创始人多年潜心研究的GZY高质全液压桩机（抱压机）、GZYD高效穿层顶压机、DGD高效折叠式打桩机、CHD（Y）环保自控打桩锤、高效整机回转式吊车等10多项专利产品逐步发展壮大。

各产品独特性能在其同类产品中处于领先水平，属国际国内创新。企业的高速发展，逐步形成了设计上自主研发、生产上精心制造、经营上诚信为本、售后上良好服务等比较强的优势，形成自己的核心竞争力。现已通过ISO9001－2000质量管理体系认证。公司在全国各大省市设有多个营销网点，一个覆盖全国的营销服务网络已经形成。短短几年华威公司产品畅销全国，并已进入国际市场。

专利产品(专利号200520097150.5)
高质全液压静压桩机
(双梁串并联压桩)

专利产品(专利号20052009
8858.2)
多功能折叠步履式打桩机
(折叠整机拖运)

专利产品(卷绳锤：200710051452.2)
(绕绳锤：200710051451.8)
环保自动控制液压打桩锤

重型液压油缸

50t桥面吊机

700t桥面吊机

地址：湖北省武汉市黄陂区横店工业园
邮编：430000
电话：027-61872070/77
传真：027-61872070

E-mail：huawei@hwzg.com
http://www.hwzg.com
通用网址：工程机械制造

上海电气
SHANGHAI ELECTRIC

上海电气液压气动有限公司液压泵厂

Shanghai Electric Hydraulics & Pneumatics Co.,Ltd Hydraulics Pump Factory

公司简介 Company Profile

总经理顾智毅

副总经理
液压泵厂厂长徐铸农

上海电气液压气动有限公司液压泵厂（原上海液压泵厂）隶属于上海电气集团总公司。是一家制造新型液压泵、液压马达及液压系统集成等液压元件专业生产企业，具有60年的企业发展史，是国内液压工业骨干生产企业，是中国液压气动密封件工业协会理事单位。

企业位于上海市闵行区虹梅南路998号。占地面积近4万m^2。

企业拥有一支以全国著名智能型劳模李斌为领军人物的研发团队，有着较强的产品研发能力和生产制造能力。企业现有员工260人，科研技术人员40多人，其中中高级科研人员18人。专职质量管理和检验人员16人。一线操作员工中，高级技师5人，技师8人，高级工20人，中高级技能的操作员工比例占80%以上。

企业目前拥有各类高精度数控加工设备40多台套，包括三座大型先进三座标测量仪在内的精密质量检测仪器和装置18台，及产品试验装置近十套，组成了多条专业零件加工流水线、产品装配线以及完备的产品出厂检验装置，这些装备具有国内领先技术，部分达到了国际先进水平。基本实现了生产加工数控化；产品检验自动化。

我厂曾多次承担国家重点项目中液压泵、液压马达及液压系统装置的研制，为我国国家建设，国防科研作出积极贡献。

Products 产品介绍

我厂主要产品有斜盘式柱塞泵、径向柱塞泵、内曲线低速油马达和斜轴式轴向柱塞泵、马达等四大类、六个系列、百余种规格产品（还生产齿轮泵和蒸汽泵等），产品广泛应用于工程机械（起重机、挖掘机、压路机）、矿山设备（采煤机、掘进机、升降绞车）、环卫车辆（扫路车）、农用机械（联合收割机）、船舶机械、冶金设备、电力设备、内燃机车等主机的液压系统上。

A2F6.1斜轴定量泵、马达

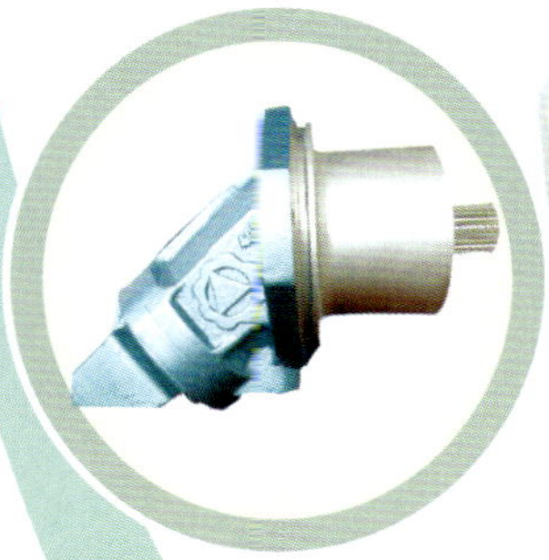

A2FE定量插装式马达

A6VE变量插装式马达

A6V变量马达

NJM内曲线马达

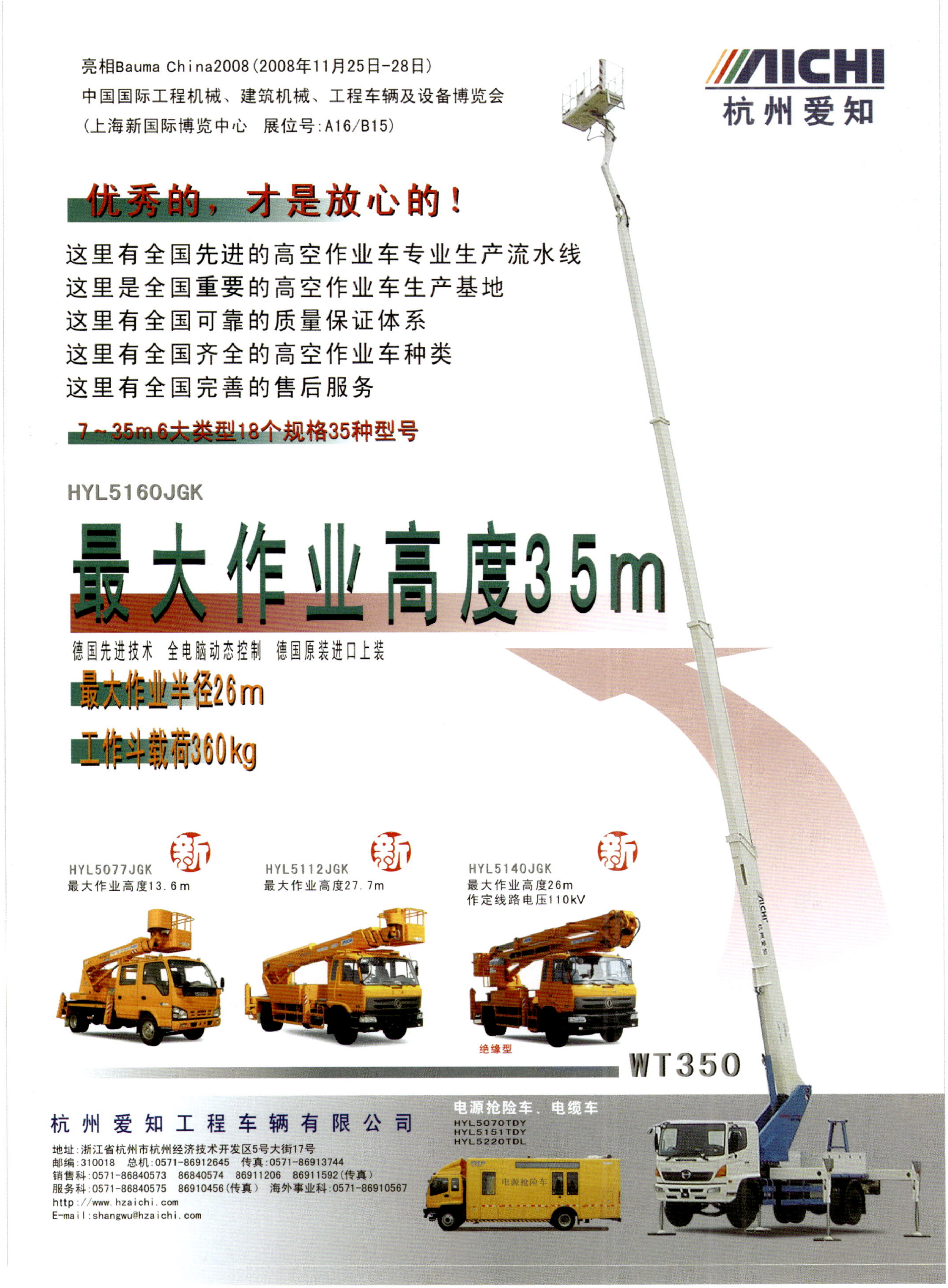
亮相Bauma China2008(2008年11月25日-28日)
中国国际工程机械、建筑机械、工程车辆及设备博览会
(上海新国际博览中心　展位号:A16/B15)
AICHI
杭州爱知
优秀的，才是放心的！
这里有全国先进的高空作业车专业生产流水线
这里是全国重要的高空作业车生产基地
这里有全国可靠的质量保证体系
这里有全国齐全的高空作业车种类
这里有全国完善的售后服务
7～35m 6大类型18个规格35种型号
HYL5160JGK
最大作业高度35m
德国先进技术　全电脑动态控制　德国原装进口上装
最大作业半径26m
工作斗载荷360kg
新
HYL5077JGK
最大作业高度13.6m
新
HYL5112JGK
最大作业高度27.7m
新
HYL5140JGK
最大作业高度26m
作定线路电压110kV
绝缘型
WT350
杭州爱知工程车辆有限公司
地址:浙江省杭州市杭州经济技术开发区5号大街17号
邮编:310018　总机:0571-86912645　传真:0571-86913744
销售科:0571-86840573　86840574　86911206　86911592(传真)
服务科:0571-86840575　86910456(传真)　海外事业科:0571-86910567
http://www.hzaichi.com
E-mail:shangwu@hzaichi.com
电源抢险车、电缆车
HYL5070TDY
HYL5151TDY
HYL5220TDL
电源抢险车

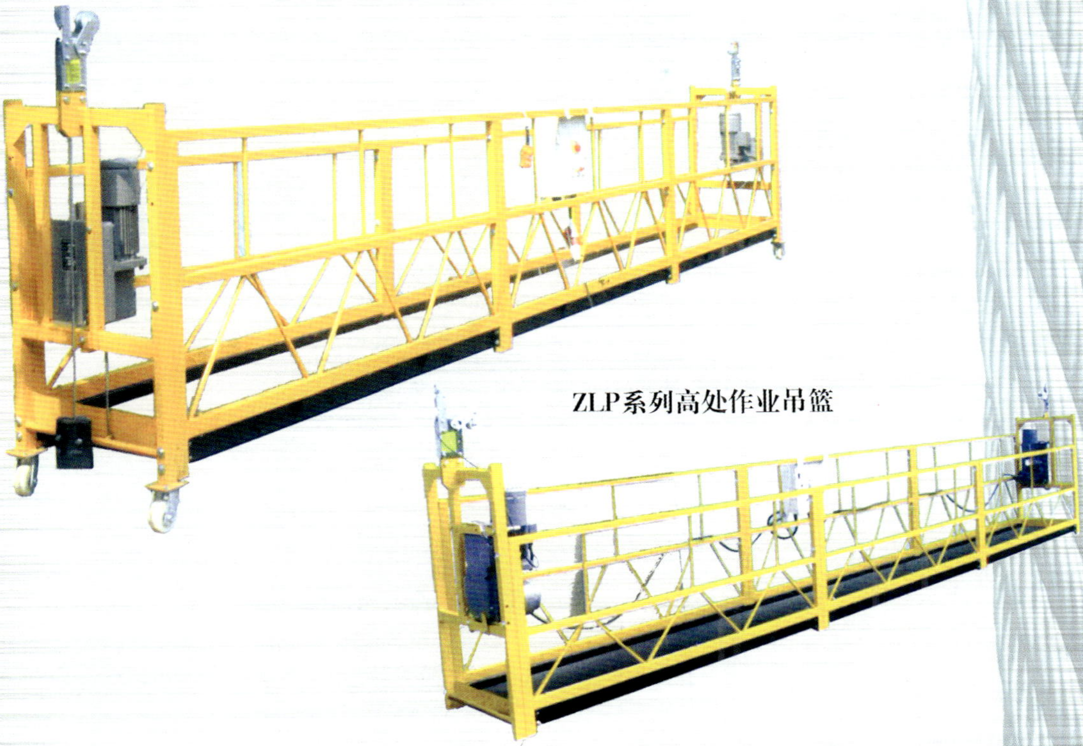

ZLP系列高处作业吊篮

无锡市小天鹅建筑机械有限公司

无锡市小天鹅建筑机械有限公司坐落于风景秀丽的太湖之滨惠山北麓石门之旁，是建设行业生产建筑机械的重点骨干企业，主要生产ZLP高处作业吊篮。公司占地22861m²，建筑面积13620m²，现有员工281名，包括各类工程技术人员、管理人员40名，拥有各类数控机床、加工中心及车、铣、刨、磨、镗、滚齿、数控线切割及各类钣金设备100余台，并且具有完善的检测设备和优质的售后服务网络。

小天鹅牌ZLP系列高处作业吊篮，由本公司与中国建筑机械化研究分院共同开发，能替代传统的脚手架进行高层建筑的外墙、装饰、清洗与维修，也适用于高层电梯井道安装、造船业的海轮焊接、大型罐体、高大烟囱、水库大坝、桥梁的检查、清洗与维修。能缩短工期，重复使用，节约开支90%，减轻劳动强度，提高劳动生产力三倍，价格仅是国外同类设备的1/3。

小天鹅牌ZLP系列高处作业吊篮在浦东国际机场、大亚湾核电站、奥运媒体村、首都机场三号航站楼、青岛奥运村、中央电视台新楼、厦门海沧大桥、深圳世贸广场、哈尔滨香格里拉大酒店等一系列国家重大项目中得到广泛使用，并远销中东、东南亚、欧美等国家和地区。

无锡市小天鹅建筑机械有限公司是全国CAD应用工程示范企业，在国内吊篮行业中率先通过ISO9000质量管理体系认证，是中国建筑装饰机械行业理事单位、中国建筑机械协会常务理事单位，小天鹅吊篮是中国建筑协会工程建设推荐产品，连续十二年被中国质量用户委员会评为质量满意产品和服务满意产品。

地址：江苏省无锡市惠钱路55号　　邮编：214035
电话：0510-83708365　83710109　　传真：0510-83705102
http://www.tian-ai.cn　　E-mail:lsdryer@public1.wx.js.cn

产品即人品，追求细节完美

四川锦城建筑机械有限责任公司是从事塔式起重机、施工升降机设计与制造的专业公司，生产塔机历史近40年。

公司产品主要有尖头式、平头式和动臂式三大塔机系列，塔机能力从63t·m到1100t·m，能满足各类客户的需求，产品遍布全国，远销中东、北美洲、南美洲、非洲、亚洲等海外市场。

“产品即人品，追求细节完美”是公司的经营理念，作为塔机制造业的先行者，锦城建机多年来以其安全可靠的产品质量和优质高效的服务享誉国内外，深受广大客户的欢迎！

四川锦城建筑机械有限责任公司　地址：四川省成都市外西土龙路淳风桥段
电话：86-28-87507348 87514548　传真：86-28-87507248　网址：www.scjc-china.com　邮箱：jc@scjc-china.com

天津市卷扬机厂

TIANJINHOISTERPLANT CHINA

质量为根本　用户为第一

我厂始建于1919年，于1956年公私合营为天津市矿山机械厂，专业生产卷扬机，1974年更名为天津市卷扬机厂至今，成为建设行业定点生产卷扬机的厂家之一。现隶属于中国工程机械总公司即天津工程机械研究所（集团公司），现有厂房1万余m^2，职工200多人，其中工程技术人员30余名，高级工程师10余名，现有设备百余台，包括大型滚齿机、6m龙门铣、大型立车等，各种卷扬机出厂前均做超负荷试验（我厂备有50t高架试车台）达标后准予出厂。

我厂生产的主要产品有JM0.5—JM50t慢动卷扬机，JK0.5—JK32t快速卷扬机，主要应用于中铁系统、中建系统、中水系统、中油系统、冶金系统、海上石油及为企业生产配套使用，为我们援外工程建设的优选产品，我们还可以根据用户的需要，设计制造各种非标卷扬机，达到当月设计、当月投产、当月产成的高效反映速度，以达到用户的满意。

我厂是先期取得国家颁发的卷扬机生产许可证厂家之一，并通过ISO9001(2000版)质量体系认证，现为中国工程机械工业协会建筑起重机械分会的副理事长单位，中国质量信誉监督管理协会认定的“质量、信誉、服务AAA级会员单位”，中国市场品牌管理联合批准的“全国知名卷扬机十佳品牌”单位。

我厂的服务理念是：质量为根本，用户为第一，为用户提供优质的产品，良好的售后服务。

JK2—50电动卷扬机

45t液压卷扬机

JK系列电控卷扬机

慢动卷扬机

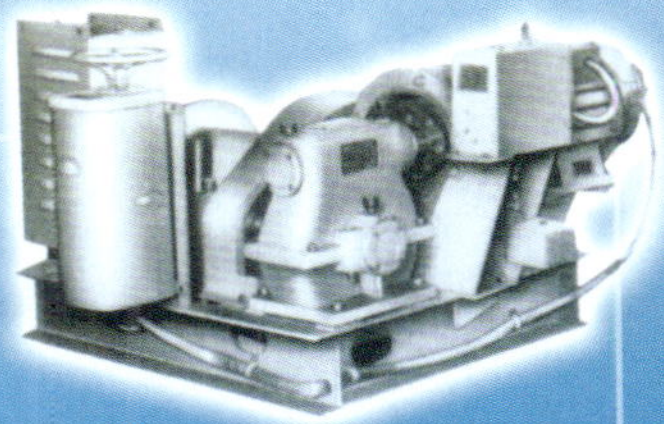

JJMW3慢动卷扬机

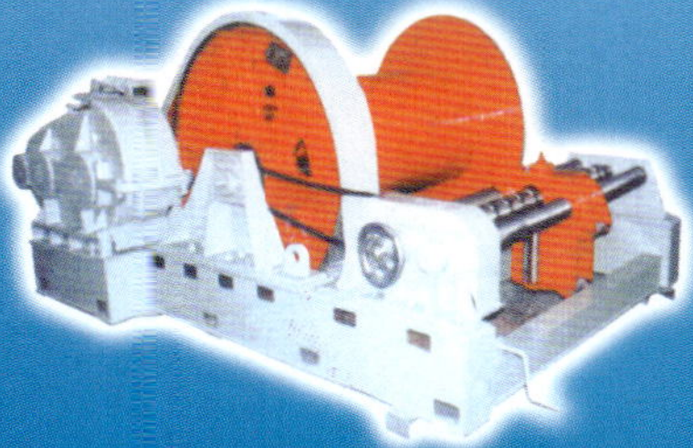

JM32Ft筒慢动卷扬机

高炉上料卷扬机

JJMW5慢动卷扬机

摩擦式卷扬机

60t慢速卷扬机

JJMW10慢动卷扬机

地址：天津市河东区张贵庄路80号　邮　编：300160　电话：022–24328878
传真：022–24323141　联系人：范树旺　法人：张吉发

芜湖盛力制动有限公司属原中国汽车工业公司定点生产汽车制动元器件的专业骨干企业，系全国汽车零配件双百推展工作委员会成员单位，先后加入中国重型汽车集团、安徽江淮汽车集团和中国汽车工程学会、中国汽车工业协会、中国工程机械工业协会，同时是中国汽车、工程机械60余家主机配套战略合作伙伴。

公司坐落在芜湖省级高新技术开发区，占地13万m²，拥有4.3万m²现代化厂房和国内先进的工艺装备和生产流水线。公司未来发展战略，旨在构建工程机械制动专业平台、中重型汽车制动专业平台、轻轿汽车配件专业平台、客车结构件专业平台、橡胶件专业平台，形成年产500万只汽车、工程机械制动元件的规模。公司拥有30多年的专业设计、制造技术和丰富的管理经验，通过了ISO9001:2000和QS9000:1998质量体系认证。公司企业技术中心被认定为省级企业技术中心，实现了制造的敏捷化、标准化和规范化。公司被命名为“省高新技术企业”、“省民营科技企业”、“省高技术产业化项目示范企业”、“中国汽车零部件企业信用指数样本企业”、“省标准化良好行为企业”。

公司不断引进吸收国外先进技术，开发生产了具有国际先进水平的汽车、工程机械系列制动元件，部分产品荣获省优、部优称号，其中“980S”加力泵获部科技进步二等奖、“STR”制动系列产品获省、市科技进步二等奖、“XM60”加力泵和“CAT”驻车制动系统获省高新技术产品称号。“980S”、“XM60”加力泵，分别被列为国家新产品，具有国内领先水平的“XM50E（60B）可卸式驻车制动气室”和“HFC（ZK）重卡新型制动系统”分别列为国家火炬计划项目和国家科技型中小企业创新基金项目。公司拥有两项实用新型专利、两项发明专利。

创新的“盛力”立足长远，开放的“盛力”放眼世界，盛力人秉持“团结奋斗、励精图治、创新发展”的企业精神，在“和谐、共赢、创新”的基础上，与顾客携手并肩，共展宏伟蓝图，向着产品品质、企业品牌更高、更好、更强的目标奋进。

公司地址：芜湖高新技术产业开发区金山路8号
联系电话：0553—3026188　3026186（营销）　3026161（技术）　3026262（质管）
http://www.slzd.com
邮　编：241002
传　真：0553—3026111
E—mail:wuhu@slzd.com

力源液压
LIYUAN

公司简介

贵州力源液压股份有限公司，是专业从事高压柱塞泵/马达的研制基地，国内液压行业的先期上市公司，公司注册在贵阳市国家高新技术产品开发区新添园区。

按照“专业化整合、资本化运作、产业化发展”的战略，中国一航以“力源液压”为平台，整合相关业务，已获证监机构批准。重组后的“力源液压”形成以航空技术为依托的高新技术装备制造企业。

重组整合成功，“力源液压”总资产为21.8213亿元，经营业务由单一的液压元件向军民共用的燃气轮机、锻件、散热器行业拓展，形成产业集群式发展，建立起完整的产业链，为“力源液压”打造成世界知名制造企业奠定了基础。按照企业制定的发展战略目标，到2011年实现销售收入60亿元，2017年实现销售收入300亿元。

电话:0851-6321501 传真:0851-6321001 通信:贵阳市99号信箱 邮编:550018 网址:WWW.LIYUANHYDRAULIC.COM

BICES 2009
第十届北京国际工程机械展览与技术交流会
10th Beijing International Construction Machinery Exhibition & Seminar
二OO九年十一月三日至六日 3~6 November, 2009
北京九华国际会展中心 Beijing Jiuhua International Exhibition Center
集10届之精华为参展企业创造品牌价值
全面而强大的专业机构支持
年度国际盛会和行业的焦点
新主题“安全、环保、科技创新”
VOLVO
KOMATSU
了解详情请登陆网站
www.e-bices.org
预计展出面积:
Show Space
平方米
Square Meters
主办单位 Organizers
ufi
Approved Events
中国工程机械工业协会
China Construction Machinery Association
中工工程机械成套有限公司
China Construction Machinery Co. Ltd.
中国国际贸易促进委员会机械行业分会
China Council for The Promotion of International
Trade Machinery Sub-Council
电话(Tel): 86-10-52220922/ 52220919/ 52220950 传真(Fax): 86-10-52220900 Email: info@e-bices.org Website: www.e-bices.org

综合索引

『鉴』证行业发展

挖掘企业亮点

中国工业年鉴出版基地

专题报道

以专题形式特别报道抗震救灾情况

综述篇

论述工程机械30年发展成就，分析总结2007年工程机械行业发展现状

行业篇

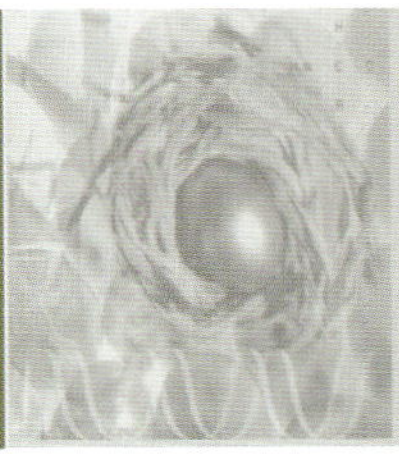

以生产发展情况、市场及销售、产品进出口情况、科技成果及新产品等方面为重点，阐述工程机械各分行业2007年的发展状况

企业篇

介绍工程机械行业部分主要企业的管理创新、营销渠道建设和企业合作情况，报道外资企业在中国的发展情况

市场篇

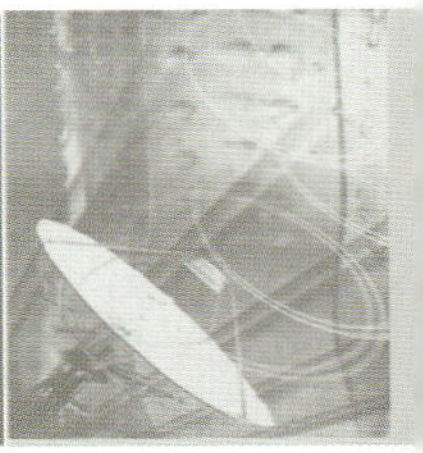

系统论述及分析国内、国际工程机械市场总体状况和发展趋势，概述工程机械代理商发展情况

统计资料

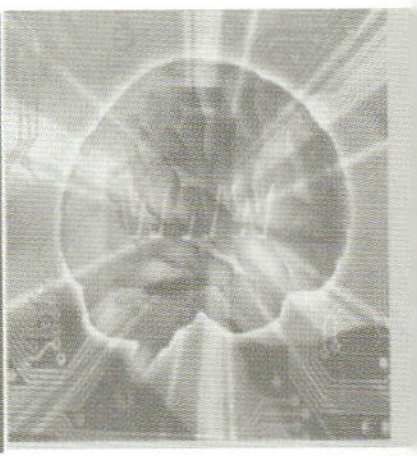

公布2007年主要统计数据，准确、系统、全面地反映工程机械行业的主要经济指标

标准索引

记载工程机械产品行业标准

政策法规

记载对工程机械行业产生重要影响的政策法规

大事记

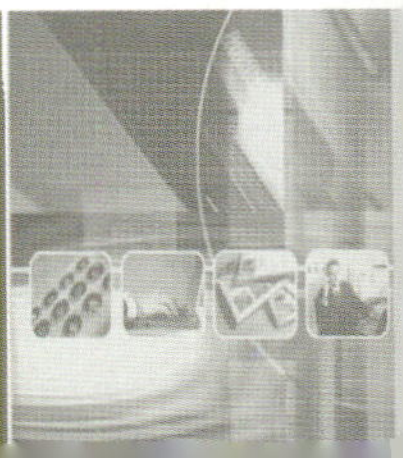

记载2007年度发生的工程机械行业的重大事件

编辑说明

一、《中国机械工业年鉴》是由中国机械工业联合会主管、机械工业信息研究院主办、机械工业出版社出版的大型资料性、工具性年刊，创刊于1984年。

二、根据行业需要，中国机械工业年鉴编辑委员会于1998开始出版分行业年鉴，逐步形成了中国机械工业年鉴系列。该系列现已出版了分行业年鉴《中国电器工业年鉴》、《中国工程机械工业年鉴》、《中国机床工具工业年鉴》、《中国通用机械工业年鉴》、《中国机械通用零部件工业年鉴》、《中国模具工业年鉴》、《中国液压气动密封工业年鉴》、《中国重型机械工业年鉴》、《中国农业机械工业年鉴》、《中国石油石化设备工业年鉴》、《中国齿轮工业年鉴》、《中国磨料磨具工业年鉴》、《中国塑料机械工业年鉴》和《中国机电产品市场年鉴》。

三、《中国工程机械工业年鉴》于2000年开始出版，2002年与中国工程机械工业协会正式合作，2008年为第8版。该年鉴记载了工程机械行业的运行情况、产品状况、市场分析、产销情况及发展趋势，全面系统地提供了工程机械行业的主要经济技术指标。

四、《中国工程机械工业年鉴》2008版由综述篇、行业篇、企业篇、市场篇、统计资料、标准索引、政策法规和大事记等8部分构成，此外，在2008版中还特别增加了“抗震救灾”专栏。

五、统计资料中的数据由中国工程机械工业协会提供，数据截止到2007年12月31日。

六、在年鉴编纂过程中得到了中国工程机械工业协会、各分会及多年从事工程机械研究的专家、学者和企业的大力支持和帮助，在此表示衷心感谢。

八、由于水平有限，难免出现错误及疏漏，敬请批评指正。

中国机械工业年鉴编辑部

2008年10月

综述篇

论述工程机械30年发展成就，分析总结2007年工程机械行业发展现状

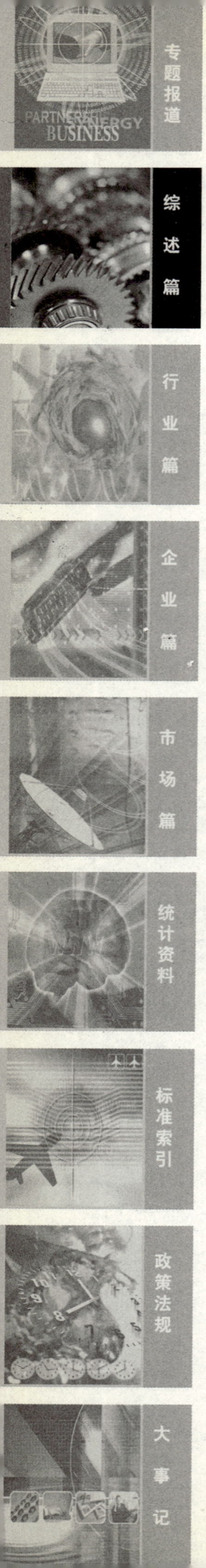
专题报道
PARTNER SYNERGY
BUSINESS
综述篇
行业篇
企业篇
市场篇
统计资料
标准索引
政策法规
大事记

综述篇

中国工程机械改革开放三十年

前言——东方奇迹

改革开放30年来，中国工程机械产业发展如同一匹脱缰的骏马长驱奔驰，令世人瞩目。新中国成立之初，还没有工程机械产业，只是一些修配生产点和小型施工机具，处于萌芽状态。直到1961年4月24日，在机械工业全面发展中诞生了这个行业，在原机械工业部内组建了工程机械专业管理局。当时只有14家直属企业，978台机床，固定资产9 638万元，职工9 857人。经过18年计划经济体制时期的建设，到1978年初步构建了中国工程机械制造业框架。中国工程机械行业发展各阶段主要经济指标详见表1。其中企业数(包括兼业厂及零部件企业)1978年比1961年增长26倍，固定资产原值增长35倍，但工业总产值只增长了15倍，毛利润增长了12倍。改革开放政策实行以来，随着我国国民经济和基础设施建设快速发展及改革开放政策激发出来的发展活力，促进了我国工程机械行业的大发展。到目前为止(2007年)全国已有工程机械企业及科研单位2 000多家(协会会员单位1 498家)；全行业固定资产净值比改革开放前1978年增长了15倍，但工业总产值却增长了近117倍，利润总额增长36倍，资产贡献率比改革开放前提高了7倍左右，充分体现了改革开放政策带来的巨大发展活力。在全国机械工业行业中，其规模由一个小小行业发展成为仅次于汽车、电工电器、石化通用及机床行业，名列第五位。在国际上，中国已成为工程机械产品生产大国，2006年进出口贸易由长期逆差转为顺差，2007年出口额达87亿美元，是进口额的1.76倍，产品销售台数仅次于美国，居世界第二位。2007年进入世界工程机械50强企业中，中国本土企业(民族品牌)有7家，美国企业有10家，日本企业有9家。2007年中国企业集团年销售额超过百亿元的有6家，超过10亿元的有27家，生产集中度和品牌知名度在国内外市场上不断提高，在国际上的地位正在不断攀升。2007年国际最大的德国bauma工程机械博览会上，中国有102家企业参展，参展的大中型设备就有100多台，成为外商刮目相看的一道绚丽的风景线，全球工程机械业内来访者，顿时感受到中国工程机械产业大厦正在世界的东方高高矗立起来，其建设与发展速度创造了国际工程机械发展史上的奇迹。

表1　中国工程机械行业发展各阶段主要经济指标

项　目	单位	1961年	1978年	1997年	2007年
企业数量	家	14(直属厂)	380	1 008	1 498
固定资产原值	亿元	0.96	35	210	360
固定资产净值	亿元	0.79	18	140	270
工业总产值	亿元	1.26	19	350*	2 223*
毛利润	亿元	0.42	5	45*	198*

注："*"1997年后财务统计方式改变。以销售额及利润总额为指标。

一、我国工程机械发展历程

新中国成立以来，工程机械按其发展特点可以划分为四个阶段。第一阶段(1949～1960年)为萌芽与准入时期；第二阶段(1961～1978年)为行业形成时期，在第一机械工业部(简称一机部)组建成立了工程机械管理专业局；第三阶段(1979～1997

年)为行业向市场经济过渡的全面发展期;第四阶段(1998 年~至今)进入国际化发展时期。前两个阶段是在计划经济体制下的封闭发展期,后两个阶段是在改革开放政策指引之下的向市场经济转轨的高速发展期。本文只重点介绍 1979 年改革开放政策实施以来两个阶段的发展历程和取得的骄人业绩。

二、工程机械向市场经济转轨的全面改革发展期(1979~1997 年)

(一)管理体制不断改革,将企业经营权逐步推向市场

经历了“十年动乱”以后,正当工程机械进入一个快速调整的全面发展期,准备制定“六五”发展规划时,1978 年 8 月 29 日,根据国务院有关领导的意见,由一机部和国家基本建设委员会(简称:国家建委)下文将行业中的挖掘机械、压实机械、桩工机械、混凝土机械、电梯由一机部划归用户部门国家建委管理,并由一机部划给国家建委 60 个归口厂,包括铁道部、交通部、林业部等各部委均划管有工程机械,从此工程机械行业在我国形成了长达 20 年的两个制造体系。

党的十一届三中全会胜利召开以后,调整了党在建设社会主义过渡时期的基本路线,以经济建设为中心的各项政策相继出台,改革开放总方针步步深入,促进了国民经济的稳步增长。在这种新形势下,国家基本建设投资规模和引进外资的力度不断增强,给工程机械行业的发展带来了历史性机遇。1980 年,一机部重型矿山机械总局决定壮大工程机械行业的生产能力,以适应国家新的形势要求,将叉车与工业搬运车辆产品由起重运输机械行业调整到工程机械行业管理,便于统一组织专业化生产。1982 年该局更名为重型矿山机械工业局,通过部内协调,将农机行业的鞍山红旗拖拉机厂、青海拖拉机厂、青海锻造厂、青海铸造厂和青海齿轮厂等 7 家企业改造为生产工程机械及其零部件的专业生产厂,其中青海有 6 家工厂收编为重型矿山机械工业局的部直属厂,再加上 1979 年上收的柳州工程机械厂和山东推土机总厂,此时重型矿山机械工业局工程机械直属厂又增加了 8 家。在行业规划方面,则确定了以专业化生产的发展方针,明确四川齿轮厂、青海齿轮厂发展为行星式动力换档变速箱专业生产厂,在徐州发展回转支承、驱动桥、机械换档变速箱、驾驶室、液压缸等专业生产厂。全国共规划发展 30 多家工程机械专业部件厂,并明确这些企业不管在何地,一律为全行业服务。

这个时期,两个制造体系给工程机械行业造成的重复分散的局面已经不适应新的发展形势,在编制“七五”规划时,国家发展计划委员会(简称:国家计委)根据国务院领导的批示精神,组织一机部、建设部、交通部、铁道部、林业部、兵器部和工程兵及总后勤部等共同成立了全国工程机械大行业规划办公室,负责协调发展。大行业规划办公室由一机部重型矿山机械工业局任组长,以上各部机械局参加,规划办公室设在重矿局工程机械处,负责编制了工程机械大行业“七五”发展规划,报送国家计委,作为“七五”期间的工程机械行业发展依据。

1985 年,随着发展有中国特色社会主义市场经济的指导思想逐步明确,国务院确定一机部为经济体制改革试点单位。国务院以国发〔1985〕114 号文批准一机部更名为机械工业部,并将其上报的改革方案批转给全国试行。文件规定各部机械直属企业一律下放到所在地区的中心城市,国务院各部门机械管理机构撤销,由机械工业部统一进行管理。但是这次改革,由于只是机械部一个部门转换职能,其他各部委尚未行动,在建设部还成立了中国建设机械协会,协助政府管理行业发展工作。这样就造成了全国各部门的改革不配套,尤其是国家计委的投资渠道没有改变,工程机械行业技改项目的列项与审批,有的在机械厅(局),有的在省市建委(厅),“条条”与“块块”一起管理,造成全国工程机械大行业规划办公室的规划工作有责无权,结果改革作用不大。特别是液压挖掘机和电梯行业管理控制权仍掌握在建设部手里,在大量引进国外先进技术和外资时,引进技术和以我为主的发展方针引导不力,至今这两种产品的国内市场和产品品牌 80% 以上掌握在国际跨国公司的手里。

1987 年，国务院撤销机械工业部和兵器工业部，组成国家机械工业委员会，工程机械、农业机械、内燃机三大行业组成工程农机局。

1989 年，国务院又将电子工业部与机械工业委员会合并，成立机械电子工业部，但专业司局撤消。因农机工业涉及农业发展问题，将原工程农机司改名为农业装备司，内设工程机械处，管理工程机械行业，主要承担规划、科技发展和部分政策性投资项目等管理工作。同时，继建设部在 1984 年成立中国建设机械协会以后，1993 年在机械工业部系统正式组建了中国工程机械工业协会。

1998 年，根据国务院国发〔1998〕6 号文和国发〔1998〕57 号文，撤销机械工业部，成立国家机械工业局，对全国机械工业进行宏观管理，取消了有关部局对机械工业的管理职能，机械工业微观管理完全按市场经济法则运行。从此真正实现了对工程机械大行业的宏观管理，在原国家经济贸易委员会（简称：国家经贸委）的指导下，由中国工程机械工业协会制定了工程机械大行业管理办法，并且促成了中国建设机械协会与中国工程机械工业协会正式合并，使行业协会在进一步推进市场经济体制完善与发展过程中起到了中介协调和沟通作用，并协助政府制定行业产业政策，引导行业健康发展。

在管理体制改革过程中把企业经营权逐步推向市场，由生产性向经营性转变，扩大企业经营自主权。1986 年开始实行厂长负责制，企业技改投资由国家投资逐步改为企业贷款及筹资发展。1993 年实施利改税，企业管理全面推行公司制等一系列重大改革措施出台，把企业发展全面推向市场，充分调动了企业在市场经济发展过程中，自我发展的积极性。这个时候工程机械企业发展两极分化开始加剧，一部分企业不断调整经营理念，搞活企业经营机制，顺应市场经济发展，企业市场竞争力不断提高，新兴企业集团不断壮大。另一部分企业内部改革创新止步不前，市场销售额不断下滑，许多曾经是国家重点投资支持的国有企业，如当年推土机销量全国第一的鞍山第一工程机械股份有限公司，全国挖掘机生产基地抚顺挖掘机厂，曾获国家挖掘机金奖的合肥矿山机器厂，当年全国叉车销量第一的北京叉车总厂和宝鸡叉车公司等企业，先后被挤出市场，销声匿迹，国有资产逐步由亏损至消失。

（二）改革开放政策大大激发了行业发展活力

这个阶段自“七五”计划以来，工程机械行业随着国内市场需求快速增长，企业规模、数量、专业化生产发展很快。全国有 15 个省市区将该行业作为本地区的支柱产业，发挥中央和地方两个积极性，投资力度不断加大，截止至 1997 年全国累计完成技改投资近 100 亿元，吸收协议外资 7.31 亿美元，批准外资项目 189 个。其中合资项目 139 个，协议外资金额 57 736 万美元；外商独资企业 38 家，协议外资金额 14 142 万美元；中外技术合作企业 12 家，引进外资 1 250 万美元。在这个时期，工程机械行业通过许可证、合作生产、联合设计、技贸结合等方式共引进了 174 项 250 多个国际先进产品制造技术，通过消化吸收后，发展了近 500 个新产品，改造了老产品，使行业产品品种达到 288 个系列，2 300 多个基本型号，4 300 多个规格型号。行业整体规模、产品品种、产品技术水平都得到了很大发展。1978～1997 年行业发展主要经济指标对比详见表 2。

表 2　1978～1997 年行业发展主要经济指标对比

项　目	单位	1978 年	1997 年	增长率（%）
企业数量（包括兼业厂）	家	380	1 008	165
其中工程机械专业厂	家	43	493	1 047
固定资产原值	亿元	35	210	500
固定资产净值	亿元	18	140	678
工业总产值	亿元	19	312	1 542
工业净产值（增加值）	亿元	9	100	1 011

（续）

项　目	单位	1978年	1997年	增长率(%)
毛利润	亿元	5	45	800
工程机械从业人员	万人	19	33	74
利用外资金额/实际到位外资金额	亿美元		7/4	

从上表看出,1997年比1978年,19年间工程机械专业生产企业数增加了1.65倍,固定资产净值增加6.78倍,但是工业总产值增加了15.42倍,企业毛利增长了8倍。这些数据充分证明了是改革开放政策给本行业带来了极好的发展机遇。大型企业集团不断形成,行业结构生产集中度不断改善提高,至1997年行业内已经组建起17家企业集团,这17家企业集团1997年销售额已达到135.36亿元,另外包括中外合资8家电梯企业在内,25家企业年销售额占行业比重已经达到65.29%。1997年工程机械25家企业集团主要经济指标详见表3。

表3　1997年工程机械行业25家企业集团的主要经济指标　（单位:亿元）

企业集团名称	固定资产		工业总产值(当年价)	销售收入	上交税金	利润
	原值	净值				
徐州工程机械集团	13.55	8.40	27.87	28.00	1.145	0.43
上海东风机械(集团)有限公司	20.92	12.17	23.34	23.43	1.27	0.17
柳州工程机械(集团)有限公司	5.95	4.74	8.48	8.32	0.36	0.19
湖南工程机械集团	11.04	8.61	7.94	7.72	0.50	0.28
厦门工程机械集团	6.02	4.54	7.36	7.22	0.31	0.30
山东工程机械(集团)有限公司	12.56	6.30	16.38	16.77	1.00	0.69
辽宁工程机械(集团)有限公司	12.25	9.05	4.80	4.57	0.08	-4.43
青海工程机械集团公司	5.63	3.96	2.97	2.01	0.05	-1.02
黄河工程机械集团	4.14	2.69	6.10	5.05	0.18	0.25
宣化工程机械集团	3.44	2.70	3.56	3.85	0.27	0.21
安徽叉车集团公司	5.13	3.96	6.15	6.30	0.52	0.52
成都工程机械集团	2.55	1.84	4.14	5.04	0.19	0.21
长江工程机械集团有限公司	4.80	3.16	1.55	1.73	0.16	-1.38
宜春工程机械集团公司	5.10	3.73	3.60	3.45	0.22	0.24
山东方圆集团有限公司	1.99	1.44	2.67	4.28	0.20	0.43
陕西建设机械(集团)有限责任公司	2.20	1.70	2.30	1.30	0.06	0.03
河南黄河实业集团有限公司	1.95	1.80	5.96	5.45	0.22	0.53
上海三菱电梯有限公司	3.67	2.73	20.26	38.19		
天津奥迪斯电梯有限公司	3.10	2.00	13.56	24.02		
中国迅达电梯有限公司	2.51	1.52	7.72	9.28		
苏州迅达电梯有限公司	1.61	1.12	4.93	5.34		
日立电梯广州有限公司	1.35	1.16	5.12	4.72		
广州广日电梯工业有限公司	1.66	1.48	3.98	4.04		
广州奥迪斯电梯有限公司	2.35	2.01	3.06	3.86		
西子奥迪斯电梯有限公司	1.17	1.08	4.39	4.29		

（三）向市场经济过渡发展期中的经验和教训

改革开放,建设有中国特色的社会主义市场经济,是前人未走过的路,需要不断总结经验,不断发展,在发展中探索新路子。党的十一届三中全会以来至20世纪末,中国工程机械企业是在计划经济向社会主义市场经济过渡中发展起来的。在过渡期转轨当中,政府由直接管理企业转向宏观引导,企业则在不断改革内外部管理机制的同时,逐步走向竞争发展的轨道。大部分企业在接受政府宏观引导与自身转换经营机制方面,只要顺应市场经济的发展模式都是改革开放政策的受益者，从而形成了快速发展的良好局面。回忆这段历程，在以下八个方面值得总结。

1. 搞好行业规划，牢牢把握市场

工程机械是国家城镇建设、基础设施建设、能源与原材料工业发展的重要支撑，改革开放以来，在每个五年计划的编制中，政府一直在指导工程机械行业要认真分析相关产业的发展需求，确立以市场为导向的规划编制原则，引导技改投资方向，技术创新的领域，从而减少了向市场经济过渡期中的盲目发展和无序竞争，最大限度地发挥投资效益。目前行业中的徐州工程机械集团有限公司、安徽合力股份有限公司、山推工程机械股份有限公司、广西柳工机械股份有限公司、成都神钢工程机械（集团）有限公司、常林股份有限公司等代表性企业和一批专业化生产零部件企业都是在这种规划有序的环境中发展起来的。这就是有中国特色社会主义市场经济发展的特点之一。

2. 大力引进国外先进技术，全面提升产品技术和企业的装备水平

十一届三中全会以后，国家经济委员会提出了要引进3 000项国外先进技术，以改造我国的企业。工程机械行业行动最快，在1979年初就组织了技术引进班子，由原机械工业部重型矿山机械工业局组织天津工程机械研究所、第一设计研究院及制造企业进行国外考察和技术引进谈判，并于1979年9月签约引进了日本小松制作所的D85A—18/164kW（220马力）、D80A—18/164kW（220马力）、D155A/239kW（320马力）履带推土机全套设计制造技术和技术标准，通过引进培训、消化吸收、培养了技术人才，为我国推土机产品发展打下了坚实基础。以后又相继开发了一系列产品，30多年来，国产品牌推土机一直牢牢把握住国内市场。紧接着建设部组织引进了瑞士迅达公司的电梯制造技术，并组织签订了中外合资中国迅达电梯有限公司的经营合同。“七五”期间是工程机械行业技术引进的高峰期，其中1986年12月29日由国家计划委员会委列项的引进美国CAT公司D6D型、D7G型履带推土机和936E型、966E型、980C型、988B型轮式装载机共6个机型及柴油发动机设计制造技术，参与引进企业包括零部件在内有12家。同时在1986年12月30日由国家计划委员会列项的引进日本TCM公司1～10t内燃叉车共10个机型包括零部件在内的设计制造技术，涉及引进企业7家。通过引进消化吸收，使我国工程机械产品技术水平上了一个大台阶。特别是由合肥叉车总厂和宝鸡叉车公司联合引进的日本TCM公司叉车设计制造技术，通过消化、吸收、再创新以后，使“合力”牌叉车成为全国的行业排头兵，成为叉车行业内替代进口，扩大出口的名牌产品。该项目技术引进创新成功的原因有以下几方面，一是选定的产品水平切合当时的市场需求，适合国情；二是整机与关键配套部件同步引进消化（包括变速箱、驱动桥、液力变矩器、制动器、真空负压造型工艺等技术）；三是产品技术资料、制造工艺资料、标准及计算机CAD产品开发软件等引进齐全；四是在消化吸收和国产化过程中，坚持等效替代，不降低验收标准；五是技术引进后，继续跟踪先进产品技术，提高自我开发创新能力。这些经验为以后继续引进先进技术、创新发展，提供了可借鉴的思路。在进行一系列产品技术引进以后，重点技术引进项目在后两个五年计划技术改造发展中，都是国家支持的技术改造重点。由国家经济贸易委员会在“八五”期间立项的“新型推土机和装载机关键零部件技术改造项目”（又称“一条龙项目”），以及合肥叉车总厂为龙头的叉车技术改造列入重中之重的项目，共用外汇3 156万美元购置进口现代化设备67台（套），其中包括7套机器人焊接柔性生产线系统（FMS）。再加上其他企业进口的3条机器人焊接柔性生产线，行业内已有10条这样的先进生产线。为配合焊接机器人的正确使用，这些企业都采用钢板预处理工艺，数控切割机下料、数控折弯机成形、薄板数控冲剪与等离子切割下料、数控弯管机等先进工艺和先进设备，为产品结构件制造提供了技术保障。在关键加工件方面开始大力采用先进的数控车床和加工中心，不断提高数控化加工水平。使行业内推土

机、装载机、叉车及其零部件制造水平接近了国际先进水平。

3. 以市场换技术，引进外资项目，促进企业管理机制创新、技术创新

改革开放以来，工程机械行业通过中外合资、合作等形式，与国外先进企业的合作项目数发展比较快。从 1981 ~ 1996 年，我国各级政府批准工程机械外商来华投资项目 189 个，相当于全行业企业总数的 19%。其中 1992 ~ 1995 年间，招商引资成为各级政府改革开放的政绩之一，4 年间平均每年签约 40 个合资项目，协议外资金额 45 244 万美元，单个项目投资规模逐年上升，到 1995 年，平均单项外商投资规模达 1 000 万美元以上，成为国际工程机械行业外商投资的热点地区，对中国市场前景产生了浓厚的兴趣。此时，工程机械行业多数业内人士和专家认为，以市场换技术，产品自主知识产权是换不来的，核心技术更是换不来的，从而引导企业在 20 世纪 80 年代大规模引进先进技术浪潮之后，坚持走消化、吸收、再创新的自主发展道路，帮助企业申请国债技改投资项目，建立企业技术研发中心，促进新产品研发并投入批量生产。至今汽车起重机、履带吊、塔式起重机、装载机、推土机、平地机及叉车等一大批产品基本上控制了国内市场，并开始批量出口。但是在挖掘机和电梯两种产品领域，把大片市场纳入中外合资企业，让外商控股、独资，结果造成抚顺挖掘机制造有限责任公司、北京建筑机械厂、合肥矿山机器厂、长江挖掘机厂、上海建筑机械厂、杭州重型机器厂全国六大挖掘机企业，在外资品牌的冲击下，纷纷退出市场或倒闭，电梯行业更是这样，大片国企被围剿，互利双赢的合资原则，变成单利单赢，85% 以上市场让给外资品牌。凤凰涅槃，进入 21 世纪后，以发展民族品牌的柳工工程机械集团有限公司、三一重工股份有限公司、山河智能机械股份有限公司、玉柴机器集团公司、徐州徐挖机械制造有限公司为代表的一批本土企业，在吸收国外先进技术的基础上，创新发展，正在艰辛地书写着我国挖掘机行业从覆灭到再生的故事，扛起民族品牌的大旗。如今本土品牌挖掘机销售量占总销量的比值已从 1998 年的 15% 上升到 27%，与外资品牌正展开一场有声有色的市场争夺战。

不能否认，“以市场换技术”在改革开放后，特定的历史条件下，对推动中国工程机械行业发展起到了积极的推动作用。合资企业的体制、机制、先进的企业管理、市场意识等方面与大型国营企业比较，构成了鲜明的对照。通过中外合资不仅带进了产品参照物技术，而且引入了发达国家的先进管理模式和企业管理机制，补充了发展资金。合资企业的先进管理又促进了国有企业的改制与创新，有的企业中方员工分批轮流在合资企业中参与管理，从而培养了管理人才。例如小松山推工程机械有限公司、常林现代工程机械有限公司、安徽叉车集团与日本东洋搬运机株式会社组建的叉车平衡重和大吨位叉车生产合资企业就是典型代表。通过合资过程，大大提高了本土企业的创新理念、质量管理与生产技术管理水平，缩短了与国外先进企业的差距。曾经在 20 世纪 80 年代，中方企业组团考察国外先进企业回来时，感慨差距之大至今记忆犹新。如今前往徐州重型机械有限公司、常林工程机械股份有限公司、合力股份有限公司、柳工机械股份有限公司、中联重工科技股份有限公司、小松山推工程机械有限公司等一批先进企业中参观，无论从产品制作工艺、现场管理、技术装备水平、质量检测以及它们的售后服务等方面，已经感觉不到与国际知名公司有多大差距。在这个发展过程中，应该认为合资企业起到了很大的样板作用。

4. 坚持发挥中央和地方的积极性

随着机械工业管理体制改革，1985 年机械工业部系统的企业全部下放到地方，中央投资额逐年减少，但是从“七五”计划开始，全国有 15 个省、市、区，将工程机械列为支柱产业，重点支持发展。这些地区的重点骨干企业，同时得到了中央和地方的投资支持，其中地方投资平均为中央投资的 3 倍以上，徐州工程机械集团有限公司、上海东风机械集团有限公司、柳州工程机械集团有限公司、厦门工程机械集团有限公司、山东工程机械集团有限公

司、宣化工程机械集团有限公司、成都工程机械集团有限公司、黄河工程机械集团公司等行业骨干企业，有关省、市的投资达到中央投资的3.5～4倍；同时地方政府还给予这些企业很多政策上的支持，充分体现了发挥中央和地方积极性的重要作用。

5. 宏观引导要有目的、有目标地改造一批企业，使行业结构趋向合理

在计划经济时期，机械工业采用按行业"切块"的方式分配资金，工程机械行业规模最小，因而"切"给的资金数额也最少。当时对有限资金的使用方式是"扶贫"和"撒胡椒面"，结果不仅行业水平提高缓慢，而且"点多批量小"的局面越加严重。从"六五"开始，工程机械行业在规划上确定三条原则：一是支持改造重点骨干企业，资金不平均使用；二是支持发展专业化生产体系；三是与重点省、市紧密合作，统一行动，对计划用于工程机械行业的中央和地方的发展资金统一规划、分别下达、集中使用。经过"六五"、"七五"、"八五"三个五年计划的发展，工程机械企业由全国一大片，明显地形成了10多个相对集中的生产基地。据统计资料表明，这部分企业的工业总产值占全行业的60%以上，为工程机械行业向集团化、专业化生产方向发展构筑了基本框架。因此，这种宏观引导在由计划经济向市场经济转型时是必要的，也是发展有中国特色社会主义市场经济的特征之一。

6. 以国有企业为龙头，多种经济成分并存，相互促进，共同发展

20世纪80年代初，中国工程机械行业还是国有企业一统天下的局面。到90年代初，随着市场经济的发展，以国有企业为龙头，充分利用社会存量，发展集体企业、民营企业及股份制企业，使其生产规模得到了快速发展。这些企业是在市场经济大潮中发展起来的，它们没有国有企业那种等、靠、要的观念，自我发展观念强，市场观念强，机制灵活，企业社会负担小，运营效率高，很快发展成为工程机械行业一支具有发展潜力的新兴力量。例如三一重工股份有限公司、山东华夏集团、福建龙工集团有限公司、山东鸿达建工集团等一批企业，1997年人均创利税达到3～5万元水平。特别是三一重工股份有限公司、福建龙工集团有限公司至今已发展成为行业内前10位先进企业，成为上市公司，创新发展势不可挡。这些企业的发展，给国有企业造成了竞争压力，从而促进了国有企业的改革创新，使老国企焕发青春，是促使工程机械行业快速发展的重要积极因素。但是在向市场经济发展过渡期中，有关市场经济运行的法规、法则、自主知识产权保护、行规、行约、标准化工作、市场准入、技术质量监督、社会保障等方面没有得到同步改革完善和发展，在市场秩序方面难免存在这样或那样的问题。有人认为国营企业是民营企业的人才培训中心，拿来就用，一个"U"盘可以把技术资料随身带，这在知识产权法规不完善的情况下难以避免。曾经有这样一个典型例子，一个技术干部在他所在的企业带着他开发的产品技术，8年中先后辗转5个地区，扶植了同质化生产的5家企业，进入同行业竞争。有些民营企业没有长远发展目标，产品技术标准、质量控制随行就市，凭借管理与制造成本低、销售手段灵活的优势在市场上打起价格战，干扰了正常市场秩序。有些外资企业除了享受税收减免政策以外，在经营活动中采取利润在外，亏损在境内的对策来避税，还有的经常异地注册，不断享受减免税政策。这些情况的发生，形成了外资企业与国营企业不公平竞争的局面。特别是引用境外的知识产权，如果不按国际法规办事，就要引起国际纠纷，因此加强市场秩序管理任重而道远。

7. 大力推进公司制、股份制改革

国营企业从计划经济管理程序向市场经济管理模式过渡中，企业经济体制改革是一段艰难的历程，改革的难点有政策性、体制性、社会性等诸多方面的因素制约，体制与机制方面的改革能否很快适应市场经济发展的规律，这关系到企业在新时期的发展命运。

在计划经济时期，企业管理体制是党委负责制，改革开放初期又改革为厂长负责制，直接受政府行政主管机构领导，人事变更、工资制度、企业发展、企业利润支配等重大决策受政府直接控制，产

权与经营权责任不清。在生产技术管理方面，受计划经济体制惯性影响，墨守成规，封闭式管理形态仍然比较严重，这种管理体制显然已经不适应市场经济竞争性体制的发展模式。例如，当年推土机全国销量第一的鞍山第一工程机械厂、全国挖掘机生产基地抚顺挖掘机厂、曾经惟一获得国家挖掘机产品金牌奖的合肥矿山机器厂、当年叉车销售量全国第一的北京叉车总厂和起重机销量第一的北京起重机器厂等10多家知名企业先后被挤出市场，就是活生生的例子。但是，大部分企业在20世纪80年代末开始向公司制转型，引入现代化企业管理机制，实行总经理负责和董事会决策制，生产经营活动逐步转向以市场为导向的开放式管理，把企业的各项制度改革与转换经营机制结合起来，强化企业财务管理（成本概念）与建立各层次的经济与技术责任制结合起来，深入落实企业内部的人才与激励机制和约束机制，使企业的基础性管理向规范化、制度化、标准化轨道转型，即规章制度要严密，责任考核有目标，职业行为约束有条款。在向现代化企业制度发展过程中，大部分企业对体制与机制改革、组织结构调整、股份制改造、资产重组和资本运作等方面进行了大量探索性改革，逐渐适应买方市场的需要，企业规模由小变大，由弱变强，竞争力不断提高。至20世纪90年代末，已有10家公司成为上市公司，这是工程机械行业取得快速发展的主要原因之一。

8. 支持企业集群化生产基地的发展

实施改革开放政策以来，在工程机械行业经济体制改革中，逐步形成了以国营企业为主导，集体、民营及民营股份制、个体、中外合资等多种经济成分相互依存、并存发展的企业群体格局。厦门工程机械厂、徐工工程机械集团有限公司、合肥叉车集团、山东推土机总厂等一批大中型骨干企业，通过专业化和零部件扩散生产，充分利用社会存量资产，把一批企业组织起来，发展零部件配套生产，从而发展成为以主机厂为龙头的企业群，促进了企业规模不断发展壮大。这些零部件企业，通过与主机厂的配套关系，不断创新和提高产品质量，不仅与主机厂保持了稳定的配套关系，而且也为外资企业在国内生产提高国产化比例提供零部件，同时也出口到海外，为国际跨国公司和维修市场提供配套，有助于我国工程机械整体制造水平的提高。

三、走向国际化高速发展期（1998～2008年）

我国工程机械行业自“十五”计划以来，逐步进入了国际化发展轨道，其主要标志和取得的辉煌业绩体现在以下几方面。

（一）主要产品核心配套部件国际化优选采购，提高了产品技术水平

为了提高整机产品的技术水平和运行可靠性，1998年以后鼓励企业对核心部件配套在全球优选采购，提出了要改变以往对整机和零部件进口关税“倒挂”的政策性建议（所谓倒挂，即是指整机进口经常享受关税减免待遇，而零部件进口关税不予减免），多次提出和不断修改进口整机产品不予免税的产品条目。与此同时，降低了零部件的进口关税，经过认证的项目还可享受全免进口关税的政策性待遇。这一政策的实施，使整机进口增长速度下降，同时也缩短了产品与国际先进水平的差距，使产品的性价比指标进一步提高，产品不仅占据了国内大部分市场份额，同时为批量出口打下了良好基础。

（二）外商合资、独资企业规模不断扩大，国内市场国际化

随着我国对工程机械市场需求依然旺盛和国际竞争力的提升，国际跨国公司进入中国兼并和兴办独资企业的势头猛烈，外资企业在中国境内已四处林立。例如，CAT公司在天津兴办履带总成和在徐州兴办挖掘机企业以后，又在山东兼并了山工机械股份有限公司，生产装载机，在江苏苏州建厂生产轮式装载机扩大出口，在徐州又延伸发展了推土机和路面机械生产基地，在无锡发展工程机械柴油机配套项目，并在大连成立了研发中心，还进一步扩大在中国市场的竞争力。还有日本的小松、日立、神钢、力至优，韩国的现代、斗山、德国的利勃海尔、阿迈、普茨迈斯特、荣格恩莱西，美国的特雷克斯、海斯特、马尼托瓦克，意大利的卡拉诺、仕高码，瑞典的沃尔沃等跨国公司，还有不知名的外企公司

多达100多家，在中国的投资力度不断加大，除了兴办独资企业以外，进一步兼并中方企业，使中国工程机械行业在境内竞争呈现全面国际化的状态，促使本土企业加快改革创新的步伐，吸收外资企业的经营理念、先进技术、现代化企业管理机制，变压力为动力，提高企业自身的核心竞争力。徐州工程机械集团有限公司、中联重工股份有限公司、柳工机械股份有限公司、厦工股份有限公司、福建龙工集团有限公司、山推工程机械股份有限公司、三一重工股份有限公司、合肥叉车集团、杭州叉车股份有限公司、常林工程机械股份有限公司等一批企业已经走上国际化的舞台，不仅国内市场销售额年年创新高，并以更惊人的速度挺进国际市场。

（三）坚持创新理念是企业发展之本

进入21世纪以来，工程机械行业创新理念得到了全面发挥，在企业体制、机制、管理改革、自主知识产权创新、营销理念和营销网络方面都取得了明显成效。

1. 体制与机制创新

工程机械行业编制的"十五"、"十一五"规划中，都把深化改革、推进企业体制机制创新作为行业发展头等重要的战略任务。例如，浙江杭叉工程机械股份有限公司，在2000年体制与机制改革之前，员工有2 000人，叉车年销售量2 128台，通过体制与机制方面三次渐进式的不断改革创新，到2007年，员工还是2 000人，年生产叉车达26 000多台，是2000年的13倍；长沙建设机械研究院通过产业化和体制与机制分阶段的不断改革创新，旗下的中联重工科技股份有限公司得到了高速发展，销售额10年增长了81倍；徐州工程机械集团是大型国营企业，国企管理方面的弊端一直拖累着徐州工程机械集团的发展，近两年通过深化改革，在政府指导下，对体制与机制方面不断稳步改革，提高了行业竞争力，保持了行业排头兵企业的位置；广西柳州工程机械股份公司原来是大型国营企业，地处广西偏远地区，近10年来对内部管理程序、责任目标、人才战略、激励机制、信息化技术管理、新型营销理念与网络等方面进行了一系列改革创新，使广西柳州工程股份公司得到了快速发展，2007年比1998年销售额增长了9.3倍，利润增长了26倍，装载机、挖掘机总销量增长了10.4倍，但是总资产只增加了2.78倍，这就是体制创新后爆发出的强大发展动力。目前行业内已有22家企业成为上市公司，其中80%以上的企业募集资金后得到了快速发展，取得了良好的上市业绩。

2. 知识产权自主创新发展，新产品层出不穷，老产品不断更新

在国际化竞争轨道上，重点骨干企业都非常重视自主创新发展，建立了技术研发中心，每年投入的创新研发费达到销售额的2%～4%，有些企业达到5%的国际先进水平，对学科带头人和技术骨干人员非常重视，充分体现他们的人才价值，使之全身心地投入到新技术新产品的研发活动中去。10多年来，有12项重大技术创新列入国家"863"计划实施项目，并达到预期的验收目标。与此同时，每年有80个左右新产品新技术项目问世，是2000年前平均水平的2倍。据不完全统计，新产品产值近3年来同比增长速度为：2004年20.9%，2005年33.3%，2006年35.6%，都超过了行业销售额的增长速度。新产品产值占行业总销售额的比例也大幅提高：2004年24.4%，2005年27.5%，2006年30.5%。其中每年有10多个项目获中国机械工业科学技术奖，2007年有3项获中国机械工业科学技术一等奖，有些项目得到社会上很高的评价。例如山河智能机械股份有限公司研发的SWEL55型多功能小型挖掘机，在美国市场销售，一举获得素有"工业设计奥斯卡"之称的2007年度美国工业设计者协会（IDSA）颁发的"国际杰出设计金奖"；航天动力技术研究院自主研发的液力变矩器成为德国ZF公司、美国CAT公司、英国JCB公司的配套产品，进入国际先进行列。广西柳州工程机械股份公司自主研发的G系列装载机达到了国际先进水平，在国际市场上已被公认为畅销产品，被中国人民解放军总装备部指定为四川地震抢险救灾的首选产品；徐州工程机械集团的起重机产品也受到国际同行们认可，成为世界的知名品牌；大型履带吊、全路

面起重机、旋挖钻机、混凝土泵车、大型提梁机及运梁车、盾构机等大型工程机械在自主创新的技术路线上不断诞生出来，并在国际博览会上频频亮相，得到了外商的好评。科技创新带来了产品的市场竞争力，扩大了产品市场份额。

（四）产品出口方式开始实现六个转向，出口迅速增长，CHINA 品牌工程机械已经成为国际工程机械主要品牌之一

几十年来，中国工程机械进出口贸易一直处于严重逆差状态，2005 年开始持平，并进入顺差发展。这个阶段的发展特征之一是产品出口实现了六个转向，即由进口逆差转向顺差；出口方式由外贸公司转向以企业自营出口为主；由贴牌转向以企业品牌出口为主；由主要向第三世界国家出口转向向发达和次发达国家出口；出口地区由游击战转向阵地战；目前销售方式由直销转向代理制，充分发挥当地代理商人文地理优势，使出口额年年创新高，提高了国际市场对中国工程机械产品品牌认知度，中国工程机械将成为国际市场主要竞争者之一。2000 ~ 2007 年工程机械产品进出口额及增长率情况见表 4 及图 1。

表 4　2000 ~ 2007 年工程机械产品进出口额及增长率情况

年份		2000	2001	2002	2003	2004	2005	2006	2007
金额（亿美元）	进口	13.10	15.50	20.50	35.60	36.40	30.26	39.10	49.00
	出口	5.09	6.86	7.47	10.50	18.50	29.40	50.12	87.00
增长率（%）	进口	-10.27	18.32	32.26	39.61	2.25	-16.87	28.88	25.64
	出口	21.14	34.77	8.41	40.56	76.19	58.92	70.48	73.58

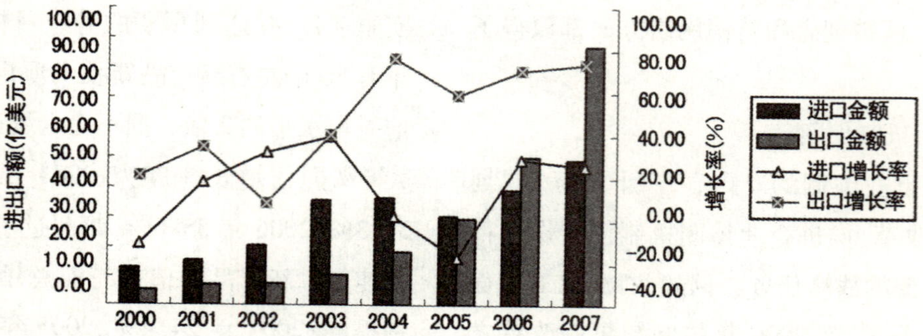

图 1　2000 ~ 2007 年工程机械产品进出口额及增长率情况

（五）企业进入更高层次的海内外兼并扩张发展阶段，体现出资本运作和技术输出的国际化发展趋势

企业并购、重组在国际上是常见的发展规律之一。我国在改革开放以后，在向市场经济发展的过渡期中，企业受地方“块块”经济指标体系和国有资产管理体制的牵制，对于企业跨地区的重组并购，一直难以操作。但是随着市场竞争不断深化激烈，部分企业要面临退出市场，经验和教训使政府和企业自身对市场经济发展理念不断更新，变被动为主动，1998 年以后行业内跨地区的资产重组与并购案例开始多起来，大大提高了产业集中度。在叉车行业，由合力叉车股份有限公司和浙江杭叉工程机械股份有限公司分别兼并了宝鸡叉车公司四厂、三厂和五厂；合力叉车股份有限公司在 2004 年以后，凭借自行开发的叉车技术向巴基斯坦和墨西哥出口散装件供给组装生产叉车，还向墨西哥和印度等国进行技术输出，展开了全方位的国际竞争。江苏沃德集团兼并了常松工程机械厂和三九宜工机械股份有限公司的装载机生产经营权。柳工工程机械集团有限公司及柳工机械股份有限公司兼并了上海叉车厂、江苏江阴压路机厂、扬州机械厂、蚌埠振冲起重机有限公司，并在天津建立了北部工程机械研发制造基地，在海外澳大利亚和印度等设立子公司，开始国际化运作。中联重工科技股份有限公司于 2004 年与湖南浦沅工程机械集团强强联合后，大力发展起重机产品业务，规模和技术水平都上了一个台阶，提高了市场占有率；2008 年又收购陕西

新黄工机械责任有限公司发展推土机和挖掘机产业；同时又收购东风汽车公司旗下的湖南专用汽车车桥厂，发展工程机械车桥配套业务；在海外继收购英国保路捷公司以后，又在2008年以60%控股权收购意大利的世界排名第三的GIFA混凝土机械制造商，大力推进混凝土机械国际业务。还有徐州工程机械集团有限公司、三一重工科技发展有限公司等企业也都在海外开始设立子公司等，在此不一一赘述。这说明我国工程机械行业中先头部队已经驶入国际化的发展轨道，今后重点企业的发展决策应定位于全球市场，路子才能越走越宽。

（六）国际化战略进一步促进了行业快速发展，取得了辉煌业绩

进入21世纪以来，除2004年与2005年受国家当时急刹车的大力度调控以外，历年均保持了高速增长态势，年平均增长率达到25%，国际同行们均以惊讶和不可理解的态度看待中国工程机械的发展，甚至有人问，这种发展趋势还能持续多久，令他们不可思议。1999～2007年工程机械行业销售额及增长率详见表5和图2，行业经济运行情况虽然受到部分产品低价无序竞争的影响，但总体仍然保持了良好的发展态势，企业利润均有大幅度增长，1999～2007年工程机械行业利润总额增长情况详见表6和图3。从表中销售额增长情况看，以2006、2007年为例，两年分别增长了358亿元和640亿元，其中出口增长量分额两年均占41%，也就是如果不是出口增长拉动，这两年的销售额增长率分别只能达到16%和23%。出口拉动已经成为中国工程机械发展的主要动力之一，今后企业发展必须要面对国内外两个市场的挑战。

表5　1999～2007年工程机械行业销售额及增长率

年份	1999	2000	2001	2002	2003	2004	2005	2006	2007
销售额（亿元）	384	480	556	773	1 036	1 157	1 262	1 620	2 260
年增长率（%）	9.71	25.00	15.83	39.00	34.02	11.67	9.07	28.36	40.00

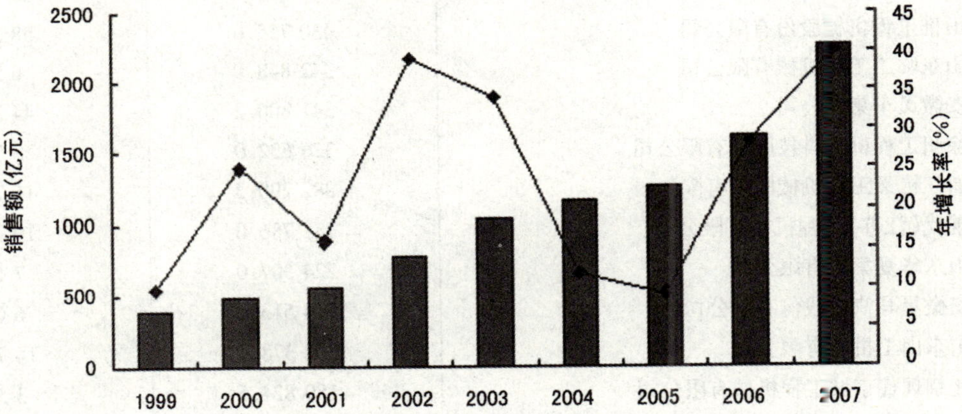

图2　1999～2007年工程机械行业销售额及增长率

表6　1999～2007年工程机械行业利润总额增长情况

年份	1999	2000	2001	2002	2003	2004	2005	2006	2007
年利润（亿元）	10	16.6	26.94	46.4	73.69	57.41	67.6	118	198
年增长率（%）	54.32	66.00	62.29	71.23	58.81	－22.1	17.75	74.56	67.80

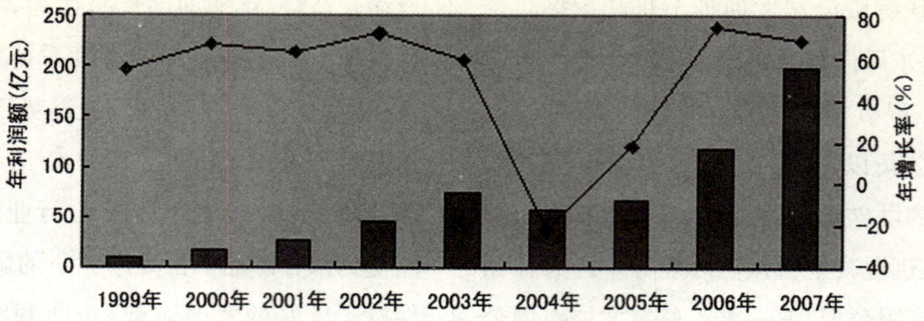

图3 1999~2007年工程机械行业利润总额增长情况

2007年工程机械行业100强企业主营业务销售收入排序见表7,从表中数据分析,基本没有亏损企业。2007年工程机械集团公司(本土品牌)主要经济指标见表8,14家企业集团销售规模已占全行业的48.8%,占本土品牌产品销售总额的70%左右,说明行业发展集中度已相当高。

表7 2007年工程机械行业100强企业主营业务销售收入排序 (单位:万元)

序号	企业名称	主营业务收入	利润总额
1	长沙建设机械研究院有限责任公司	1 459 570.8	170 025.8
2	三一集团有限公司	1 305 247.0	412 045.0
3	广西柳工机械股份有限公司	771 058.0	47 208.0
4	小松(中国)投资有限公司	750 000.0	
5	徐州重型机械有限公司	749 630.0	99 289.1
6	中国龙工控股有限公司	531 685.0	71 913.0
7	成都神钢工程机械(集团)有限公司	527 475.0	34 226.0
8	厦门工程机械股份有限公司	477 405.0	20 118.0
9	山推工程机械股份有限公司	430 755.0	58 376.0
10	山东临工工程机械有限公司	342 848.0	6 501.0
11	安徽叉车集团公司	341 800.2	44 331.2
12	徐州工程机械科技股份有限公司	326 632.0	3 958.0
13	浙江杭叉工程机械股份有限公司	282 290.3	16 785.7
14	现代(江苏)工程机械有限公司	281 786.0	19 722.0
15	山东华夏集团有限公司	224 507.0	7 627.0
16	安徽星马汽车股份有限公司	204 513.0	6 007.0
17	山东山工机械有限公司	202 378.0	14 773.0
18	北京现代京城工程机械有限公司	189 824.5	3 553.4
19	湖南江麓机械集团有限公司	189 466.0	2 538.0
20	山东常林机械集团股份有限公司	180 952.0	6 625.0
21	常林股份有限公司	176 939.0	1 687.0
22	长治清华机械厂	141 110.3	7 990.6
23	方圆集团	140 235.8	12 445.5
24	开山集团	137 332.0	4 589.4
25	内蒙古北方重型汽车股份有限公司	130 329.0	3 577.0
26	沃尔沃建筑设备(中国)有限公司	128 571.4	
27	中国一拖集团有限公司	127 260.9	
28	山东蒙凌工程机械股份有限公司	121 348.0	4 347.0
29	山东鸿达建工集团有限公司	120 195.3	4 672.8

（续）

序号	企 业 名 称	主营业务收入	利 润 总 额
30	湖南山河智能机械股份有限公司	115 182.0	14 736.0
31	四川长江工程起重机有限责任公司	112 367.0	8 767.7
32	博世力士乐（北京）液压有限公司	98 855.0	8 755.0
33	浙江诺力机械股份有限公司	91 717.9	91 717.9
34	抚顺挖掘机制造有限责任公司	90 885.0	90 885.0
35	广西玉柴工程机械有限责任公司	90 394.5	90 394.5
36	郑州宇通重工有限公司	84 229.0	84 229.0
37	山东福临机械制造有限公司	80 970.1	80 970.1
38	浙江银轮机械股份有限公司	78 611.6	78 911.6
39	上海彭浦机器厂有限公司	75 166.5	75 166.5
40	大连叉车有限责任公司	72 276.4	72 276.4
41	宁波如意股份有限公司	63 517.0	63 517.0
42	上海华东建筑机械厂有限公司	61 435.0	61 435.0
43	贵州詹阳动力重工有限公司	60 384.0	60 384.0
44	徐州徐工筑路机械有限公司	60 240.0	60 240.0
45	河北宣化工程机械股份有限公司	54 692.0	54 692.0
46	抚顺永茂建筑机械有限公司	51 533.0	51 533.0
47	榆次液压有限公司	50 015.0	50 015.0
48	徐州华东机械厂	47 582.1	47 582.1
49	泰安东岳重工有限公司	43 088.5	43 088.5
50	广西建工集团建筑机械制造有限责任公司	42 040.0	42 040.0
51	陕西建设机械股份有限公司	41 863.0	41 863.0
52	北起多田野（北京）起重机有限公司	40 303.3	40 303.3
53	四川建设机械（集团）股份有限公司	40 150.6	40 150.6
54	徐州徐工液压件有限公司	38 253.4	38 253.4
55	力源液压（中航重机）公司	36 942.4	36 942.4
56	泰安泰山工程机械股份有限公司	36 009.0	36 009.0
57	长沙航空工业中南传动机械厂	33 556.0	33 556.0
58	浙江临海海宏集团	32 511.2	32 511.2
59	厦工集团三明重型机器有限公司	31 879.0	31 879.0
60	鼎盛天工工程机械股份有限公司	31 795.0	31 795.0
61	山东德工机械有限公司	31 375.0	31 375.0
62	蚌埠振冲安利工程机械有限公司	31 373.2	31 373.2
63	福田雷沃国际重工股份有限公司青岛雷沃工厂	30 619.0	30 619.0
64	阿特拉斯工程机械有限公司	30 395.0	30 395.0
65	中交西安筑路机械有限公司	30 313.0	30 313.0
66	徐州徐挖挖掘机械有限公司	29 549.1	29 549.4
67	镇江华晨华通路机有限公司	29 349.0	458.0
68	浙江省建设机械集团有限公司	27 087.0	905.0
69	四川邦立重机有限责任公司	26 490.8	3 066.8
70	厦门银华机械有限公司	26 362.0	1 317.0
71	马鞍山方圆回转支承股份有限公司	25 581.0	8 256.0
72	建德（泉州）工程机械制造有限公司	25 535.4	2 658.7
73	天津建筑机械厂（6443）	25 069.0	436.0
74	杭州爱知工程车辆有限公司	24 932.0	5 795.7
75	四川长江液压件有限责任公司	24 205.3	1 707.3

（续）

序号	企业名称	主营业务收入	利润总额
76	济宁液压泵有限责任公司	24 049.0	680.0
77	杭州武林机器有限公司	23 704.3	
78	福建南方路面机械有限公司	23 124.9	818.3
79	上海鸿得利机械制造有限公司	22 998.7	
80	利勃海尔机械(大连)有限公司	22 547.5	1 585.0
81	山东众友工程机械有限公司	22 334.2	1 046.6
82	徐州徐工随车起重机有限公司	21 616.6	836.2
83	安徽合力股份有限公司蚌埠液力机械厂	21 209.4	1 575.2
84	天水风动机械有限责任公司	20 896.3	3 288.3
85	烟台富野机械有限公司	20 706.2	59.3
86	山东卡特重工有限公司	20 629.0	2 283.0
87	合肥长源液压件有限责任公司	20 246.5	4 081.5
88	徐州徐工特种工程机械有限公司	20 006.0	755.9
89	宁波广天赛克思液压有限公司	19 514.7	2 250.0
90	浙江衢州煤矿机械总厂有限公司	18 960.0	871.0
91	江苏靖江叉车有限公司	18 824.1	213.6
92	本溪北方机械重汽有限责任公司	18 076.2	50.1
93	沈阳山河工程机械厂	17 307.2	300.3
94	厦门市装载机有限公司	17 206.0	981.0
95	浙江临海机械有限公司	17 137.2	946.7
96	浙江省金华起重设备厂	16 547.7	1 141.9
97	北京京城重工机械有限责任公司	16 498.4	636.6
98	宁波浙东精密铸造有限公司	16 422.0	1 516.0
99	哈尔滨工程机械制造有限责任公司	16 298.0	978.0
100	江西南特工程机械有限公司	15 685.0	979.0

表8　2007年工程机械集团公司(本土品牌)主要经济指标　（单位:亿元）

序号	企业名称	总资产	销售收入	利润总额
1	徐州工程机械集团有限公司	124.75	233.73	15.23
2	长沙建设机械研究院有限责任公司	99.80	145.96	17.00
3	三一重工集团有限公司	188.96	130.52	41.20
4	广西柳工集团有限公司	56.10	106.97	6.44
5	常林工程机械集团	70.98	103.46	6.29
6	山东工程机械集团有限公司	69.91	100.27	11.77
7	中国龙工控股有限公司	54.37	53.17	7.19
8	成都神钢工程机械(集团)有限公司	39.44	52.75	3.43
9	厦门工程机械股份有限公司	44.42	47.74	2.01
10	安徽叉车集团有限公司	33.12	34.18	4.43
11	杭叉工程机械股份有限公司(集团)	7.91	28.23	1.68
12	山东华厦集团有限公司	13.29	22.45	0.76
13	山东方圆集团	11.39	14.05	1.24
14	山东鸿达建工集团有限公司	5.37	12.02	0.47
	合　计	819.81	1 085.50	119.14

结束语——坚持四项基本发展原则

通过对改革开放30年来工程机械行业发展历程的回顾，剖析成败之经验，要使我国工程机械行业或企业在今后市场经济大潮中或在国际化的发展航线上继续乘风破浪前进，则必须坚持四项基本发展原则：坚持以市场为导向的发展原则，坚持自主创新的发展原则，坚持品牌发展原则，坚持不断提升核心竞争力的发展原则。只要坚持这四项基本发展原则，就一定会取得成功。

〔撰稿人：中国工程机械工业协会茅仲文〕

2007年中国工程机械主要设备保有量

截止至2007年底，中国主要工程机械保有量约为232万～252万台。其中液压挖掘机46.3万～50.1万台，73.5kW（100马力）以上推土机5.3万～5.7万台，装载机78.0万～84.5万台，平地机1.7万～1.8万台，摊铺机1.1万～1.2万台，压路机8.9万～9.6万台，轮式起重机10.0万～10.9万台，塔式起重机12.8万～13.9万台，叉车57.4万～62.2万台，混凝土搅拌输送车4.0万～4.3万台，混凝土泵车1.2万～1.3万台，混凝土拖泵4.1万～4.4万台，混凝土搅拌站1.2万～1.3万台。1998～2007年国内主要工程机械销量见表1，1998～2007年主要工程机械进出口统计见表2，1998～2007年国内市场主要工程机械实际需求量见表3，1998～2007年国产工程机械产品销售额与固定资产投资额比例关系见表4，1998～2007年我国工程机械进出口贸易额见表5。

主要设备保有量与2004年相比，取消了电梯与扶梯，主要原因是可与世界各国统计的范围相一致，更具有可比性。但在表1、表2、表3、表4、表5中仍保留了电梯与扶梯的统计值，供参考。与2006年相比，取消了铲运机，因自2000年以来其销售量逐年减少，至2007年仅18台，与工程机械总量相比可忽略，故未计入。

表1 1998～2007年国内主要工程机械销量

年份	挖掘机		装载机		平地机		73.5kW（100马力）以上推土机	
	销量（台）	同比增长（%）	销量（台）	同比增长（%）	销量（台）	同比增长（%）	销量（台）	同比增长（%）
1998	4 238	28.7	17 254	-0.9	570	74.3	3 311	-1.2
1999	5 988	41.3	18 819	9.1	1 105	93.9	3 174	-4.1
2000	7 926	32.4	20 857	10.8	834	-24.5	2 941	-7.3
2001	12 397	56.4	26 352	26.3	707	-15.2	3 170	7.8
2002	19 710	59.0	43 348	64.5	1 120	58.4	4 798	51.4
2003	33 982	72.4	69 666	60.7	1 727	54.2	6 579	37.1
2004	33 614	-1.1	91 334	31.1	1 788	3.5	5 611	-14.7
2005	33 862	0.7	107 354	17.5	1 754	-1.9	5 096	-9.2
2006	49 625	46.6	129 834	20.9	2 245	28.0	5 925	16.3
2007	71 241	43.6	161 628	24.5	3 893	73.4	7 207	21.6

（续）

年份	压路机		摊摊机		轮式起重机		塔式起重机		叉车	
	销量（台）	同比增长（%）	销量（台）	同比增长（%）	销量（台）	同比增长（%）	销量（台）	同比增长（%）	销量（台）	同比增长（%）
1998	4 434	3.5	275	-3.2	2 507	-3.8	6 575	47.3	11 906	-14.1
1999	5 885	32.7	332	20.7	3 148	25.6	4 693	-28.6	12 662	6.3
2000	5 592	-5.0	420	26.5	3 931	24.9	7 494	59.7	16 838	33.0
2001	6 031	7.9	450	7.1	4 047	3.0	9 738	29.9	25 603	52.1
2002	8 907	47.7	1 060	135.6	6 426	58.8	9 830	1.0	32 977	28.8
2003	12 308	38.2	1 306	23.2	9 706	51.0	10 486	6.7	40 724	23.5
2004	10 702	-13.0	1 363	4.4	11 645	20.0	8 255	-21.3	51 393	26.2
2005	8 113	-24.2	906	-33.5	11 012	-5.4	12 693	53.8	75 733	47.3
2006	8 740	7.7	1 136	25.4	14 465	31.4	19 422	53.0	97 520	28.8
2007	9 437	8.0	1 347	18.6	20 862	44.2	31 020	59.7	152 415	56.3

年份	混凝土拖泵		混凝土搅拌站		混凝土搅拌车		混凝土泵车		电梯	
	销量（台）	同比增长（%）	销量（台）	同比增长（%）	销量（台）	同比增长（%）	销量（台）	同比增长（%）	销量（台）	同比增长（%）
1998	678	92.1	353	52.8	545	53.1	92	268.0	30 200	2.4
1999	309	-54.4	157	-55.5	418	-23.3	165	79.3	32 500	7.6
2000	1 842	496.1	331	110.8	924	121.1	274	66.0	37 500	15.4
2001	1 773	-3.7	554	67.4	1 001	8.3	350	27.7	43 700	16.5
2002	2 426	18.2	533	-3.8	3 708	270.4	389	11.0	47 000	7.6
2003	2 966	22.2	894	67.7	3 103	-16.3	858	120.6	45 000	-4.0
2004	2 268	-23.5	1 320	-16.4	6 371	87.9	1 027	20.0	100 000	122.0
2005	2 090	-7.6	723	-45.2	4 060	-36.3	955	-7.0	142 000	42.0
2006	3 490	67.0	1 975	173.2	5 091	25.4	1 919	100.9	168 000	18.6
2007	4 238	21.4	3 000	51.9	9 856	93.4	4 271	122.6	215 000	28.0

表2　1998～2007年主要工程机械进出口统计　（单位：台）

年份	分类	挖掘机	装载机	筑路机及平地机	73.5kW（100马力）以上推土机	压路机	摊铺机	叉车	轮式起重机	塔式起重机	混凝土拖泵	混凝土搅拌车	电梯及扶梯
1998	进口量	4 728	431	99	135	265		1 564	143	14	94	283	3 061
	出口量	213	389	19	288	204		1 578	111	89	73	24	473
1999	进口量	1 602	438	75	129	368	160	3 241	91	19	146	250	2 737
	出口量	156	266	31	149	340	156	2 224	158	31	106	12	594
2000	进口量	1 333	297	64	182	446	188	4 438	171	7	320	165	2 107
	出口量	225	406	79	279	582	47	2 467	105	16	122	33	773
2001	进口量	1 624	217	53	237	384	245	5 681	168	34	146	181	2 210
	出口量	570	493	58	245	503	62	3 208	134	67	153	20	1 176
2002	进口量	2 886	287	46	349	751	271	3 972	340	57	204	511	1 956
	出口量	337	942	77	243	813	28	1 106	213	121	251	21	1 975
2003	进口量	28 200	441	196	812	886	227	15 394	628	61	1 492	695	2 074
	出口量	790	384	68	307	461	29	2 727	172	243	357	230	3 716
2004	进口量	18 673	568	74	723	682	229	14 872	706	43	6 914*	418	2 076
	出口量	2 874	917	142	642	725	47	9 691	216	359	1 069	186	7 847
2005	进口量	18 017	396	118	433	537	115	10 970	301	61	6 070	143	2 271

（续）

年份	分类	挖掘机	装载机	筑路机及平地机	73.5kW（100马力）以上推土机	压路机	摊铺机	叉车	轮式起重机	塔式起重机	混凝土拖泵	混凝土搅拌车	电梯及扶梯
	出口量	3 839	4 130	4 903	1 085	1 457	84	16 407	457	708	692	262	14 268
2006	进口量	28 397	469	277	445	696	182	10 722	209	40	3 080	80	2 269
	出口量	8 004	9 357	4 388	1 573	2 667	162	26 492	1 484	1 748	1 149	603	22 433
2007	进口量	33 789	502	45	640	481	150	11 781	521	43	793	32	2 595
	出口量	8 709	23 307	5 078	2 995	5 231	273	48 547	4 645	3 007	1 893	2 677	31 590

注：海关统计数据口径可能不同。

表3　1998～2007年国内市场主要工程机械实际需求量　　（单位：台）

年份	挖掘机	73.5kW（100马力）以上推土机	装载机	摊铺机	叉车	压路机	轮式起重机	塔式起重机	混凝土搅拌车	混凝土拖泵	电梯及扶梯
1998	8 753	3 158	17 296	275	11 892	4 495	2 539	6 500	804	699	32 800
1999	7 434	3 154	18 991	336	13 679	5 913	3 081	4 681	656	349	35 000
2000	9 034	2 844	20 748	561	18 809	5 456	3 997	7 485	1 056	570	39 000
2001	13 451	3 162	26 076	633	20 565	5 912	4 083	9 705	1 162	1 766	45 000
2002	22 259	4 904	42 693	1 303	35 843	8 845	6 553	9 766	4 198	2 379	47 000
2003	61 392	7 084	69 723	1 504	53 391	12 733	10 162	10 304	3 568	4 101	43 000
2004	48 848	5 370	90 985	1 545	56 574	9 847	12 332	7 931	6 061	8 113	94 000
2005	48 040	4 444	103 620	937	70 296	7 193	10 856	12 046	3 941	7 468	130 000
2006	70 018	4 797	120 946	1 156	81 750	6 769	13 190	10 317	4 568	5 421	148 000
2007	96 321	4 852	138 823	1 124	115 649	7 082	16 738	28 056	7 211	3 138	186 000
合计	385 550	43 769	649 901	9 474	478 448	74 245	83 531	106 791	33 225	34 004	799 800

表4　1998～2007年国产工程机械产品销售额与固定资产投资额比例关系

年份	工程机械销售收入（不含进出口）（亿元）	同比增长（%）	国内实际使用工程机械金额（亿元）	同比增长（%）	全社会固定资产投资额（亿元）	工程机械使用金额占全社会固定资产投资额比例（%）
1998	350	2.9	440	-3.7	28 406	1.55
1999	420	20.0	547	24.3	29 855	1.83
2000	480	14.3	582	6.4	32 918	1.77
2001	560	16.7	674	15.8	37 213	1.81
2002	773	38.0	938	39.2	43 500	2.16
2003	1 036	34.0	1 304	39.0	55 567	2.35
2004	1 157	11.7	1 386	6.3	70 477	1.97
2005	1 262	9.1	1 291	-6.9	88 604	1.46
2006	1 620	28.4	1 557	20.6	109 870	1.42
2007	2 223	37.2	1 976	26.9	137 239	1.44

表5　1998～2007年我国工程机械进出口贸易额

年　份	进　口		出　口		贸易差
	贸易金额(亿美元)	同比增长(%)	贸易金额(亿美元)	同比增长(%)	(进口/出口)
1998	9.87	-24.9	2.24	-32.5	4.4:1
1999	14.63	48.2	4.05	80.8	3.6:1
2000	13.06	-10.7	5.10	25.9	2.6:1
2001	15.51	18.8	6.89	35.1	2.3:1
2002	20.63	33.0	7.47	8.4	2.8:1
2003	35.62	74.5	10.50	41.4	3.4:1
2004	36.43	2.3	18.52	76.6	1.97:1
2005	30.64	-15.9	29.40	58.8	1.04:1
2006	39.31	28.3	50.12	70.5	0.78:1
2007	49.41	25.7	86.97	73.5	0.57:1

统计方法说明：

(1)统计的年份。经走访有关施工部门，他们认为政府有关部门规定的工程机械使用期为10年，基本符合目前我国大部分工程机械的实际使用状况。虽有些进口的先进设备，特别是大型设备使用年限超过10年，有的甚至使用了20多年，设备状况仍属正常，但考虑到大部分设备的使用状况，我们在统计中仍以10年为准。

(2)统计的方法。境内企业当年销售量+同类产品当年进口量-同类产品当年出口量=当年国内市场实际需求量。

(3)将1998～2007年的当年国内实际需求量进行合计后，拟再增加20%即为全国保有量。因为在统计中有以下三个因素：统计数据的不完整；未进入海关统计范围的进口量，如赠送、走私、以零件的名义进口整机等；使用年限有超过10年的。所以需增加20%的量值，但也有的专家认为增加的量值应以30%为宜，所以给出了一个幅度。

(4)由于摊铺机在1998年以前海关没有单独列出税号，自1999年以后才能查到每年的进出口数量。因此在表中只能列1998～2007年的国产摊铺机的销售量以及1999～2007年的进出口量。混凝土泵车、混凝土搅拌站在海关至今没有单列税号，只能以国内销量进行估算。平地机与筑路机海关统计在同一税号中，故无法准确统计出平地机的实际进出口量，其保有量为估算值。

(5)以上数据因种种原因统计不全，仅供参考，有不妥之处望请指正。

〔撰稿人：中国工程机械工业协会韩学松〕

2007年工程机械行业经济运行分析

一、主营业务销售收入、利润总额、主要产品销售量完成情况

2007年又是工程机械行业的发展年和效益年，主营业务销售收入实现2 223.20亿元，比上年增长37.17%；实现利润总额198.26亿元(含资本市场运营收入约为25亿元)，同比增长67.73%，扣除资本运营收入后，比上年实际增长46.58%，比主营业务销售收入增幅高出9.41个百分点；实现销售利润率7.79%，比上年提高0.5个百分点，说明行业总体经营效益有提高。2006～2007年工程机械行业各类产品主营业务销售收入和利润总额完成情况见表1。

表1　2006～2007年工程机械行业各类产品主营业务销售收入和利润总额完成情况

产品类别	主营业务收入(亿元)			利润总额(亿元)		
	2006年	2007年	同比增长(%)	2006年	2007年	同比增长(%)
液压挖掘机	231.70	366.40	58.14	22.10	30.44	37.74
装载机、推土机、平地机、工程自卸车、铲运机等	335.20	474.90	41.68	18.10	30.50	68.51
轮式起重机、履带吊、塔机、高空作业车、清障车等	175.60	236.70	34.79	11.00	18.02	63.82
压实与路面施工机械、养护机械等	65.50	77.30	18.02	0.10	1.60	150.00
叉车、正面吊、牵引车、托盘搬运车、堆垛机等	74.40	113.10	52.02	6.70	9.50	41.79
混凝土机械、桩工机械、施工升降机、装修机械等	241.20	348.70	55.76	20.10	60.70	202.00
凿岩机械与风动工具、掘进机等	25.70	28.40	10.51	1.00	1.50	50.00
载客电梯、自动人行道、货梯、医用梯等	408.40	490.00	19.98	34.80	39.00	13.79
配套零部件及其他	63.00	87.70	39.21	4.20	7.00	66.67
合计	1 620.80	2 223.20	37.17	118.20	198.26	67.73

近几年来，由于企业扩张重组并购发展较快，各企业的产品类别不断增加，企业之间产品销售交叉已普遍存在，一个企业的产品生产属性已很难划分在某一个产品领域内，因此给产品分类统计年销售总额时，如果按企业产品属性来划分统计，无法准确到位。表1中分类产品销售额和利润总额是根据协会历年统计资料分项测算出来的，仅供参考。在下一年的年鉴编写时不再按分类产品表述销售额，改为按企业主营业务销售收入汇总，并表述整个行业和主要企业的发展情况。从表1中看，2007年液压挖掘机、装载机、平地机、移动式和履带式工程起重机、叉车(含正面吊运机、堆垛机)、混凝土机械、桩工机械等产品年销售额增长幅度超过40%，从而带动行业高速发展。利润总额增长幅度达到67.73%，又创出行业发展历史新高。当然，有些企业从资本市场盈利所得占有相当大的比例，但2008年随着资本市场的走弱，这部分盈利不会再出现，相应利润总额增幅就会下降。

2007年主要产品销售量是根据行业协会统计的主要企业年报资料汇总分析出来的，其销售量约占行业的90%左右。由于统计的企业数口径有差异，与业内其他人士掌握的情况不完全一致，但完全可以反映行业的发展趋势，供参考应用。2007年工程机械行业主要产品销售量见表2。

表2　2007年工程机械行业主要产品销售量

序号	产品类别及名称	2006年销售量(台)	2007年销售量(台)	比上年增长量		其中出口增长量	
				台数	%	台数	%
1	塔式起重机	19 422	31 020	11 598	59.72	1 259	10.85
2	移动式起重机及高空作业机械	18 194	27 327	9 133	50.20		
	其中:轮式起重机	14 154	20 862	6 698	47.32	2 619	39.10
	轮胎起重机	158	721	563	356.33		
	履带式起重机	506	906	400	79.05	344	86.00
	高空作业车(含举高消防车等)	785	1 339	554	70.57		

（续）

序号	产品类别及名称	2006 年销售量（台）	2007 年销售量（台）	比上年增长量		其中出口增长量	
				台数	%	台数	%
	随车起重机	2 591	3 499	908	35.04		
3	液压挖掘机	52 014	71 697	19 383	37.26	703	3.63
	其中：履带式液压挖掘机	48 625	67 670	19 045	37.18		
	轮式挖掘机	3 166	3 256	90	2.84		
	挖掘装载机	223	771	548	246.00		
4	铲土运输机械	138 733	173 327	34 594	24.94		
	其中：推土机	6 087	7 207	1 120	18.40	1 422	126.96
	装载机	129 793	161 628	31 835	24.53	13 950	43.82
	平地机	2 277	3 893	1 616	70.97	877	54.27
	非公路自卸翻斗车	576	599	23	3.99	54	234.78
5	工业搬运车辆	1 372 986	1 833 297	460 311	33.53		
	其中：内燃叉车	77 247	123 378	46 131	59.72	13 478	29.86
	电动叉车	14 694	23 600	8 906	60.61	8 800	98.81
	堆垛机	14 728	16 342	1 614	10.96	227	14.06
	托盘搬运车	1 266 317	1 669 977	403 660	31.88	436 013	108.01
6	载客电梯、货梯、医用梯、扶梯及自动人行道	168 000	215 000	47 000	27.98	9 157	19.48
7	压路机	9 176	9 437	261	2.84	2 564	982.36
	其中：静碾压路机	1 442	908	-534	-37.03		
	振动压路机	7 019	7 508	489	6.97		
	轮胎式压路机	668	918	250	37.43		
	其他变型产品	47	103	56	119.15		
8	凿岩机械	257 357	247 490	-9 867	-3.83		
	其中：凿岩钻机及钻车	11	170	159	1 445.45		
	内燃凿岩机	20 151	12 416	-7 735	-38.38		
	电动凿岩机	5 195	5 032	-163	-3.14		
	手持式凿岩机	108 792	100 616	-8 176	-7.52		
	气腿式凿岩机	123 208	129 256	6 048	4.50		
9	桩工机械	3 092	3 362	270	8.73		
	其中：柴油打桩锤	1 193	1 173	-20	-1.68		
	振动与液压打桩锤	380	398	18	4.74		
	钻孔机械	526	522	-4	-		
	旋挖钻机	349	546	197	56.45		
	压桩机	242	415	173	71.48		
	桩架	395	235	-160	-40.50		
	连续墙抓斗	7	73	66	943		
10	商品混凝土机械	12 440	19 400	6 960	55.95		
	其中：混凝土搅拌楼	1 992	1 847	-145	-7.28		
	混凝土搅拌车	5 450	9 693	4243	77.85	2 074	47.07
	混凝土拖式泵	3 108	3 975	867	27.90	744	85.81
	混凝土泵车（含车载泵）	1 890	3 885	1 995	105.56		
11	路面机械（部分企业）	1 785	1 914	129	7.23		
	其中：沥青混凝土搅拌设备	360	324	-36	-10.00		
	摊铺机	1 129	1 284	155	13.73	111	71.61

（续）

序号	产品类别及名称	2006 年销售量（台）	2007 年销售量（台）	比上年增长量		其中出口增长量	
				台数	%	台数	%
	稳定土厂拌设备	137	158	21	15.33		
	稳定土路拌机	80	104	24	30.00		
	稀浆封层机	18	24	6	33.33		

从表 2 中列出的主要机种塔式起重机、移动式起重机、液压挖掘机、铲土运输机械、叉车、压路机、桩工机械、商品混凝土机械、路面机械九大类产品 2007 年销售量已达到 50 万台，比 2006 年的 36 万台增长了 38.89%，与全行业 178 家主要企业主营业务收入（见表 3）增长 39.09%，形成了相应的对照，产品销售价格略有回升，体现出工程机械行业仍然呈现出强劲的发展走势。但是认真分析，除了液压挖掘机、塔式起重机以外，其他产品销售对出口市场的依存度进一步提高，例如推土机出口增长占总增长量 126.96%，实际国内市场需求下降了 320 台；装载机出口销售量增长占销售总量增长部分的 43.82%，也就是说近一半是靠出口拉动的；平地机达到了 54.27% 出口增长量；再如压路机主要靠出口市场拉动发展，而国内市场销售量 2007 年还下降了 2 303 台；移动式工程起重机和叉车产品也是这样。因此我们必须关注国际市场的变化，只靠国内市场已经很难维持行业继续保持高速增长趋势。

二、2007 年工程机械销售发展走势

据中国工程机械工业协会对 40 个主要企业的月报抽样统计，以 2007 年 1 月份 40 个企业的销售总额为 100%，根据每月销售额变化，就可计算出其他各个月的销售指数，并将其指数绘成销售额变化走势图，2006 年 10 月至 2008 年 6 月工程机械销售指数见下图。

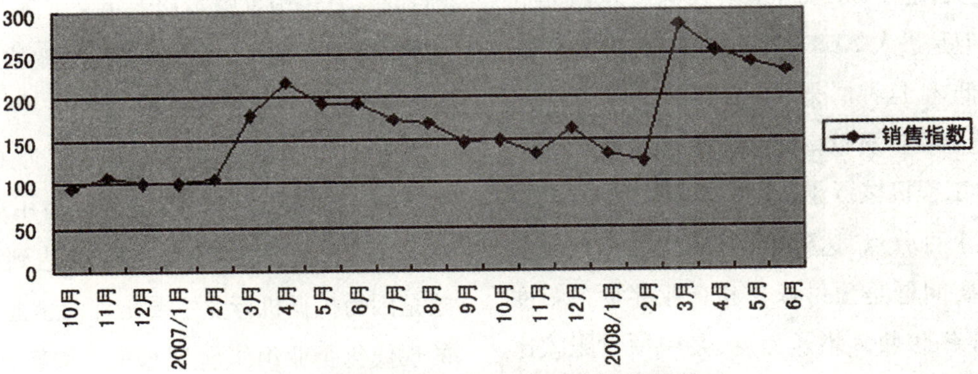

图　2007 年 11 月工程机械销售指数

从图 1 看出，我国工程机械销售仍然以波浪式上涨走势发展，年终和年初均为销售低谷，秋季为销售淡季，春季销售达到高峰，全年平均跨上一个新台阶。特别是进入 2008 年 3 月开始，销售额比上一年度同期高点又提高了 58.10%。这些情况说明工程机械行业仍然在稳步、快速、健康地向前发展。

三、经济运行分析

根据对行业 178 家主要企业 2007 年的年报统计，统计的销售收入份额约占本行业的 83%，所反映出来的各项经济指标具有较全面的代表性，可供参考。其中销售收入（含其他业务收入）为14 677 602 万元，同比增长 39.09%，利润总额1 300 424万元，同比增长 92.52%，与全行业比较，增长幅度分别高出 1.91 和 24.79 个百分点。这是因为统计的 178 家主要企业中优质企业比较多，特别是利润总额中包含着 2007 年证券市场火爆后的资本盈利，使少数个别企业利润总额出现突发性的增长，并不代表全行业的发展趋势。

从统计的各项指标来看，虽然主营业务收入和营业利润均有大幅度增长，但也反映出新的问题。

2007年178家主要企业经济指标统计见表3，就各项指标变化情况简要分析如下：

1. 出口大幅增长、产品价格上调、主营业务以外的利润收入丰厚是2007年工程机械行业经济运行的三大特点

表3中统计的178家主要企业2007年出口交货值达到187.38亿元，同比增长100.62%，达到了历史最高水平，产品出口已成为行业发展的主要动力之一。因此，围绕着出口业务，大部分企业2007年都建立了对外销售的服务系统，许多企业成立了国际贸易部或独立的外贸公司，这必将使今后的出口额达到新的高峰。

2007年主营业务收入增长39.09%，主营业务成本增长达到40.95%，超过了主营业务和其他业务收入的1.87个百分点，基本处于同步增长趋势。但是利润总额却增长了92.52%，高出销售收入增长率的一倍多，其利润来源一是产品价格上调，二是其他业务利润大幅增加达10亿元之多，营业外资本市场利润收入达25亿元左右。如果扣除主营业务以外利润后，实际主营业务利润总额增长幅度也就是在45%左右。但是进入2008年，随着原材料价格上涨，资本市场的低迷，这种情况不会再发生。

2. 行业总资产贡献率提高缓慢

2007年工程机械行业总资产贡献率比2006年只提高2.9个百分点，达到14.4%，仍处于比较低的水平。主要问题是预付账款和企业存货大幅度上升，均高于销售收入增长速度，其中预付账款比上年增长58.04%，存货比上年增长61.49%。企业为了应对国内外两个市场需求的增长，进口关键配套件及高强度钢材所占资金量和周期越来越严重，这种状况目前还难以改变。2007年流动资产增长了34.2%，达到841.35亿元，高于销售产值增幅14个百分点，其中主要原因是由预付账款和存货造成的。今后要进一步提高信息化管理水平，尽量减少库存和在制品量。

3. 能耗指标有所下降

2007年能耗指标准煤消耗增长17.75%，比销售产值少增长2.45个百分点。这主要是十多家大型企业规模效益的提升，从而使单位产品能耗指标有所下降，但并没有实质性的节能降耗措施，今后降低能耗指标任务仍然很艰巨。

4. 工业增加值偏低

2007年工业增加值占工业销售产值的21.46%，比上年下降1个百分点，体现了行业专业化、企业与产业集群化的产业发展优势，有利于规避风险。但是也进一步说明中国工程机械产品核心技术与技术附加值含量低，对进口关键零部件的依赖性越来越严峻，这是工业增加值偏低的主要原因。

5. 新产品产值比重增加，但开发费用减缓

2007年新产品产值占总产值的33.91%，比上年提高3个百分点。科研开发费用比上年增长4.66%，其中新产品开发费用增长14.66%，分别占主营业务收入的1.99%和1.63%，均低于2006年2.6%和1.97%的水平，这样不利于行业创新发展。

6. 资本金利用率提高

实收资本2007年比2006年增长12.18%，大大小于销售产值的增长幅度，说明资本金利用率有所提高，其中国家资本比上年又下降10.14%，集体资本、港澳台资本、外商资本呈大幅增长趋势。

7. 流动资金占用额较大

2007年流动资金平均占用量为主营业务收入的57%，年周转1.75次，按流动占用年平均余额计算为1.91次，其中挖掘机行业达到3.38次/年。这是因为挖掘机行业主要是外商企业，体现了他们的现代化企业组织管理水平。周转次数较差的行业有铲土运输机械、压实与路面机械、混凝土机械、凿岩机械四个行业的企业。说明工程机械行业企业今后在现代信息化与物流管理方面还有着艰难的发展里程。

从上述情况分析，要从根本上提高经济运行质量和竞争力，就必须对产品技术创新，信息化管理创新，企业结构创新，节能降耗等方面下功夫，行业内主要企业要形成共识，明确发展目标，并希望国家在政策管理体系方面进一步调整到位，更加有利于行业发展。

表3　2007年178家主要企业经济指标统计　（单位:万元）

指 标 名 称	2006年	2007年	同比增长(%)
工业总产值(现价)	10 505 943	13 849 300	31.82
其中:新产品产值	3 204 698	4 696 915	46.55
工业销售产值	10 153 841	12 205 199	20.20
其中:出口交货值	934 032	1 873 826	100.62
工业增加值	2 284 107	2 619 155	14.67
主营业务收入	10 552 800	14 677 602	39.09
主营业务成本	7 852 580	11 068 449	40.95
主营业务税金及附加	26 875	48 238	79.49
应交所得税	113 384	153 964	35.79
本年应交增值税	267 709	314 540	17.49
管理费用税金	19 816	30 747	55.16
管理费用支出	575 715	664 664	15.45
营业费用支出	508 375	643 675	26.63
财务费用支出	115 683	123 784	9.60
营业利润	591 311	1 762 074	197.77
利润总额	675 484	1 300 424	92.52
研究与发展经费支出	279 542	292 557	4.66
其中:新产品的开发	208 232	238 760	14.66
年末资产合计	9 180 418	12 310 471	34.10
流动资产小计	6 269 273	8 413 520	34.20
其中:应收账款净额	1 715 187	1 817 872	5.97
预付账款	319 877	505 541	58.04
存货	2 585 845	4 179 981	61.49
其中:产成品	1 079 222	1 282 850	18.87
流动资产平均余额	5 431 807	7 461 319	37.36
固定资产原值	2 174 645	3 145 566	44.65
固定资产净值年平均余额	1 760 618	2 264 925	28.64
年末负债合计	6 014 162	7 660 923	27.38
其中:流动负债	5 071 306	6 423 579	26.67
年未所有者权益	3 570 512	6 313 106	76.81
实收资本	1 442 832	1 618 602	12.18
其中:国家资本	388 325	348 959	-10.14
集体资本	11 601	33 921	192.4
法人资本	397 647	494 112	24.26
个人资本	367 419	381 214	3.75
港澳台资本	10 337	26 280	154.23
外商资本	234 777	297 013	32.14
全年能耗标煤(t)	393 815	463 723	17.75
全年从业人员(人)	176 025	199 380	13.27
全年从业人员工资总额	440 594	534 295	21.27
全年完成固定资产投资	513 865	411 596	-19.90

四、行业结构发展趋势

1. 产品结构向大型化、小型化两头延伸

我国工程机械产品以往一直以中型规格为主，大型产品主要依靠进口，小型工程机械市场开发较晚，也没有得到发展。其中大型工程机械最大起重量400t、600t、900t级履带起重机、313.2kW(420马力)大型推土机、斗容量达到55m^3 的矿用挖掘机、185吨级液压挖掘机、66m扬程的混凝土泵车、最大起重量500吨级全路面起重机、"863专项"研发的直径达8m的地铁施工盾构机、为高速铁路建设开发的起重量为900吨级的提梁机、运梁车及无碴道施工用的铺板龙门吊与双向运板车等产品陆续投放市场,这些产品不仅技术开发周期短,而且产品技术普遍达到国际水平,得到用户的认可,基本结束了大型工程机械主要依靠进口的局面,为国家节省了大量的投资。

在小型工程机械方面,近两年来小型装载机、多功能装载机、新概念挖掘装载机、滑移转向装载机、小型挖掘机生产企业越来越多,其销售量正以30%左右速度增长。特别是适合于城镇乡村建设用的农用小型工程机械产量已达到10万多台,产品技术水平不断提高,那种简易式小型挖掘机和小型装载机不断被市场淘汰,取而代之的产品正在逐步按照工程机械的设计规范进行开发。中国的小型工程机械正在进入一个规范的发展期。

2. 技术结构

2007年开发的60多种新产品中,70%以上产品都采用了机电液一体化技术,在功能较复杂的产品上还采用信息化控制的总线技术,使产品作业在可控情况下工作,提高了施工质量和施工效率。在企业信息化管理方面部分先进企业已达到现代化管理水平,例如柳工机械股份有限公司、合力叉车股份有限公司等企业,目前已从订单开始到配套、原材料加工、装配试验检测、销售、库存管理、服务管理汇总为一个总线技术,使库存量大大压缩,基本做到零库存,企业经济效益在原来基础上提高了15%~20%。企业创新研发机构不断完善,统计企业中从事科研和新产品研发人员达到41 855人,同比增长19.4%;全年科技研究与新产品开发费用达到41.53亿元,同比增长48.56%,说明创新发展理念已被大部分企业接受,但与国外先进水平比较,研发费用所占比重仍然偏低,有些企业还在走低水平同质化竞争发展之路,这样的企业是不会有长期发展潜力的。

3. 产业结构

(1)龙头企业进一步向大型化国际化方向发展。如今的徐工集团工程机械有限公司、长沙中联重工科技发展股份有限公司、柳工机械股份有限公司、三一重工股份有限公司、山推工程机械股份有限公司、福建龙工集团有限公司、合力叉车股份有限公司等已成为行业内家喻户晓的知名企业。中国工程机械行业中已有8家企业进入国际行业50强企业之列,生产集中度和规模正在不断扩大,中国本土领军企业即将成为国际世界级大型企业。

(2)本土企业开始向外扩张发展,参与国际跨国兼并重组行列,使中国工程机械发展进一步走向国际化发展道路。例如长沙中联重工科技发展股份有限公司收购了英国老牌非开挖设备制造企业保路捷公司,2007年又以60%控投合同收购了意大利国际第三位的混凝土机械制造商CIFA公司;柳工机械股份有限公司在澳大利亚设立独资公司,进一步开拓澳大利亚市场,2007年又在印度开办子公司,2008年3月18日在美国休斯顿正式挂牌成立柳工机械股份有限公司北美公司;三一重工股份有限公司在香港投资设立全资子公司三一国际发展有限公司,新公司在印度投资6 000万美元建立制造基地,2007年9月12日又在美国乔治亚洲桃树城投资6 000万美元,建设三一——美国研发制造中心等,中国企业正在走出国门。

(3)行业结构进入新一轮洗牌,企业之间并购事件此起彼伏

近两年来工程机械行业并购重组事件频发,大企业在发展规模的同时,为了做大做强,扩大产品业务范围,正在努力兼并其他企业。例如曾经是推土机行业重点企业的新黄工集团,被长沙中联重工科技发展股份有限公司收购,柳工机械股份有限公司购并蚌埠振冲起重机有限公司。也有的企业为了把规模做大,正在扩大其他产品品种,但这些新上的产品往往是生产能力过剩的行业,发展的风险较大,应该以进一步发展具有强势地位的优势产品为主,使之发展成为国内外知名品牌,提高竞争力,在把企业做强的基础上扩大规模,才有发展潜力。

五、2008 年发展预测

据 2008 年上半年主要企业销售运行情况，工程机械市场需求仍处于较好的上升趋势，八大主机产品装载机、推土机、平地机、轮式起重机、叉车、压路机、挖掘机、摊铺机 2008 上半年销售量与 2007 年同期相比增长 36%，按照 2006 年与 2007 年工程机械年度销售规律，全年增长率能达 30%。按销售额预测，出口增长 300 亿元；国内市场需求增长 400 亿元，其中进口占 75 亿元，国内企业占 325 亿元。据此，2008 年全年销售总额预测达到 2 900 亿元，比 2007 年增长 30.45%。

2008 年产品销售利润率受原材料、国外进口配套件、劳动力成本提高，已经开始下降，虽然部分产品上调了销售价格，但已不可能维持 2007 年利润总额 67.73% 的增长率，能达到 25% 增长率目标就是一个好年景。

〔撰稿人：中国工程机械工业协会　茅仲文〕

2007 年工程机械进出口情况及发展趋势

2007 年，工程机械行业进出口贸易继续保持着高速增长的态势，在 2006 年首次实现贸易顺差的基础上，2007 年贸易顺差额有较大增加。根据海关总署的统计数据，2007 年我国工程机械进出口贸易总额累计达到 136.4 亿美元，比上年增长 52.6%；贸易顺差 37.6 亿美元，是 2006 年的 2.5 倍。其中累计进口金额 49.4 亿美元，比上年增长 25.7%，占国内市场份额的 19%，比上年下降了 1 个百分点；累计出口金额 87 亿美元，比上年增长 73.5%，占国内销售份额的 29.4%，比上年上升了 5.4 个百分点。2002 ~ 2007 年工程机械进出口走势见下图。

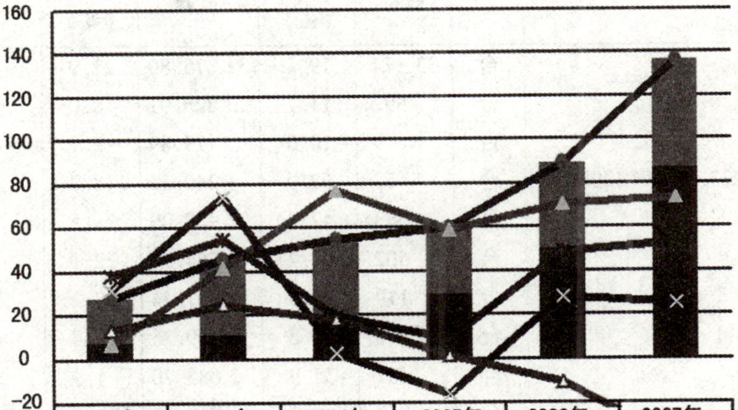

	2002年	2003年	2004年	2005年	2006年	2007年
进口贸易额（亿美元）	20.5	35.6	36.43	30.64	39.31	49.4
出口贸易额（亿美元）	7.47	10.5	18.52	29.4	50.12	87
贸易逆差（亿美元）	13.03	25.1	17.91	1.24	-10.81	-37.6
进出口贸易总额增长（%）	38.4	54.6	19.3	9.16	48.9	52.6
进口金额增长（%）	32	74	2.3	-16	28.3	25.7
出口金额增长（%）	7	42	77	59	70.5	73.5
进出口贸易总额（亿美元）	27.97	46.1	54.95	60.04	89.43	136.4

图　2002 ~ 2007 年工程机械进出口走势

1. 工程机械进出口总体情况

由于国内基础设施建设的大力开展，挖掘机始终是工程机械市场需求量最大的设备。叉车市场已经连续几年保持平稳，需求量居高不下。值得关注的是隧道掘进机及打桩设备在2007年进口量增长较大。2007年工程机械进口整机31亿美元，比上年增长19%，占进口总额的63%；零部件进口18.5亿美元，比上年增长39%，占进口总额的37%。履带挖掘机进口13.2亿美元，比上年增长23%，占进口整机的42.6%；隧道掘进机进口2.7亿美元，比上年增长34%；进口金额在1亿美元以上的产品还有电梯及扶梯、履带起重机、电动及内燃叉车等，进口产品中增幅在50%以上的产品有推土机、铲运机、全路面汽车起重机及集装箱叉车。整机产品进口的平均价格5年来起伏不大，摊铺机和沥青搅拌设备有逐年下降的趋势；铲运机、汽车起重机、平地机、叉车和隧道掘进机价格有所上升，产品规格向大型化发展；零部件的价格基本平稳。

2007年工程机械整机出口59亿美元，比上年增长83%，占出口总额的68%；零部件出口28亿美元，比上年增长58%，占出口总额的32%。这说明我国工程机械出口产品结构有所改善，整机出口呈明显的逐年上升趋势，我国工程机械的出口正向着高技术含量和高附加值的方向发展。国产零配件向日、韩、美等发达国家的大幅出口，标志着我国零配件产品已经开始进入全球产业链。

出口金额在1亿美元以上的产品有履带挖掘机、履带起重机、塔式起重机、汽车起重机、筑路机及平地机、电梯及扶梯、装载机、压路机、推土机、电动及内燃叉车、手动搬运车、手持风动工具和混凝土搅拌车等，有占统计总数90%的产品为正增长，而近50%的产品增幅超过了100%。出口产品中挖掘机、推土机、平地机、沥青搅拌设备、汽车起重机和工程车辆的平均价格稳步上升，产品向高附加值方向发展；而零部件的价格则小幅上扬。2007年工程机械产品进出口分类汇总表和2003～2007年工程机械主要产品进出口平均价格对比分别见表1和表2。

表1　2007年工程机械产品进出口分类汇总　　（金额单位：万美元）

产品名称	单位	进口				出口			
		数量	增长率（%）	金额	增长率（%）	数量	增长率（%）	金额	增长率（%）
履带式挖掘机	台	33 174	19.1	132 075.80	22.9	7 957	2.3	47 797.18	7.5
轮胎式挖掘机	台	592	11.7	2 825.01	-8.0	565	433.0	2 138.18	281.0
其他挖掘机	台	9	-10.0	479.89	-2.9	185	58.1	1 579.45	67.0
推土机〔P>235.36kW(320hp)〕	台	57	62.9	3 240.53	118.7	436	83.2	5 593.65	101.8
其他推土机	台	583	42.2	2 939.09	21.5	2 559	91.7	19 115.92	125.8
装载机	台	502	1.2	5 564.94	22.1	23 307	149.1	64 387.40	139.2
铲运机	台	119	98.3	4 291.44	128.2	363	263.0	445.08	290.6
筑路机及平地机	台	45	-83.8	1 599.25	-6.4	5 078	15.7	24 725.97	184.0
压路机	台	481	-35.9	2 683.70	-1.9	5 231	96.1	16 598.48	112.2
摊铺机	台	150	-17.6	2 769.22	-20.9	273	68.5	2 264.12	66.6
沥青搅拌设备	台	29	-39.6	652.63	-72.3	599	159.3	6 675.84	149.6
全路面汽车起重机(起重量>100t)	辆	29	20.8	5 161.31	52.7	7	600.0	663.46	63 694
其他全路面汽车起重机	辆	3	-76.9	315.68	-62.8	626	146.5	6 329.31	123.5
汽车起重机(起重量>100t)	辆					18	260.0	886.88	433.3
其他汽车起重机	辆	11	-15.4	178.15	-28.7	3 337	200.9	47 748.97	241.0
履带式起重机	台	87	-6.5	11 142.06	-6.5	488	238.9	15 947.74	278.7
塔式起重机	台	43	7.5	1 960.78	-12.7	3 007	72.0	34 589.76	129.2
其他起重机	台	1 790	23.1	10 002.80	20.5	48 659	516.6	14 096.55	38.2

（续）

产品名称	单位	进口				出口			
		数量	增长率（%）	金额	增长率（%）	数量	增长率（%）	金额	增长率（%）
堆垛机	台	290	44.3	3 659.14	100.0	322	238.9	219.19	-43.2
电动叉车	台	7 622	1.5	10 686.25	6.6	17 916	91.8	11 072.07	81.6
内燃叉车	台	3 977	27.6	15 636.25	18.7	30 538	78.4	40 067.81	81.1
集装箱叉车	台	182	91.6	2 790.90	54.9	93	144.7	1 591.21	239.5
手动搬运车	台	4 471	11.4	1 975.73	12.6	1 661 793	35.6	26 038.16	53.9
牵引车	辆	3 176	43.4	1 262.57	-56.3	30 252	286.4	1 045.72	51.0
电梯及扶梯	台	2 595	14.4	16 703.73	4.2	31 590	40.8	85 220.21	36.8
打桩机及工程钻机	台	108	103.7	1 267.51	47.8	12 068	589.6	8 756.29	124.7
混凝土泵	台	793	-74.3	1 152.87	31.9	1 893	64.8	8 293.49	81.8
混凝土搅拌车	辆	32	-60.0	240.22	-52.6	2 677	343.9	13 718.57	335.9
其他混凝土机械	台	2 525	22.6	6 975.43	-11.8	395 498	112.2	17 015.37	95.0
凿岩机及隧道掘进机	台	186	15.5	27 231.70	34.2	26 878	86.3	4 380.31	-13.6
手提风动工具	台	446 397	-10.6	5 581.90	22.7	21 320 381	-16.5	21 731.01	8.6
其他工程车辆	辆	77	-22.2	3 309.04	7.3	126	384.6	1 764.30	357.1
其他	台	3 376	-34.8	22 886.41	44.9	969 679	74.4	35 663.85	127.6
零部件	t	281 408	34.6	184 843.70	39.4	1 898 417	54.3	281 570.49	58.3
合　计				494 085.63	25.7			869 731.99	73.5

表2　2003～2007年工程机械主要产品进出口平均价格对比　（单位:万美元/台）

产品分类	进口					出口				
年份	2003年	2004年	2005年	2006年	2007年	2003年	2004年	2005年	2006年	2007年
挖掘机	4.13	4.51	4.10	3.91	4.01	3.51	4.85	4.82	5.74	5.92
装载机	7.97	8.07	9.39	9.19	11.09	1.51	2.47	3.11	2.88	2.76
推土机	3.63	5.34	7.77	8.76	9.66	6.58	6.65	6.08	7.14	8.25
压路机	3.39	4.88	3.15	3.64	5.38	0.36	1.29	0.64	0.73	0.64
铲运机	16.63	22.70	30.11	31.33	36.06	1.66	1.66	1.13	1.96	1.23
平地机	1.37	3.20	9.70	6.17	35.54	0.34	0.39	0.88	1.98	4.87
摊铺机	27.15	27.18	21.52	19.25	18.46	4.52	6.09	9.99	8.39	8.29
沥青搅拌设备	87.43	115.26	71.61	49.04	22.50	2.12	9.52	6.47	11.58	11.14
起重车	41.66	71.59	61.93	89.55	131.51	8.66	6.64	9.33	12.42	13.95
起重机	10.88	17.61	15.08	14.15	12.03	0.33	0.84	2.56	3.02	1.24
叉车	1.70	1.72	1.86	2.33	2.47	1.13	1.05	0.71	1.08	1.09
手动搬运车	0.27	0.28	0.40	0.44	0.44	0.01	0.01	0.02	0.01	0.02
牵引车	2.81	1.81	0.06	1.30	0.40	0.01	0.30	0.10	0.09	0.03
凿岩机及隧道掘进机	79.15	106.35	124.49	126.04	146.41	0.07	0.29	0.14	0.35	0.16
打桩机及工程钻机	16.20	19.65	3.29	16.18	11.74	2.24	1.18	1.30	2.23	0.73
混凝土机械	3.58	1.62	1.10	1.78	2.50	0.06	0.04	0.06	0.09	0.10
电梯	7.38	8.05	6.50	7.07	6.44	2.64	2.67	2.76	2.78	2.70
风动工具	0.01	0.01	0.01	0.01	0.01	0.00	0.00	0.00	0.00	0.001
其他工程车辆	33.02	41.23	36.63	31.14	42.97	3.91	9.34	5.83	14.85	14.00
挖泥船	226.97	410.30	133.13	219.00	719.16	0.58	13.50	5.11	0.49	55.65
零部件（万美元/t）	0.55	0.68	0.69	0.63	0.66	0.11	0.13	0.13	0.14	0.15

2. 工程机械进出口地区分布情况

我国工程机械进口具有明显的向国家(地区)集中的特征,2007年进口的国家和地区共67个。其中从亚洲进口最多,为29亿美元,比上年增长24%,占进口总额的59%;从欧洲进口14.4亿美元,比上年增长17%,占进口总额的29%;从北美洲进口4.9亿美元,比上年增长74%,占进口总额的9.9%。工程机械主要产品的进口趋向性极大,有些产品几乎全部来自一或二个国家,如履带挖掘机、沥青摊铺机、全路面汽车起重机和隧道掘进机等。这些设备都有着较高的技术含量,国内企业一旦在技术上有所突破,必将赢得不小的市场份额。进口金额排在前3位的国家(地区)是日本、德国、韩国,其进口额合计为34亿美元,比上年增长19%,占进口总额的69%。其中从日本进口20.7亿美元,比上年增长23%,占进口总额的42%,主要产品有履带挖掘机(占同类产品进口量的86%)、电梯(占同类产品进口量的70%)和履带推土机(占同类产品进口量的74%);从德国进口6.7亿美元,与上年持平,占进口总额的14%,主要产品有履带起重机(占同类产品进口量的52%)、沥青摊铺机(占同类产品进口量的99%)、隧道掘进机(占同类产品进口量的33%)和全路面起重机(占同类产品进口量的100%);从韩国进口6.5亿美元,比上年增长28.6%,占进口总额的13%,主要产品有履带挖掘机(占同类产品进口量的12.6%)和轮胎挖掘机(占同类产品进口量的71%)。

我国工程机械的出口地域广泛,出口的国家(地区)数量占全世界国家(地区)总数的80%,几乎遍及世界的每一个角落。2007年共出口国家和地区200个,其中向亚洲出口最多为41.6亿美元,比上年增长67.6%,占出口总金额的48%;向欧洲出口21亿美元,比上年增长107%,占出口总金额的24%;向北美出口8.4亿美元,比上年增长10%,占出口总金额的9.7%;向非洲出口8.7亿美元,比上年增长109%,占出口总金额的10%;向拉丁美洲出口4.8亿美元,比上年增长169%,占出口总金额的5.5%;向大洋洲出口2.5亿美元,比上年增长56%,占出口总金额的2.8%。美国和亚洲是出口的主要市场,2007年出口额呈现急速上升国家(地区)有俄罗斯、阿尔及利亚、阿联酋、沙特阿拉伯、印度、哈萨克斯坦、越南、伊朗、南非、巴西、阿根廷、智利、委内瑞拉、埃塞俄比亚、赤道几内亚、突尼斯、罗马尼亚、乌克兰和爱尔兰等,这些国家(地区)已成为当前出口市场的新热点。工程机械产品出口的趋向性并不强,规律性较差,大部分产品是分散出口。排在出口国家(地区)前3位的是美国、日本、俄罗斯,其出口额合计为19.3亿美元,占出口总额的22%。其中向美国出口7.3亿美元,比上年增长9.7%,占出口总额的8.4%,主要产品有手提风动工具(占同类产品出口量的54%)、扫雪机和吹雪机(占同类产品出口量的20%)、手动搬运车(占同类产品出口量的17.3%);向日本出口6.9亿美元,比上年增长36.8%,占出口总额的8%,主要是零部件(占同类产品出口量的23.6%);向俄罗斯出口5亿美元,比上年增长179%,占出口总额的5.8%,主要产品有装载机(占同类产品出口量的19.5%)、履带起重机(占同类产品出口量的9.7%)、履带挖掘机(占同类产品出口量的10%)、履带推土机(占同类产品出口量的20%)、混凝土搅拌车(占同类产品出口量的21%)。2007年工程机械进出口地区分布和2007年工程机械进出口前10位国家或地区排序见表3和表4。

表3 2007年工程机械进出口地区分布 (金额单位:万美元)

地区	进口			出口		
	金额	比上年增长(%)	占进口总额比例(%)	金额	比上年增长(%)	占出口总额比例(%)
亚洲	289 835.95	24.0	58.66	415 640.65	67.6	47.79

（续）

地区	进口			出口		
	金额	比上年增长（%）	占进口总额比例（%）	金额	比上年增长（%）	占出口总额比例（%）
非洲	128.55	-72.9	0.03	86 779.90	109.2	9.98
欧洲	143 489.41	17.4	29.04	210 262.76	106.7	24.18
拉丁美洲	2 856.42	-13.3	0.58	48 057.98	168.7	5.53
北美洲	48 842.72	74.3	9.89	84 284.41	10.6	9.69
大洋洲	8 932.58	66.1	1.81	24 706.29	56.1	2.84
	494 085.63			869 731.99		

表 4　2007 年工程机械进出口前 10 位国家或地区排序

排序	进口				出口			
	国家（地区）	金额（万美元）	比上年增长（%）	占进口总额比例（%）	国家（地区）	金额（万美元）	比上年增长（%）	占出口总额比例（%）
1	日本	206 624.97	22.8	41.82	美国	73 314.3	9.7	8.43
2	德国	67 180.14	0.8	13.60	日本	69 067.66	36.8	7.94
3	韩国	64 873.24	28.6	13.13	俄罗斯	50 642.93	179.0	5.82
4	美国	46 548.39	75.3	9.42	阿联酋	45 913.27	120.6	5.28
5	瑞典	14 958.18	3.6	3.03	印度	41 863.31	101.7	4.81
6	荷兰	13 403.77	326.3	2.71	哈萨克斯坦	36 492.59	148.6	4.20
7	意大利	9 172.27	26.1	1.86	韩国	29 850.09	49.7	3.43
8	澳大利亚	8 908.60	66.1	1.80	德国	25 880.18	82.1	2.98
9	法国	7 880.46	13.6	1.59	沙特阿拉伯	24 727.91	119.1	2.84
10	英国	6 703.22	2.2	1.36	英国	20 267.48	58.5	2.33
		446 253.24		90.32		418 019.72		48.06

3. 工程机械进出口贸易方式及经营企业情况

2007 年我国工程机械进出口贸易以一般贸易为主，其中进口占 74.1%，出口占 74.8%，这与有些行业以加工贸易为主有明显区别，也充分说明了这一行业尚未成为“世界加工中心”。一般贸易自 2006 年成为顺差后，体现出我国工程机械企业出口能力和国际竞争力开始增强。另外，加工贸易保持顺差提高了出口产品的附加值，为整体进出口贸易顺差的形成贡献了不小的力量。

在进口贸易中，进料加工贸易占 7.7%，外商投资企业作为投资进口的设备和保税区转口货物各占 5% 和 10%；出口贸易中进料加工贸易占 16%，对外承包工程货物占 5.5%，边境小额贸易增长了 161%。

2007 年我国工程机械进口以外资企业为主，占进口总额的 48%，比上年下降了 4 个百分点；私人企业增长迅速，所占比例上升至 24.5%，比上年增加了 3 个百分点。出口贸易中，外资企业占 39%，成为出口的主力；国有企业占 28.4%，私人企业的出口额比上年增长了 133%，所占总额的比例也上升了 7 个百分点至 28.6%。2007 年工程机械进出口主要贸易方式及 2007 年各类经营企业进出口情况分别见表 5 和表 6。

表5　2007年工程机械进出口主要贸易方式　（金额单位:万美元）

代码	贸易方式	进口			出口		
		金额	比上年增长（%）	占总额比例（%）	金额	比上年增长（%）	占总额比例（%）
10	一般贸易	365 983.66	29.13	74.1	650 534.21	82.00	74.8
11	国家间、国际组织无偿援助和赠送的物资				1 199.00	125.83	0.1
14	来料加工装配贸易	1 536.91	72.01	0.3	3 272.47	-41.38	0.4
15	进料加工贸易	37 812.62	13.98	7.7	140 191.85	46.04	16.1
16	寄售代销贸易				5.70	-94.93	
19	边境小额贸易	4.87			15 689.33	161.22	1.8
20	加工贸易进口设备	722.19	-11.29	0.1			
22	对外承包工程出口货物				48 180.61	89.17	5.5
23	租赁贸易	9 099.86		1.8	570.40		0.1
25	外商投资企业投资进口的设备、物品	24 920.61	-17.72	5.0	0.00		
30	易货贸易				33.34		
33	保税仓库进出境货物	3 525.77	78.77	0.7	767.92	21.91	0.1
34	保税区仓储转口货物	49 471.06	26.81	10.0	9 065.12	-1.90	1.0
35	出口加工区进口设备	546.08	-71.81	0.1			

表6　2007年各类经营企业进出口情况　（金额单位:万美元）

代码	经营企业性质	进口			出口		
		金额	比上年增长（%）	占总额比例（%）	金额	比上年增长（%）	占总额比例（%）
1	国有企业	131 153.59	28.36	26.5	246 979.41	66.74	28.4
2	中外合作企业	8 213.40	-13.96	1.7	29 347.49	49.61	3.4
3	中外合资企业	80 029.50	-1.97	16.2	154 107.54	37.67	17.7
4	外商独资企业	149 359.23	32.50	30.2	159 433.45	58.90	18.3
5	集体企业	4 258.01	114.79	0.9	31 183.42	115.16	3.6
6	私人企业	121 037.02	42.36	24.5	248 678.12	133.08	28.6
9	其他企业	34.88	58.69		2.56	884.62	

〔撰稿人:中国工程机械工业协会江琳〕

2007年工程机械产品质量检验情况

一、工程机械行业质量综述

2007年国家宏观经济继续快速发展,工程机械行业作为装备制造业的主力军得到迅猛的发展。全行业无论是产品的数量、产品的质量、技术水平、自主研发能力、新品种的推出，都创造了空前的新纪录。

1. 叉车行业

我国已经能够生产内燃、电动、机械、液力、静压等上百种型号规格的叉车及仓储用车辆，且性能指标与国外叉车无明显差异，基本能够满足国内市场的需要。同国外叉车相比主要有两条不足，一是可靠性尚有差距，二是舒适性相对较差。我国的优势是价格低，同时整机质量也在逐步追赶国外产品。

随着叉车行业的快速发展，已形成了具有较强创新能力的国有企业，如安徽合力股份有限公司的G系列叉车上就有多项专利应用。该公司已具有变速箱、驱动桥、转向桥、液压油缸、变矩器等多项关键部件的生产能力。另一个国内大企业浙江杭叉工程机械股份有限公司在制造集成上，采取了走国际配套的战略，企业发展也取得了成功。目前，开始关注零部件的研制开发能力，提升企业的创新能力。

工程机械行业前10名的制造企业均在不同程度上加强了制造过程的质量控制，多数企业注重工艺装备的投入，靠工装保证产品质量概念已被多数企业接受。国内特种设备许可制度也作为外因对企业建立质量保证体系起到了促进作用。

部分小型企业仍停留在简单仿制的水平上，但这些企业占领的是小部分的低档车市场。虽然国内已有多家企业能生产额定起重量10t以上的叉车，但其关键部件如发动机、驱动桥、变速箱、液压系统基本为进口产品，国内企业仅能生产结构件。10t以下(含10t)的内燃叉车，中、高档产品所用关键部件均为进口部件，中低档车仍以国产部件为主，密封件可选用进口件或国产件。比较可喜的是兴力通达公司正在致力于门架系列型号的研制生产，为企业增加了可选择性，进一步改善了叉车的生产条件。国外发动机在排放上已可达到欧Ⅲ标准，国内发动机排放尚未达到国Ⅰ标准。在节能降噪方面国内生产厂主动研究的也不多，仅仅是为了满足出口需求，被动地为满足国外认证的需要做一些技术研究。

各种型号规格的电动叉车，其关键部件如电动机、电控在直流部分基本实现了国产化，但在交流部分仍依赖外资公司，零部件的开发无法与国际同步，这与国内微电子制造企业发展水平有很大关系。国外公司往往能够独自制造电控和电动机，或投资于能够制造电控和电动机的公司，能够与主机产品同步更新关键部件，很容易创新生产新机型。

2. 挖掘机行业

我国挖掘机正朝着健康的轨迹迈进，通过全行业的努力，挖掘机的技术质量水平和国际知名品牌的差距在快速缩小，包括在市场、价格、企业发展速度的规范性和秩序性方面都得到了体现。从2007年挖掘机销售统计来看，总销量68 791台，其中国产挖掘机占销售总量的20%。这个比例并不能真实反映国内自主品牌挖掘机的销售份额，因为代表挖掘机水平的机型是20t以上，而国内自主品牌挖掘机20t以上机型的销量仅在8%左右，30t以上机型的份额就更少，从产值上讲也是如此。

国内自主品牌挖掘机的功能比较单一，其衍生产品也很少。诸如用于建筑物拆除挖掘机、抓废钢铁的挖掘机、河道清淤的伸缩臂挖掘机、危险区域的遥控挖掘机、狭小区域作业斗杆摆动或全回转式挖掘机、快换附属装置等。

国内自主品牌挖掘机的规格主要集中在30t以下，6t以下小型挖掘机规格比较齐全，从1.5～30t基本上形成了系列。30t以上的产品很少，200t以上的几乎是空白。因此说，国内自主品牌挖掘机还处于“发展期”。

国内自主品牌挖掘机企业在研发体系和试验体系建设方面尚在起步，产品的开发基本上处于仿造阶段，基本上是通过市场反馈来不断完善设计。

液压系统基本上是采用供货商提供的基本型产品，很少有按自己的设计要求供货。企业对液压技术的研究缺乏手段和人才，是快速发展的初期的瓶颈，同质产品在挖掘机行业并没有规避。

挖掘机结构件的寿命和焊接技术研究基本上没有开展，加大安全系数的做法比较普遍，而结果却不是所希望的。1 100～2 700h动臂、斗杆的断裂比例很高,个别企业甚至高达12%。

电控技术只有山东众友工程机械有限公司等少数公司自己开发,大多数企业都在选购,这是国内工程机械行业企业忽视测控技术的一个通病。

挖掘机三大核心技术曾经使我国的挖掘机“休眠”,靠全球采购在一个时期、一定程度上促进了我国挖掘机的发展,但现在受到了严重的制约。

节能、减排、降噪、安全部件、司机保护结构、精细作业的工作装置、不同功能的附属装置等方面的开发与研究个别企业才刚刚起步,大多数企业还没有能力涉足。

目前国内自主品牌挖掘机的主要质量问题表现在:结构件、电控、发动机、液压件等核心部位,以及诸如销轴、司机室、四轮一带等其他部件。

结构件主要是出现早期疲劳断裂、撕裂、开焊等故障模式。原因主要有:下料精度不够、组焊过程缺少工装或工装精度难以保证、热影响区过大、坡口光洁程度不够、不能严格执行工艺纪律、主焊缝断续、焊接工艺未评定、焊缝检验不彻底等;从使用的角度来讲主要是动臂、斗杆承受侧向载荷,或垂向冲击载荷。

电控系统失效表现形式为显示器黑屏、传感元件信号紊乱、控制程序紊乱等。主要原因有:电控系统车载环境适应性差、元件不稳定、接地技术不可靠、水密性差等。

发动机出现故障大多和保养、使用、油料有关,其他故障一般多和设计、制造有关。但就某一企业而言,故障分布过于离析,这也充分证明了我们的产品一致性较差,也就是说过程控制不到位,制造不规范。

我国挖掘机的标准体系框架包括:产品标准、安全标准两大类。其中产品标准是在20世纪80、90年代制定的,旨在引导、推动行业的发展,在相当长的一个时期内起到了积极的作用。在充分展现企业个性和科技迅猛发展的今天,已经不能满足行业的需要。但标准的制修订需要做大量的研究与验证工作,简单地修改,甚至主观判断不利于实现标准的严肃性、科学性、先进性。而安全标准是在21世纪初制定的,属发展初期的水平,虽然可操作性较差,但树立了挖掘机等土方机械产品的安全意识,是我国挖掘机等产品的安全标准与国际接轨的具体体现。尤其是20世纪末至今,大量的ISO安全标准的采用,为ISO20474在我国推广起到了非常积极的作用。但是,企业并没有认真研究如何将这些标准引入到产品的设计过程中,这一点应该引起足够的重视。

3. 装载机行业

国内装载机企业经历了50年的发展历程,现在成为全球装载机制造大国,质量工作贯穿整个发展历程,从行政监督到联合质量攻关,从对配套企业的质量约束到生产过程的质量点控制,都是在为提高产品质量和使用可靠性上下功夫。激烈的市场竞争更进一步推动了企业质量意识的提高。行业企业产品质量提高的步伐是比较快的,但问题依然存在,依据产品检验信息、市场质量信息反馈和司法鉴定的情况看,质量问题主要表现如下:

1)产品的设计存在着质量缺陷,不符合法规或标准的要求。

2)有部分产品在用户使用中,三包期内故障频发,液压系统、电器元件、发动机、传动系统故障率减幅不明显。更有小部分产品在使用中出现转向及制动系统故障,引起大的事故。

3)车架及工作位置构件断裂开焊时有发生,有的受力性构件在非焊口处断裂。

4)服务质量不高,没有很好地去指导用户、培训用户,让操作者详读《使用说明书》,按规范使用、定期保养设备,以致不当的操作和使用引起的故障比例也是较大的。

近几年,装载机企业经过自身的不断努力,自主创新,引进消化国际先进技术和管理经验,并随着国内基础工业水平不断提高,配套环境逐渐好转,装载机的技术水平有了显著的提高。新技术、新工艺、新材料不断应用在装载机产品上,CAD/CAE/CAM/CAPP在大中型企业得以普遍应用,生产装备水平的提升,测试技术的应用,这些软件与硬件的合理匹配,为装载机技术水平的提高打下了良好的基础，新产品的系列化开发及产品换代周期进一步缩短。

目前，国内高端装载机产品在新技术的应用上也有了大的突破，电子监控、服务信息传输、故障诊断、集中润滑、电控 KD 变速、全液压传动、流量放大技术、湿式制动、差速锁定、节能的液压系统、自动称重、防振降噪、高速悬挂等先进技术得到应用。骨干企业已有能力根据用户的需求提供较先进的设备。

国家对能源消耗和排放控制非常重视，为此国家技术监督检验检疫总局已布置课题，研究工程机械节能减排的问题。粗略估算在用工程机械的能源消耗是一个很大的数字；尽管装载机使用地分散，作业场所人员少，对局部环境影响不是很直观，但对大环境的影响也不容忽视，部分企业研究开发了低噪低耗环保型装载机，投放到敏感的市场上，但推广的力度不大。这是继提出逐步提高产品可靠性，满足客户使用要求后，又一项更严格的法规性要求。

骨干企业相继开发出特殊环境下使用的装载机，如高原、井下、防爆作业区。部分中小企业为满足用户要求，在产品上安装了排放水过滤系统，应该说这是一个创新。

国内装载机企业随着其新工艺、新材料在产品上的应用，尤其在产品外观的个性化设计、板材预处理工艺水平的提高（抛丸、喷砂、酸洗、磷化、电泳工艺），板材的一次冲压成型，选用优质材料，喷漆工艺的改进，使产品外观质量、造型、内在质量水平有了显著的提升。部分产品关键部件的国际化配套，使产品的技术性能、可靠性更加优良，可与国外品牌相媲美。

客观地讲，部分企业的技术水平仍很差，技术人才匮乏，装备不良，控制手段落后，真正推出一个技术品牌的产品，创出一个品牌企业时日还久。

总之，近几年行业企业整体技术水平普遍提高，尤其是骨干带头企业。但也要认识到差距，技术水平的提高取决于基础工业的提高和市场的有力推动，骨干企业在争取利润最大化的同时需承担起振兴装备制造业的社会责任。

4. 压路机行业

近年来压路机行业发展迅速，加入压路机生产的企业不断增加，使压路机制造企业多达 80 多家。能够生产 0.5 ~ 30t 振动压路机、4 ~ 24t 静碾压路机和 16 ~ 30t 轮胎压路机等规格品种较为齐全的系列产品，基本形成能够自主开发与生产的完整压路机制造体系，其技术水平与国际先进水平之间的差距正逐步缩小。

压路机产品存在的质量问题主要分为两大类：一类是涉及产品的性能和可靠性方面的，一类是涉及有关安全环保方面的。产品的性能和可靠性方面的问题主要是，由于企业设计、加工、装配工艺水平以及试验检测能力方面的落后，导致产品各项性能参数达不到设计要求，在未经检验的情况下就投放市场，对大多数施工单位及用户来说又是不易查觉、发现，带来的直接问题就是故障频繁、施工质量下降、道路寿命降低；另一类安全环保方面的问题主要是人身安全的保护、驾驶舒适性、制动系统、发动机排放和噪声等方面的问题。

由于我国整体工业水平较低，地区经济发展不平衡，机械传动的压路机以其价格低廉、维修简单等优势，在我国现阶段还有相当大的用户群体和市场。虽然机械驱动压路机在国内压路机市场占据着主导地位，但存在着技术指标及水平落后、作业效率低、操作舒适性差、维修性差等问题。国内压路机主要生产企业虽然具有开发生产高技术水平全液压驱动振动压路机的能力，但具有开发制造能力和能否形成批量生产供货且能被市场大批量接受的结果是完全不同的两回事。国内制造的全液压驱动振动压路机目前远远低于机械驱动振动压路机的市场占有份额。由于国内全液压驱动振动压路机受到质量可靠性和成本等的制约，主要零部件若采用国产配套件的话，虽然具有一定的价格优势，但其质量可靠性难以得到保证，主要零部件若采用国际著名品牌产品的话，往往造成制造成本高，既无价格优势也无品牌优势，很难与国外著名制造企业生产的压路机竞争。

压路机属于资金、技术密集型且与相关工业关系极强的产品，涉及技术面广、业务多，主机厂产品技术含量的提高，需要众多配套厂家的密切配合，约有60%～70%的配套件需专业厂提供。压路机主机生产以产品总体设计、结构件制造、产品配套件选购和组装为主要内容，主机厂家只加工生产一些特殊的关键件和进行整机的组装调试，大部分零部件往往采取委托专业厂制造或直接采购。国内配套件行业普遍存在拥有自己的关键技术较少，往往只能在原有产品水平基础上进行有限改进，产品技术落后、技术更新能力不强、产品结构不合理、产品质量不稳定、产品可靠性差、工艺制造和检测手段薄弱、技术研发能力不强、管理水平低等问题。配套件质量及可靠性差，往往是造成主机整体质量及可靠性水平不过关的主要原因。柴油机、变速箱、液压泵马达阀等元件普遍存在"三漏"问题。液压系统出现的故障约占总数的50%～70%。其中由于密封件、组合件等的加速老化、失效造成渗漏的故障，占液压系统故障的50%左右。液压泵、液压马达及轴承寿命短的问题也较为突出。弹簧类的刚度不稳定，换挡压力调整弹簧、换挡定位调整弹簧不同程度地存在变软。主机三包期间故障反馈率统计表明，配套件造成的故障次数远远高于自制件所占故障次数。

随着国家对产品安全、环保方面的重视程度越来越高，压路机行业安全、环保方面的要求也会逐渐严格和完善起来。我国企业的设计观念是重性能设计、轻安全设计，重产品制造，轻法规与标准的研究，我国企业对于国家标准中现有的对振动压路机减振系统减振效果、防护罩的防护、安全标识的设计、制动系统、发动机排放和噪声等安全环保要求没有足够重视，导致企业的产品对用户操作、维修造成困难和伤害，对公私财产造成损害，对环境造成污染。我国现有对压路机方面的质量要求大多数是对产品性能方面的要求，涉及有关安全环保方面的要求由于受国内标准制约，其数量只占到很少一部分，其项目和内容与国外相比差很多。安全环保方面标准执行度远远不够，企业对这类标准一般不熟悉，基本不执行。国际上标准中涵盖的许多方面内容，如电磁兼容性、内饰材料的阻燃性等，在我国的标准体系中暂时无相应的要求。我国现行标准管理模式与压路机的发展要求很不适应，不利于提高产品的整体水平，也不利于与国际接轨。一些涉及安全环保标准没有制订。

5. 推土机行业

在工程机械行业里面，推土机行业是个比较稳定的行业。中国推土机行业发展于20世纪70～80年代，自2006年以来，随着建筑施工和资源开发规模的扩大，对工程机械需求量迅速增加，在产销量增长的同时，技术改革创新也在不断的变化。对推土机的可靠性、维修性、安全性和燃油经济性也提出了更高的要求。随着微电子技术向行业的渗透，现代推土机日益向智能化和机电一体化方向发展，而且一些主要的生产企业都在加大技术创新力度，推出了各种变型产品，丰富了产品系列。如湿地推土机、高原型推土机、环卫型推土机、森林伐木型推土机、推耙机、吊管机等，进一步拓宽了推土机的使用范围。努力完善产品的标准化、系列化和通用化，改善驾驶人员的工作条件，向节能、环保方向发展。

国家发展改革委员会在2006年修订的《关于工程机械行业部分产品产业结构调整目录》第28、39条目中，明确了鼓励发展大型工程施工机械设备制造和2 000万t/a及以上大型露天矿成套设备制造。大型工程施工机械设备是国家大型建设工程项目的关键性通用施工设备，主要用于露天矿的剥离、铲运任务及尾矿工程的处理，国内需求主要依靠进口来补充。针对235kW（含235kW）以上履带推土机的鼓励发展，对功率382kW（含382kW）以上的履带式推土机的进口产品实施免税，功率小于382kW的履带推土机的进口设备不予免税。把产品技术落后、工作效率低、操作工作强度大的落后产品实施淘汰，如T100、T110A推土机，T100是原鞍山拖拉机厂在20世纪70年代初开发的机械式履带推土机，80年代经改进后为T100A型。随着推土机向液力传动、集中控制、节能降耗和操作舒适性方向发展，T100、T100A一直面临更新换代的过程。

目前，我国推土机出口的地区以发展中国家为主，对欧美等发达国家地区相对较少，主要的原因是事实上的技术壁垒的阻碍，像欧盟的CE认证，美国的UL认证等。同时我国推土机的技术水平较卡特彼勒、小松、利勃海尔等国际公司仍有不小的差距，包括在推土机行业标准的现状不尽如人意，主要是标准的制修订工作滞后。在技术水平日益发展的今天，应尽快地制订出有益于行业发展的标准，提升部分指标，在产品的设计过程中把欧盟标准和国际标准的先进部分予以采纳，尽快转化最新的国际标准，这将极大地推动我国推土机行业的发展。

6. 工程起重机行业

近年来，国内工程起重机行业迎来了快速发展的黄金时期，经过不断的技术引进和创新，产品外观、起重性能、可靠性都有较大幅度的提高。随着一大批高起点、水平先进的工程起重机产品不断推向市场，大大提高了我国工程起重机在国际同行中的地位，新一代工程起重机取得了巨大技术进步，主要表现在如下几个方面：

(1)上车操纵系统采用液控先导控制系统

近年来，我国工程起重机上车操纵系统实现了由机械操纵系统向液控先导控制系统的转变，使整机具有良好的微动性和作业精度，降低了操作者的操作难度，减轻了操作者的劳动强度。该系统的另一优势是使机－电－液逻辑安全控制系统易于实现和保证，从而保证整机安全可靠的工作。

(2)液压系统普遍采用恒功率变量系统

目前，国内起重机的液压系统广泛采用恒功率变量系统。主动力元件采用柱塞变量泵，恒功率控制方式，带有负载敏感控制阀，具有压力切断和负载交叉传感功能，能根据负载压力来工作，适应执行元件压力和流量的需要，同时在大负载或复合动作工况下，保证不超过预定的驱动功率，使发动机在高效率区域运转，节能效果非常明显。起升系统采用变量马达，这种双变量系统使压力和流量的自适应能力强，使速度变化范围大，减少了流量和压力损失，实现重载低速、轻载高速和节能等功能，提高了作业效率，降低了使用成本。

(3)电气系统采用PLC集成控制的电比例操作系统

目前，国内大吨位汽车起重机电气系统上广泛采用电比例控制器和PLC集成式可编程计算机系统，并与常规电气相结合，完成系统的逻辑控制与电比例控制功能。实现了起重机的自动控制，让起重机的操作变得更加简单方便，大大提高了起重机的可靠性和作业效率。

(4)数据总线技术得到广泛应用

近年来，我国在大吨位起重机上已开始应用数据总线技术，该技术是计算机技术、网络通信技术、控制技术和转换技术的综合与集成。使用数据总线技术可以将发动机、变速箱、车桥转向和ABS等系统进行总线数据传输，也可以将力矩限制器系统、单缸伸缩系统、上车发动机系统和液压系统及各传动部件之间依靠总线进行数据传输和管理，借助检测装置和显示装置可以对整个行驶和作业过程进行监控，实时显示各种状态和信息。数据总线的应用大大简化了电气线路连接，提高了数据传输效率和精度，同时具有极高的拓展功能。

(5)掌握了单缸插销式全自动伸缩臂等大吨位起重机的核心技术

与绳排伸缩技术相比，单缸伸缩机构具有无可比拟的优越性，重量轻，可靠性高，对整机稳定性影响小，对吊臂截面影响小，易于布置，易于维护。目前徐州重型机械有限公司已经研究出自主知识产权的单缸伸缩机构，成功使用在QY130K、QAY125、QAY160、QAY200、QAY240、QAY300等产品上，吊臂节数达到7节，主臂长度达到68m。同时，大吨位起重机的其他核心技术如“U”形臂的成型技术、多桥底盘技术、配重自装卸技术等，正逐步被国内企业所掌握。

近年来，国内工程起重机行业掀起了技改投资的热潮，制造系统整体升级，产品质量大幅提升。2006年徐州重型机械有限公司(简称：徐重)不断引进高精尖的加工设备，新购进大型高端设备达20余套，其中包括汽车安全行驶检测线、精细等离子、数控对镗加工中心、五面体加工中心、数控车、大件涂装线、平衡梁镗孔专机。持续进行的制造工艺升级，使起重机产品的整体品质不断提升。其故障反馈率（所有故障）已降到20%以下，平均无故障工作时间提高到520h，使徐重在同质化竞争中脱颖而出。在徐重的带动下，配套厂家也进行了全面的系统升级，其中徐州液压件厂投资约3亿元实现厂区搬迁和制造系统再造，温州圣邦液压件厂也斥巨资对制造系统进行升级等。与此同时，长沙中联重工科技发展股份有限公司投资创建麓谷工业园和泉塘基地，北京京城重工机械有限责任公司进行整体搬迁和生产流程再造，生产制造系统和管理模式都是按国际最先进标准进行改进。经过不懈努力，国产工程起重机质量得到了不断提高。根据多年来新产品试验和市场反馈分析表明，同国外工程起重机比较，尚有质量差距，主要表现在如下方面：

（1）国内工程起重机的外观涂装质量，主要覆盖件的平整度、主要结构件的焊缝质量与国外名牌产品相比有一定的差距。表现为制造装配技术水平不高，焊缝外表粗糙不整齐，涂漆质量不过关，油漆附着力及抗腐蚀性差等。

（2）国产起重机与国外产品可靠性和质量稳定性上差距较大。主要存在的问题是：

液压元件：漏油、内泄、异响；电器元件：接触不良、易烧、失灵；两室及外观件：漏水、焊缝开裂、密封老化脱落等；机构类：漏油、异响、操作不便、不可靠。

造成国产起重机水平不高的主要原因是国产配件存在精度不够、密封性能不足、铸造技术水平不够，部分特殊钢材尚无法生产等问题，主要核心配件如液压件、传动系统、发动机、液压油缸等，需要依靠进口满足国内空白或供给不足，其中特别是液压件和发动机。据有关资料介绍，国内生产的主要零部件的使用寿命与国外差距较大，如发动机国外使用寿命为8 000h，而我国仅有3 000h；液压缸国外使用寿命为100～200万次，而我国只有60～80万次。目前，国内大部分配套厂家只注意主机厂性能要求，对可靠性关注较少，虽然主机厂积极引导，在新产品开发和老产品改进上仍难满足要求，高技术含量、高附加值的配套件仍主要依赖进口，这就要求配套厂家加大新产品开发力度，加大投入，加强产品质量攻关，提高产品可靠性。

二、可靠性试验情况

国家工程机械质量监督检验中心2007年进行的各类检验试验类型有：型式试验、部分性能试验、单项试验、强制性项目试验、特种设备制造许可型式试验、“3C”认证检验、零部件试验、可靠性（工业性）试验、司法鉴定、CE认证检验等。

可靠性试验比较能反映产品的质量状况，2007年各机种的可靠性试验指标可反映了当前工程机械的质量状况。

1. 工业车辆类

内燃平衡重式叉车47台，可靠性现场试验是1 000h，强化可靠性是400h，可靠性试验指标均折合1 000h计算。平均无故障时间395.9h，作业有效度98.5%，首次故障时间105.3h，试验中出现严重故障1次，一般故障88次，轻微故障62次。

蓄电池观光车26台，可靠性试验时间150h，平均无故障时间138.7h，作业有效度99.2%，首次故障时间93.25h，试验中出现严重故障0次，一般故障8次，轻微故障14次。

托盘搬运车3台，可靠性试验时间200h，平均无故障时间183.4h，作业有效度99.0%，首次故障时间48h，试验中出现严重故障0次，一般故障2次，轻微故障1次。

蓄电池固定平台搬运车4台，可靠性试验时间500h，平均无故障时间391h，作业有效度97.8%，首次故障时间266.6h，试验中出现严重故障0次，一般故障3次，轻微故障3次。

2. 土方机械与路面机械

挖掘机10t以上（含10t）69台，可靠性试验时间800h，平均无故障时间761h，作业有效度99.9%，首次故障时间411.8h，试验中出现严重故障0次，一般故障4次，轻微故障14次。

挖掘机10t以下(不含10t)30台,可靠性试验时间400h,平均无故障时间385.1h,作业有效率99.88%,首次故障时间337.5h,试验中出现严重故障0次,一般故障3次,轻微故障9次。

轮式装载机102台,可靠性试验时间1 000h,平均无故障时间327.5h,作业有效度97.8%,首次故障时间230.9h,试验中出现严重故障0次,一般故障300次,轻微故障122次。

压路机7台,可靠性试验时间400h,平均无故障时间350h,作业有效度99.6%,首次故障283.2h,试验中出现严重故障0次,一般故障5次,轻微故障6次。

平地机4台,可靠性试验时间1 000h,平均无故障时间530h,作业有效度99.9%,首次故障时间282.3h,试验中出现严重故障0次,一般故障8次,轻微故障1次。

摊铺机5台,可靠性试验时间300h,平均无故障时间300h,作业有效度99.9%,首次故障时间246h,试验中出现严重故障0次,一般故障0次,轻微故障3次。

旋挖钻机3台,可靠性试验时间250h,平均无故障时间250h,作业有效度99.0%,首次故障时间149h,试验中出现严重故障0次,一般故障1次,轻微故障0次。

三、特种设备制造许可检验和工厂条件评审

特种设备制造许可制度,是依据国务院于2003年颁布的《特种设备安全监察条例》实施的。国家质量技术监督检疫检验总局依据《条例》制定了《机电类特种设备制造许可规则》,目的是确保特种设备的制造质量和安全技术性能。国家工程机械质量监督检验中心授权范围的产品是轻小型起重设备类(如叉车)、观光车类、场(厂)内机动车辆类(如挖掘机、装载机)、流动式起重机类(如履带起重机、轮胎起重机)等。2007年国家工程机械质量监督检验中心对授权范围内的特种设备检验了375个产品,特种设备制造条件鉴定评审84家企业。

四、专用汽车产品检验和"3C"强制性认证检验

根据汽车产业发展政策和国家认证认可条例,建立统一的道路机动车辆生产企业和产品的准入管理制度。符合准入管理制度和相关法规、技术规范的强制性要求,并通过强制性产品认证的道路机动车产品,登陆《道路机动车辆生产企业及产品公告》,由国家发展改革委员会和国家质量技术监督检疫检验总局联合发布。公安交通管理部门依据《道路机动车辆生产企业及产品公告》和中国强制性认证(3C)标志办理车辆注册登记。

国家工程机械质量监督检验中心是国家发展改革委员会和国家质量技术监督检疫检验总局认可的汽车产品的强制性检验单位之一,按照授权范围开展强制性项目检验(专用汽车)、定型试验(基本型,含变型车、专用车)。2007年完成汽车产品公告检验1 265项;汽车CCC认证检验48项,工厂条件审查国内160家、国外28家,汽车进口产品特殊认证模式产品检验29项。

五、CE认证检验

国际上的准入标准有国际通行标准和各国各地区的特定标准。工程机械行业近年来出口产品、扩大海外市场的趋势愈演愈烈。不仅出口到第三世界,出口到欧盟、北美等发达地区的工程机械也成倍增加,因而对工程机械的CE认证需求日益增多。CE认证是用以证实该产品符合欧盟技术、安全标准,通过了相应的合格评定程式或制造商的合格标志声明,无论在欧洲、美国、日本或其他国家都获得很好的出口效应。

近年来,国家工程机械质量技术监督检验中心为工程机械行业开展CE认证检验业务,得到行业的欢迎。2007年为挖掘机、叉车、平地机、推土机、压路机等共进行了85项CE认证检验工作,使工程机械产品顺利走出国门。

六、2007 年工程机械产品检验情况

企业名称	法人代表	商标	检验产品名称及型号	检验类型	检验结论	证书编号
福建晋工机械有限公司	柯金鏴	晋工机械	JGM757 轮胎式装载机	型式试验	达到设计要求，符合相关标准	TX5000－05－070001 号
江苏董氏雅迪科技发展有限公司	董经贵	雅迪	YD40014YLA 蓄电池观光车	型式试验	达到设计要求，符合相关标准	TX6000－05－070002 号
上海力至优叉车制造有限公司	渡边雄一郎	NICHIYU	FB30－72 蓄电池平衡重式叉车	型式试验	达到设计要求，符合相关标准	TX4000－05－070003 号
徐州工程机械科技股份有限公司	王民	XCMG	EC80 履带式挖掘机	型式试验	达到设计要求，符合相关标准	TX5000－05－070004 号
浙江杭叉工程机械股份有限公司	戴东辉	HC	CPCD160 内燃平衡重式叉车	型式试验	达到设计要求，符合相关标准	TX4000－05－070005 号
北京京城重工机械有限公司	苏杰	京城	QLY25B 轮胎起重机	型式试验	达到设计要求，符合相关标准	TX4000－05－070006 号
常州英克莱电动车业有限公司	刘兴勇	英克莱	2006B 蓄电池观光车	型式试验	达到设计要求，符合相关标准	TX6000－05－070007 号
小松叉车制造（中国）有限公司	岗井良幸	KOMATSU	FG30T－16 内燃平衡重式叉车	型式试验	达到设计要求，符合相关标准	TX4000－05－070008 号
深圳市达航投资发展有限公司	师文军	达航	TKD6141 蓄电池观光车	型式试验	达到设计要求，符合相关标准	TX6000－05－070009 号
深圳市达航投资发展有限公司	师文军	达航	TKD2021 蓄电池观光车	型式试验	达到设计要求，符合相关标准	TX6000－05－070010 号
河南鸿马实业有限公司	马鸿军	鸿马	HMDC－14 蓄电池观光车	型式试验	达到设计要求，符合相关标准	TX6000－05－070011 号
浙江美科斯叉车有限公司	陆金红	maximal	FB25 蓄电池平衡重式叉车	型式试验	达到设计要求，符合相关标准	TX4000－05－070012 号
浙江美科斯叉车有限公司	陆金红	maximal	FGL30T 内燃平衡重式叉车	型式试验	达到设计要求，符合相关标准	TX4000－05－070013 号
厦门工程机械股份有限公司	陈玲	厦工机械	XG932Ⅱ轮胎式装载机	型式试验	达到设计要求，符合相关标准	TX5000－05－070014 号
长沙中联重工科技发展股份有限公司	詹纯新	浦沅	QUY 型 600 履带起重机	型式试验	达到设计要求，符合相关标准	TX4000－05－070015 号
泰安嘉和重工机械有限公司	安宝峰	泰山嘉和	JH80 轮胎式挖掘机	型式试验	达到设计要求，符合相关标准	TX5000－05－070016 号
泰安嘉和重工机械有限公司	安宝峰	泰山嘉和	JH120 履带式挖掘机	型式试验	达到设计要求，符合相关标准	TX5000－05－070017 号
万向电动汽车有限公司	刘伟	E 能	WXEV6140 蓄电池观光车	型式试验	达到设计要求，符合相关标准	TX6000－05－070018 号
长沙凯瑞重工机械有限公司	张卫东	凯瑞	PT180 内燃固定平台搬运车	型式试验	达到设计要求，符合相关标准	TX5000－05－070019 号
长沙凯瑞重工机械有限公司	张卫东	凯瑞	BGC45 内燃固定平台搬运车	型式试验	达到设计要求，符合相关标准	TX5000－05－070020 号
泰安鲁能机械有限公司	李民	YINENG	LN935 轮胎式装载机	型式试验	达到设计要求，符合相关标准	TX5000－05－070021 号
泰安鲁能机械有限公司	李民	YINENG	LN956 轮胎式装载机	型式试验	达到设计要求，符合相关标准	TX5000－05－070022 号
泰安汇丰重工科技有限公司	朱良	HF 汇丰机械	ZL35F 轮胎式装载机	型式试验	达到设计要求，符合相关标准	TX5000－05－070023 号
上海三一科技有限公司	吴东香	三一	SCC2000 履带起重机	型式试验	达到设计要求，符合相关标准	TX4000－05－070024 号

（续）

企 业 名 称	法人代表	商标	检验产品名称及型号	检验类型	检验结论	证书编号
常州市多灵电动车辆制造有限公司	王丽娜	多菱	DLD619 蓄电池观光车	型式试验	达到设计要求，符合相关标准	TX6000－05－070025 号
安徽合力股份有限公司	张德进	HELI	CPD45 蓄电池平衡重式叉车	型式试验	达到设计要求，符合相关标准	TX4000－05－070026 号
泰安鲁能机械有限公司	李民	YINENG	LN920 轮式装载机	型式试验	达到设计要求，符合相关标准	TX5000－05－070027 号
青州市益通机械有限公司	满爱荣	荣威	ZL12F 轮胎式装载机	型式试验	达到设计要求，符合相关标准	TX5000－05－070028 号
小松(常州)工程机械有限公司	王子光	KOMATSU	PC270－7 履带式挖掘机	型式试验	达到设计要求，符合相关标准	TX5000－05－070029 号
小松山推工程机械有限公司	王子光	KOMATSU	PC300－7 履带式挖掘机	型式试验	达到设计要求，符合相关标准	TX5000－05－070030 号
泰安汇丰重工科技有限公司	朱良	HF 汇丰机械	ZL10F 轮胎式装载机	型式试验	达到设计要求，符合相关标准	TX5000－05－070031 号
泰安汇丰重工科技有限公司	朱良	HF 汇丰机械	ZL20F 轮胎式装载机	型式试验	达到设计要求，符合相关标准	TX5000－05－070032 号
青州市聚荣机械有限公司	张福聚	聚荣	ZL－16 轮胎式装载机	型式试验	达到设计要求，符合相关标准	TX5000－05－070033 号
龙工(上海)机械制造有限公司	李新炎	龙工	ZL50C 轮胎式装载机	型式试验	达到设计要求，符合相关标准	TX5000－05－070034 号
龙工(上海)机械制造有限公司	李新炎	龙工	LG833 轮胎式装载机	型式试验	达到设计要求，符合相关标准	TX5000－05－070035 号
龙工(上海)机械制造有限公司	李新炎	龙工	CDM833 轮胎式装载机	型式试验	达到设计要求，符合相关标准	TX5000－05－070036 号
龙工(上海)机械制造有限公司	李新炎	龙工	LG850 轮胎式装载机	型式试验	达到设计要求，符合相关标准	TX5000－05－070037 号
龙工(上海)机械制造有限公司	李新炎	龙工	CDM853 轮胎式装载机	型式试验	达到设计要求，符合相关标准	TX5000－05－070038 号
龙工(上海)机械制造有限公司	李新炎	龙工	CDM855 轮胎式装载机	型式试验	达到设计要求，符合相关标准	TX5000－05－070039 号
福田雷沃国际重工股份有限公司	王金富	雷沃欧力(LOVOL)	FL966F 轮胎式装载机	型式试验	达到设计要求，符合相关标准	TX5000－05－070040 号
福田雷沃国际重工股份有限公司	王金富	雷沃欧力(LOVOL)	FL938G 轮胎式装载机	型式试验	达到设计要求，符合相关标准	TX5000－05－070041 号
福田雷沃国际重工股份有限公司	王金富	雷沃欧力(LOVOL)	FLB468 轮胎式挖掘装载机	型式试验	达到设计要求，符合相关标准	TX5000－05－070042 号
广西柳工机械股份有限公司	王晓华	柳工	CLG925LC 履带式挖掘机	型式试验	达到设计要求，符合相关标准	TX5000－05－070043 号
常州常捷电动车有限公司	邹国金	H_3	HUMMERH$_3$ 蓄电池观光车	型式试验	达到设计要求，符合相关标准	TX6000－05－070044 号
斗山工程机械(中国)有限公司	金东哲	DOOSAN	DH210W－7 轮胎式挖掘机	型式试验	达到设计要求，符合相关标准	TX5000－05－070045 号
小松全能(山东)机械有限公司	细田邦夫	KOMATSU	PC50MR－2 履带式挖掘机	型式试验	达到设计要求，符合相关标准	TX5000－05－070046 号
小松全能(山东)机械有限公司	细田邦夫	KOMATSU	PC55MR－2 履带式挖掘机	型式试验	达到设计要求，符合相关标准	TX5000－05－070047 号
广西柳工机械股份有限公司	王晓华	柳工	CLG200－3 履带式挖掘机	型式试验	达到设计要求，符合相关标准	TX5000－05－070048 号

（续）

企 业 名 称	法人代表	商标	检验产品名称及型号	检验类型	检验结论	证书编号
广西柳工机械股份有限公司	王晓华	柳工	CLG922LC 履带式挖掘机	型式试验	达到设计要求，符合相关标准	TX5000－05－070049 号
广西柳工机械股份有限公司	王晓华	柳工	CLG907 履带式挖掘机	型式试验	达到设计要求，符合相关标准	TX5000－05－070050 号
厦门工程机械股份有限公司	陈玲	厦工机械	XG962 轮胎式装载机	型式试验	达到设计要求，符合相关标准	TX5000－05－070051 号
厦门工程机械股份有限公司	陈玲	厦工机械	XG955 Ⅱ 轮胎式装载机	型式试验	达到设计要求，符合相关标准	TX5000－05－070052 号
安徽江淮银联重型工程机械有限公司	龚仁和	JAC	CPCD100A 内燃平衡重式叉车	型式试验	达到设计要求，符合相关标准	TX4000－05－070053 号
安徽合力股份有限公司	张德进	HELI	QYCD60 内燃牵引车	型式试验	达到设计要求，符合相关标准	TX5000－05－070054 号
苏州大方特种车辆有限公司	李荣生	SZDF	DCM2500T 内燃固定平台搬运车	型式试验	达到设计要求，符合相关标准	TX5000－05－070055 号
昆山三一机械有限公司	王如林	三一	SCC2000 履带起重机	型式试验	达到设计要求，符合相关标准	TX4000－05－070056 号
昆山三一机械有限公司	王如林	三一	SCC2500 履带起重机	型式试验	达到设计要求，符合相关标准	TX4000－05－070057 号
昆山三一机械有限公司	王如林	三一	SCC4000 履带起重机	型式试验	达到设计要求，符合相关标准	TX4000－05－070058 号
徐州徐挖机械制造有限公司	陈刚	XCG 徐挖	XCG450LC－8 履带式挖掘机	型式试验	达到设计要求，符合相关标准	TX5000－05－070059 号
河南鸿马实业有限公司	马鸿军	鸿马	HDMCB－10 蓄电池固定平台搬运车	型式试验	达到设计要求，符合相关标准	TX5000－05－070060 号
山东山工机械有限公司	Paul David Blackburn	山工	ZL30E－Ⅱ 轮胎式装载机	型式试验	达到设计要求，符合相关标准	TX5000－05－070061 号
常林股份有限公司	李延江	长龄	ZL75H 轮胎式装载机	型式试验	达到设计要求，符合相关标准	TX5000－05－070062 号
常林股份有限公司	李延江	长龄	ZLM30E－5 轮胎式装载机	型式试验	达到设计要求，符合相关标准	TX5000－05－070063 号
建德（泉州）工程机械制造有限公司	郭文伟	鲤达里	KT855 轮胎式装载机	型式试验	达到设计要求，符合相关标准	TX5000－05－070064 号
建德（泉州）工程机械制造有限公司	郭文伟	鲤达里	KT851 轮胎式装载机	型式试验	达到设计要求，符合相关标准	TX5000－05－070065 号
建德（泉州）工程机械制造有限公司	郭文伟	鲤达里	KT853 轮胎式装载机	型式试验	达到设计要求，符合相关标准	TX5000－05－070066 号
浙江杭叉工程机械股份有限公司	戴东辉	HC	CQD20H 前移式叉车	型式试验	达到设计要求，符合相关标准	TX4000－05－070067 号
龙工（福建）机械有限公司	李新炎	龙工	LG833 轮胎式装载机	型式试验	达到设计要求，符合相关标准	TX5000－05－070068 号
龙工（福建）机械有限公司	李新炎	龙工	LG816 轮胎式装载机	型式试验	达到设计要求，符合相关标准	TX5000－05－070069 号
龙工（福建）机械有限公司	李新炎	龙工	LG850 轮胎式装载机	型式试验	达到设计要求，符合相关标准	TX5000－05－070070 号
龙工（福建）机械有限公司	李新炎	龙工	ZL50EX 轮胎式装载机	型式试验	达到设计要求，符合相关标准	TX5000－05－070071 号
龙工（福建）机械有限公司	李新炎	龙工	CDM833 轮胎式装载机	型式试验	达到设计要求，符合相关标准	TX5000－05－070072 号

（续）

企业名称	法人代表	商标	检验产品名称及型号	检验类型	检验结论	证书编号
龙工（福建）机械有限公司	李新炎	龙工	ZL50C 轮胎式装载机	型式试验	达到设计要求，符合相关标准	TX5000－05－070073 号
龙工（福建）机械有限公司	李新炎	龙工	LG853 轮胎式装载机	型式试验	达到设计要求，符合相关标准	TX5000－05－070074 号
龙工（福建）机械有限公司	李新炎	龙工	CDM853 轮胎式装载机	型式试验	达到设计要求，符合相关标准	TX5000－05－070075 号
龙工（福建）机械有限公司	李新炎	龙工	CDM855 轮胎式装载机	型式试验	达到设计要求，符合相关标准	TX5000－05－070076 号
龙工（福建）机械有限公司	李新炎	龙工	LG843 轮胎式装载机	型式试验	达到设计要求，符合相关标准	TX5000－05－070077 号
龙工（福建）机械有限公司	李新炎	龙工	LG855 轮胎式装载机	型式试验	达到设计要求，符合相关标准	TX5000－05－070078 号
龙工（福建）机械有限公司	李新炎	龙工	CDM843 轮胎式装载机	型式试验	达到设计要求，符合相关标准	TX5000－05－070079 号
龙工（福建）机械有限公司	李新炎	龙工	LG856 轮胎式装载机	型式试验	达到设计要求，符合相关标准	TX5000－05－070080 号
龙工（福建）机械有限公司	李新炎	龙工	CDM856 轮胎式装载机	型式试验	达到设计要求，符合相关标准	TX5000－05－070081 号
一拖（洛阳）搬运机械有限公司	张国龙	东方红	CPD25 蓄电池平衡重式叉车	型式试验	达到设计要求，符合相关标准	TX4000－05－070082 号
奔特电动车科技（芜湖）有限公司	张川煌	奔特	BT－G－1 蓄电池观光车	型式试验	达到设计要求，符合相关标准	TX6000－05－070083 号
龙工（上海）路面机械制造有限公司	李斌	龙工	LG816 轮胎式装载机	型式试验	达到设计要求，符合相关标准	TX5000－05－070085 号
河北小犟牛工程机械有限公司	张朝建	小犟牛	ZL16 轮胎式装载机	型式试验	达到设计要求，符合相关标准	TX5000－05－070086 号
安徽合力股份有限公司	张德进	HELI	CPCD250 内燃平衡重式叉车	型式试验	达到设计要求，符合相关标准	TX4000－05－070087 号
安徽丰华工贸集团有限公司	席庆放	翔虎	XHGD－14A 蓄电池观光车	型式试验	达到设计要求，符合相关标准	TX6000－05－070088 号
安徽丰华工贸集团有限公司	席庆放	楚力	CPCD35 内燃平衡重式叉车	型式试验	达到设计要求，符合相关标准	TX4000－05－070089 号
安徽丰华工贸集团有限公司	席庆放	楚力	CPC35 内燃平衡重式叉车	型式试验	达到设计要求，符合相关标准	TX4000－05－070090 号
青州市鹏宇机械有限公司	张玉琦		ZL－16 轮胎式装载机	型式试验	达到设计要求，符合相关标准	TX5000－05－070091 号
潍坊凌威机械有限公司	赵砚庆	凌威	ZL－16 轮胎式装载机	型式试验	达到设计要求，符合相关标准	TX5000－05－070092 号
山东格仑特电动科技有限公司	宋莉	格仑特	GLT1141 蓄电池观光车	型式试验	达到设计要求，符合相关标准	TX6000－05－070093 号
厦门工程机械股份有限公司	陈玲	厦工机械	XG822LC 履带式挖掘机	型式试验	达到设计要求，符合相关标准	TX5000－05－070094 号
厦门工程机械股份有限公司	陈玲	厦工机械	XG820 履带式挖掘机	型式试验	达到设计要求，符合相关标准	TX5000－05－070095 号
厦门工程机械股份有限公司	陈玲	厦工机械	XG823 履带式挖掘机	型式试验	达到设计要求，符合相关标准	TX5000－05－070096 号
烟台工程机械有限公司	王永才	烟工	ZL20 轮胎式装载机	型式试验	达到设计要求，符合相关标准	TX5000－05－070097 号

（续）

企业名称	法人代表	商标	检验产品名称及型号	检验类型	检验结论	证书编号
广林特装车(锦州)有限公司	郑珉	广林	KS633 随车起重机	型式试验	达到设计要求，符合相关标准	TX5000－05－070098 号
广林特装车(锦州)有限公司	郑珉	广林	KN900 随车起重机	型式试验	达到设计要求，符合相关标准	TX5000－05－070099 号
广林特装车(锦州)有限公司	郑珉	广林	KN1000 随车起重机	型式试验	达到设计要求，符合相关标准	TX5000－05－070100 号
广林特装车(锦州)有限公司	郑珉	广林	KS1153 随车起重机	型式试验	达到设计要求，符合相关标准	TX5000－05－070101 号
广林特装车(锦州)有限公司	郑珉	广林	KS1154 随车起重机	型式试验	达到设计要求，符合相关标准	TX5000－05－070102 号
广林特装车(锦州)有限公司	郑珉	广林	KS1253 随车起重机	型式试验	达到设计要求，符合相关标准	TX5000－05－070103 号
广林特装车(锦州)有限公司	郑珉	广林	KS1884 随车起重机	型式试验	达到设计要求，符合相关标准	TX5000－05－070104 号
广林特装车(锦州)有限公司	郑珉	广林	KS1886 随车起重机	型式试验	达到设计要求，符合相关标准	TX5000－05－070105 号
现代(江苏)工程机械有限公司	全元翊	HYUNDAI	R505LC－7 履带式挖掘机	型式试验	达到设计要求，符合相关标准	TX5000－05－070106 号
北京现代京城工程机械有限公司	李相祖	HYUNDAI	HB35E 蓄电池平衡重式叉车	型式试验	达到设计要求，符合相关标准	TX4000－05－070107 号
北京现代京城工程机械有限公司	李相祖	HYUNDAI	HC35E 内燃平衡重式叉车	型式试验	达到设计要求，符合相关标准	TX4000－05－070108 号
北京现代京城工程机械有限公司	李相祖	HYUNDAI	HD35E 内燃平衡重式叉车	型式试验	达到设计要求，符合相关标准	TX4000－05－070109 号
北京现代京城工程机械有限公司	李相祖	HYUNDAI	CPC35E 内燃平衡重式叉车	型式试验	达到设计要求，符合相关标准	TX4000－05－070110 号
中铁武桥重工股份有限公司	黄雍	桥机	NS1602 内燃铁路起重机	型式试验	达到设计要求，符合相关标准	TX4000－05－070111 号
奔特电动车科技(芜湖)有限公司	张川煌	奔特	BT－F－1 蓄电池固定平台搬运车	型式试验	达到设计要求，符合相关标准	TX5000－05－070112 号
烟台工程机械有限公司	王永才	烟工	YG85E 履带式挖掘机	型式试验	达到设计要求，符合相关标准	TX5000－05－070113 号
常州天顺电动车辆有限公司	杜建中	天盛	TSD6141B 蓄电池观光车	型式试验	达到设计要求，符合相关标准	TX6000－05－070114 号
常州天顺电动车辆有限公司	杜建中	天盛	TSD6046J 蓄电池观光车	型式试验	达到设计要求，符合相关标准	TX6000－05－070115 号
合力叉车有限公司	倪圣叨	HECHA	FD60Z 内燃平衡重式叉车	型式试验	达到设计要求，符合相关标准	TX4000－05－070116 号
合力叉车有限公司	倪圣叨	HECHA	FD30 内燃平衡重式叉车	型式试验	达到设计要求，符合相关标准	TX4000－05－070117 号
日立住友重机械建机起重机株式会社	齐藤哲司	HITACHI SUMITOMO	SCX2800－2 履带起重机	型式试验	达到设计要求，符合相关标准	TX4000－05－070118 号
日立住友重机械建机起重机株式会社	齐藤哲司	HITACHI SUMITOMO	SCX1500－2 履带起重机	型式试验	达到设计要求，符合相关标准	TX4000－05－070119 号
日立住友重机械建机起重机株式会社	齐藤哲司	HITACHI SUMITOMO	SCX1200－2 履带起重机	型式试验	达到设计要求，符合相关标准	TX4000－05－070120 号
日立住友重机械建机起重机株式会社	齐藤哲司	HITACHI SUMITOMO	SCX900－2 履带起重机	型式试验	达到设计要求，符合相关标准	TX4000－05－070121 号

（续）

企业名称	法人代表	商标	检验产品名称及型号	检验类型	检验结论	证书编号
兰考神力工程机械有限公司	管兵		YQ型－8t随车起重机	型式试验	达到设计要求，符合相关标准	TX4000－05－070122号
合肥搬易通科技发展有限公司	韩龙	miMA	TKA15－30蓄电池平衡重式叉车	型式试验	达到设计要求，符合相关标准	TX4000－05－070123号
合肥搬易通科技发展有限公司	韩龙	THANK YOU	TFA20－45前移式叉车	型式试验	达到设计要求，符合相关标准	TX4000－05－070124号
合肥搬易通科技发展有限公司	韩龙	THANK YOU	TK30－30蓄电池平衡重式叉车	型式试验	达到设计要求，符合相关标准	TX4000－05－070125号
长沙中联重工科技发展股份有限公司	詹纯新	浦沅	QUY型100t履带起重机	型式试验	达到设计要求，符合相关标准	TX4000－05－070126号
泰安鲁能机械有限公司	李民	鲁能	LN912轮胎式装载机	型式试验	达到设计要求，符合相关标准	TX5000－05－070127号
泰安鲁能机械有限公司	李民	鲁能	LN916轮胎式装载机	型式试验	达到设计要求，符合相关标准	TX5000－05－070128号
河北省邢台北方建筑机械有限公司	闫粉华	北方星	ZL16轮胎式装载机	型式试验	达到设计要求，符合相关标准	TX5000－05－070129号
无锡凯马动力有限公司	叶永标	KIPOR	KEF25蓄电池平衡重式叉车	型式试验	达到设计要求，符合相关标准	TX4000－05－070130号
济宁禹工机械有限公司	赵修林	禹工	YGQLY4液压轮式起重机	型式试验	达到设计要求，符合相关标准	TX4000－05－070131号
济宁禹工机械有限公司	赵修林	禹工	YGQLY5液压轮式起重机	型式试验	达到设计要求，符合相关标准	TX4000－05－070132号
厦门叉车总厂	林刚毅	巨鲸	CPCD70BT内燃平衡重式叉车	型式试验	达到设计要求，符合相关标准	TX4000－05－070133号
厦门叉车总厂	林刚毅	巨鲸	CPCD160内燃平衡重式叉车	型式试验	达到设计要求，符合相关标准	TX4000－05－070134号
山东乘风工程机械有限公司	冯万伦	乘风小助手	CPC30内燃平衡重式叉车	型式试验	达到设计要求，符合相关标准	TX4000－05－070135号
徐州重型机械有限公司	王民	徐工	QUY型260t履带起重机	型式试验	达到设计要求，符合相关标准	TX4000－05－070136号
大宇重工业烟台有限公司	梁在信	DAEWOO	DH80－7履带式挖掘机	型式试验	达到设计要求，符合相关标准	TX5000－05－070137号
大宇重工业烟台有限公司	梁在信	DAEWOO	DH35履带式挖掘机	型式试验	达到设计要求，符合相关标准	TX5000－05－070138号
山东山工机械有限公司	白博恩	山工	SEM658轮胎式装载机	型式试验	达到设计要求，符合相关标准	TX5000－05－070139号
山东山工机械有限公司	白博恩	山工	SEM650轮胎式装载机	型式试验	达到设计要求，符合相关标准	TX5000－05－070140号
山东山工机械有限公司	白博恩	山工	SEM659轮胎式装载机	型式试验	达到设计要求，符合相关标准	TX5000－05－070141号
山东山工机械有限公司	白博恩	山工	SEM639轮胎式装载机	型式试验	达到设计要求，符合相关标准	TX5000－05－070142号
山东山工机械有限公司	白博恩	山工	SEM638轮胎式装载机	型式试验	达到设计要求，符合相关标准	TX5000－05－070143号
浙江诺力机械股份有限公司	丁毅	NOBLELIFI	FE4F18蓄电池平衡重式叉车	型式试验	达到设计要求，符合相关标准	TX4000－05－070144号
山东大禹建工机械有限公司	陶发忠	大禹建工	QLY4轮胎式起重机	型式试验	达到设计要求，符合相关标准	TX4000－05－070145号

（续）

企业名称	法人代表	商标	检验产品名称及型号	检验类型	检验结论	证书编号
济宁禹工机械有限公司	赵修林	禹工	YGQLY4Z 轮胎式起重机	型式试验	达到设计要求，符合相关标准	TX4000－05－070146号
济宁禹工机械有限公司	赵修林	禹工	YGQLY8 轮胎式起重机	型式试验	达到设计要求，符合相关标准	TX4000－05－070147号
山东威猛工程机械有限公司	杨连森	山猛	ZL50G 轮胎式装载机	型式试验	达到设计要求，符合相关标准	TX5000－05－070148号
山东威猛工程机械有限公司	杨连森	山猛	ZL20F 轮胎式装载机	型式试验	达到设计要求，符合相关标准	TX5000－05－070149号
山东威猛工程机械有限公司	杨连森	山猛	ZL16F 轮胎式装载机	型式试验	达到设计要求，符合相关标准	TX5000－05－070150号
山东省德州生建机械厂	林国军	天衢	ZL12 轮胎式装载机	型式试验	达到设计要求，符合相关标准	TX5000－05－070151号
山东大禹建工机械有限公司	陶发忠	大禹建工	QLY5K 轮胎起重机	型式试验	达到设计要求，符合相关标准	TX4000－05－070152号
保定市保环电动车制造有限公司	顾祥	保环	BH－S－11A001 蓄电池观光车	型式试验	达到设计要求，符合相关标准	TX6000－05－070153号
四川拓展环保车辆制造有限公司	付勇	Tuozhan	TZGQ11 内燃观光车	型式试验	达到设计要求，符合相关标准	TX6000－05－070154号
沈阳德力叉车制造有限公司	陈聚平	DELL	CPC30 内燃平衡重式叉车	型式试验	达到设计要求，符合相关标准	TX4000－05－070155号
沈阳德力叉车制造有限公司	陈聚平	DELL	CPCD30 内燃平衡重式叉车	型式试验	达到设计要求，符合相关标准	TX4000－05－070156号
长沙中联重工科技发展股份有限公司	詹纯新	浦沅	QUY 型 260t 履带起重机	型式试验	达到设计要求，符合相关标准	TX4000－05－070157号
昆山三一机械有限公司	王如林	三一	SCC1500 履带起重机	型式试验	达到设计要求，符合相关标准	TX4000－05－070158号
昆山三一机械有限公司	王如林	三一	SCC1000 履带起重机	型式试验	达到设计要求，符合相关标准	TX4000－05－070159号
昆山三一机械有限公司	王如林	三一	SCC800 履带起重机	型式试验	达到设计要求，符合相关标准	TX4000－05－070160号
重庆勤牛工程机械有限责任公司	邹睛	生龙	QN70 履带式挖掘机	型式试验	达到设计要求，符合相关标准	TX5000－05－070161号
长沙中联重工科技发展股份有限公司	詹纯新	浦沅	QUY160 履带起重机	型式试验	达到设计要求，符合相关标准	TX4000－05－070162号
山东泰山建能集团泰安泰装工程机械有限公司	周峰	八荣	JNC30C 内燃平衡重式叉车	型式试验	达到设计要求，符合相关标准	TX4000－05－070163号
山东泰山建能集团泰安泰装工程机械有限公司	周峰	八荣	JNC30CD 内燃平衡重式叉车	型式试验	达到设计要求，符合相关标准	TX4000－05－070164号
新乡市新马车辆有限公司	吕生银	通胜	TS8015B 蓄电池观光车	型式试验	达到设计要求，符合相关标准	TX6000－05－070165号
新乡市新马车辆有限公司	吕生银	通胜	XM－J004 蓄电池观光车	型式试验	达到设计要求，符合相关标准	TX6000－05－070166号
浙江杭叉工程机械股份有限公司	戴东辉	HC	CPQD50 内燃平衡重式叉车	型式试验	达到设计要求，符合相关标准	TX4000－05－070167号
浙江杭叉工程机械股份有限公司	戴东辉	HC	CPD50 蓄电池平衡重式叉车	型式试验	达到设计要求，符合相关标准	TX4000－05－070168号
林德(中国)叉车有限公司	Linde	Stefan Rinck	E30S 蓄电池平衡重式叉车	型式试验	达到设计要求，符合相关标准	TX4000－05－070169号

（续）

企业名称	法人代表	商标	检验产品名称及型号	检验类型	检验结论	证书编号
现代（江苏）工程机械有限公司	全元翊	HYUNDAI	R215－7C履带式挖掘机	型式试验	达到设计要求，符合相关标准	TX5000－05－070170号
现代（江苏）工程机械有限公司	全元翊	HYUNDAI	R245－7履带式挖掘机	型式试验	达到设计要求，符合相关标准	TX5000－05－070171号
建德（泉州）工程机械制造有限公司	郭文伟	鲤达里	KT816轮胎式装载机	型式试验	达到设计要求，符合相关标准	TX5000－05－070172号
建德（泉州）工程机械制造有限公司	郭文伟	鲤达里	KT836轮胎式装载机	型式试验	达到设计要求，符合相关标准	TX5000－05－070173号
安徽爱民重工科技制造有限公司	罗伟明	爱民重工	ZL10轮胎式装载机	型式试验	达到设计要求，符合相关标准	TX5000－05－070174号
安徽爱民重工科技制造有限公司	罗伟明	爱民重工	ZL20轮胎式装载机	型式试验	达到设计要求，符合相关标准	TX5000－05－070175号
上海理士电动车有限公司	董李	Marshell	DG－C_{6+2}蓄电池观光车	型式试验	达到设计要求，符合相关标准	TX6000－05－070176号
上海理士电动车有限公司	董李	Marshell	DN－14蓄电池观光车	型式试验	达到设计要求，符合相关标准	TX6000－05－070177号
安徽梯佑叉车股份有限公司	朱超	TU	FD30C内燃平衡重式叉车	型式试验	达到设计要求，符合相关标准	TX4000－05－070178号
安徽梯佑叉车股份有限公司	朱超	TU	FD30T内燃平衡重式叉车	型式试验	达到设计要求，符合相关标准	TX4000－05－070179号
山东沃尔华工程机械有限公司	杨镇伟	VOLWA	DLS150－6履带式挖掘机	型式试验	达到设计要求，符合相关标准	TX5000－05－070180号
卡特彼勒（徐州）有限公司	白博恩	CAT	305.5履带式挖掘机	型式试验	达到设计要求，符合相关标准	TX5000－05－070181号
卡特彼勒（徐州）有限公司	白博恩	CAT	320D履带式挖掘机	型式试验	达到设计要求，符合相关标准	TX5000－05－070182号
卡特彼勒（徐州）有限公司	白博恩	CAT	330D履带式挖掘机	型式试验	达到设计要求，符合相关标准	TX5000－05－070183号
卡特彼勒（徐州）有限公司	白博恩	CAT	330DL履带式挖掘机	型式试验	达到设计要求，符合相关标准	TX5000－05－070184号
徐州重型机械有限公司	王民	徐工	QUY型220t履带起重机	型式试验	达到设计要求，符合相关标准	TX4000－05－070185号
浙江吉鑫祥叉车制造有限公司	张正茂	GoodSense	FD30B内燃平衡重式叉车	型式试验	达到设计要求，符合相关标准	TX4000－05－070186号
浙江吉鑫祥叉车制造有限公司	张正茂	GoodSense	FD30C内燃平衡重式叉车	型式试验	达到设计要求，符合相关标准	TX4000－05－070187号
斗山工程机械（中国）有限公司	赵奉镐	DOOSAN	B20Se蓄电池平衡重式叉车	型式试验	达到设计要求，符合相关标准	TX4000－05－070188号
大连叉车有限责任公司	孟祥亭		DFGA35内燃平衡重式叉车	型式试验	达到设计要求，符合相关标准	TX4000－05－070189号
石家庄煤矿机械有限责任公司	高同燕	石煤	QYS－2ZⅠ随车起重机	型式试验	达到设计要求，符合相关标准	TX4000－05－070190号
石家庄煤矿机械有限责任公司	高同燕	石煤	QYS－12ZⅢ随车起重机	型式试验	达到设计要求，符合相关标准	TX4000－05－070191号
石家庄煤矿机械有限责任公司	高同燕	石煤	QYS－10ZⅡ随车起重机	型式试验	达到设计要求，符合相关标准	TX4000－05－070192号
石家庄煤矿机械有限责任公司	高同燕	石煤	QYS－12Ⅳ随车起重机	型式试验	达到设计要求，符合相关标准	TX4000－05－070193号

（续）

企 业 名 称	法人代表	商标	检验产品名称及型号	检验类型	检验结论	证书编号
石家庄煤矿机械有限责任公司	高同燕	石煤	QYS－6.3ZⅡ随车起重机	型式试验	达到设计要求，符合相关标准	TX4000－05－070194 号
江苏省东台市富康工程机械厂	彭洪		YQ 型 6t 随车起重机	型式试验	达到设计要求，符合相关标准	TX4000－05－070195 号
哈尔滨工程机械制造有限责任公司	焦明达	哈工	QYC80 内燃牵引车	型式试验	达到设计要求，符合相关标准	TX5000－05－070196 号
江苏八达重工机械有限公司	陈利明		QLYS20DZ 轮胎式起重机	型式试验	达到设计要求，符合相关标准	TX4000－05－070197 号
江苏八达重工机械有限公司	陈利明		QLYS25HZ 轮胎式起重机	型式试验	达到设计要求，符合相关标准	TX4000－05－070198 号
广林特装车（锦州）有限公司	郑珉	广林	KS1844Ⅰ随车起重机	型式试验	达到设计要求，符合相关标准	TX4000－05－070199 号
广林特装车（锦州）有限公司	郑珉	广林	KS1756 随车起重机	型式试验	达到设计要求，符合相关标准	TX4000－05－070200 号
广林特装车（锦州）有限公司	郑珉	广林	KS1253Ⅰ随车起重机	型式试验	达到设计要求，符合相关标准	TX4000－05－070201 号
广林特装车（锦州）有限公司	郑珉	广林	KS1153Ⅰ随车起重机	型式试验	达到设计要求，符合相关标准	TX4000－05－070202 号
石家庄煤矿机械有限责任公司	高同燕	石煤	QYS－10Ⅲ随车起重机	型式试验	达到设计要求，符合相关标准	TX4000－05－070203 号
青州市凯歌机械有限公司	崔继军	凯歌	ZL12 轮胎式装载机	型式试验	达到设计要求，符合相关标准	TX5000－05－070204 号
连云港市永钢农用机械车辆制造有限公司	李永刚	永刚	YGDDC－2T 轮胎起重机	型式试验	达到设计要求，符合相关标准	TX4000－05－070205 号
柳州五菱专用汽车制造有限公司	何世纪	五菱	WLD1111 蓄电池观光车	型式试验	达到设计要求，符合相关标准	TX6000－05－070206 号
柳州五菱专用汽车制造有限公司	何世纪	五菱	WQ2140 内燃观光车	型式试验	达到设计要求，符合相关标准	TX6000－05－070207 号
柳州五菱专用汽车制造有限公司	何世纪	五菱	WLD3040G 蓄电池观光车	型式试验	达到设计要求，符合相关标准	TX6000－05－070208 号
日立建机（中国）有限公司	平田东一	HITACHI	ZX130W 轮胎式挖掘机	型式试验	达到设计要求，符合相关标准	TX5000－05－070209 号
日立建机（中国）有限公司	平田东一	HITACHI	ZX55VR 履带式挖掘机	型式试验	达到设计要求，符合相关标准	TX5000－05－070210 号
日立建机（中国）有限公司	平田东一	HITACHI	ZX330 履带式挖掘机	型式试验	达到设计要求，符合相关标准	TX5000－05－070211 号
日立建机（中国）有限公司	平田东一	HITACHI	ZX360LC 履带式挖掘机	型式试验	达到设计要求，符合相关标准	TX5000－05－070212 号
日立建机（中国）有限公司	平田东一	HITACHI	ZX450H 履带式挖掘机	型式试验	达到设计要求，符合相关标准	TX5000－05－070213 号
龙工（上海）机械制造有限公司	李新炎	龙工	LG835 轮胎式装载机	型式试验	达到设计要求，符合相关标准	TX5000－05－070214 号
龙工（上海）机械制造有限公司	李新炎	龙工	LG856 轮胎式装载机	型式试验	达到设计要求，符合相关标准	TX5000－05－070215 号
龙工（上海）机械制造有限公司	李新炎	龙工	CDM856 轮胎式装载机	型式试验	达到设计要求，符合相关标准	TX5000－05－070216 号
广西柳工机械股份有限公司	王晓华	柳工	CLG2030D 蓄电池平衡重式叉车	型式试验	达到设计要求，符合相关标准	TX4000－05－070217 号

（续）

企业名称	法人代表	商标	检验产品名称及型号	检验类型	检验结论	证书编号
南京超越电动车制造有限责任公司	吴宗宗	驰越	CHY111A蓄电池观光车	型式试验	达到设计要求，符合相关标准	TX6000－05－070218号
山东山工机械有限公司	白博恩	山工	SEM636轮胎式装载机	型式试验	达到设计要求，符合相关标准	TX5000－05－070219号
江苏晶石电动科技有限公司	周耀丰	晶石	JS6141蓄电池观光车	型式试验	达到设计要求，符合相关标准	TX6000－05－070220号
苏州小羚羊电动车有限公司	陆炳英	腾羚	TL11402蓄电池观光车	型式试验	达到设计要求，符合相关标准	TX6000－05－070221号
三一重机有限公司	唐修国	SANY	SY420C履带式挖掘机	型式试验	达到设计要求，符合相关标准	TX5000－05－070222号
斗山工程机械（中国）有限公司	赵奉镐	DOOSAN	B50X－5蓄电池平衡重式叉车	型式试验	达到设计要求，符合相关标准	TX4000－05－070223号
青州装载机厂有限公司	赵厚祥	鲁青	ZL08轮胎式装载机	型式试验	达到设计要求，符合相关标准	TX5000－05－070224号
青州装载机厂有限公司	赵厚祥	鲁青	ZL36F轮胎式装载机	型式试验	达到设计要求，符合相关标准	TX5000－05－070225号
莱州市大杨机械制造有限公司	杨从安		ZL20轮胎式装载机	型式试验	达到设计要求，符合相关标准	TX5000－05－070226号
徐州徐工特种工程机械有限公司	杨勇	徐工	WZ30－25轮胎式挖掘装载机	型式试验	达到设计要求，符合相关标准	TX5000－05－070227号
徐州徐工特种工程机械有限公司	杨勇	徐工	LW168G轮胎式装载机	型式试验	达到设计要求，符合相关标准	TX5000－05－070228号
潍坊威力天地机械有限公司	岳经玉	威力天地	CPC30内燃平衡重式叉车	型式试验	达到设计要求，符合相关标准	TX4000－05－070229号
四川成都成工工程机械有限公司	杨建川	成工牌	TE60履带式挖掘机	型式试验	达到设计要求，符合相关标准	TX5000－05－070230号
青州市力特工程机械有限公司	郭生照		LT20轮胎式装载机	型式试验	达到设计要求，符合相关标准	TX5000－05－070231号
青州市力特工程机械有限公司	郭生照		LT12轮胎式装载机	型式试验	达到设计要求，符合相关标准	TX5000－05－070232号
莱州市德丰机械制造有限公司	傅青	澳特	ZL16轮胎式装载机	型式试验	达到设计要求，符合相关标准	TX5000－05－070233号
郑州宇通重工有限公司	吴项林	宇通重工	936H轮胎式装载机	型式试验	达到设计要求，符合相关标准	TX5000－05－070234号
郑州宇通重工有限公司	吴项林	宇通重工	955A轮胎式装载机	型式试验	达到设计要求，符合相关标准	TX5000－05－070235号
郑州宇通重工有限公司	吴项林	宇通重工	956H轮胎式装载机	型式试验	达到设计要求，符合相关标准	TX5000－05－070236号
郑州宇通重工有限公司	吴项林	宇通重工	959H轮胎式装载机	型式试验	达到设计要求，符合相关标准	TX5000－05－070237号
郑州宇通重工有限公司	吴项林	宇通重工	966H轮胎式装载机	型式试验	达到设计要求，符合相关标准	TX5000－05－070238号
徐州工程机械科技股份有限公司	王民	徐工	LW521F轮胎式装载机	型式试验	达到设计要求，符合相关标准	TX5000－05－070239号
台励福机械设备（青岛）有限公司	林溪文	Tailift	FD100内燃平衡重式叉车	型式试验	达到设计要求，符合相关标准	TX4000－05－070240号
台励福机械设备（青岛）有限公司	林溪文	Tailift	FB35蓄电池平衡重式叉车	型式试验	达到设计要求，符合相关标准	TX4000－05－070241号

（续）

企 业 名 称	法人代表	商标	检验产品名称及型号	检验类型	检验结论	证书编号
卡特彼勒(徐州)有限公司	白博恩	CAT	320DL 履带式挖掘机	型式试验	达到设计要求,符合相关标准	TX5000 - 05 - 070242 号
卡特彼勒(徐州)有限公司	白博恩	CAT	325D 履带式挖掘机	型式试验	达到设计要求,符合相关标准	TX5000 - 05 - 070243 号
卡特彼勒(徐州)有限公司	白博恩	CAT	325DL 履带式挖掘机	型式试验	达到设计要求,符合相关标准	TX5000 - 05 - 070244 号
山东众友工程机械有限公司	尹相华	JCM	921C 履带式挖掘机	型式试验	达到设计要求,符合相关标准	TX5000 - 05 - 070245 号
靖江宝骊叉车有限公司	印辉	Baoli	CPD30 蓄电池平衡重式叉车	型式试验	达到设计要求,符合相关标准	TX4000 - 05 - 070246 号
安徽梯西埃姆叉车有限公司	刘汉生	TCM	FB25 蓄电池平衡重式叉车	型式试验	达到设计要求,符合相关标准	TX4000 - 05 - 070247 号
安徽梯西埃姆叉车有限公司	刘汉生	TCM	FD30C 内燃平衡重式叉车	型式试验	达到设计要求,符合相关标准	TX4000 - 05 - 070248 号
徐州徐工特种工程机械有限公司	杨勇	徐工	LW100 轮胎式装载机	型式试验	达到设计要求,符合相关标准	TX5000 - 05 - 070249 号
徐州徐工特种工程机械有限公司	杨勇	徐工	LW160 轮胎式装载机	型式试验	达到设计要求,符合相关标准	TX5000 - 05 - 070250 号
徐州徐工特种工程机械有限公司	杨勇	徐工	LW166 轮胎式装载机	型式试验	达到设计要求,符合相关标准	TX5000 - 05 - 070251 号
徐州徐工特种工程机械有限公司	杨勇	徐工	LW221 轮胎式装载机	型式试验	达到设计要求,符合相关标准	TX5000 - 05 - 070252 号
徐州徐工特种工程机械有限公司	杨勇	徐工	XT860 挖掘装载机	型式试验	达到设计要求,符合相关标准	TX5000 - 05 - 070253 号
徐州徐工特种工程机械有限公司	杨勇	徐工	XT870 挖掘装载机	型式试验	达到设计要求,符合相关标准	TX5000 - 05 - 070254 号
山推工程机械股份有限公司	董平	SHANTUI	SL50W - 3 轮胎式装载机	型式试验	达到设计要求,符合相关标准	TX5000 - 05 - 070255 号
山东临沂临工汽车桥箱有限公司	尹世伟	蒙沃	ZLY12 轮胎式装载机	型式试验	达到设计要求,符合相关标准	TX5000 - 05 - 070256 号
安徽合叉叉车有限公司	严建文	HECHA	CPD25 蓄电池平衡重式叉车	型式试验	达到设计要求,符合相关标准	TX4000 - 05 - 070257 号
安徽合叉叉车有限公司	严建文	HECHA	CPCD70 内燃平衡重式叉车	型式试验	达到设计要求,符合相关标准	TX4000 - 05 - 070258 号
江苏八达重工机械有限公司	陈利明		QLYS15DZ 轮胎式起重机	型式试验	达到设计要求,符合相关标准	TX4000 - 05 - 070259 号
江苏八达重工机械有限公司	陈利明		QLYS15DY 轮胎式起重机	型式试验	达到设计要求,符合相关标准	TX4000 - 05 - 070260 号
长沙中联重工科技发展股份有限公司	詹纯新	浦沅	QUY 型 50 履带式起重机	型式试验	达到设计要求,符合相关标准	TX4000 - 05 - 070261 号
无锡开普机械有限公司	叶永标	KIPOR	KDD10 轮胎式装载机	型式试验	达到设计要求,符合相关标准	TX5000 - 05 - 070262 号
北京北汽摩欣欣电动车有限公司	刘毅男	北京	BJGD11A 蓄电池观光车	型式试验	达到设计要求,符合相关标准	TX6000 - 05 - 070263 号
泰安九州金城机械有限公司	雷印忠	力星	ZL09F 轮胎式装载机	型式试验	达到设计要求,符合相关标准	TX5000 - 05 - 070264 号
泰安九州金城机械有限公司	雷印忠	力星	ZL20F - Ⅱ 轮胎式装载机	型式试验	达到设计要求,符合相关标准	TX5000 - 05 - 070265 号

（续）

企业名称	法人代表	商标	检验产品名称及型号	检验类型	检验结论	证书编号
泰安九州金城机械有限公司	雷印忠	力星	ZL50F 轮胎式装载机	型式试验	达到设计要求，符合相关标准	TX5000－05－070266 号
杭州浙力叉车有限公司	吴金贤	浙力	CWD16 托盘堆垛车	型式试验	达到设计要求，符合相关标准	TX4000－05－070267 号
杭州浙力叉车有限公司	吴金贤	浙力	CQD20 前移式叉车	型式试验	达到设计要求，符合相关标准	TX4000－05－070268 号
杭州浙力叉车有限公司	吴金贤	浙力	CXWD10 三向堆垛车	型式试验	达到设计要求，符合相关标准	TX4000－05－070269 号
杭州浙力叉车有限公司	吴金贤	浙力	CPD25 蓄电池平衡重式叉车	型式试验	达到设计要求，符合相关标准	TX4000－05－070270 号
河南鸿马实业有限公司	马鸿军	鸿马	HMDC－12－A 蓄电池观光车	型式试验	达到设计要求，符合相关标准	TX4000－05－070271 号
浙江华和叉车有限公司	华和	施和平	HH30 内燃平衡重式叉车	型式试验	达到设计要求，符合相关标准	TX4000－05－070272 号
浙江华和叉车有限公司	华和	施和平	HH70Z 内燃平衡重式叉车	型式试验	达到设计要求，符合相关标准	TX4000－05－070273 号
鹤壁大来电动车业有限公司	王永萍	大来	DL60401 蓄电池观光车	型式试验	达到设计要求，符合相关标准	TX6000－05－070274 号
鹤壁大来电动车业有限公司	王永萍	大来	DL61401 蓄电池观光车	型式试验	达到设计要求，符合相关标准	TX6000－05－070275 号
无锡开普机械有限公司	叶永标	KIPOR	KEF25 蓄电池平衡重式叉车	型式试验	达到设计要求，符合相关标准	TX4000－05－070276 号
北京现代京城工程机械有限公司	李相祖	HYUNDAI	R210W－7 轮胎式挖掘机	型式试验	达到设计要求，符合相关标准	TX5000－05－070277 号
北京现代京城工程机械有限公司	李相祖	HYUNDAI	R110－7 履带式挖掘机	型式试验	达到设计要求，符合相关标准	TX5000－05－070278 号
无锡开普机械有限公司	叶永标	KIPOR	KDG15 履带式挖掘机	型式试验	达到设计要求，符合相关标准	TX5000－05－070279 号
山东格仑特电动科技有限公司	宋莉	格仑特	GLT3026 蓄电池固定平台搬运车	型式试验	达到设计要求，符合相关标准	TX5000－05－070280 号
肥城众力机械有限公司	乔建设	众力	ZL933 轮胎式装载机	型式试验	达到设计要求，符合相关标准	TX5000－05－070281 号
斗山工程机械（中国）有限公司	崔昇喆	DOOSAN	DX300LC 履带式挖掘机	型式试验	达到设计要求，符合相关标准	TX5000－05－070282 号
竹内工程机械（青岛）有限公司	竹内明雄	TakeUCHI	TB1500C 履带式挖掘机	型式试验	达到设计要求，符合相关标准	TX5000－05－070283 号
山推工程机械股份有限公司	董平	SHANTUI	SF30T 内燃平衡重式叉车	型式试验	达到设计要求，符合相关标准	TX4000－05－070284 号
厦门市合力达汽车有限公司	任伟	易卡	YK8141 蓄电池观光车	型式试验	达到设计要求，符合相关标准	TX6000－05－070285 号
河南新飞专用汽车有限责任公司	勾宏图	新飞	XKC5120JSQ 随车起重机	型式试验	达到设计要求，符合相关标准	TX4000－05－070286 号
山推工程机械股份有限公司	董平	SHANTUI	SF30 内燃平衡重式叉车	型式试验	达到设计要求，符合相关标准	TX4000－05－070287 号
徐州华东森田重型机械制造有限公司	龚建民	CTK	HD8070Li－8H 履带式挖掘机	型式试验	达到设计要求，符合相关标准	TX5000－05－070288 号
徐州华东森田重型机械制造有限公司	龚建民	CTK	HD1023LC－8H 履带式挖掘机	型式试验	达到设计要求，符合相关标准	TX5000－05－070289 号

（续）

企业名称	法人代表	商标	检验产品名称及型号	检验类型	检验结论	证书编号
蚌埠市振冲安利工程机械有限公司	柴盛年	安利	ALY55Q 履带式起重机	型式试验	达到设计要求，符合相关标准	TX4000－05－070290 号
江苏柳工机械有限公司	戴翔	LiuGong	CLG766 轮胎式挖掘机装载机	型式试验	达到设计要求，符合相关标准	TX5000－05－070291 号
莱州市凯兴机械有限公司	牛国泉		ZL20 轮胎式装载机	型式试验	达到设计要求，符合相关标准	TX5000－05－070292 号
莱州市鸿旺工贸有限公司	张丕菊		ZL20 轮胎式装载机	型式试验	达到设计要求，符合相关标准	TX5000－05－070293 号
莱州市丛林工程机械有限公司	杨绍杰		ZL20 轮胎式装载机	型式试验	达到设计要求，符合相关标准	TX5000－05－070294 号
徐州金正公路工程机械有限公司	张启典	金正神力	ZL16E 轮胎式装载机	型式试验	达到设计要求，符合相关标准	TX5000－05－070295 号
广西玉林玉柴工程机械有限责任公司	晏平	YUCHAI	YC135－8 履带式挖掘机	型式试验	达到设计要求，符合相关标准	TX5000－05－070296 号
日立建机（中国）有限公司	中浦泰彦	HITACHI	ZX330－3 履带式挖掘机	型式试验	达到设计要求，符合相关标准	TX5000－05－070297 号
日立建机（中国）有限公司	中浦泰彦	HITACHI	ZX360LC－3 履带式挖掘机	型式试验	达到设计要求，符合相关标准	TX5000－05－070298 号
徐州金正公路工程机械有限公司	张启典	金正神力	ZL50G 轮胎式装载机	型式试验	达到设计要求，符合相关标准	TX5000－05－070299 号
徐州金正公路工程机械有限公司	张启典	金正神力	WZ16－12 轮胎式挖掘装载机	型式试验	达到设计要求，符合相关标准	TX5000－05－070300 号
昆山三一机械有限公司	王如林	三一	SCC3200 履带式起重机	型式试验	达到设计要求，符合相关标准	TX4000－05－070301 号
成都神钢小型挖掘机有限公司	白旭	KOBELCO	SK60－C 履带式挖掘机	型式试验	达到设计要求，符合相关标准	TX5000－05－070302 号
苏州福科莱起重工程机械有限公司	孙建强	FKL	CPCD100 内燃平衡重式叉车	型式试验	达到设计要求，符合相关标准	TX4000－05－070303 号
广州天马集团天马电动车有限公司	刘维嘉	KTM	KTMY－B15 蓄电池观光车	型式试验	达到设计要求，符合相关标准	TX6000－05－070304 号
小松叉车制造（中国）有限公司	岗井良幸	KOMATSU	FB20M－12 蓄电池平衡重式叉车	型式试验	达到设计要求，符合相关标准	TX4000－05－070305 号
小松叉车制造（中国）有限公司	岗井良幸	KOMATSU	FB20A－12 蓄电池平衡重式叉车	型式试验	达到设计要求，符合相关标准	TX4000－05－070306 号
靖江宝骊叉车有限公司	印辉	Baoli	CPQD35 内燃平衡重式叉车	型式试验	达到设计要求，符合相关标准	TX4000－05－070307 号
斗山工程机械（中国）有限公司	赵奉镐	DOOSAN	G30G 内燃平衡重式叉车	型式试验	达到设计要求，符合相关标准	TX4000－05－070308 号
深圳市海龙威马电动车有限公司	梁剑亮	威马	HEY14 蓄电池观光车	型式试验	达到设计要求，符合相关标准	TX6000－05－070309 号

〔撰稿人：国家工程机械质量监督检验中心柳林〕

2007年工程机械上市公司发展综述

一、上市公司基本情况

截至2007年12月31日，我国以工程机械整机为主营业务的上市公司有15家，其中A股市场14家，香港市场1家。其中土方机械包括柳工、厦工股份、中国龙工、常林股份、山推股份、河北宣工、徐工科技、鼎盛天工和山河智能等9家；建筑机械包括三一重工、中联重科、星马汽车和＊ST建机等4家；矿山机械只有北方股份1家；叉车仍然只有安徽合力1家上市公司。上市公司主要集中在江苏、福建、山东、湖南及广西等工程机械大省。山东临工几经易主，经资产置换已经退出上市公司；香江控股已退出工程机械行业。2007年12月31日，15家上市公司总市值达到2 088.63亿元，较年初的728.53亿元上涨了186.69%。其中厦工股份和中国龙工分别实施了定向增发和债券融资，分别融资44 300万元和28 700万美元。

重要说明：由于2007年是我国执行新的会计准则的第一年，所以，我们本次提取的上市公司年报数据与2006年年鉴中《2006年工程机械上市公司总体表现分析》中财务数据存在新旧会计准则不同的差异，为统计方便，我们采集的财务数据都按照新的会计准则，2006年数据为追溯调整数据。新企业会计准则对利润表的新规定：

1. 不再区分主营与非主营业务利润

原企业会计制度中对利润表的格式给予了明确规定，其中之一就是规定单独陈报主营业务利润、其他业务利润；新准则中不再要求区分，只是将营业利润分解为营业收入、营业成本、营业税金、管理费用、销售费用（原为营业费用）和财务费用。

2. 对直接计入利润的利得和损失单独列示

新会计准则规定在利润表中对公允价值变动损益、资产减值损失和非流动资产处置损益项目要单独列示。

3. 净利润的含义与内容已发生了实质性的变化

将公允价值变动损益、资产减值损失等未实现资产利得和损失纳入了利润表，使净利润中包含了部分其他全面收益（未实现资产持有利得）的内容，而其他全面收益在国际上是列入全面收益的。

数据来源：Wind资讯，北京润晖投资咨询公司。

由于上市公司占据着工程机械行业的重要地位，基本上是国内工程机械行业的龙头企业，随着行业持续景气和上市公司的融资优势，目前国内主要上市公司品牌和规模效益已经形成，各公司在优势产品的基础上延伸工程机械产品链，市场资源越来越多地向上市公司集中，上市公司产品品种不断增加。工程机械上市公司主要产品见表1。

表1　工程机械上市公司主要产品

股票代码	股票名称	地　址	上市时间	主要产品
000157	中联重科	长沙市	2000-10-12	车载泵、单钢轮压路机、低噪声振捣器、混凝土泵车、混凝土布料机、混凝土搅拌输送车、混凝土搅拌站、混凝土输送泵、加热机、沥青搅拌站、沥青摊铺机、路面冷铣刨机、起重布料两用机、施工升降机、双钢轮压路机
000425	徐工科技	徐州市	1996-08-28	厂拌设备、大型多功能沥青混凝土摊铺机、混凝土泵车、机械驱动单钢轮振动压路机、铰接式自卸车、静碾光轮压路机、沥青混凝土搅拌设备、沥青混凝土转运车、路面冷铣刨机、轮胎驱动单钢轮振动压路机、轮胎式多功能沥青混凝土摊铺机

（续）

股票代码	股票名称	地　址	上市时间	主 要 产 品
000528	柳工	柳州市	1993－11－18	G系列轮式装载机、叉车、串联式双钢轮振动压路机、高原型轮式装载机、混凝土搅拌机、混凝土输送泵、机械驱动振动压路机、搅拌运输车、沥青摊铺机、履带式液压挖掘机、平地机、铣刨机、液压驱动振动压路机
000680	山推股份	济宁市	1997－01－22	吊管机、履带、平地机、推耙机、推土机、托带轮、雪地车、压路机、液力变矩器、液压拖式铲运机
000923	河北宣工	张家口市	1999－07－14	扒树根器、履带式装载机、轮胎式装载机、推土机、挖掘机、组合式振动振荡压路机
002097	山河智能	长沙市	2006－12－22	多功能旋挖钻机、多功能液压轮式挖掘机、计算机控制凿岩台车、小型多功能液压挖掘机、液压静力压桩机、液压破碎锤、一体化液压潜孔钻机
600031	三一重工	长沙市	2003－07－03	泵车、车载式混凝土输送泵、混凝土搅拌站、机械传动振动压路机、混凝土搅拌运输车、沥青混合料转运车、沥青搅拌站、履带吊、汽车起重机、全液压轮胎式压路机、摊铺机、推土机、拖泵、挖掘机、液力机械传动平地机
600262	北方股份	包头市	2000－06－30	侧卸式混凝土运输车、铰接式自卸车、矿用洒水车、履带式破碎机、煤斗型自卸车、挖掘装载机、越野卡车、岩斗型自卸车、自行式铲运机
600335	鼎盛天工	天津市	2001－03－05	混凝土输送泵、沥青混凝土转运车、路面铣刨机、平地机、清洗车、摊铺机、推土机、挖掘机、稳定土拌和机、稳定土厂拌设备、压路机、装载机
600375	星马汽车	马鞍山市	2003－04－01	混凝土泵车、混凝土搅拌运输车、散装水泥车、压缩式垃圾车
600710	常林股份	常州市	1996－07－01	平地机、扫路车、随车吊、摊铺机、挖掘机结构件、挖掘装载机、压路机、装载机
600761	安徽合力	合肥市	1996－10－09	45t正面吊、扒渣车、充电机、电瓶叉车、堆垛车、堆高机、观光车、内燃叉车、牵引车、托盘叉车、阳极运输车、装载机
600815	厦工股份	厦门市	1994－01－28	混凝土输送泵、推土机、挖掘机、装载机
600984	＊ST建机	西安市	2004－07－07	冲击式压路机、翻斗车、固定式沥青混合料搅拌设备、环保节能型沥青混合料搅拌设备、建设沥青路面铣刨机、履带式沥青混合料摊铺机、轮胎式沥青混合料摊铺机、桥梁钢结构、全滚压拖式振动压路机、全液压稳定土拌和机
003339	中国龙工	龙岩市	2005－11－17	轮式装载机、压路机、挖掘机、叉车

到2007年年底，15家上市公司总资产和净资产总额分别为550.24亿元和251.41亿元，较上年同期分别增长47.51%和37.82%。其中三一重工、中联重科、中国龙工总资产规模分别为111.79亿元、85.32亿元和65.20亿元，列行业总资产前三名，徐工科技从上年的总资产前三名中退出；净资产列前三名的为三一重工、中联重科和中国龙工，分别为50.47亿元、37.51亿元和28.17亿元，其中柳工从上年的净资产前三名中退出。2007年工程机械上市公司资产规模及变化见表2。

表2　2007年工程机械上市公司资产规模及变化

股票代码	股票名称	总资产（万元）			净资产（万元）		
		2007年	2006年	同比增长（%）	2007年	2006年	同比增长（%）
000157	中联重科	853 216.17	536 763.19	58.96	375 075.89	235 256.83	59.43
000425	徐工科技	302 325.42	334 778.71	－9.69	118 859.53	116 465.84	2.06
000528	柳工	428 145.10	316 621.43	35.22	235 171.76	192 549.10	22.14
000680	山推股份	385 089.82	293 323.06	31.29	210 602.66	166 631.22	26.39
000923	河北宣工	99 565.99	88 472.69	12.54	53 022.87	45 866.09	15.60
002097	山河智能	141 646.83	99 241.64	42.73	66 411.31	52 174.86	27.29
600031	三一重工	1 117 912.66	631 247.29	77.10	504 722.50	305 153.87	65.40

（续）

股票代码	股票名称	总资产（万元）			净资产（万元）		
		2007 年	2006 年	同比增长（%）	2007 年	2006 年	同比增长（%）
600262	北方股份	231 791.16	192 438.59	20.45	69 995.70	68 784.68	1.76
600335	鼎盛天工	89 026.97	79 932.65	11.38	40 447.59	29 710.38	36.14
600375	星马汽车	161 903.26	146 527.61	10.49	48 196.17	46 215.66	4.29
600710	常林股份	190 565.52	158 663.36	20.11	107 341.96	72 412.62	48.24
600761	安徽合力	286 210.56	234 812.48	21.89	204 253.56	178 537.91	14.40
600815	厦工股份	490 221.27	263 011.18	86.39	162 910.25	101 666.88	60.24
600984	*ST 建机	72 721.64	70 199.92	3.59	35 295.31	34 983.99	0.89
003339	中国龙工	652 039.00	284 181.00	129.44	281 744.00	177 798.00	58.46
	合　计	5 502 381.34	3 730 214.79	47.51	2 514 051.07	1 824 207.92	37.82

二、2007 年上市公司经营情况

1. 收入持续增长、规模效益进一步显现

2007 年国家固定资产投资继续保持高速增长，15 家工程机械行业上市公司完成营业收入达到 553.86 亿元，比上年增长 42.78%；实现营业利润 56.09亿元，比上年增长 26.01%；实现净利润55.68 亿元，比上年增长 105.87%。

其中混凝土机械、桩工机械、推土机、小型工程机械和叉车企业表现依然突出，中联重科、山推股份、山河智能、三一重工、星马汽车及安徽合力等 6 家公司营业收入增长超过 40%，延续了上一年度的高增长。中联重科、柳工、山推股份、三一重工及山河智能等行业或子行业龙头公司净利润保持 50% 以上的增长。龙头企业利润增长幅度明显高于收入增长幅度，规模效益进一步显现。厦工股份管理层更换后，对公司内部资源进行整合，公司盈利能力明显改善，公司经营出现明显转机；鼎盛天工搬迁获政府补贴，盈利增长达到 10 667.59%；徐工科技利润率大幅提升，净利润增长了 347.85%；河北宣工和 *ST 建机因为产品单一，经营依然比较困难，河北宣工尽管利润高增长，但重组后的公司并没有实质性的改善。15 家上市公司中，只有河北宣工一家公司收入下降；*ST 建机、中国龙工两家公司营业利润下降；由于鼎盛天工获得巨额土地搬迁补偿金，净利润下降的只有 *ST 建机一家。2007 年工程机械行业上市公司业绩增长情况见表 3。

表 3　2007 年工程机械行业上市公司业绩增长情况

股票名称	营业收入（万元）	同比增长（%）		营业利润（万元）	同比增长（%）		净利润（万元）	同比增长（%）	
		旧准则	新准则		旧准则	新准则		旧准则	新准则
中联重科	897 356.14	94.01	92.67	134 552.17	163.36	169.25	133 358.64	177.31	176.43
徐工科技	326 632.04	26.40	16.90	3 900.52	220.04	386.85	2 472.14	157.58	347.85
柳　工	759 257.33	46.51	38.98	65 426.13	56.15	58.45	56 571.00	58.66	56.71
山推股份	481 810.25	57.32	43.61	38 076.22	92.48	76.27	44 599.37	84.30	90.65
河北宣工	56 800.51	2.48	-3.09	742.28	381.93	95.14	1 104.44	211.53	1 310.11
山河智能	115 181.79	80.73	80.57	15 762.66	75.41	75.42	14 736.30	82.08	80.71
三一重工	914 495.08	99.91	75.52	156 501.73	161.37	153.22	160 616.00	188.18	171.31
北方股份	128 192.27	70.66	69.42	3 366.69	386.40	174.11	2 626.40	38.34	14.28
鼎盛天工	42 849.81	7.39	4.32	421.38	120.08	20 230.03	10 651.45	4 544.72	10 667.59
星马汽车	211 686.33	23.08	20.24	6 428.83	33.36	33.36	3 955.33	30.36	26.77
常林股份	184 235.11	21.77	17.71	1 834.68	30.47	141.31	9 401.34	175.39	170.15
安徽合力	339 686.16	35.43	33.82	42 205.59	24.37	26.88	32 122.06	30.19	29.14
厦工股份	507 210.41	49.92	34.73	23 073.69	777.35	414.35	21 307.11	298.85	385.84

（续）

股票名称	营业收入（万元）	同比增长（%）		营业利润（万元）	同比增长（%）		净利润（万元）	同比增长（%）	
		旧准则	新准则		旧准则	新准则		旧准则	新准则
＊ST 建机	42 319.21	16.84	15.48	215.85	-103.89	-103.89	311.33	-105.22	-105.25
中国龙工	530 862.00	42.78	42.78	68 413.00	11.05	-9.95	62 962.00	0.88	0.88
合计/平均	5 538 574.45	45.85	47.36	560 921.42	98.38	26.01	556 794.91	107.66	105.87

注：1、由于新旧会计准则在收入、利润确认方法上存在较大的差异，上市公司 2007 年起执行新的会计准则，2007 年报表和 2006 年统计口径上具有不连续性，所以，我们在本表中分别"旧准则"和"新准则"计算财务指标的同比增长，因为上市公司"旧准则"的数据披露截至时间为 2006 年，所以，"旧准则"下的"同比增长"实际口径是不一致的；"新准则同比增长"则是按照新的会计准则追溯到 2006 年的调整数据，但该数据和 2006 年年鉴数据上存在差异，所以，我们用两组数据分别进行了比较，提取了两组同比增长的数据。

2、新的会计准则"营业收入"对应旧会计准则的"营业收入"。

3、＊ST 建机 2006 年营业利润和净利润均为亏损，2007 年扭亏。

从经营效率来看，2007 年行业上市公司表现良好。15 家上市公司每股收益和净资产收益率都大幅提升，每股收益平均从 2006 年的 0.47 元提高到 0.81 元；净资产收益率从 2006 年的 14.83% 提高到 22.15%。不过其中鼎盛天工的利润前三季度业绩都在亏损边沿，第四季度突然增加的利润是公司搬迁获得的土地补偿。从公司经营效率来看，中联重科、三一重工、柳工、中国龙工、安徽合力及山推股份等龙头企业仍然在行业内表现优异，2006 年上市的山河智能也表现出较高的经营效率。而徐工科技、河北宣工、北方股份和＊ST 建机资产效率并没有因为行业的景气明显改善。厦工股份在管理层更换和集团内资产整合后，经营效率明显改善。近 3 年工程机械上市公司的经营效率见表 4。

表 4　近 3 年工程机械上市公司的经营效率

股票代码	股票名称	每股收益摊薄（元）			净资产收益率（%）		
		2007 年	2006 年	2005 年	2007 年	2006 年	2005 年
000157	中联重科	1.75	0.95	0.61	35.56	20.51	17.54
000425	徐工科技	0.05	0.01	-0.24	2.08	0.47	-12.02
000528	柳　　工	1.20	0.76	0.44	24.06	18.75	12.75
000680	山推股份	0.64	0.41	0.18	21.18	14.04	6.44
000923	河北宣工	0.07	0.00	-0.26	2.08	0.17	-11.73
002097	山河智能	0.56	0.62	0.57	22.19	15.63	23.10
600031	三一重工	1.62	1.23	0.45	31.82	19.40	10.07
600262	北方股份	0.15	0.14	0.17	3.75	3.34	4.38
600335	鼎盛天工	0.77	0.01	0.04	26.33	0.33	1.42
600375	星马汽车	0.21	0.17	0.17	8.21	6.75	4.85
600710	常林股份	0.25	0.11	0.02	8.76	4.81	0.85
600761	安徽合力	0.90	0.70	0.47	15.73	13.93	14.30
600815	厦工股份	0.37	0.08	0.04	13.08	4.31	1.92
600984	＊ST 建机	0.02	-0.42	-0.35	0.88	-16.96	-12.29
003339	中国龙工	0.61	0.60	0.23	22.35	35.10	20.43
	行业平均	0.81	0.47	0.20	21.25	14.83	7.72

2. 产品出口保持高速增长

2007 年，产品出口成为工程机械上市公司重要的利润增长点，14 家上市公司（＊ST 建机没有出口）出口总额达到 848 548.19 万元，比上年增长

155.19%，14家上市公司出口总额占全部销售收入的15.32%，比上年提高6.47个百分点。

其中，中联重科、山推股份、山河智能、三一重工、星马汽车、厦工股份和中国龙工出口增长均超过200%，徐工科技、北方股份、鼎盛天工和常林股份的出口增长也超过了100%，柳工出口增长91.27%，安徽合力出口继续保持40%以上的稳定增长。2007年上市公司出口情况见表5。

表5　2007年上市公司出口情况

股票代码	股票名称	2007年（万元）	占收入比例（%）	2006年（万元）	占收入比例（%）	出口同比增长（%）
000157	中联重科	101 962	11.36	21 630	4.64	371.39
000425	徐工科技	83 733	25.64	41 716	14.93	100.72
000528	柳　工	99 069	13.05	51 794	9.48	91.27
000680	山推股份	119 376	24.78	38 808	11.57	207.60
000923	S 宣 工	15 393	27.10	11 870	20.25	29.68
002097	山河智能	27 724	24.07	8 571	13.44	223.46
600031	三一重工	165 819	18.13	47 678	9.15	247.79
600262	北方股份	35 598	27.77	13 675	18.07	160.32
600335	鼎盛天工	14 195	33.13	6 786	16.52	109.19
600375	星马汽车	5 401	2.55	1 126	0.64	379.84
600710	常林股份	42 140	22.87	18 539	11.85	127.30
600761	安徽合力	91 810	27.03	63 273	24.93	45.10
600815	厦工股份	17 628	3.48	1 678	0.45	950.40
600984	*ST 建机	0	0.00	0	0.00	0.00
003339	中国龙工	28 700	5.41	7 200	1.94	298.61
	合计/平均	848 548	15.32	332 516	8.85	155.19

3. 规模效益明显 盈利能力上升

2007年工程机械上市公司规模效益进一步体现，营业利润率进一步提升，15家上市公司2007年平均毛利率达到22.25%，比上一年度上升了0.99个百分点。如果从单个公司来看，中联重科、柳工、山推股份、河北宣工、鼎盛天工、常林股份、厦工股份和*ST建机等8家公司毛利率上升，徐工科技、山河智能、三一重工、北方股份、星马汽车、安徽合力和中国龙工7家公司毛利率下降，总体盈利水平上升的主要原因是毛利率比较高的企业市场份额在提升。不过，由于规模经济效益的显现，三项费用比率下降了1.36个百分点，上市公司净利率达到10.70%，较上年提高了2.96个百分点，盈利水平大大提升。其中中联重科、山推股份、三一重工、北方股份、安徽合力、厦工股份、*ST建机三项费用占销售收入的比率都有较大幅度的下降，中国龙工因公司负债率和财务费用大幅上升，导致公司净利率下降了4.96个百分点。2007年工程机械上市公司利润率与费用比较见表6。

表6　2007年工程机械上市公司利润率与费用比率

股票代码	股票名称	毛利率（%）		净利率（%）		三项费用比率（%）	
		2007年	2006年	2007年	2006年	2007年	2006年
000157	中联重科	28.63	26.74	14.83	10.39	12.36	15.37
000425	徐工科技	7.57	10.95	0.75	0.21	6.26	8.98
000528	柳　工	19.02	17.52	7.47	6.63	9.71	9.36

（续）

股票代码	股票名称	毛利率(%)		净利率(%)		三项费用比率(%)	
		2007 年	2006 年	2007 年	2006 年	2007 年	2006 年
000680	山推股份	18.33	17.73	9.80	7.34	9.46	11.43
000923	河北宣工	16.97	15.96	1.94	0.13	14.90	14.98
002097	山河智能	26.77	27.73	12.79	12.77	11.74	12.87
600031	三一重工	34.56	34.79	20.84	14.23	16.46	20.36
600262	北方股份	21.21	26.62	1.57	2.09	16.01	25.22
600335	鼎盛天工	25.93	22.29	25.06	0.39	23.14	22.29
600375	星马汽车	8.79	8.95	1.87	1.77	5.24	6.07
600710	常林股份	11.63	11.26	5.24	2.28	10.27	9.88
600761	安徽合力	23.20	26.59	10.50	11.53	9.93	12.25
600815	厦工股份	15.21	13.32	4.20	1.16	10.02	12.26
600984	*ST 建机	18.48	12.01	0.74	-16.19	15.26	26.10
003339	中国龙工	22.44	25.74	11.86	16.82	12.23	9.38
	平　均	22.25	21.26	10.70	7.74	11.55	12.91

注：三项费用在2006 年前执行的会计准则中指的是营业费用、管理费用和财务费用；在新的会计准则中是指销售费用、管理费用和财务费用。本表根据新的会计准则对2006 年相关数据作了追溯调整。

4. 资产营运效率基本稳定

2007 年，上市公司应收账款比率基本上保持了稳定，15 家上市公司的应收账款比率从2006 年的17.64%上升到2007 年的19.15%。其中，应收账款指标变化比较大的是徐工科技、三一重工和厦工股份，徐工科技应收账款比率从2006 年的24.38%下降至2007 年的17.48%，应收账款周转天数从79.43 天下降至69.41 天；三一重工应收账款比率从19.24%上升到26.23%，相应的应收账款周转天数从2006 年的61.54 天上升到66.94 天；厦工股份应收账款比率从2006 年的10.97%提高到20.13%，相应的公司应收账款周转天数从2006 年的31.37 天提高到51.89 天；而和三一重工，同属混凝土机械的中联重科应收账款却在2007 年明显改善，应收账款周转天数也从2006 年的75.33 天下降到57.11 天，主要原因是中联重科产品结构已经发生了深刻的变化，2007 年公司起重机销售收入已经超过混凝土机械销售收入，显然混凝凝土机械竞争趋于激烈，而起重机械仍然处于供不应求的局面。

从存货管理情况来看，15 家上市公司2007 年存货比率从2006 年的32.07%下降至27.15%，下降了4.92 个百分点；平均存货周转率从2006 年的129.14 天下降至113.24 天，比2006 年减少了15.9 天。存货比率下降比较多的包括徐工科技和中国龙工等，而中联重科、徐工科技、柳工、山推股份和三一重工存货周转时间都明显改善，管理效率明显提升。不过由于2007 年工程机械需求量的大幅增长，尽管上市公司存货和应收账款管理效率明显提升，而且中国龙工年内发行债券大大改善了现金流，总体上看，上市公司每股经营活动现金流从每股0.36 元提高到0.38 元，整体基本上平稳。

由于工程机械行业持续景气，且上市公司融资优势明显，过去3 年间工程机械上市公司在产能扩张和新的项目投产上都实施了大量的投资，2007 年固定资产比率从2006 年的14.02%提高到23.06%，提高了9.04 个百分点，固定资产比率提高和固定资产折旧上升也是上市公司在收入大幅增长的情况下，管理费用改善不明显的原因之一。上市公司资产质量见表7，上市公司经营效率见表8。

表 7　上市公司资产质量

股票代码	股票名称	应收账款比率(%)		存货比率(%)		固定资产比率(%)	
		2007 年	2006 年	2007 年	2006 年	2007 年	2006 年
000157	中联重科	20.84	20.97	29.33	32.25	19.96	10.67
000425	徐工科技	17.48	24.38	28.94	42.81	18.62	16.95
000528	柳　　工	11.82	10.64	22.58	23.30	18.65	11.18
000680	山推股份	15.71	17.22	17.88	18.09	25.31	15.03
000923	河北宣工	13.35	11.89	73.03	63.87	18.14	17.07
002097	山河智能	19.43	12.96	41.14	37.60	22.45	5.92
600031	三一重工	26.23	19.24	25.62	30.55	26.15	12.31
600262	北方股份	40.00	51.63	62.85	93.96	21.24	18.52
600335	鼎盛天工	36.26	40.40	60.48	54.39	28.29	23.68
600375	星马汽车	20.07	22.27	18.76	14.69	23.91	10.30
600710	常林股份	15.88	14.17	28.18	29.19	20.93	19.19
600761	安徽合力	9.47	8.80	22.76	25.67	32.91	19.81
600815	厦工股份	20.13	10.97	35.42	33.57	19.64	10.34
600984	*ST 建机	49.89	46.69	35.56	58.42	33.49	33.34
003339	中国龙工	16.44	18.28	17.95	40.11	24.64	17.12
	平均	19.15	17.64	27.15	32.07	23.06	14.02

注:应收账款比率为应收账款(含应收票据)占营业收入的比率,存货比率是存货占当年收入的比率,固定资产比率为固定资产占总资产的比率。

表 8　上市公司经营效率

股票代码	股票名称	存货周转天数(天)		应收账款周转天数(天)		每股经营活动现金流(元)	
		2007 年	2006 年	2007 年	2006 年	2007 年	2006 年
000157	中联重科	116.17	130.92	57.11	75.33	0.60	0.86
000425	徐工科技	127.68	172.34	69.01	79.43	0.49	0.13
000528	柳　　工	87.47	100.10	35.07	29.56	0.63	0.61
000680	山推股份	67.16	79.29	49.87	51.50	0.34	0.37
000923	河北宣工	301.18	279.48	46.11	38.30	0.05	0.28
002097	山河智能	152.30	136.23	47.89	34.71	-0.41	0.25
600031	三一重工	118.35	148.37	66.94	61.54	0.64	1.06
600262	北方股份	270.28	398.14	126.86	170.42	-0.09	0.12
600335	鼎盛天工	273.66	262.78	134.98	137.41	-0.09	0.07
600375	星马汽车	61.14	58.57	69.46	77.41	-0.56	0.76
600710	常林股份	107.90	124.35	50.24	54.00	0.11	0.07
600761	安徽合力	98.30	101.84	28.88	27.35	0.93	0.60
600815	厦工股份	128.09	130.30	50.89	31.37	0.37	-0.12
600984	*ST 建机	190.22	270.14	162.58	181.32	0.36	0.48
003339	中国龙工	106.86	108.02	52.64	49.86	0.32	0.08
	行业平均	113.24	129.14	56.01	56.35	0.38	0.36

5. 负债率提升,资金周转加速

2007 年上市公司的偿债指标充分显示了行业快速增长的特征,由于资金需求量大,15 家上市公司负债率从 51.1% 提高到 54.31%,整体提高了 3.21个百分点,其中柳工、山推股份、山河智能、三一重工、北方股份、安徽合力、厦工股份、*ST 建机、中国龙工等9家公司资产负债率较上年提高，不过由于上市公司资金管理效率提高，反映公司偿债能力的另外两项指标流动比率和速动比率较上年明显改善，15家上市公司2007年流动比率达到1.61，较2006年提高0.15，速动比率达到0.99，较上年提高0.09。上市公司偿债能力见表9。

表9 上市公司偿债能力

股票代码	股票名称	流动比率		速动比率		资产负债率(%)	
		2007年	2006年	2007年	2006年	2007年	2006年
000157	中联重科	1.42	1.25	0.83	0.75	56.04	56.17
000425	徐工科技	1.25	1.12	0.69	0.54	60.68	65.21
000528	柳　工	1.67	1.96	0.78	0.92	45.07	39.19
000680	山推股份	1.37	1.35	0.88	0.87	45.31	43.19
000923	河北宣工	1.27	1.17	0.28	0.24	46.75	48.16
002097	山河智能	1.47	2.07	0.83	1.48	53.11	47.43
600031	三一重工	2.06	1.84	1.49	1.20	54.85	51.66
600262	北方股份	1.42	1.21	0.77	0.58	69.80	64.26
600335	鼎盛天工	1.45	1.32	0.79	0.76	54.57	62.83
600375	星马汽车	1.09	1.19	0.73	0.91	70.23	68.46
600710	常林股份	1.33	0.98	0.70	0.45	43.67	54.36
600761	安徽合力	2.38	3.08	1.39	1.84	28.64	23.97
600815	厦工股份	1.23	1.20	0.68	0.41	66.77	61.35
600984	*ST建机	1.26	1.23	0.85	0.63	51.47	50.17
003339	中国龙工	2.78	1.85	1.96	0.96	56.79	37.43
	行业平均	1.61	1.46	0.99	0.81	54.31	51.10

三、市场表现与市场预测

2007年，中国证券市场受益于股权分置改革，上证指数从2728.19点上涨到5261.56点，上涨了192.86%。工程机械15家上市公司上涨幅度为184.92%，不包括中国龙工，14家A股公司总市值上涨208.62%，涨幅高于上证综合指数。从年初开盘到2007年12月31日收盘，工程机械上市公司市值从738.33亿元上升至2103.65亿元。除安徽合力、北方股份和在香港上市的中国龙工以外，其余12家公司股价涨涨幅度都超过了1倍以上。涨幅超过200%的公司除中联重科、三一重工、厦工股份、山河智能基本业绩大幅增长以外，徐工科技、鼎盛天工、河北宣工、常林股份、*ST建机等公司的重组预期也成为推动公司股价大幅上涨的理由。相比业绩增长的公司，这些公司因为资产重组存在较大的不确定性，所以，积累较大的风险。2007年工程机械市值变换见表10。

表10 2007年工程机械市值变换

证券简称	总股本(万股)		开盘价	收盘价	总市值(万元)		市值变化
	2007.1.4	2007.12.31	2007.1.4	2007.12.31	2007.1.4	2007.12.31	(%)
中联重科	50 700.00	76 050.00	22.40	57.45	1 135 680.00	4 369 072.50	284.71
徐工科技	54 508.76	54 508.76	6.70	22.25	365 208.71	1 212 819.95	232.09
柳　工	47 245.62	47 245.62	17.28	41.86	816 404.28	1 977 701.57	142.25
山推股份	57 710.02	69 252.02	8.28	19.72	477 838.93	1 365 649.82	185.80
河北宣工	16 500.00	16 500.00	5.30	19.33	87 450.00	318 945.00	264.72

（续）

证券简称	总股本（万股）		开盘价	收盘价	总市值（万元）		市值变化
	2007.1.4	2007.12.31	2007.1.4	2007.12.31	2007.1.4	2007.12.31	（%）
山河智能	13 257.50	26 515.00	33.00	57.15	437 497.50	1 515 332.25	246.36
三一重工	48 000.00	99 200.00	33.40	57.04	1 603 200.00	5 658 368.00	252.94
北方股份	17 000.00	17 000.00	8.30	12.62	141 100.00	214 540.00	52.05
鼎盛天工	13 797.86	13 797.86	4.47	18.33	61 676.43	252 914.77	310.07
星马汽车	18 748.13	18 748.13	4.50	9.66	84 366.56	181 106.89	114.67
常林股份	33 000.00	37 400.00	3.99	10.82	131 670.00	404 668.00	207.34
安徽合力	35 695.45	35 695.45	22.45	37.49	801 362.80	1 338 222.33	66.99
厦工股份	53 929.66	58 272.79	4.16	13.49	224 347.37	786 099.98	250.39
*ST 建机	14 155.60	14 155.60	3.44	14.63	48 695.26	207 096.43	325.29
中国龙工	103 705.00	108 905.00	9.32	11.33	966 771.20	1 233 941.57	27.64
合计/平均	577 953.58	693 246.22			7 383 269.04	21 036 479.06	184.92

在行业处于调整期间的2005年，工程机械平均市盈率只有17.4倍，中联重科、柳工等优质公司甚至只有10倍左右的市盈率；到2006年达到25.4倍。重点公司中联重科、柳工、山推股份、三一重工、中国龙工市盈率20倍左右，到2007年15家上市公司平均市盈率已经达到35.5倍，A股市场重点公司高于在香港上市的中国龙工10倍左右；市净率从2006年的4.05倍上升到2007年的8.37倍，上升了4.32倍，相当于市场价格提高了一倍以上，工程机械估值水平已经偏高。2007年上市公司市场表现见表11，2007年A股与上证综合指数走势比较见下图。

表11　2007年上市公司市场表现

股票代码	股票名称	市盈率		市净率	
		2007.12.31	2006.12.31	2007.12.31	2006.12.31
000157	中联重科	32.82	23.47	11.65	4.83
000425	徐工科技	492.88	615.11	10.20	3.14
000528	柳工	34.87	22.55	8.41	4.24
000680	山推股份	28.93	19.40	6.48	2.87
000923	河北宣工	288.78	1 116.53	6.02	1.91
002097	山河智能	102.88	53.69	22.82	8.39
600031	三一重工	29.69	21.63	11.21	5.25
600262	北方股份	106.62	89.20	3.07	2.05
600335	鼎盛天工	23.55	382.23	6.25	2.08
600375	星马汽车	45.79	27.04	3.76	1.83
600710	常林股份	41.90	36.84	3.77	1.82
600761	安徽合力	37.51	27.38	6.55	4.49
600815	厦工股份	36.88	51.15	4.83	2.21
600984	*ST 建机	665.20	-8.21	5.87	1.39
003339	中国龙工	19.60	15.49	4.38	5.44
	行业平均	35.50	25.40	8.37	4.05

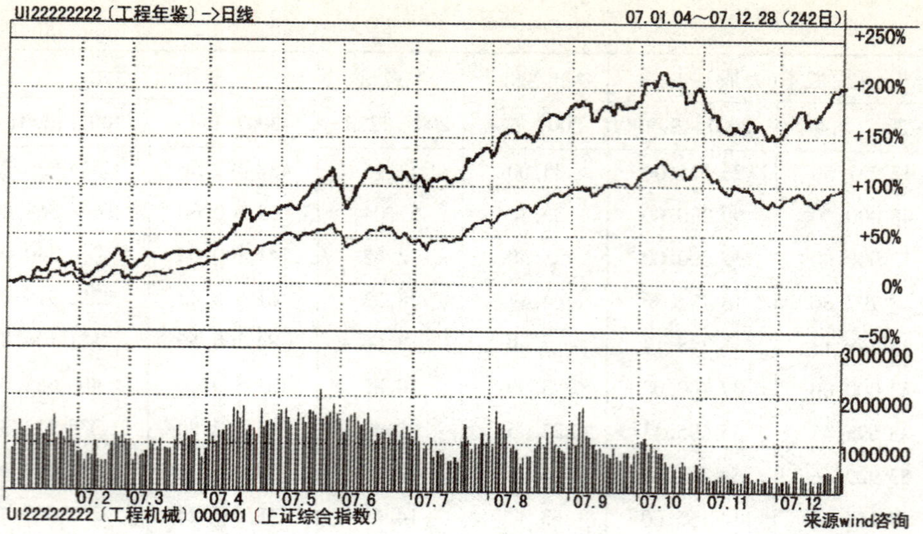

图　2007 年工程机械 A 股与上证综合指数走势比较

2008 年，工程机械环境将比 2007 年有较大的变化，由于国家重大工程仍然处于建设期，固定资产投资将仍然保持 20% 以上的增长，但由于银行紧缩银根，施工单位的付款方式可能有所改变。但相对 2007 年工程机械面临最大的变化是原材料成本和人工成本的增长，对于出口形势良好的工程机械同样要面临人民币升值的压力，预计 2008 年行业毛利率将有所下降。不过，因为工程机械市场集中度越来越高，龙头企业在行业内的定价权正在提升，预计工程机械的价格也将有所上升。

由于中国工程机械龙头企业的配套体系和销售网络已经形成，且品牌效应也已经形成，凭借现有行业的格局，上市公司有条件在现有基础上发挥品牌销售网络的优势，快速渗透到相关的工程机械产品中，行业整合的基础已经非常成熟。这一时期，龙头企业延伸市场空间和产品链，使得行业龙头增长速度远远高于行业平均增长水平。

〔撰稿人：润晖投资咨询有限公司郑贤玲〕

2007 年工程机械行业新产品新技术发展情况

2007 年我国工程机械行业新产品新技术发展特点主要体现在两个方面，一是对大型工程机械的开发取得突破性进展，二是普遍提高了自主创新研发能力。

在大型工程机械研发方面，三一重工股份有限公司自从研制最大起重量为 400t 的履带起重机以后，2007 年 900 吨级履带起重机下线，成为国际上第三家能生产大型履带起重机的企业，同时长沙中联重工科技发展股份有限公司研发的 600t 大型履带起重机已开始出口到印度，使我国的履带起重机生产技术水平进入世界先进行列。由郑州大方桥梁机械有限公司和北京航空航天大学共同研发的重型起吊与搬运机械关键技术（最大起吊能力 900t）及装备开发成功，为国家高速铁路梁场建设和运输提供了关键装备与成套技术。徐州重型机械有限公司大型全路面起重机产业核心技术研究与产业化项目完成，为我国自行开发全路面起重机建立了自主知识产权技术体系，从而结束了我国不能生产大吨位全路面起重机的历史。北方重工集团有限公司于2007年7月与法国NFM公司签署了股权转让协议，以绝对控股方式并购了NFM公司，成为我国盾构机的实验制造基地，实验项目列入国家“863”计划，生产的第一台直径11.97m/长60m的大型盾构机已发往北京站与西站的地铁施工现场。太原重型机械集团在引进国外大型挖掘机先进制造技术的基础上，先后研制出具有自主知识产权的WK－20、WK－27、WK－35型等大型系列挖掘机，探索出一条我国自行开发研制大型挖掘机的新路子，2007年2月12日与中国中煤能源集团公司签署了WK－55大型（斗容$55m^3$）矿用挖掘机生产制造合同，成为美国P&H和B－E公司以后的第四家能独立生产大型挖掘机的企业。由三一重型装备有限公司自主研发的EBZ200H型悬臂式硬岩掘进机，整机重量达74t，每小时切割硬岩达$10m^3$，是目前国内功率最大的掘进机。其他在混凝土机械、塔式起重机、大型推土机及大型装载机领域均有较大突破，不一一列举。

在产品研发方面，中国工程机械制造业从模仿、复制，到以自主创新为主的发展阶段，经过了漫长的时间。近几年来，随着国内与国际市场的接轨，改革开放政策的深入发展，企业创新机制不断完善和提升，激发了自主创新的活力，人材辈出，因此具有企业自主知识产权的产品创新项目越来越多。其中规模较大、创新能力强的企业，创新产品不断问世，建立了公司自主品牌产品系列型谱，并且普遍提高了产品技术标准。例如湖南山河智能机械股份有限公司研发的SWEL55型多功能小型挖掘机，在美国市场销售，一举获得素有“工业设计奥斯卡”之称的2007年度美国工业设计者协会（IDSA）颁发的“国际杰出设计金奖”；航天动力技术研究所自主研发的液力变矩器成为德国ZF公司、美国CAT公司、英国JCB公司的配套产品，进入国际先进行列；柳工机械股份有限公司自主研发的G系列装载机达到了国际先进水平，在国际市场上已被公认为畅销产品，被中国人民解放军总装备部指定为四川地震抢险救灾的首选产品；徐工科技股份有限公司的起重机产品也被国际同行们认定为知名品牌，成为世界销量第一品牌；由柳工机械股份有限公司研发的滑移转向装载机和由浙江濠泰机械有限公司研发的多功能小型装载机填补了我国小型工程机械的空白，且技术含量高，能出口进入欧美市场，受到欢迎；由中国人民解放军军械技术研究所创新研发的全向行驶防爆电动侧面叉车，其产品构思及其功能为国内外首创，获得国家发明专利和多项技术难度较高的实用新型专利技术等等。这些情况充分说明我国工程机械技术水平已经进入自主创新的发展阶段，已经具备根据不同的市场需求，顺势研发新产品的能力。2007年工程机械行业新产品新技术主要成果项目详见下表。

2007年工程机械行业新产品新技术主要成果项目

序号	项目名称	承担企业	项目简介
1	XCG330LC—8型液压挖掘机	徐州挖掘机械制造有限公司	该机采用了加强型结构件和远程智能控制服务系统，凭借大功率、低油耗、绿色环保和高可靠性、良好的稳定性等优势打开了市场，并当选为“2006年工程机械TOP50年度产品”
2	WK—55型矿用挖掘机	太原重型机械集团	该集团在引进国外挖掘机制造技术的基础上，先后研制出具有完全自主知识产权的WK—20、WK—27、WK—35等大型挖掘机，探索出一条我国自行开发研制大型矿用挖掘机的新路子，2007年2月12日与中煤能源集团双方签署了WK—55（斗容量$55m^3$）大型矿用挖掘机的生产制造合同，成为与美国P&H公司和B－E公司全球并列的能独立制造大型矿用挖掘机的企业

（续）

序号	项 目 名 称	承 担 企 业	项 目 简 介
3	EC80 型履带式液压挖掘机	徐工科技股份有限公司	EC80 是该公司自主创新的新产品。该机充分采用人机工程学原理，既具有小型挖掘机械精致小巧、灵活机动的优点，更兼有中型挖掘机的基本功能，可强负荷操作，效率高、作业稳定、可靠耐用，通过声光报警系统将机器工作时各种信息反映给驾驶员，采用宽视野、灰膜蓝字、淡绿高亮背景光的液晶显示及合理的安装位置，可调角度的安装方式，使操作更具人性化
4	新概念挖掘装载机	湖南山河智能机械股份有限公司——荷兰 DIVETO 公司	该款新概念挖掘装载机在完成装载任务后，通过快速替换工作装置，同一工作臂如变形金刚般地伸展为挖掘机。该机是湖南山河智能机械股份有限公司与荷兰 DIVETO 公司合作开发的世界上独一无二的新型概念机，并由湖南山河智能机械股份有限公司在短时间内研发生产出来的
5	EBZ200H 悬臂式硬岩掘进机	三一重型装备有限公司	EBZ200H 悬臂式硬岩掘进机重量达 74t，是目前国内最重的功率最大的掘进机。截割减速机齿轮全部采用高强度高淬透性合金钢，比现有掘进机减速机齿轮强度提高 20%，大大提高了整机可靠性，工作噪声低于 72dB。该机可实现各油缸动作速度及行走速度的手动无级调速，岩石硬度为 F8 时，每小时截割岩石达 $10m^3$。智能电液系统可自动调整截割头掘进速度，以确保全程机掘而不需炮掘，降低了能耗，提高了安全保护能力。强力除尘系统和可靠的外置内喷系统及雾线结合外喷雾系统，极大地改善了工作环境
6	直径 12m 重型盾构机（沈重 7 号）	北方重工集团有限公司	2007 年 7 月，由北方重工集团有限公司与德国维尔特控股公司—法国 NFM 公司签署了股权转让协议，北方重工集团有限公司以绝对控股方式成功并购了 NFM 公司，目前全断面掘进机综合实验台项目已列入国家“863”计划，从此我国真正具备了自主研发盾构机的实验制造基地。2007 年 7 月第一台直径 11.97m、长 60m 的大直径盾构机已发往北京站与西站线地铁工程
7	XCG215LC—8、XCG235LC—8、XCG360LC—8 液压挖掘机	徐州挖掘机制造有限公司	这 3 款新产品除了具有“绿色环保、超低油耗”的特点，采用国际知名品牌美国康明斯发动机，排放全部达到欧Ⅲ标准。排放物（NOx、HC、CO、SOx、C）大大减少，其中 NOx 的排放量比欧Ⅱ标准减少了 40%。新产品的发动机燃油喷射型式由原来的直喷式改为电子喷射，使燃油利用率大大提高
8	185 吨级大型液压挖掘机	四川邦立重机有限责任公司	邦立重机有限责任公司在近几年相继开发出 65 吨级、70 吨级、100 吨级、125 吨级全液压挖掘机的基础上，开发了 185 吨级的矿用和大型土石方工程用的全液压挖掘机，填补了国内空白
9	EC40、EC60、EC80 型履带式液压挖掘机	徐工科技股份有限公司	该系列挖掘机产品研发，采用了结构件的有限元分析、动力学仿真、模拟分析、整机三维实体造型、虚拟装配、动态干涉检查等现代研发技术和动力系统热平衡试验检测等多项试验检测技术。该产品符合人机工程学要求，结构紧凑，作业效率高，具有高可靠性等优势
10	无内胎工程机械轮胎	风神轮胎股份有限公司	无内胎工程机械轮胎主要用于重型装载机、铲运机、挖掘机等工程机械施工作业车辆，目前已有 37.25－35－36pr（E－3/G－12）S 型块状和（E－3/G－26）混合型两个花纹的宽基无内胎工程机械轮胎投放市场
11	低断面巨型工程机械轮胎	三角集团公司	45/65－45L－5 低断面巨型无内胎装载机轮胎是该公司继 35/65－33 产品开发以后又一新产品，是花纹最深、规格最大的装载机轮胎，主要配装于卡特彼勒 992D 型轮式装载机，用于矿山、煤田等极度恶劣的环境作业

（续）

序号	项目名称	承担企业	项目简介
12	红渣装载机	常林股份有限公司	第一台红渣装载机已在2006年3月交付钢厂使用，通过一年多的实际工况使用，基本达到炉前使用要求。红渣装载机采用平口铲斗，减少炉前高温引发变形，斗齿为加宽、加厚、加长型结构，可有效避免高温带来的影响，同时可以彻底排除场地有钢渣等剩穿胶轮的情况发生。该产品已经得到了钢铁产业的关注
13	SD22R型环卫推土机	山推工程机械股份有限公司	该机采用先进的液力传动、液压操纵技术，操作轻便灵活，结构先进合理。具有大容量效率的工作装置，篱笆式铲刀结构能有效阻止悬浮物的漂移，加大两边侧板更有利于垃圾的收集。另外，驾驶室安装了空调并采用密封装置，可有效降低噪音，使司机操作环境有一个舒适的感觉
14	“除雪王”推雪车	常林股份有限公司	常林股份有限公司根据北方冬季降雪、道路积雪气候等特点，推出了具有专利技术的常林系列除雪推雪车。该车已在高速公路、城市道路、环卫、机场等使用。该机在冬季可实现除雪，又可配装铲斗装砂石料、抓具抓取木料和管材等，提高了设备利用率
15	大地MD32型推土机	内蒙古一机大地工程机械有限公司	第一台自主研发的大功率MD32型(239kW)推土机于2007年10月研制成功
16	GP320A型工程牵引机	宇通重工有限公司	GP320A型是牵引冲击式压实机等的大型工程牵引机械，以牵引6825A、6830型压实机为主，还可牵引PC25、PC30平板车等其他设备。除具有牵引功能以外，还有推土装置，相当于轮式推土机，高效完成推挖、平整、运输等任务，具备一机多功能性，使用户利益达到最大化
17	XP302型大型轮胎压路机	徐工科技股份有限公司	这台XP302型轮胎压路机是徐工科技股份有限公司自主研发的国内最大吨位轮胎压路机，属起重型自行式静作用压路机，具有强大的静压力和优越的压实性能，尤其适用于高等级公路路面的压实作业。在XP302轮胎压路机上成功应用了一种用于沥青防变性加热的智能远红外加热设备
18	LSS222、LSS320B型自行式振动压路机	一拖(洛阳)建设机械有限公司	LSS222型属重型振动压路机，在作业时，利用自身的重量和激振力压实各种建筑和筑路材料，压实效果好，影响深度大，作业效率高。LSS320B型动力采用国际知名品牌康明斯发动机，低噪声、低油耗，质量可靠，维修保养方便，整机为流线性造型，驱动能力强劲，压实效果优于同类机型
19	LSD218GH型多功能全液压振动压路机	一拖(洛阳)建设机械有限公司	该压路机在它的机身前面设计了用于推土的铲刀，离地面高度可以通过液压来调整。在振动轮设计上，它一改传统的圆形轮与凸块轮的结构，为三段式八边形结构。三段式多边形的压实轮把平板夯极大的振动影响深度与自行式单钢轮振动压路机的高压实性结合在一起，使钢轮传递到地面的振动力达到前所未有的程度。输出的揉搓力和最高的接地压力可以压实2.5m以上的混合土铺层和1m以上的黏性极高的黏土层。压实次数可减少50%，铺层厚度提高100%，大大提高了压实效率。该机既可以推土又可以压实，实现了一机两用。该机的成功推出是国内压实机械由单一压实向多功能发展的一个标志
20	XS120型压路机通过“CE”认证	徐工科技股份有限公司	该公司自行研发设计的XS120型压路机于2007年6月顺利通过了德国TUV公司的CE认证，取得了进入欧洲欧盟市场的销售通行证。该机的灯光、空调、座椅、扶手、爬梯、驾驶室内部空间设计，均符合欧盟的安全、环保、舒适性等各项指令要求，这标志着该产品实现了与欧洲和国际标准的全面接轨
21	大功率超重型冲击式压路机	宇通重工有限公司	该机采用D6114增压水冷发动机，凸块式振动冲击式压路机，在作业时利用自身重量和圆周激振器对道路厚铺层或高填方材料进行压实

（续）

序号	项目名称	承担企业	项目简介
22	XP302型大吨位轮胎压路机轮胎红外线加热技术	徐工科技股份有限公司	该机采用一种用于沥青防变性加热的智能远红外加热装置加热至一定温度，使轮胎作业时不沾沥青，并能实现温度的自动控制，在路面压实时免去了洒水工序，没有水的渗入，被压实路面获得更致密的表层，提高了路面施工质量
23	6628型垃圾压实机	宇通重工有限公司	该产品有轻型、中型、重型3种规格。该机爬坡能力强，压实效果好，生产效率高等特点
24	6212D型铰接串联式双钢轮振动压路机	宇通重工有限公司	该机采用全液压行走振动传动，双轮驱动，双轮振动，变频变幅，安装有蟹行转向机构，动力洒水装置及可调节位置和方向的操作系统。适合于碾压道路路面，也可用于压实路基，尤其适合压实高等级公路的沥青混凝土、干硬性水泥混凝土、各种材料混凝土等，是公路、机场、停车场等工程项目所需的重要压实施工装备
25	CLG513T型振动压路机	柳工股份有限公司	该机采用了国外先进技术和从国外进口的关键零部件而生产的全液压重型双钢轮串联式振动压路机，适用于压实道路沥青混凝土，砂石混合料和干硬性水泥混凝土
26	QYS—10Ⅲ型10t直臂随车吊	石家庄煤矿机械厂	10t直臂随车起重机是填补8～12t之间随车起重机的空白产品，使该企业2～12t系列产品完善
27	移动式塔机基础新技术	北京市建设委员会	该项技术实现了塔机基础的可搬运和重复使用，从源头上节约了水泥、钢材、砂石料等资源，从而消除了传统整体现浇，固定式混凝土塔机基础的浪费和环保问题，缩短了塔机安装时间
28	SCC900型大型履带起重机	上海三一科技有限公司	该机于2008年10月研制成功下线，并顺利通过检测鉴定，打破了亚洲生产履带起重机的最大吨位记录
29	100t吊管机	山推股份有限公司	该机采用313kW(420马力)推土机为工作底盘，整机使用重量达61t，最小轮弯半径3.7m，吊臂长度8.6m，特别是配重形式设计新颖，采取水平两极展开。该产品填补了国内100t履带式吊管机的空白
30	68m登高平台消防车	徐州重型机械有限公司	这是该公司1995年推出53m高度消防平台车以后，再次研制出中国第一高度消防平台车
31	240t全地面起重机	徐州重型机械有限公司	该机的诞生代表徐州重型产品已经完全挤身国际起重行业先进行列
32	20～25t电动牵引车	安徽叉车集团公司	该机研究有两项国家新型实用专利技术，一是半自动牵引销机构，二是带有盘式制动器的油缸转向桥。该产品2007年5月开始批量销售给中铁快运公司
33	中联牌平头塔机	长沙中联重工科技发展股份有限公司	该机带有空中自卸装置，可实现空中拆臂；功率大、回转平稳，抗风性强，速度快、效率高等优点。小车吊钩可自动换倍率，切换效率高；爬升架引进平台采用下引进，工作更安全可靠
34	80t、200t履带起重机	福田雷沃国际重工股份有限公司	该两款产品具有完全自主知识产权，采用了国际知名品牌液压元器件，发动机、电气元件等零部件先进资源，使产品具有高可靠性。履带起重机具有调速准确，稳定和微动性更优越；整机可完成自装拆，不需要辅助起重机；GPS/GPRS全球定位系统可以实现远程故障诊断等优点
35	SQ5SK2T型内置铁路起重机	徐工集团随车起重机有限公司	该产品采用单个伸缩油缸与拉索配合的结构，相对于原本外置的双伸缩油缸结构，伸缩臂由原来的逐步伸缩方式(一节伸缩臂满行程后，第二节伸缩臂才开始伸缩)变为二节伸缩臂同步伸缩。这样不仅外型美观，也提高了工作效率
36	全工况智能化路面铣刨机	华晨华通路面机械有限公司	该项目共有9个关键技术创新，获得具有自主知识产权的实用新型专利7项，受理发明专利1项，实用新型专利4项。具有国际先进的数学化网络控制系统、智能化浮动尾门控制、多点传感自动找平机等机、电、液、信息技术，使路面铣刨机械具有卓越的智能化行走控制，工况适应能力强、后转向自动回中、故障自动诊断、全面工况液晶显示等功能，这些技术属国内首创

（续）

序号	项目名称	承担企业	项目简介
37	SSE400—21/23 型智能化稳定土拌合机	徐州万邦重型机械科技有限公司	该机型采用了 DSP 控制的高性能、高可靠性的控制器，将发动机功率自动分配至行走和转子两个系统，这样在任何拌和工况和拌和深度情况下保持合适的行走速度。同时，有效调整的行走速度可在合理的参数条件下工作，最大限度地发挥发动机功率，提高了发动机的使用寿命
38	沥青路面基层冷再生技术	汉中公路管理局	沥青路面基层冷再生技术在保护环境，节约土地和资源的同时，避免了旧油石的废弃污染，能节约大量的沥青、砂石，使旧料得到循环使用
39	水泥混凝土路面薄层沥青罩面施工技术	徐州市公路管理局、长安大学、徐州市路兴公路工程有限公司	该项技术提出一系列适合当地水泥混凝土路面病害处理方法，包括研究探地雷达对混凝土板脱空的检测、研究混凝土板脱空的压浆处治技术、研究复合加筋油毡夹层抗裂材料、水泥混凝土路面薄层沥青罩面施工工艺及质量控制标准、推荐适合当地情况的薄层沥青罩面结构形式及罩面材料，同时开发贴缝带喷洒机、层间抗拉抗剪测试机、油毡贴铺机等。因此，该项技术对全国水泥混凝土路面薄层沥青罩面设计施工水平、节省工程费用，补充和完善我国相关标准规范具有重要的理论意义和工程实用价值
40	JKLG40 型改性沥青设备	山西省交通科学研究院	该设备研发有如下创新技术：1. 采用国际先进水平的 Dalworth 多齿面内啮合高速剪切技术，自主开发了用于基层沥青一次升温的螺旋管式换热器、改性剂高速打散及螺旋上料装备、多层上翻式搅拌装置和连续作业管路系统，可使改性沥青一次性剪切完成。2. 整机采用 PLC + 完整的实时监控系统，自动化程度高。3. 在同一台设备上实现了既可生产改性沥青，又可生产乳化沥青及改性乳化沥青
41	沥青路面双层摊铺技术	承德市交通局	双层摊铺技术的应用，不仅是对传统沥青摊铺工艺的改进，也是我国道路沥青铺筑历史上的一次革命，该技术起源于德国，承德市交通局首次购进这台由德国戴纳派克公司生产的摊铺机，成立了课题研究小组，对工程管理、监理、施工部门做好充分准备，在平铁公路平泉段 K38km 处开始试铺成功
42	HTH60T 型滑模式水泥混凝土摊铺机	长沙中联重工科技发展股份有限公司	这台集布料、计量、振捣、滑模挤压成型、平搓和抹平于一体的新型滑模摊铺机，能自动、高质量、一次性地将混凝土料成形在路基上。该机专为铁路客运专线水泥混凝土支承层的高质量摊铺开发的，是铁路客运专线施工的现代化装备
43	马蹄脂沥青灌缝技术	内蒙古锡盟二连浩特市	该技术是由聚合物改性沥青添加矿物填料配置而成，有柔韧性好、弹性佳、沾附力强、防水、耐老化、施工便捷迅速等特性，适用于二级公路以下县、乡、村公路养护用
44	RVK450I 型灌缝机	山推格林路面养护机械有限公司	该机主要部件全部采用进口产品，其中毛细管膨胀式温控系统，精确控制导热油和沥青温度；加热系统使用液化气，燃烧热值高，加热快；6m 长电加热软管，施工范围大，效率高；免维护内置式沥青泵系统；工作装置采用液压马达驱动，平稳可靠；德国原装进口底盘，最高时速达 80km/h 并带高速贯性刹车和手刹车，确保行车和施工安全
45	引进 WR4200 型亚洲首套就地冷再生机组亮相	天津市金路高速公路养护工程有限责任公司	该机通过铣刨、搅拌、摊铺、压实等工艺，由一套机组完成。该机目前全球只有 7 套。在作业时只占用一车道，不影响其他车道交通。道路施工一般可以节约 30% 成本
46	PM180 型修路王	英达有限公司	PM180 型产品是针对路面反射裂缝的修复而开发的产品，既保留了原修路王的基本配置，又针对裂缝修复的要求对加热墙进行了改进，能一次性完成一个车道（3.8m）宽度内的裂缝处理，并且新增了一些实力性功能，使其快速修复坑槽、网裂、沉陷、翻浆等沥青路面病害。特别是快速修复沥青路面的反射裂缝上，速度优势更明显

（续）

序号	项目名称	承担企业	项目简介
47	TJQJ13 型铁路桥梁检测车	徐工随车起重机公司	该机主要为高速公路、铁路、公路桥梁检测而开发的。随着我国经济快速发展，交通设施中的桥梁越来越多，桥梁的检测和维修工作量日益增多，传统手段已不能满足要求，该机研制成功，填补了国内空白
48	高性能沥青混凝土路面摊铺技术	申嘉高速公路段	高性能沥青混凝土路面技术（Superpave）作为一项新技术在申嘉湖高速公路建设全线得到推广应用。从美国引入旋转式压实仪和抽提仪，并购置了国内最大的 30 吨级轮胎压路机，组织施工人员培训后进行施工，大大提高了沥青路面的早期寿命
49	RP902 型摊铺机	徐工科技发展有限公司	该机主要用于高速公路上基层和面层各种材料的摊铺作业。采用微电脑控制、超声波料位传感、电子自动找平、故障自诊断、液压伸缩双振捣、偏心振动熨平板和电加热等当今世界最先进技术，使该机具有摊铺稳定性好、输分料供料均匀、预压密度高、摊铺平整度好，操作简单方便等优点
50	LX200A 型沥青路面铣刨机	中交西安筑路机械有限公司	该机是在 LX200 沥青路面铣刨机基础上，吸收了当前国内外更先进技术基础上开发的。该机传动系统采用国内外知名品牌，提高了产品可靠性，方便维护；其采用康明斯发动机功率大，可靠性好；带有全方位照明系统，便于夜间施工
51	SY5600TBH—66 型混凝土泵车	三一重工集团有限公司	这款泵车采用 5 节折叠臂架，其智能臂架系统为企业首创，只需给出遥控手柄的运动方向，就能实现多节臂架的协调运作和臂架末端出料口位置所能达到的地方
52	中集 38m 混凝土泵车	中国国际海运集装箱集团深圳车辆有限公司	该混凝土泵车，最大泵送高度 38m，拥有自主知识产权 6 项核心技术，申请专利。为我国混凝土泵车制造业又添一新族
53	HBTS60、70、80 系列泵车	宇通重工有限公司	2007 年以来连续推出 HBTS60、HBTS80、HBTS70 的 S 阀电机系列混凝土泵车，HBTZ60 闸板阀电机系列、HBTS80R 的 S 阀柴油机系列混凝土泵车，又为混凝土泵送行业增添了新产品
54	SJ180 型高压旋喷钻机	北京三一重机有限公司	全液压新型隧道超前支护施工设备 SJ180 型水平高压旋喷钻机研制成功，填补了国内全方位高压喷射注浆技术与设备生产的空白，解决了国内隧道施工中复杂地层超前支护难题，防止隧道施工中坍塌事故的不断发生
55	HBT60C、HBT80C 混凝土柴油泵	华晨华通路面机械有限公司	该两款泵送产品采用高性能柴油机，集机电液一体化控制，适用于无电源动力等环境下水泥混凝土泵送作业。关键液压元件、液压阀全都选用德国力士乐公司产品配套，提高了产品工作可靠性
56	HZS100Z 型组合式混凝土搅拌站	方圆集团建设机械有限公司	该站由砂石骨料、水泥、水配料计量系统、搅拌系统、全自动控制系统、气路系统及钢结构等部分组成，整机采用模块式组合结构，转移安装方便
57	THB90 型车载泵	三一重工集团有限公司	该产品采用国内率先推出的东风欧Ⅲ底盘、康明斯发动机，对原车载泵十余个部件进行了精细化改造提升，性能大大提高，外观更新颖
58	SFY858 型全液压打桩机	北京三一重机有限公司	该产品是在电液驱动履带式打桩机基础上，结合该公司最新技术开发出来的高等级高配置多功能全液压打桩机，广泛适用于城市建筑的各种桩基施工，深基坑支护工程、防洪工程和防渗坝工程等。目前该产品已有多台销往韩国
59	SF30 型内燃叉车	山推股份有限公司	该款产品为引进国外先进技术、性能优越，质量可靠；采用流线型曲面造型设计，整机美观大方；智能化电子控制组合仪表，全密封减震结构设计，整机振动小，噪音低。该款产品又为我国叉车行业添一新品种
60	合力叉车 αⅡ系列品牌获国家专利	合力叉车股份有限公司	该系列叉车为大园弧流线型造型，外观十分靓丽，全液压无负荷感应式转向器和横置油缸转向系统，转向轻便灵活，人机工程学原理设计的操作系统，高顶式大通径通道的进气系统保证发动机性能稳定，又延长了发动机的工作寿命，提高了整机可靠性

（续）

序号	项目名称	承担企业	项目简介
61	JCZY—252 型轮式全液压凿岩钻车	金川集团机械制造有限公司金川设备研究所	该产品经生产实用，在金川矿二矿六工区的凿岩量占该工区月凿岩总量的2/3，平均2分钟打一炮眼，和进口设备相比，毫无两样。目前已进入批量生产，同时拿到外销出口的第一批订单
62	山推传动测试实现动态化	山推工程机械股份有限公司	该传动试验室对变速操纵阀试验采用压力传感器和采集卡相结合，实现动态测试。传动事业部生产的系列变速箱均采用通过液压油压紧离合器片来实现动力传递，这一变速过程由变速操纵阀控制液压油进入不同的离合器，从而改变不同的转速输出。在换档过程中，由于压力变化对主变速箱的使用寿命及可靠性至关重要。现在采用压力传感器和采集卡相结合，变速操纵阀换档过程中压力变化可在微机上直观显示，为山推选择鉴定变速操纵阀提供了可靠性依据，从而也提高了变速箱的使用寿命
63	建筑机械配套用新型减速机	天津减速机股份有限公司	该公司新开发的JSJ系列搅拌专用减速机、LSJ螺旋输送用减速机、ZCY悬挂式齿轮减速机、XTY输送机械驱动系统，通过工业性试验与用户使用后，性能指标、力能指标、可靠性、噪音、温升、外观体积等技术指标可与国外先进产品相媲美，产品已获得国家多项专利，从而完全可以替代同类产品进口
64	山推防腐系列润滑油	山推工程机械股份有限公司	山推润滑油研究中心，经过多年的研发和实车模拟综合性能实验，成功推出更适合工程机械各种工况和作业环境下的防腐系列润滑油。对工程机械整机使用寿命提高起到了推进作用
65	自动越障式推雪板、自动越障式推雪装置两项国家专利	常林股份有限公司	该两项专利技术，自动越障式推雪板与装载机配套使用时，推雪板结构简单，能分别越障，越障阻力大，实现推雪的同时还能调节推雪宽度；自动越障推雪装置集推雪或堆雪等优点于一身，实现一字型、正V和反V字形推雪，其适应性大大增强

〔撰稿人：中国工程机械工业协会茅仲文〕

2007年中国工程机械十大新闻

1.国内、国际市场双重拉动，中国工程机械增速再创新高

受国内、国际市场需求的双重拉动，中国工程机械市场增速超过历史最好时期，再创新高。据中国工程机械工业协会统计，2007年1～11月，工程机械主要企业、主要产品的销售收入同比增长45.4%，工业总产值同比增长48.4%，销量同比增长29.8%。以液压挖掘机行业为例，2007年创单月销售过万台纪录，全年销售突破7万台。与此同时，工程机械出口旺盛，2007年1～11月份，进口44.8亿美元，同比增长24.5%；出口78.5亿美元，同比增长73.0%，预计全年出口超过80亿美元。

2.中国工程机械企业加快海外投资建厂步伐

中国工程机械企业开始从单一的产品输出转向资本和技术输出，以应对不断提升的国际竞争。继2006年在印度投资建厂后，2007年9月，三一重工股份有限公司又在美国乔治亚州投资6 000万美元设立了工程机械制造基地。2007年8月，柳工印度有限公司正式挂牌成立。此外，山东德工机械有限公司也于2007年8月在乌克兰合作筹建了组装厂。

3.“工程机械修理工”新职业获批

2007年4月，劳动和社会保障部发布第九批新

职业目录，“工程机械修理工”被确认为新职业之一。“工程机械修理工”职业标准以及职业技能鉴定的各项工作全面展开。“工程机械修理工”是指使用相关检测仪器、检修机具和诊断设备等对工程机械主机、总成件及主要零配件进行诊断、维修和保养的人员。该职业的设立对于提高从业人员的技能水平，促进工程机械行业的发展，建设节约型社会，都具有积极的作用。

4. 徐工集团营业收入跨越300亿元

作为中国最大的工程机械研发制造和出口企业，徐州工程机械集团有限公司（简称徐工集团）成立18年来始终保持中国工程机械行业排头兵的地位。2007年，徐工集团实现营业收入突破300亿元，工业销售收入突破230亿元。2003年，徐工集团实现营业收入、工业销售收入双超100亿元；2006年，徐工集团实现营业收入200亿元。连续5年经营规模不断实现历史性突破，徐工集团转变经济发展方式，实现速度、质量、效益协调发展的能力正在加速形成。

5. 3项工程机械产品（技术）荣膺中国机械工业科学技术一等奖

2007年度中国机械工业科学技术奖评选出的16个一等奖中，工程机械行业占据了3个。分别为郑州大方桥梁机械有限公司与北京科技大学联合申报的重型起吊与搬运机械关键技术研究及装备开发和典型过程应用；徐州重型机械有限公司申报的全地面起重机产业核心技术研究与产业化；上海三一科技有限公司申报的SCC4000型履带起重机。工程机械行业同时获得3个一等奖尚属首次，工程机械行业在不断发展创新的同时品牌的影响力也在逐步扩大，2007年中国工程机械行业新增两类和复评一类产品参加了中国名牌产品的评选，共有12个企业的产品获得“中国名牌”称号，如山推工程机械股份有限公司的推土机产品、广西柳工机械股份有限公司的装载机产品等。

6. 工程机械核心配套件制约行业发展，引起业界的极大关注

当前我国工程机械行业处在高位运行阶段，但本土核心零部件的滞后严重制约了行业的发展。诸多工程机械主机（如液压挖掘机、旋挖钻机和履带式起重机等）所需要的泵、马达、阀和减速器等核心配套件过度依赖进口。进口核心零部件供货期不能保证，而且价格居高不下；加上售前、售后服务不到位，制约了国内工程机械行业的发展。这种状况在2007年已经愈演愈烈，引起了业界的极大关注。中国工程机械工业协会配套件分会两年连续召开小挖配套研讨会，召集业内人士商讨对策。

7. 公路建设采购公开限制国产设备引争议

2007年年初，国内某省高等级公路管理局委托的筑养路机械设备招标中，多种设备在“技术规格”中明确要求为“国外知名生产厂家原装产品或在国内投资组装”，一时间引起强烈反响。专家指出，要杜绝招标过程中人为拒绝国产设备的现象，一方面要转变施工单位“崇洋媚外”的思想，国内企业要不断提高产品质量和服务意识，以实际行动让施工企业认识到国产设备的优势，另一方面要呼吁有关部门严格规范招标，对国产和进口设备一视同仁，给国产设备一个平等竞争的机会。

8. bauma2007 中国展团展出面积超过13 000m²

1992年，中国工程机械企业第一次参加bauma展；1995年，第一次有来自中国的样机参展；2004年，中国展团展位面积3 112m²；2007年，中国展团展览面积达13 200m²（与2004年相比净增1万m²，102家企业参展），创中国所有行业海外参展的记录。中国展团在bauma2007大规模亮相，体现了中国工程机械企业国际化的步伐加快，世界工程机械版图凸显中国力量。

9. 主要装载机制造企业加速全国布局

2007年3月，中国龙工控股有限公司宣布收购郑州白云机电科技有限公司，以郑州为中心建立河南龙工机械制造有限公司；6月徐工重庆工程机械有限公司正式投产运营；7月，厦工工程机械股份有限公司宣布组建厦工机械（焦作）有限公司；11月，广西柳工机械股份有限公司与天津市经济委员会签署备忘录，广西柳工机械股份有限公司意向投资

20亿元，在天津建设广西柳工机械股份有限公司北部工程机械研发、制造和出口基地。市场布局、扩大产能、降低物流成本成为2007年国内主要装载机制造企业的竞争焦点。

10. 中联重科统一麾下三大品牌

2007年12月，中联重工科技发展股份有限公司宣布启动品牌统一工作。2008年，长沙中联重工科技发展股份有限公司旗下“浦沅”、“中标”这两大产品品牌逐步淡出市场。2008年12月，品牌统一将全部完成，中联重工科技发展股份有限公司旗下所有产品将全部统一为“中联”品牌。品牌统一，为中联重工科技发展股份有限公司未来的国际化发展以及战略规划意图的实现奠定了坚实的品牌管理基础，使品牌竞争力的提升与企业成长的需求相一致。

2007 工程机械年度产品 TOP50 名单

挖掘及铲运机械

1. 常林 ZLM30E—5 型井下作业装载机
2. 鼎盛天工 PY200Q 型平地机
3. 斗山 DH225LC—7 型液压挖掘机
4. 卡特彼勒 627G 型自行式铲运机
5. 凯斯 CX240B 型液压挖掘机
6. 雷沃 FR65—7 型液压挖掘机
7. 柳工 CLG877III 型装载机
8. 彭浦 PD410Y—1 型履带式推土机
9. 日立 ZAXIS60 型液压挖掘机
10. 山河智能 SWE70 型液压挖掘机
11. 山推 SD22R 环卫型推土机
12. 神钢 SK350LC—8 型液压挖掘机
13. 石川岛 60NS 型液压挖掘机
14. 沃尔沃 A40E 型铰接式货车
15. 厦工 XG955Ⅱ型无线遥控装载机
16. 现代 R265LC—7 型液压挖掘机
17. 小松 PC200—8 型液压挖掘机
18. 徐工 GH215A 型平地机
19. 徐挖 XCG240LG—8 型液压挖掘机
20. 宣工 SD9 型高驱动推土机
21. 玉柴 YC85—6 型液压挖掘机
22. 詹阳 JYL210E 型轮胎式液压挖掘机

筑路与养护机械

1. 达刚 SX5255TBS 型沥青碎石同步封层车
2. 戴纳派克 F300CS 型双层沥青摊铺机
3. 华晨华通 ARC300E 型沥青混合料冷再生搅拌设备
4. 靖江骏马 YZD6C 型振荡压路机
5. 凯帆牌 KFM5101TYH 型沥青路面综合养护车
6. 洛建 LSS2301 型机械式单钢轮振动压路机
7. 美通 FD511OGLQ 型智能型沥青洒布车
8. 南方路机 LB4000 型沥青混合料搅拌设备
9. 铁拓 RLB—1000 型沥青混合料再生附楼
10. 西筑 JD1500 型集装箱式沥青混合料搅拌设备
11. 徐工 XP302 型轮胎式压路机
12. 雪桃 AMP5000—C 型沥青混合料搅拌设备
13. 宇通 6623 型垃圾压实机

混凝土机械

1. 鸿得利 HDL5191THB 型混凝土输送泵车
2. 普茨迈斯特 M38 型混凝土输送泵车
3. 三一重工 HBT90CH—2135D 型超高压泵
4. 四川现代 2—HZS240B 型环保节能型混凝土搅拌站

5. 中联重科 HBT90.40.572.RS 型混凝土输送泵

起重及高空作业机械

1. 北起多田野 GT—350E 型汽车起重机
2. 抚挖 QUY80A 型履带式起重机
3. 三一重工 SCC4000C 型履带起重机
4. 徐州重型 QAY300 型全地面起重机
5. 中联重科 QUY260 型履带起重机

桩工及非开挖机械

1. 南车时代 TR180D 型旋挖钻机
2. 三一重工 SR220R 型入岩旋挖钻机
3. 上海金泰 SD28L 多功能钻机
4. 新钻 CFG20C 型长螺旋钻孔机
5. 徐工 XZ280 型水平定向钻机

2007 年工程机械中国名牌产品及企业名单

根据《中国名牌产品管理办法》的规定,国家质量监督检验检疫总局授权中国名牌战略推进委员会在 162 类产品中开展了 2007 年中国名牌产品的评价工作。经企业自愿申请,专业委员会严格评价,中国名牌战略推进委员会确认了 856 个产品为 2007 年中国名牌产品。

2007 年中国工程机械行业新增两类产品和复评一类产品参加了中国名牌产品的评价。新增产品是液压搬运车和推土机,复评产品是装载机。2007 年中国工程机械行业共有 12 个企业的产品获得“中国名牌”的称号。具体产品及企业如下(排名不分先后)。

产　品	注册商标	生产企业名称
液压搬运车	西林 XILIN	宁波如意股份有限公司
	NOBLIFT 诺力	浙江诺力机械股份有限公司
推土机	山推	山推工程机械股份有限公司
	宣工	河北宣化工程机械股份有限公司
装载机	柳工	广西柳工机械股份有限公司
	徐工	徐州工程机械科技股份有限公司
	龙工	龙工(福建)机械有限公司
	厦工	厦门工程机械股份有限公司
	常林	常林股份有限公司
	SDLG	山东临工工程机械有限公司
	山工	山东山工机械有限公司
	成工	四川成都成工工程机械股份有限公司

行业篇

以生产发展情况、市场及销售、产品进出口情况、科技成果及新产品等方面为重点，阐述工程机械行业各分行业2007年的发展状况

PARTNER
ENERGY
BUSINESS
专题报道
综述篇
行业篇
企业篇
市场篇
统计资料
标准索引
政策法规
大事记

行业篇

挖 掘 机 械

生产发展情况

截止至2007年底生产挖掘机的企业有近40家，共生产200种以上不同型号和规格的挖掘机产品，每台整机质量为1.3～160.0t。

2007年全国共生产液压挖掘机71 000台（不包括经济型农用挖掘机），销售68 500台，其中出口8 673台。2006年全国共生产液压挖掘机50 034台（不包括挖掘装载机415台），销售48 021台，其中出口7 887台。

我国挖掘机产品分类及主要生产企业见表1。2006～2007年我国挖掘机主要产品产销存情况见表2。

表1 我国挖掘机产品分类及主要生产企业

产品分类	主要生产企业
履带式液压挖掘机	小松山推工程机械有限公司、小松常州工程机械有限公司、小松优特力机械有限公司、日立建机（中国）有限公司、成都神钢建设机械有限公司、杭州神钢建设机械有限公司、卡特彼勒徐州有限公司、斗山工程机械（中国）有限公司、现代（江苏）工程机械有限公司、现代京城工程机械有限公司、利勃海尔机械（大连）有限公司、阿特拉斯工程机械有限公司、沃尔沃建筑设备（中国）有限公司、贵州詹阳动力科技有限公司、四川邦立重机有限公司、特雷克斯三河工程机械有限公司、柳州工程机械股份有限公司、厦门工程机械股份有限公司、徐州徐挖机械制造有限公司、西安黄河挖掘机厂、三一重机有限公司、上海彭浦机器厂有限公司、湖南山河智能工程机械有限公司、玉柴工程机械有限责任公司、江西南特工程机械有限公司、山东众友工程机械有限公司、抚顺挖掘机制造有限公司、厦门藤田工程机械有限公司、山东卡特重工有限公司、一拖（洛阳）神通工程机械有限公司、合肥振宇工程机械有限公司、福田雷沃国际重工、住重中骏（厦门）建机有限公司、石川岛中骏（厦门）建机有限公司、竹内工程机械（青岛）有限公司、浙江军联机械电子控股有限公司、久保田中国有限公司、山东力士德机械有限公司、徐州恒天德尔重工科技有限公司、玉林开元机械有限公司、成都神钢小型挖掘机有限公司、徐州徐工特种工程机械有限公司、镇江金江机械制造有限公司、上海龙工机械有限公司、长沙中联重工科技发展股份有限公司、徐工集团工程机械股份有限公司
轮胎式液压挖掘机	贵州詹阳动力科技有限公司、斗山工程机械（中国）有限公司、现代（江苏）工程机械有限公司、成都神钢建设机械有限公司、日立建机（中国）有限公司、合肥振宇工程机械有限公司、山东卡特重工有限公司、沃尔沃建筑设备（中国）有限公司
水陆两用挖掘机	贵州詹阳动力科技有限公司、抚顺挖掘机制造有限公司
挖掘装载机	特雷克斯三河工程机械有限公司、常林股份有限公司、柳州工程机械股份有限公司

表2 2006～2007年我国挖掘机主要产品产销存情况 （单位：台）

产品名称	产量		销量		库存量	
	2006年	2007年	2006年	2007年	2006年	2007年
履带式液压挖掘机	47 783	68 570	45 333	64 907	3 502	3 779
轮胎式液压挖掘机	1 865	2 015	2 168	3 008		
挖掘装载机	386	415	520	585		
合计	50 034	71 000	48 021	68 500	3 502	3 779

市场与销售

20世纪90年代以来，全世界每年挖掘机产量虽然有较大的波动（最高年产量为20余万台，最低年产量也超过15万台），但挖掘机的年产量总是大大高于装载机和推土机的年产量。据有关专家估算，全世界各种施工作业场所约有65%～70%的土方工作量是由挖掘机来完成的。从经济性考虑，完成同样的土石方施工量（有的土石方施工用装载机、推土机无法完成），采用挖掘机作业比用装载机、推土机消耗的能量少，装载机次之，推土机能量消耗最大。购买一台挖掘机虽然一次性投资比装载机、推土机要大，但投资回收期短，是资金回收率较高的设备。因此，液压挖掘机在各种工程建设领域，特别是在基础设施建设中得到广泛的应用。自2000年以来，中国挖掘机市场的销售量以超常的速度在增长。2000年中国国内所有挖掘机企业销售量之和为7 926台，2003年则达到34 800台，是2000年的4.4倍。2003年全国挖掘机销售量比上年增长76%，显然这种过高的增长率对中国挖掘机市场的稳定、健康发展是不利的。从2004年4月下旬开始，由于国家宏观调控政策对中国挖掘机市场的影响，原来"火爆"的场面，受到理性的压抑，银行信贷紧缩，放贷速度放慢使得2004年5月份挖掘机的销量与4月相比下降一半以上，与2003年5月相比下降30%，这种情况一直连续到9月、10月，而后市场才略有复苏。2004年全年挖掘机销量与2003年相比较，下降幅度不大，原因是2004年小型挖掘机增长速度较快，抵消了中型挖掘机（主要指20～25t的挖掘机）较大的下降幅度。2006年全国挖掘机销售量达到48 021台，比2005年增长40%。2005年国有和民营企业生产的各类挖掘机在中国市场份额已达到22%，2006年达到24%，2007年则达到25%。

从挖掘机市场的区域分布来看，2007年东部沿海省市仍然是挖掘机最旺销的区域，其中2007年在江苏省挖掘机销售量达到6 556台，山东省为4 026台，在安徽省超过4 000台。在四川省2007年销量为3 720台，河北省销量达到2 637台，一跃成为全国第五名。2007年挖掘机销量在2 000台以上的省、市还有辽宁省、内蒙古自治区、河南、广西壮族自治区。2006～2007年我国挖掘机新购数量排在前6位的省市见表3。

表3　2006～2007年我国挖掘机新购数量排在前6位的省市

（单位：台）

序号	省市名称	2006年	2007年	同比增长（%）
1	江苏省	4 476	6 556	46
2	安徽省	3 208	4 105	28
3	山东省	3 623	4 026	11
4	四川省	2 566	3 720	45
5	河南省	1 977	2 579	30
6	辽宁省	1 568	2 199	40

在挖掘机销量中，履带式挖掘机占绝对主导地位，要大大高于轮胎式挖掘机。2006～2007年履带式挖掘机与轮胎式挖掘机的市场占有率见表4。

表4　2006～2007年履带式挖掘机与轮胎式挖掘机的市场占有率

产品名称	市场占有率（%）	
	2006年	2007年
履带式挖掘机	94.0	94.7
轮胎式挖掘机	4.5	4.0

2007年销量最大的仍然是整机质量为20～22t的挖掘机，该段挖掘机的销售量占销售总量的38%（2007年与2006年相比较，有明显下降）。整机质量小于或等于6t的小型液压挖掘机，2007年市场销量已超过全部液压挖掘机总量的20%，小型挖掘机的发展速度很快。整机质量30t和大于30t的液压挖掘机2007年销量占总量的12%以上，呈明显上升势头。

（1）斗山工程机械（中国）有限公司（原大宇重工烟台有限公司）生产的挖掘机产品有近20种不同型号规格，品种系列齐全。整机质量最小的为1t，最大的为50t，主要型号有SI010、SI015、SI018、SI030、SI035，以供出口为主。2003年该公司液压挖掘机销售量为6 116台，在中国挖掘机市场占有率第一，2004 年销售量为 6 310 台，2005 年销售量为 6 085 台，2006 年销售量为 8 350 台，2007 年销售量为 11 594 台，连续 5 年保持全行业第一。

（2）日立建机（中国）有限公司（原合肥日立挖掘机有限公司）2004 年销售液压挖掘机 4 580 台，2005 年销售液压挖掘机 4 219 台，2006 年为 5 675 台，2007 年为 9 022 台（包括原装进口机销售量），产值、利润均处全行业前列。

（3）玉柴工程机械有限责任公司是目前我国生产全系列生产小型挖掘机的企业之一，其主要产品有：YC13、YC18、YC25、YC35、YC55、YC65、YC85、YC135 等多功能全液压挖掘机以及 YC 系列变型产品。该公司生产的小型液压挖掘机自 1991 年起开始出口，畅销欧洲、北美等 20 多个国家和地区，累计创汇超过 1 亿美元，2004 年该公司出口小型液压挖掘机 577 台，2005 年出口量又有新的增长。2005 年玉柴陆川小型液压挖掘机生产基地建成，已形成年产、销小型挖掘机 5 000 台的能力。

（4）贵州詹阳动力科技有限公司（原贵州矿山机器厂）是我国最早生产液压挖掘机的大型企业之一。该公司生产的轮胎式液压挖掘机数量、品种和市场占有率均居全行业首位。该公司每年均推出新的机型和品种，前几年研制成功的高速挖掘机，其行驶速度超过 50km/h，2004 年研制成功的集多项最新技术的高速挖掘机，其行驶速度已达 100km/h，现均已批量生产。

（5）小松（中国）投资有限公司下属有小松山推工程机械有限公司、小松常州工程机械有限公司以及生产小型挖掘机的小松优特力机械有限公司。小松山推工程机械有限公司主要生产整机质量 20 ~ 22t 履带式液压挖掘机及其各种变形产品。该公司近年推出的新一代配备 GPS 定位、监控系统的 PC—8 系列液压挖掘机，国内市场占有率居同行业、同类产品前列；小松常州工程机械有限公司主要生产较大型的 PC270—8、PC300—8、PC360—7 等规格的液压挖掘机；小松优特力机械有限公司则生产 PC35、PC55、PC60 等小型液压挖掘机。

（6）三一重机有限公司生产的“SY”系列挖掘机经过几轮改进和技术攻关，从 2004 年开始正式以崭新的面貌参与中国挖掘机市场的竞争，2004 年国内销售量达到 400 余台，2005 年销售量达到 489 台，2006 年销售 873 台，2007 年达到 1 853 台，取得了不俗的成绩。三一重机昆山挖掘机生产基地的建成，为“三一”挖掘机今后发展奠定了坚实的基础。

（7）现代（江苏）工程机械有限公司和现代京城工程机械有限公司，这两家公司均生产“现代”品牌的液压挖掘机，现代京城工程机械有限公司还生产“现代”品牌的叉车。现代（江苏）工程机械有限公司是韩国现代公司与江苏常林股份有限公司的合资企业，以生产中型液压挖掘机为主。现代京城工程机械有限公司则是韩国现代公司与北京京城控股公司共同出资建立的合资企业，以生产小型液压挖掘机为主，也生产叉车，叉车的年产量高达数千台，该公司小型挖掘机与叉车的发展速度都很快。

（8）成都神钢建设机械有限公司是日本神钢公司与成工集团双方出资建立的合资公司，杭州神钢建设机械有限公司，则是以日本神钢公司与日本丰田公司为主要出资方建立的建设机械（主要为液压挖掘机）生产企业。成都神钢建设机械有限公司近年来发展速度平稳，“SK”系列液压挖掘机的质量和服务水平处于行业前列。

（9）柳州工程机械股份有限公司和徐州徐挖机械制造有限公司均生产中国品牌的液压挖掘机。由于产品起点高，价格合理，重视产品售后服务，因此销售量不断扩大，柳州工程机械股份有限公司 2007 年挖掘机销售量达到 2 114 台，成为本土品牌的佼佼者。2006 年、2007 年这两家公司先后中标国家采购项目，并有较大批量的液压挖掘机出口。

（10）四川邦立重机有限公司，是由原来长江挖掘机厂改制后组建的股份公司，主要生产大型液压挖掘机。挖掘机动力采用柴油机驱动和电动机驱动两种方式，最近先后开发成功的整机质量为 100t、120t 和 165t 的全液压挖掘机填补了国内空白，可以替代进口。

(11)卡特彼勒徐州有限公司2007年生产近30个型号的履带式液压挖掘机,其产品通过4个外资代理商销售,区域划分明确、运作正规,该公司2005年发展速度平稳,2006年销售量为4 477台(包括出口量),2007年则达到5 471台(包括出口量)。

2007年国内主要企业挖掘机销售量见表5。

表5 2007年国内主要企业挖掘机销售量

(单位:台)

公司名称	销量
阿特拉斯工程机械有限公司	361
斗山工程机械(中国)有限公司	11 594
福田雷沃国际重工股份有限公司	1 330
卡特彼勒徐州有限公司	5 471
山东力士德机械有限公司	205
利勃海尔机械(大连)有限公司	131
柳州工程机械股份有限公司	2 114
上海彭浦机器厂有限公司	91
日立建机(中国)有限公司	9 022
三一重机有限公司	1 853
山东众友工程机械有限公司	689
湖南山河智能工程机械有限公司	2 591
成都神钢建设机械有限公司	4 245
沃尔沃建筑设备(中国)有限公司	1 937
现代(江苏)工程机械有限公司	4 627
现代京城工程机械有限公司	5 057
小松(中国)投资有限公司	9 950
徐州徐挖机械制造有限公司	683
玉柴工程机械有限责任公司	3 824
住重中骏(厦门)建机有限公司	736

产品进出口情况

2004年全行业出口液压挖掘机达2 561台,2005年全行业出口液压挖掘机3 617台,比上年增长42%;2006年出口7 887台,比2005年增长118%;2007年出口8 673台,比2006年增长9.97%。2006~2007年我国挖掘机分类进出口量见表6。

表6 2006~2007年我国挖掘机分类进出口量

(单位:台)

产品名称	进口		出口	
	2006年	2007年	2006年	2007年
履带式液压挖掘机	27 857	33 174	7 781	7 957
轮胎式液压挖掘机	530	592	106	565
其他挖掘机	3	1		151
合计	28 390	33 767	7 887	8 673

注:表中数据来自海关

科技成果及新产品

2007年我国主要挖掘机生产企业推出的新产品有:

(1)斗山工程机械(中国)有限公司DH370、DH420LC、DH500LC、S225、S300、DX225LC、DX300LC等。

(2)合肥振宇工程机械有限公司推出ZYL 80和ZYL160型轮胎式液压挖掘机。

(3)现代(江苏)工程机械有限公司推出ROBEX SUPER215—7C等。

(4)湖南山河智能工程机械有限公司推出SWE38/78/90等。

(5)日立建机(中国)有限公司推出ZX60等小型液压挖掘机以及ZX170W、ZX210W等轮胎式液压挖掘机,ZX360LC、ZX450H、ZX850H、EX1200等履带式液压挖掘机。

(6)成都神钢建设机械有限公司推出SK70SR、SK115SR和SK135SR等小型液压挖掘机以及SK330—8、SK350LC—8等中型履带式挖掘机。

(7)现代京城工程机械有限公司推出R35、R110等小型挖掘机以及R150W、R210W等轮式挖掘机。

(8)沃尔沃建筑设备(中国)有限公司推出EC55、EC55B、ECR88、EC145、EC360、EC460和EW145B、EW55等设备。

(9)四川邦立重机有限公司推出CED650—6、CED1000—6、CED1200—6等设备。

(10)三一重机有限公司推出C—8系列新型正流量控制液压挖掘机,号称“节能之星”。

〔撰稿人:中国工程机械工业协会挖掘机械分会陈正利〕

铲土运输机械

生产发展情况

铲土运输机械由装载机、推土机、平地机、铲运机、矿用自卸车及清除机六大类组成。其中,2007年装载机销售16万台,大型、特大型装载机生产企业逐年增加,ZL60装载机由5~6家增加到9~10家企业,ZL70、ZL80也有7~8家。卡特、小松、沃尔沃3家在中国偏重做大型装载机外,中国也有4~5家企业正在研制、开发特大型装载机。294kW(400马力)以上推土机已有1家企业在生产,现在也增加到3家企业在研究、制造;生产206kW(280马力)PY280型平地机的企业也正探索如何更好地为用户服务;小型挖掘装载机、滑移装载机制造企业正在增加;小型伸缩臂叉装机也在研制中。目前,市场销售方面主要是在国内销售中低档产品,对国外销售中高档产品;中高档产品取得"CE"认证后直接进入欧洲、美洲市场,工程机械产品取得"质"的飞跃。2006~2007年铲土运输机械分类产品产销情况见表1。2007年铲土运输机械企业主营业务收入、综合指数、利润总额情况见表2。2006~2007年铲土运输机械企业主要产品增长情况见表3。2007年铲土运输机械各类产品产销存情况见表4。2006~2007年铲土运输机械产品分类销量及出口情况见表5。

表1　2006~2007年铲土运输机械分类产品产销情况

产品类别	产量(台)			销量(台)			出口量(台)			出口额(万元)		
	2006年	2007年	同比增长(%)	2006年	2007年	同比增长(%)	2006年	2007年	同比增长(%)	2006年	2007年	同比增长(%)
装载机	131 600	160 593	22.03	126 128	159 912	26.79	4 621	11 461	148.02	16 023	312 037	1 847.39
推土机	5 931	7 677	29.44	6 063	7 578	24.99	1 063	2 140	101.32	9 852	45 441	361.23
平地机*	2 871	3 880	35.14	2 174	3 865	77.78	706	2 204	212.18	3 459	6 393	84.79
铲运机	8	35	337.50	9	35	288.89		1			9	
矿用载重自卸车	496	692	39.52	475	619	30.32	118	168	42.37	2 844	4 219	48.34

注:出口额部分企业未上报。

表2　2007年铲土运输机械企业主营业务收入、综合指数、利润总额情况

序号	企业名称	主营业务收入(万元)	综合指数	利润总额(万元)
1	广西柳工机械股份有限公司	771 058	240.7	47 208
2	中国龙工控股有限公司	531 685	135.4	71 913
3	成都神钢工程机械(集团)有限公司	527 475	125.8	34 226
4	厦门工程机械股份有限公司	477 405	352.7	20 118
5	山推工程机械股份有限公司	430 755	262.8	58 376
6	山东临工工程机械有限公司	342 848	155.5	6 501
7	徐州工程机械科技股份有限公司	326 632	98.1	3 958
8	常林股份有限公司	176 939	155.1	1 687
9	山东山工机械有限公司	202 378	228.4	14 773
10	山东常林机械集团股份有限公司	180 952	119.2	6 625
11	中国一拖集团有限公司(工机事业部)	127 261	51.2	-2 653

（续）

序号	企业名称	主营业务收入（万元）	综合指数	利润总额（万元）
12	内蒙古北方重汽汽车股份有限公司	130 329	179.9	3 577
13	郑州宇通重工有限公司	84 229	67.9	1 503
14	河北宣化工程机械股份有限公司	54 692	81.7	1 113
15	上海彭浦机器厂有限公司	75 167	106.0	1 083
16	徐州徐工筑路机械有限公司	60 240	127.0	2 191
17	鼎盛天工工程机械股份有限公司	31 795	339.1	11 073
18	杭州武林机器有限公司	23 704	54.6	-1 080
19	天津建筑机械厂	25 069	105.4	436
20	山东德工机械有限公司	31 375	128.4	1 193
21	沈阳山河工程机械厂	17 307	155.8	300
22	厦门市装载机有限公司	17 206	401.6	981
23	本溪北方机械重汽有限责任公司	18 076	77.6	50
24	中环动力（北京）重型汽车有限公司	9 203	3.6	-732
25	陕西新黄工机械有限责任公司	12 414	-67.5	-3 121
26	徐州徐工特种工程机械有限公司	20 006	133.5	756
27	北京首钢重型汽车制造股份有限公司	6 639	170.2	954
28	朝阳朝工机械有限公司	11 767		199
29	内蒙古一机（集团）大地工程机械有限公司	11 174	60.1	260
30	鞍山强力重工有限公司	7 537	6.8	-174
31	烟台工程机械有限公司	4 186	36.0	-53
32	徐州金正公路工程机械有限公司	8 137	38.3	91
33	泰安泰山工程机械股份有限公司	36 009	191.9	5 896
34	山东泰山建能集团泰安泰装工程机械有限公司	865	31.4	1
35	徐州华东机械厂	47 582	61.9	436
36	湘电集团有限公司	15 515		

表3　2006～2007年铲土运输机械企业主要产品增长情况　（单位：台）

序号	企业名称	2007年	2006年	同比增长（%）
1	广西柳工机械股份有限公司	27 224	20 180	34.91
2	中国龙工控股有限公司	27 891	20 023	39.29
3	厦门工程机械股份有限公司	21 629	16 734	29.25
4	山东临工工程机械有限公司	18 085	14 273	26.71
5	徐州工程机械科技股份有限公司	11 672	9 201	26.86
6	山东山工机械有限公司	10 568	8 049	31.30
7	常林股份有限公司	7 388	6 374	15.91
8	成都神钢工程机械（集团）有限公司	9 357	5 969	56.76
9	山东福田重工股份有限公司	9 157	5 159	77.50
10	福建晋工机械有限公司		2 398	
11	郑州宇通重工有限公司	2 194	2 241	-2.10
12	山东常林机械集团股份有限公司	2 597	2 127	22.10

（续）

序号	企业名称	2007年	2006年	同比增长(%)
13	泉州建德工程机械制造有限公司	4 789	1 758	172.41
14	山东龙泰工程机械有限公司		1 535	
15	山东德工机械有限公司	2 168	1 099	97.27
16	朝阳朝工机械有限公司	674	611	10.31
17	福清市隆兴工程机械厂		600	
18	沈阳山河工程机械厂	443	488	-9.22
19	厦门市装载机有限公司	929	458	102.84
20	烟台工程机械有限公司	331	268	23.51
21	杭州武林机器有限公司	212	226	-6.19
22	徐州金正公路工程机械有限公司	299	261	14.56
23	凯丰工程机械有限公司		566	
24	陕西水利机械厂		15	
25	厦门厦工新宇机械有限公司*			
26	徐州徐工特种工程机械有限公司	1 333		
27	山推工程机械股份有限公司	3 717	2 725	36.40
28	中国一拖集团有限公司(工机事业部)	548	541	1.29
29	河北宣化工程机械股份有限公司	1 284	1 265	1.50
30	上海彭浦机器厂有限公司	574	441	30.16
31	天津建筑机械厂	642	561	14.44
32	陕西新黄工机械有限责任公司	85	107	-20.56
33	内蒙古第一机械制造(集团)有限公司	178	118	50.85
34	鞍山强力重工有限公司	77	117	-34.19
35	泰安泰山工程机械股份有限公司	72		
36	鼎盛天工工程机械股份有限公司	1 013	689	47.02
37	徐州徐工筑路机械有限公司	1 151	683	68.52
38	成都大华路面机械有限公司	217	263	-17.49
39	三一重工集团股份有限公司	459	210	118.57
40	内蒙古北方重汽汽车股份有限公司	360	231	55.84
41	本溪北方机械重汽有限责任公司	13	8	62.50
42	中环动力(北京)重型汽车有限公司	155	193	-19.69
43	北京首钢重型汽车制造股份有限公司	51	43	18.60
44	湘电集团有限公司	30		

注* 厦门厦工新宇机械有限公司主要产品销量都在厦门工程机械股份有限公司内。

表4　2007年铲土运输机械各类产品产销存情况

产品型号	单位	年产量	销售量	库存
ZL06 轮式装载机	台	2 637	2 620	125
ZL08 轮式装载机	台	2 062	1 143	163
ZL10 轮式装载机	台	902	608	90
ZL15 轮式装载机	台	3 200	3 253	243

（续）

产品型号	单位	年产量	销售量	库存
ZL16 轮式装载机	台	2 857	3 048	732
ZL18 轮式装载机	台	863	765	232
ZL20 轮式装载机	台	197	183	23
ZL30 轮式装载机	台	44 597	44 620	7 117
ZL35 轮式装载机	台	41	39	
ZL40 轮式装载机	台	1 978	2 013	484
ZL50 轮式装载机	台	99 078	100 189	18 017
ZL60 轮式装载机	台	544	548	63
ZL70 轮式装载机	台	21	14	9
ZL80 轮式装载机	台	64	47	24
ZL90 轮式装载机	台	35	35	
ZL110 轮式装载机	台	20	20	
滑移装载机	台	197	204	44
WZ25—20 挖掘装载机	台	57	77	34
WZ30—25 挖掘装载机	台	465	473	69
履带装载机	台	21	13	10
装载机合计	台	**159 579**	**159 912**	**27 183**
TD80 履带推土机	台	62	52	15
T100 履带推土机	台	396	382	62
TY120 履带推土机	台	200	200	41
TY130 履带推土机	台	411	406	56
T140 履带推土机	台	759	790	89
TY160 履带推土机	台	2 309	2 273	247
TY165 履带推土机	台	307	362	32
T180D 履带推土机	台	143	116	29
TYD200 履带推土机	台	5	2	5
TY220 履带推土机	台	1 331	1 302	149
TY230 履带推土机	台	380	357	78
TY320 履带推土机	台	858	813	140
TY420 履带推土机	台	11	9	4
TL210B 轮胎式推土机	台	152	152	
DGY90 履带吊管机	台	87	86	1
DGY70 履带吊管机	台	99	90	9
DGY40 履带吊管机	台	45	45	
履带吊管机	台	80	99	10
履带吊管机底盘	台	42	42	
推土机合计	台	**7 677**	**7 578**	**967**
PY120 平地机	台	179	167	15
PY160 平地机	台	320	317	49
PY165 平地机	台	495	588	96
PY180 平地机	台	1 964	1 917	193
PY200 平地机	台	180	185	92

（续）

产品型号	单位	年产量	销售量	库存
PY220 平地机	台	707	656	216
PY280 平地机	台	35	35	
平地机合计	**台**	**3 880**	**3 865**	**661**
CL9A 自行式铲运机	台	1	1	
DGC50 铲运车	台	20	20	
DGC30 铲运车	台	12	12	
YZ1200 拖式铲运机	台	2	2	
拖式铲运机合计	**台**	**35**	**35**	
3303B 矿用自卸车	台	59	63	8
3305F 矿用自卸车	台	63	56	7
TR50 矿用自卸车	台	181	175	25
TR60 矿用自卸车	台	30	21	16
TR100 矿用自卸车	台	50	45	15
20t 矿用自卸车	台	112	105	22
25t 矿用自卸车	台	10	3	11
32t 矿用自卸车	台	49	27	27
52t 矿用自卸车	台	0	0	1
洒水车	台	8	8	
港口牵引车 92	台	10	10	
港口牵引车 93	台	2	2	
AGA3722 矿用自卸车	台	66	2	17
SGA50 矿用汽车	台	2	49	2
BZQ31470 型 85t 矿用汽车	台	0	0	2
BZQ3371 型 22t 矿用汽车	台	2	4	1
BZQ3950 型 55t 矿用汽车	台	2	0	2
BZQ3950 型 25t 矿用汽车	台	16	19	1
大型电动轮车	台	30	30	
矿用自卸车合计	**台**	**692**	**619**	**157**

表 5　2006～2007 年铲土运输机械产品分类销量及出口情况

产品型号	销量(台)			出口量(台)			出口额(万美元)		
	2007 年	2006 年	同比增长(%)	2007 年	2006 年	同比增长(%)	2007 年	2006 年	同比增长(%)
装载机	159 912	126 128	26.79	11 461	4 621	148.02	32 037	16 023	99.94
推土机	7 578	6 063	24.99	2 140	1 063	101.32	45 441	9 852	361.24
平地机	3 865	2 174	77.78	2 204	706	212.18	6 393	3 460	84.77
铲运机	35	9	288.89	1			9		
矿用自卸车	619	475	30.32	168	118	42.37	4 222	2 824	49.50

产品出口情况

2007 年装载机出口 11 461 台，其中包括滑移装载机出口 30 台，挖掘装载机出口 185 台。2006 年装载机出口 4 621 台，其中滑移装载机出口 29

台，挖掘装载机出口93台。2007年与2006年相比，装载机出口增长148%。装载机出口首次超过万台，出口额占全部销售额的7%。2007年推土机出口2 140台，2006年推土机出口1 063台，推土机出口增长101.3%，出口额占销售额的28.23%。2007年平地机出口2 204台，2006年平地机出口706台，平地机出口增长212.18%，出口额占销售额的57%。铲运机2007年出口1台，2006年没有出口。矿用自卸车2007年出口168台，2006年出口118台，矿用自卸车出口增长42.37%，出口额占销售额的27%。

新产品

国内装载机、推土机、平地机等采取巩固市场，提高性能，延长寿命，减少故障，节约能源，减少油耗，提高产品利用率。积极开拓国际市场，开发大型6t、7t、8t装载机。柳工CLG888型、CLG862型，厦工XG956型、XG962型，临工LG968型，徐工ZL60G型、ZL80型，山工ZL60G—E型、SEM956型、658型，成工CG956S型，常林ZLM60H型、957型、ZLM70型，宇通重工961A型，福田雷沃FL958G型、FL966F型，德工DG966型、DG750型，一拖ZL50F型，徐工特种WZ30—25型等出现，引起国内国际市场高度重视。常林股份有限公司的滑移装载机、山东德工机械有限公司的滑移装载机也投放市场，山推SD42型、SD16型、SD13型推土机，宣工SD9型、T140—2型推土机，彭浦PD410型、PD220Y型推土机，鼎盛天工PY220、PY280型平地机，徐州筑路GR215型平地机，用户比较青睐。国家鼓励自主开发，自主创新，企业也要抓住机遇，抓住核心技术，不断创新。留住科研人才，调动其积极性，核心技术才会落实。

〔撰稿人：中国工程机械工业协会铲土运输机械分会茆洪连〕

工程起重机

生产发展情况

工程起重机主要指移动式起重机，包括汽车起重机、全路面起重机、履带起重机、随车起重机、越野轮胎起重机和轮胎起重机。我国工程起重机行业已经历了6年的快速发展，2007年在国内市场需求旺盛和出口快速增长的拉动下，全行业高速发展，各项指标均突破了历史最高纪录。

据工程起重机分会对行业主机生产企业的统计，2007年产品销售收入超过170亿元，利润总额近18亿元，与2006年相比分别增长了68.5%和99.5%。产品总销量（包括移动式起重机和其他工程机械）达到26 410台，同比增长39.9%。2007年工程起重机行业主要经济指标见表1。

表1　2007年工程起重机行业主要经济指标

年　别	产品销售收入（万元）	工业总产值（万元）	工业增加值（万元）	利润总额（万元）	产品销量（台）
2007年	1 702 106	1 624 800	301 216	179 178	26 410
2006年	1 010 246	1 029 519	195 013	89 814	18 884
同比增长（%）	68.5	57.8	54.5	99.5	39.9

汽车起重机（包括全路面起重机）主机生产企业有十几家，年产销量在千台以上的有4家。履带起重机生产企业主要有4家。随车起重机生产企业较多，但生产规模较大的不足10家。这样的格局仍然没有改变，而大、中、小企业间的差距进一步拉大。2007年亏损企业数又有所降低，仅占行业的18%，同比下降了7个百分点。行业的龙头企业徐工集团徐州重型机械厂的销售收入同比增长68%，利润总额

同比增长98%，占全行业利润总额的55.4%。稳居行业第二位的长沙中联重工科技发展股份有限公司浦沅分公司的销售收入同比增长115%，利润总额增长了99%。履带起重机第一大生产企业抚顺挖掘机制造有限公司销售收入同比增长91.1%，利润总额增长了91.2%。上海三一科技有限公司销售收入由去年第七位跃居到第五位。另一方面，在市场大好的形势下，仍有一些企业举步艰难，这些企业的体制改革迫在眉睫。2007年销售收入在亿元以上企业的主要经济指标见表2。

表2　2007年销售收入在亿元以上企业的主要经济指标　　(单位:万元)

序号	生产企业	产品销售收入		工业总产值		工业增加值		利润总额	
		2007年	2006年	2007年	2006年	2007年	2006年	2007年	2006年
1	徐州重型机械有限公司	768 632	457 738	744 198	447 948	102 040	65 568	99 289	50 118
2	长沙中联重工科技发展股份有限公司浦沅分公司	410 356	190 979	378 714	216 065	71 357	39 337	46 236	23 218
3	四川长江起重机有限责任公司	112 367	97 635	89 651	79 550	17 239	24 409	8 768	7 016
4	抚顺挖掘机制造有限公司	90 243	47 217	100 019	55 025	23 005	12 656	9 023	4 719
5	上海三一科技有限公司	74 108	26 410	53 000	33 285	29 079	14 380	5 327	1 767
6	泰安东岳重工有限公司	43 089	33 385	44 340	34 042	6 316	4 987	1 083	403
7	北起多田野(北京)起重机有限公司	40 303	27 175	35 130	27 886	8 195	4 448	3 716	1 122
8	蚌埠市振冲安利工程机械有限公司	31 373	23 579	31 525	25 029	6 201	4 147	3 337	1 019
9	徐州徐工随车起重机有限公司	19 962	13 393	21 396	15 751	5 406	3 524	836	171
10	北京京城重工机械有限公司	16 498		21 856		2 085		741	
11	哈尔滨工程机械制造厂	16 298	13 542	19 068	15 844	5 266	2 492	978	815
12	泰安工程机械厂	10 530	9 190	9 290	10 073	2 668	2 134	244	476

市场销售情况

据工程起重机分会对会员单位的统计，2007年销售各类移动式起重机24 831台，同比增长42.7%，比2006年增加了8.6个百分点。2007年工程起重机销售情况详情见表3。

表3　2007年工程起重机销售情况

产品名称	销量(台)			各类产品所占比例(%)		
	2007年	2006年	同比增长(%)	2007年	2006年	2005年
汽车起重机	19 550	14 154	38.1	78.7	81.3	83.3
随车起重机	4 036	2 591	55.8	16.3	14.9	13.6
履带起重机	976	500	95.2	3.9	2.9	1.8
轮胎起重机	269	158	70.3	1.1	0.9	1.3
合　计	24 831	17 403	42.7	100.0	100.0	100.0

注:表2不包括其他工程机械，汽车起重机一栏数据中包括全路面起重机。

从表3中可以看出，我国工程起重机市场仍以汽车起重机为主，其在四大类起重机中所占比例达到78.7%，这一点仍然是突出的，多年来一直保持这样的产品结构，但其比例呈逐年下降的趋势：2004年占85.3%，2005年占83.3%，2006年占81.3%，2007年又下降了2.6个百分点，突破了80%的界限。履带起重机的增长速度远远高于平均增速，预示着履带起重机市场的繁荣已经到来。

1. 汽车起重机

我国工程起重机的主导产品汽车起重机，2007年销售量超过了19 550台，同比增长38.1%。连续4年超过万台。产品系列不断完善，实现了从8～300t 20个系列产品的销售。小吨位的汽车起重机增长幅度低于2006年的增长幅度，并远远低于平均增速；中、大吨位增长迅速。反映了我国企业设计和生产能力迅速提高和市场需求的变化。2007 年汽车起重机销售情况见表 4。

表 4　2007 年汽车起重机销售情况

（单位：台）

型号	2007 年	2006 年	同比增长（%）
QY8—16	7 843	7 042	11.4
QY20—55	10 742	6 671	61.0
QY65—80	719	320	124.7
QY100—QAY300	246	110	118.2

全路面起重机数量较少，但经过近几年的努力，国内骨干企业如徐工集团徐州重型机械有限公司已开发了 25t、50t、130t、160t、200t、240t 和 300t 全路面起重机产品，逐步打开国内市场，并有一定数量的出口。

汽车起重机的生产集中度较高，目前我国汽车起重机的生产企业有十几家，排在前四位的企业产品的销售量之和占全行业的 86 %，比 2006 年下降了 2 个百分点。原因是 2007 年蚌埠振冲安利工程机械有限公司、三一重工股份有限公司、沈阳北方交通重工有限公司生产的汽车起重机销量有较大幅度的提高。徐州重型机械有限公司的销量已连续两年超过全行业的 50%。前 4 家企业的汽车起重机销售情况和市场占有率见表 5。

表 5　前 4 家企业的汽车起重机销售情况和市场占有率

企业名称	销售量（台）			市场占有率（%）	
	2007 年	2006 年	同比增长（%）	2007 年	2006 年
徐州重型机械有限公司	9 955	7 232	37.7	51.0	51.3
中联重工科技发展股份有限公司浦沅分公司	3 914	2 619	49.4	20.0	18.6
四川长江工程起重机有限责任公司	1 520	1 484	2.4	7.8	10.5
泰安东岳重工有限公司	1 419	1 092	29.9	7.3	7.7
其他企业	2 742	1 729	58.6	13.9	11.9
合　计	19 550	14 154	38.1	100.0	100.0

（1）汽车起重机国内销售区域。汽车起重机在国内的销售区域涉及到 30 个省、市。2007 年销售量最大的省份是河北，其次是江苏、山东、辽宁，排名发生了较大的变化。销售量较少的省份仍然是江西、贵州、宁夏、青海、海南等省。前 10 位汽车起重机国内销售区域市场占有率见表 6。

表 6　前 10 位汽车起重机国内销售区域市场占有率

名次	2007 年		2006 年	
	区　域	占有率（%）	区　域	占有率（%）
1	河北	10.3	山东	9.8
2	江苏	9.3	江苏	8.5
3	山东	9.0	河北	8.2
4	辽 宁	5.5	河南	6.0
5	河南	4.5	辽宁、陕 西	4.6

（续）

名次	2007 年		2006 年	
	区　域	占有率（%）	区　域	占有率（%）
6	陕西	4.2	四川	4.2
7	广东	4.0	广东	3.7
8	安徽	3.9	天津	3.3
9	四川、天津	3.5	安徽	3.2
10	浙江、北京	3.4	浙江	3.2

（2）汽车起重机出口情况。2007 年汽车起重机出口大幅增加，可以说有了一个质的飞跃，出口共计 2 365 台，同比增长了 207%，净增 1 595 台，占行业总销量的 12.1%。徐州重型机械有限公司出口列行业之首，2007 年出口 1 758 台，同比增长 185%，占行业汽车起重机出口总量的 74%。2007 年汽车起重机出口情况见表 7。

表7　2007年汽车起重机出口情况

（单位：台）

出 口 企 业	2007年	2006年
徐州重型机械有限公司	1 758	617
长沙中联重工科技发展股份有限公司浦沅分公司	482	111
四川长江工程起重机有限责任公司	59	21
泰安东岳重工有限公司	53	17
沈阳北方交通重工有限公司	8	0
北起多田野（北京）起重机有限公司	5	4
合　计	2 365	770

2. 履带起重机

由于石化、石油、化工、能源、大型市政建设的持续快速发展，极大地刺激了我国履带起重机市场。2006年和2007年履带起重机的产销量增长非常快，2006年销售了500台，同比增长111%；2007年有了一个大的飞跃，销售976台，净增长476台，同比增长95.2%。2007年国产履带起重机可以生产从35～900t 15个系列的产品，并供不应求。过去我国大吨位履带起重机全部依靠进口，两年来有了很大的改观，国产的品牌逐步被大用户接受。尤其是上海三一科技有限公司在2006年推出400t履带起重机后，2007年又成功研制出900t履带起重机。大吨位履带起重机在全球市场上也是供不应求，交货期很长，给我国200t以上的履带起重机的出口留下了空间。我国履带起重机主要生产企业有抚顺挖掘机制造有限责任公司、上海三一科技有限公司、徐州重型机械有限公司、长沙中联重工科技发展股份有限公司浦沅分公司等。并有新的企业加入到生产履带起重机的行列中，这是不可忽视的一股力量。2007年履带吊起重机生产企业前4家情况见表8。

表8　2007年履带吊起重机生产企业前4家情况

企 业 名 称	销　量		出　口	
	台数	同比增长（%）	台数	同比增长（%）
抚顺挖掘机制造有限公司	398	94.1	135	108
徐州重型机械有限公司	231	68.6	74	111
上海三一科技有限公司	249	104.0	121	572
长沙中联重工科技发展股份有限公司浦沅分公司	94	194.0	19	280

3. 随车起重机

随着我国物流行业的发展，2007年随车起重机的销量是近几年来增长最快的一年，同比增长55.8%。随车起重机在四大机种中占16.3%，比2006年又提高了1.4个百分点。随车起重机替代小吨位汽车起重机的趋势较为明显，汽车起重机在四大机种中所占比例由2006年的81.3%下降到78.7%，8～16t汽车起重机2007年销量同比增长仅11.4%，远远小于汽车起重机38.1%的平均增速。徐州徐工随车起重机有限公司在行业中销量连续4年第一，2007年销量同比增长82%，占行业销量的35.3%。并出口了191台随车吊，出口额5 163万元，同比增长分别为60.5%和203%。在随车起重机行业中独占鳌头。2007年随车起重机主要生产企业的销售情况见表9。

表9　2007年随车起重机主要生产企业的销售情况

生 产 企 业	销量（台）	
	2007年	2006年
徐州徐工随车起重机有限公司	1 424	782
石家庄煤矿机械有限责任公司	1 046	598
牡丹江专用汽车制造有限公司起重机厂	495	341
湖南省浦沅集团有限公司	158	292
广林特装车（锦州）有限公司	140	118

产品出口情况

2005年起我国出口有了大幅度的增长，而进口呈下降的趋势，2007年尤为突出。2007年全行业各种起重机及其他工程机械出口3 165台，同比增长210%，出口额437 203万元，同比增长233%，占行业销售收入的25.7%，出口成为重要的经济增长点。徐州重型机械有限公司2007年的出口额占全行业的60%，汽车起重机出口额占全行业的76%。2007年工程起重机行业出口情况见表10。

表10　2007年工程起重机出口情况

	出口量(台)		出口额(万元)	
	2007年	2006年	2007年	2006年
汽车起重机	2 365	770	326 294	96 064
随车起重机	439	124	5 698	1 868
履带起重机	349	123	102 211	32 407
其他	12	5	3 000	974
总　计	3 165	1 022	437 203	131 313

科技成果及新产品

2007年新产品不断涌现，尤其是大型起重机的研发更受关注，老产品更新换代，产品品质有了提高，保证了市场的繁荣，满足了用户的需求，提高了企业的竞争力。徐工集团徐州重型机械厂的“全地面起重机产业核心技术研究与产业化”、上海三一科技有限公司的“SCC4000型履带起重机”项目荣获2007年度中国机械工业科学技术一等奖。2007年度中国机械工业科学技术奖共评选出16个一等奖，工程机械行业占据了3个，而起重机行业就占其中2个，显示了行业科学技术的巨大进步和成熟。上海三一科技有限公司又研发了900t的履带起重机，标志我国大型履带起重机又上了一个台阶。

〔撰稿人：中国工程机械工业协会工程起重机分会沈永明〕

工 业 车 辆

工业车辆分为机动和非机动两种，机动工业车辆是以内燃机、电机—蓄电池、液化气—内燃机为动力的搬运机械。非机动工业车辆是以手动—液压(机械)为动力的车辆。均是工程机械的重要分支之一，是物流行业的重要装备，主要应用于港口、车站、车间、库房及军事部门等。随着国家工业化水平的提高和物流技术不断发展和应用，工业车辆产品使用范围将日益扩大，成为一种产量和品种规格最多的装卸仓储搬运机械。

生产发展情况

工业车辆分会自2001年起加入世界工业车辆统计协会(WITS)，按其统计手册规定，只统计5种工业车辆产品，即：1)电动平衡重乘驾式叉车。2)电动乘驾式仓储叉车。3)电动步行式仓储叉车。4)内燃平衡重式叉车(实芯轮胎)。5)内燃平衡重式叉车(充气轮胎)。我国根据工业车辆行业实际情况，在WITS的统计手册基础上增至9项，即：6)牵引车。7)越野叉车。8)手动和半动力车辆。9)其他车辆(包括固定平台搬运车和电动游览车等)。目前包括独合资企业(14个)在内已有100多家企业从事工业车辆产品的制造。工业车辆产品分类及主要生产企业见表1。2007年工业车辆主要产品产销存情况见表2。2007年工业车辆主要生产企业经济指标见表3。

表1　工业车辆产品分类及主要生产企业

产品分类	企业名称
内燃叉车	安徽叉车集团公司
	浙江杭叉工程机械股份有限公司
	大连叉车有限责任公司
	台励福机器设备(青岛)有限公司
	江苏靖江宝骊叉车有限公司
	厦门叉车总厂
	广西柳工机械股份有限公司
	江苏靖江叉车有限公司
	浙江美科期叉车有限公司
	安徽江淮银联重型工程机械有限公司
	上海上力叉车有限公司
	林德(中国)叉车有限公司
	北京现代京城工程机械有限公司
	斗山工程机械(中国)有限公司
	丰田产业车辆(上海)有限公司
	小松叉车(上海)有限公司
电动仓储叉车	林德(中国)叉车有限公司
	浙江杭叉工程机械股份有限公司
	安徽叉车集团公司
	上海力至优叉车制造有限公司
	丰田产业车辆(上海)有限公司

（续）

产品分类	企业名称
轻小型搬运车辆（包括手动叉车）	永恒力叉车(上海)有限公司
	浙江诺力机械制造有限公司
	宁波如意股份有限公司
	无锡大隆电工机械厂
	无锡汇丰机器制造有限公司
	浙江诺力机械制造有限公司
	宁波如意股份有限公司
	常州博力搬运机械有限公司
	浙江金华起重设备厂
	湖北金茂机械科技有限公司
	上海倍力机械制造有限公司
	湖北宏力液压科技有限公司

表2　2007年工业车辆主要产品产销存情况

（单位:台）

产品名称	产量	销量	库存量
电动平衡重乘驾式叉车	19 891	20 138	910
电动乘驾式仓储叉车	3 769	3 984	102
电动步行式仓储叉车	11 204	12 172	11
内燃平衡重式叉车	116 406	116 121	3 400

注:外资企业有些产品进口销售。

表3　2007年工业车辆主要生产企业经济指标

（单位:万元）

序号	企业名称	工业总产值（当年价）	工业增加值	产品销售收入	利润总额
1	安徽叉车集团公司	418 306	83 661	341 800	44 311
2	浙江杭叉工程机械股份有限公司	267 107	30 711	282 290	16 786
3	大连叉车有限责任公司	75 963	17 769	72 277	2 192
4	浙江诺力机械股份有限公司	85 930	13 301	91 718	7 516
5	宁波如意股份有限公司	67 590	12 533	63 517	6 126
6	常州博力搬运机械有限公司	13 270	2 920	13 201	1 862
7	厦门叉车总厂	20 907	4 403		
8	浙江金华起重设备厂	16 743	5 826	16 548	1 141
9	江苏靖江叉车有限公司	19 342	4 464	18 824	213
10	宜昌金轮叉车有限责任公司	3 193	916	3 005	18
11	山东光明机器厂	11 869	1 326	10 976	1 026
12	上海柳工叉车有限公司	10 720	3 483	9 908	-310
13	锦州万力叉车有限公司	3 022	227	2 594	-52
14	镇江福马叉车有限公司	652		883	8
15	衡阳力尔美电瓶车有限公司	3 077	785	2 881	81
16	湖北宏力液压科技有限公司	2 195	677	2 328	12

从表3可以看出,重点企业安徽叉车集团公司、浙江杭叉工程机械股份有限公司、大连叉车有限责任公司、浙江诺力机械股份有限公司、宁波如意股份有限公司等企业无论在工业总产值、工业增加值、产品销售收入及利润均相对较集中,说明行业的集中度是比较高。2005~2007年部分重点企业主要经济指标变化见表4。

表4　2005~2007年部分重点企业主要经济指标变化

主要经济指标	单位	安徽叉车集团公司			杭叉工程机械股份有限公司			大连叉车有限责任公司		
		2005年	2006年	2007年	2005年	2006年	2007年	2005年	2006年	2007年
工业总产值(当年价)	万元	245 325	319 499	418 306	132 571	188 062	267 107	63 279	70 008	75 963
工业增加值	万元	51 518	63 900	83 661	14 385	22 032	30 711	19 466	14 975	17 769
产品销售收入	万元	240 314	319 326	341 800	132 572	183 020	282 290	52 491	66 293	72 277
利润总额	万元	22 160	33 075	44 311	6 409	11 877	16 786	882	1 286	2 192
从业人员平均人数	人	5 513	5 581	5 658	906	714	1 038	920	895	995
工资总额	万元	11 943	16 927	21 468	2 829	2 731	3 688	1 821	1 641	2 277
资产合计	万元	239 402	274 010	331 241	61 441	64 895	79 127	40 221	45 031	46 550

二、市场及销售

2007年机动工业车辆销售量达152 415台，与上年同期111 573台（由新增单位调整的数字）相比，增长了36.6%；非机动工业车辆销售达225万台，与上年同期的182万台相比，增长了23.6%。

2007年机动工业车辆月销售情况见表5。

表5　2007年机动工业车辆月销售情况　（单位：台）

月份＼类别名称	Ⅰ～Ⅲ类 电动车辆	Ⅳ～Ⅴ类 内燃叉车	Ⅰ+Ⅳ+Ⅴ类 叉车	Ⅰ～Ⅴ类 工业车辆
1	2 363	7 592	8 994	9 955
2	2 046	5 816	7 077	7 862
3	2 543	11 042	12 584	13 585
4	2 693	11 531	13 081	14 224
5	2 584	10 306	11 802	12 890
6	2 668	10 345	11 863	13 013
7	2 871	10 359	11 970	13 230
8	3 368	10 051	11 845	13 419
9	4 182	10 286	12 212	14 468
10	3 351	9 366	11 137	12 717
11	3 302	9 416	11 090	12 718
12	4 326	10 007	12 603	14 333
合　计	36 294	116 121	136 259	152 415

2007年共销售内燃平衡重式叉车116 121台，与上年同期的88 132台相比，增长了31.76%。2007年内燃平衡重式叉车按销量前10名企业见表6。排在前3位企业的销售量为69 771台，占内燃平衡重式叉车总销量的60.1%；排在前6位企业的销售量为84 951台，占总销量的73.2%；排在前10位企业的销售量为96 599台，占总销量的83.2%。2007年各吨位级内燃平衡重式叉车销售量表7。2007年按燃料类型分的内燃平衡重式叉车销售量表8。

电动车辆包括电动平衡重乘驾式叉车和各类电动仓储车辆，2007年共销售电动工业车辆36 294台，与上年同期的23 441台相比，增长了54.8%。其中电动平衡重乘驾式叉车2007年销售20 138台，与上年同期的14 853台相比，增长了35.6%。2007年电动平衡重乘驾式叉车销售前6位企业见表9。排在前3位企业销售量为11 768台，占总销量20 138台的58.6%；排在前6位企业销售量为15 388台，占总销量的76.4%。

表6　2007年内燃平衡重式叉车销量前10名企业

序号	企业名称
1	安徽叉车集团公司（含TCM）
2	浙江杭叉工程机械股份有限公司
3	台励福机器设备（青岛）有限公司
4	北京现代京城工程机械有限公司
5	大连叉车有限责任公司
6	安徽江淮银联重型工程机械有限公司
7	斗山工程机械（中国）有限公司
8	靖江宝骊叉车有限公司
9	林德（中国）叉车有限公司
10	厦门叉车总厂

注：大连叉车有限责任公司以大吨位为主。

表7　2007年各吨位级内燃平衡重式叉车销售量

类别（吨位级）	销售量（台）	占总销量的比例（%）
0.0～1.199	267	0.23
1.2～1.999	6 659	5.73
2.0～2.999	23 534	20.27
3.0～4.999	73 954	63.69
5.0～9.999	10 240	8.82
10.0～42.0（含正面吊）	1 467	1.26

表8　2007年按燃料类型分内燃平衡重式叉车销售量

分类 销量	汽油叉车	柴油叉车	LPG/Gas	合计
销售量(台)	20 871	92 455	2 795	116 121
比例(%)	17.97	79.62	2.41	100

表9　2007年电动平衡重乘驾式叉车销售量前6位企业

序号	企业名称
1	安徽叉车集团公司(含TCM)
2	杭叉工程机械股份有限公司
3	林德(中国)叉车有限公司
4	靖江宝骊叉车有限公司
5	上海力至优叉车制造有限公司
6	丰田产业车辆(上海)有限公司

2007年电动平衡乘驾式叉车按吨位销售量见表10。

表10　2007年电动平衡重乘驾式叉车按吨位销售量

类别(吨位级)	销售量(台)	占总销量比例(%)
0.0~1.199	1 678	8.33
1.2~1.999	8 177	40.60
2.0~2.499	4 997	24.81
2.5~2.999	2 732	13.57
3.0以上	2 554	12.69

2007年共销售各类电动仓储叉车16 156台，与上年同期相比增长了88.8%。2007年电动仓储叉车销售量前6位企业见表11。

表11　2007年电动仓储叉车销售量前6位企业

序号	企业名称
1	浙江诺力机械股份有限公司
2	宁波如意股份有限公司
3	林德(中国)叉车有限公司
4	浙江杭叉工程机械股份有限公司
5	永恒力叉车(上海)有限公司
6	丰田产业车辆(上海)有限公司

排在前3位企业销售量为10 322台，占总销量的63.9%；排在前6位企业销量为13 122台，占总销量的81.2%。

2007年机动工业车辆销售超1 000台省市见表12。

表12　2007年机动工业车辆销售超1 000台省市

序号	省市(自治区)	数量(台)	占市场份额(%)
1	广东	15 590	13.96
2	江苏	14 205	12.72
3	浙江	11 706	10.48
4	山东	11 701	10.48
5	上海	10 934	9.79
6	福建	5 638	5.05
7	北京	4 730	4.24
8	河北	4 119	3.69
9	辽宁	4 105	3.68
10	天津	3 955	3.54
11	安徽	2 800	2.51
12	河南	2 595	2.32
13	湖北	2 158	1.93
14	四川	1 758	1.57
15	山西	1 657	1.48
16	陕西	1 572	1.41
17	新疆	1 554	1.39
18	广西	1 477	1.32
19	黑龙江	1 426	1.28
20	吉林	1 416	1.27
21	湖南	1 387	1.24
22	重庆	1 192	1.07
23	江西	1 166	1.04

2007年轻小型搬运车辆国内外市场甚好，手动液压托盘搬运车(包括手动叉车)销售量为225万台，与上年同期182万台相比，增长了23.6%。2007年轻小型搬运车辆销售量前6位企业见表13。

表13　2007年轻小型搬运车辆销售前6位企业

序号	企业名称
1	浙江诺力机械股份有限公司
2	宁波如意股份有限公司
3	常州博力搬运机械有限公司
4	浙江金华起重设备厂
5	湖北金茂科技有限公司
6	上海倍力机械制造有限公司

2007年轻小型搬运车辆出口166万余台，出口占全部销量的74%，尤其前两位企业出口达128万台，占全部出口的77%。

2007年牵引车销售量为831台,其中电动牵引车232台,内燃牵引车为599台。靖江叉车有限公司其内燃牵引车与尼桑合作,占据国内主要市场。

产品进出口情况

2007年出口叉车及装有升降或搬运装置的工业车辆共1 710 729台,与上年出口1 252 382台相比,增长了36.6%;出口金额为789 904 667美元,与上年出口金额459 960 810美元相比,增长了71.73%。这些工业车辆出口到172个国家和地区。

2001~2007年工业车辆出口情况见表14。2001~2007年机动工业车辆出口情况见表15。工业车辆产品出口前5名国家和地区见表16。2007年机动工业车辆出口各洲数量比例情况见表17。2003~2007年部分重点企业出口数量变化见表18。2002~2007年手动液压托盘搬运车(包括手动叉车)出口数量见表19。

表14 2001~2007年工业车辆出口情况

年度	出口数量		出口金额	
	台数	同比增长(%)	金额(美元)	同比增长(%)
2001	262 019		76 655 282	
2002	394 826	50.69	89 622 741	16.92
2003	554 507	40.44	119 128 265	32.93
2004	831 919	50.03	202 987 162	70.40
2005	913 835	9.85	295 980 207	45.82
2006	1 252 382	37.05	459 960 810	55.41
2007	1 710 729	36.60	789 904 667	71.73

表15 2001~2007年机动工业车辆出口情况

年度	出口数量		出口金额	
	台数	同比增长(%)	金额(美元)	同比增长(%)
2001	3 208		41 384 357	
2002	3 775	17.68	43 922 723	6.13
2003	4 772	26.41	53 985 851	22.91
2004	9 696	103.19	102 061 755	89.05
2005	16 462	69.79	178 385 261	74.78
2006	26 588	61.52	290 735 210	62.98
2007	48 871	83.81	529 515 401	82.13

表16 2007年工业车辆产品出口前5名国家和地区 (单位:台)

名次	电动叉车		内燃叉车		其他未列名叉车	
	国家	数量	国家	数量	国家	数量
1	美国	2 944	俄罗斯联邦	3 429	美国	343 526
2	俄罗斯联邦	1 156	波兰	1 577	德国	223 421
3	德国	1 053	土耳其	1 560	比利时	70 458
4	法国	1 032	阿根廷	1 327	意大利	61 668
5	土耳其	794	法国	1 262	俄罗斯联邦	60 868

表 17　2007 年机动工业车辆出口各洲数量比例情况

各　洲	机动工业车辆		电 动 车 辆		内 燃 叉 车	
	台(份)	占比(%)	台(份)	占比(%)	台(份)	占比(%)
大洋洲	1 132	2.32	344	1.89	788	2.57
非洲	2 734	5.59	430	2.36	2 304	7.52
美洲	10 568	21.62	4 889	26.81	5 679	18.54
欧洲	24 100	49.31	8 340	45.73	15 760	51.45
亚洲	10 337	21.16	4 235	23.21	6 102	19.92
合计	48 871	100.00	18 238	100.00	30 633	100.00

表 18　2003～2007 年部分重点企业出口数量变化　　(单位:台)

企 业 名 称	2003 年	2004 年	2005 年	2006 年	2007 年
安徽叉车集团公司	1 505	2 515	3 816	6 300	8 636
杭叉工程机械股份有限公司	1 001	2 114	4 280	6 126	9 758
大连叉车有限责任公司	182	224	878	1 634	2 159

注:大连叉车有限责任公司以大吨位为主。

表 19　2002～2007 年手动液压托盘搬运车(包括手动叉车)出口数量　　(单位:台)

年　份	2002 年	2003 年	2004 年	2005 年	2006 年	2007 年
手动液压托盘搬运车(包括手动叉车)	391 051	549 735	822 223	897 373	1 225 794	1 661 858

2007 年进口叉车及装有升降和搬运装置的工业车辆共 16 549 台,与上年进口量的 14 938 台相比,增长了 10.78%;进口金额为 347 486 220 美元,与上年进口金额 285 835 052 美元相比,增长了 21.57%。其中电动叉车(含巷道堆垛机)为 7 913 台,与上年同期 7 712 台相比,增长了 2.61%;内燃叉车(含集装箱叉车)为 4 159 台,与上年同期进口 3 211 台相比,增长了 25.92%;未列名叉车进口 4 477台,与上年同期 4 015 台相比,增长了 11.51%。这些进口的工业车辆来自 27 个国家和地区。

2001～2007 年工业车辆进口情况见表 20。2007 年各洲进口数量比例情况见表 21。2007 年进口叉车前 3 位国别排名见表 22。

表 20　2001～2007 年工业车辆近年来进口情况

年　度	进 口 数 量		进口金额	
	台　数	同比增长(%)	金　额(美元)	同比增长(%)
2001	17 316		124 705 165	
2002	17 128	−1.09	141 886 156	13.78
2003	15 630	−8.75	183 873 569	29.59
2004	15 103	−3.37	208 570 176	13.43
2005	14 920	−1.21	238 796 519	14.49
2006	14 938	0.12	285 835 052	19.70
2007	16 549	10.78	347 486 220	21.57

表21 2007年各洲进口数量比例情况

各洲	机动工业车辆		电动车辆		内燃叉车	
	台(份)	占比(%)	台(份)	占比(%)	台(份)	占比(%)
大洋洲	60	0.50	1	0.01	59	1.42
非洲	0	0.00	0	0.00	0	0.00
美洲	458	3.79	292	3.69	166	3.99
欧洲	4 713	39.04	4 213	53.24	500	12.02
亚洲	6 841	56.67	3 407	43.06	3 434	82.57
合计	12 072	100.00	7 913	100.00	4 159	100.00

表22 2007年进口叉车前3位国别排名

名次	电动叉车		内燃叉车		其他未列名叉车	
	国家	数量(台)	国家	数量(台)	国家	数量(台)
1	日本	2 547	日本	2 956	丹麦	1 604
2	德国	1 429	韩国	256	瑞典	1 259
3	法国	1 065	德国	181	日本	657

从进口数量和金额来看,进口多为电动仓储叉车(起升高度为8~12m)和内燃空重箱堆高机及正面吊,该类产品技术难度较高,国内企业生产尚有些困难,建议有能力的企业应根据国内市场的需求进行开发。

科技成果及新产品

根据节能环保安全的产业政策,紧紧围绕国内外用户的需要,在产品开发上严格根据节能减排的要求,2007年行业的新产品开发是最多的一年。在新产品开发过程中,坚持自主创新,申请专利进行知识产权保护,使企业很好地赢得了国内外两个市场。2007年工业车辆部分新产品见表23。大部分产品已通过省级鉴定。

表23 2007年工业车辆部分新产品

企业名称	新产品名称
安徽叉车集团公司	20~25t电动牵引车
	G系列1~2t交流三支点蓄电池叉车
	G系列3t内燃平衡重式叉车
	QYCD60 Wx型6t内燃牵引车
	G系列32t内燃平衡重式叉车
	45t正面吊运机
浙江杭叉工程机械股份有限公司	1.3~2t交流三支点电动叉车(J系列)
	1~5t交流四支点电动叉车(J系列)
	1~5t R系列环保发动机内燃叉车
	5~10t R系列大吨位环保发动机内燃叉车
	14~18t R系列重装环保发动机内燃叉车
	2~3.2t R系列实芯胎内燃叉车
大连叉车有限责任公司	FD180B型叉车
	FD280B型叉车
	CPD30HB型交流蓄电池叉车
	CPD16SA型三支点蓄电池叉车
	CPCD100FC型叉车
	CPCD75BC型福石叉车

（续）

企业名称	新产品名称
宁波如意股份有限公司	CBD20 交流全电动托盘搬运车
	CTD15 全电动托盘堆垛车
	CQD10 插腿式叉车
	CPD10A 乘驾式三支点平衡重式叉车
	FB20 蓄电池平衡重式叉车
浙江诺力机械股份有限公司	CS1546M 全电动堆高车
	FE3R16AC 后驱蓄电池平衡重式叉车
	SPM1529A 半电动堆高机
	CS1323 全电动自由提升堆高车
	SL—LPT13 全电动搬运车

五、节能减排与推广

随着国家对节能减排的要求不断提高，以及国内外市场的要求，行业在节能减排做了如下工作，并将不断深入。

(1)实施产业结构调整，大力发展电动工业车辆。

行业各主要企业加大对电动工业车辆的研制开发和推广，从表23可见各企业对电动工业车辆的开发力度，以减少对石油资源的依赖和有害气体的排放。

(2)积极开发代用能源叉车。如液化气能源叉车。

(3)采用油耗低，性能高的发动机，扩大涡轮增压发动机的使用，可使用户提高燃油的经济性和降低尾气的排放。

(4)开展减振降噪、电磁兼容研究工作。

(5)推广应用新技术、新工艺、新材料，做好节能减排工作。如采用负荷传感技术、使用变量泵、提升压力等级等措施实现液压系统的节能高效，采用电炉化铸造技术，减少烟尘和 SO_2 的排放量，在加工工艺上采用高效设备等方法。

重点企业在节能减排方面已做大量的工作，并建立健全环境保护和节能减排工作管理机构和管理网络等环境管理长效机制。建立和完善环保管理和节能减排工作各项规章制度，责任到部门和人，使节能减排工作持续推广下去。

〔撰稿人：中国工程机械工业协会工业车辆分会苏恩一〕

路面与压实机械

2007年，我国路面与压实机械有较大发展，产品技术水平和质量不断提高，产品品种和型号增多，市场销量平稳增长，出口产品数量增幅较大。压路机和沥青混凝土摊铺机是路面与压实机械的两大主要产品，2007年我国压路机和沥青混凝土摊铺机都保持了平稳增长，但增长率不是很高。主要是因为压路机和沥青混凝土摊铺机是比较专用的施工机械，使用范围不十分广泛，它们的市场占有率本来就没有某些工程机械如装载机、挖掘机那么大。改革开放以来，我国路面与压实机械经过了一段高速发展之后，压路机和沥青混凝土摊铺机已经有了一定的市场保有量，所以市场对新产品的需求不很旺盛。另一方面，压路机和沥青混凝土摊铺机最主要的市场在于公路建设。虽然2007年我国交通建设投资力度很大，但总体却呈现出投资增长率低的趋势，而且重点倾向于铁路建设，公路建设相对处于一个比较稳健的增长阶段，所以也导致了压路机和沥青混凝土摊铺机近几年持续出现缓慢平稳增长的形势。

2007年，我国压路机和沥青混凝土摊铺机生产企业在市场竞争更加激烈的环境下，纷纷加大新产品开发力度，优化产品性能，瞄准市场需求，坚持高起点、多元化和差异化的发展战略，推出了许多具有创新特色的新产品，使我国压路机和沥青混凝土摊铺机产品的技术水平有很大的提高。一些主要生产企业还加大了技改投入，引进先进加工设备，改进加工工艺，进一步提高了我国压路机和沥青混凝土摊铺机产品的质量和生产能力。在国内市场增长不大的形势下，许多生产企业加大了国际市场的投入和扩展力度，取得了很好的效果。沥青混凝土摊铺机的出口量比上年有很大增长。压路机的效果则更加明显：形成了较大规模出口，出口数量比上年成倍增长，创下了历史最高纪录。我国压路机和沥青混凝土摊铺机产品进一步向国际市场的扩展，表明我国压路机和沥青混凝土摊铺机的技术水平已经接近或达到世界先进水平。2007 年我国压路机和沥青混凝土摊铺机主要生产企业的生产实力和资金实力都有很大提高，名牌企业和名牌产品正在形成，行业结构和企业性质更加多样、更加合理。我国压路机和沥青混凝土摊铺机行业正在朝国际化发展，已经步入稳步发展的成熟时期。

我国路面与压实机械行业在发展中目前存在的主要问题是：产品的可靠性和外观质量有待进一步提高；多数生产企业科研投入不足，自主创新能力偏低，产品同质化、趋同化现象比较严重；一些生产企业规模偏小，抵抗风险能力有限；国产液压件、发动机和传动零部件等主要配套件不能很好地满足主机的配套要求，降低了产品的可靠性和使用寿命，制约了我国路面与压实机械的发展。

一、压路机

1. 生产发展情况

(1)行业产品构成及生产企业

压实机械包括压路机、回填压实机（又称垃圾压实机）和夯实机械三大类机械。我国压实机械以压路机为主。压路机分为静碾压路机、轮胎压路机、振动压路机和冲击压路机 4 类产品。目前我国静碾压路机占 6% 左右，轮胎压路机约占 10%，振动压路机占 80% 以上。振动压路机按驱动方式分为机械式和液压式，机械式振动压路机是我国特有的产品，而且占有比例约 50%，但近几年其产销量在不断下降，液压振动压路机的比例在不断上升。压路机和回填压实机的产品分类及 2007 年主要生产企业见表 1。

表 1　压路机和回填压实机产品分类及 2007 年主要生产企业

产品分类		企业名称
压路机	静碾压路机	徐州工程机械科技股份有限公司、中国一拖集团有限公司、厦工集团三明重型机器有限公司、江阴柳工道路机械有限公司、山推工程机械股份有限公司、常林股份有限公司、郑州宇通重工有限公司、鼎盛天工工程机械股份有限公司、中国龙工控股有限公司、山东公路机械厂、江苏骏马压路机械有限公司、山东常林机械集团股份有限公司
	轮胎压路机	徐州工程机械科技股份有限公司、中国一拖集团有限公司、厦工集团三明重型机器有限公司、江阴柳工道路机械有限公司、山推工程机械股份有限公司、常林股份有限公司、郑州宇通重工有限公司、湖南江麓机械集团有限公司、鼎盛天工工程机械股份有限公司、三一重工股份有限公司、山东公路机械厂、宝马格（中国）工程机械有限公司、戴纳派克（中国）压实摊铺设备有限公司、酒井工程机械（上海）有限公司
	振动压路机	徐州工程机械科技股份有限公司、中国一拖集团有限公司、厦工集团三明重型机器有限公司、江阴柳工道路机械有限公司、山推工程机械股份有限公司、常林股份有限公司、郑州宇通重工有限公司、长沙中联重工科技发展股份有限公司、湖南江麓机械集团有限公司、鼎盛天工工程机械股份有限公司、三一重工股份有限公司、中国龙工控股有限公司、山东公路机械厂、江苏骏马压路机械有限公司、山东常林机械集团股份有限公司、邯郸市中大建筑机械有限公司、铁道部第二十局工程机械厂、卡特彼勒中国投资有限公司、沃尔沃建筑设备（中国）有限公司、宝马格（中国）工程机械有限公司、戴纳派克（中国）压实摊铺设备有限公司、维特根（中国）机械有限公司、酒井工程机械（上海）有限公司
	冲击压路机	厦工集团三明重型机器有限公司、郑州宇通重工有限公司、铁道部第二十局工程机械厂

（续）

产品分类	企业名称
回填压实机（垃圾压实机）	徐州工程机械科技股份有限公司、中国一拖集团有限公司、江阴柳工道路机械有限公司、山推工程机械股份有限公司、郑州宇通重工有限公司、湖南江麓机械集团有限公司

（2）压路机产品的产销存情况

2007 年压路机产品的产销量比 2006 年都有增长，库存减少。2006 ~ 2007 年压路机产品产销存情况见表 2。

表 2　2006 ~ 2007 年压路机产品产销存情况

（单位：台）

项　目	2007 年	2006 年	增减台数	同比增长（%）
产量	8 849	8 604	244	15.21
销量	9 944	8 740	1 204	16.97
库存	1 426	2 123	-697	-32.83

（3）压路机主要生产企业产品的产销存情况

根据中国工程机械工业协会路面与压实机械分会的统计，2006 ~ 2007 年压路机主要生产企业产销存情况见表 3。

表 3　2006 ~ 2007 年压路机主要生产企业产销存情况　（单位：台）

企业名称	产量			销量				库存量
	2007 年	2006 年	同比增长（%）	2007 年	2006 年	同比增长（%）	2007 年市场占有率（%）	
徐州工程机械科技股份有限公司	2 086	2 698	-22.68	2 639	2 741	-3.72	26.54	147
中国一拖集团有限公司	2 430	2 234	8.77	2 494	2 319	7.55	25.08	551
厦工集团三明重型机器有限公司	916	731	25.31	839	811	3.45	8.44	33
江阴柳工道路机械有限公司	851	541	57.30	857	541	58.41	8.62	110
山推工程机械股份有限公司	475	442	7.47	442	394	12.18	4.44	103
常林股份有限公司	412	345	19.42	428	372	15.05	4.30	151
长沙中联重工科技发展股份有限公司	173	87	98.85	210	107	96.26	2.11	10
三一重工股份有限公司	251			304	210	44.76	3.06	15
郑州宇通重工有限公司	119	110	8.18	145	150	-3.33	1.46	16
鼎盛天工工程机械股份有限公司	114	82	39.02	122	115	6.09	1.23	
湖南江麓机械集团有限公司	80	44	81.82	92	44	109.10	0.93	48
山东公路机械厂	75	56	33.93	75	106	-29.25	0.75	
中国龙工控股有限公司				360			3.62	
戴纳派克（中国）压实摊铺设备有限公司				227	195	16.41	2.28	
沃尔沃建筑设备（中国）有限公司	51			198	283	-30.04	1.99	35
维特根（中国）机械有限公司				74	153	-51.63	0.74	
卡特彼勒（中国）投资有限公司				23			0.23	
宝马格（中国）压实机械公司				252			2.53	
合　计	8 033			9 781			98.36	1 327

2. 市场销售

（1）压路机主要生产企业月度销售情况

2007 年压路机市场启动比较早，3 月份就开始进入销售高峰期。3 ~ 6 月份为销售旺季，7 月份以后开始缓慢下降，但一直到 12 月份，压路机市场都比较平稳。2007 年压路机主要生产企业月度销售情况见图 1。

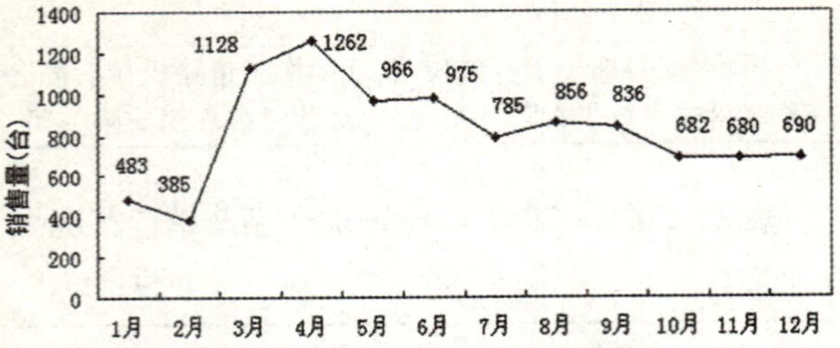

图 1　2007 年压路机主要生产企业月度销售情况

(2)压路机生产企业市场占有率情况

2007 年压路机行业的市场格局与上年相比没有太大的变化,压路机产销量仍然高度集中于少数几个企业。徐州工程机械科技股份有限公司和中国一拖集团有限公司依然为行业前两名,江阴柳工道路机械有限公司的销售量超过了厦工集团三明重型机器有限公司,上升为第三位,厦工集团三明重型机器有限公司退居第四位,其后是山推工程机械股份有限公司和常林股份有限公司。中国龙工控股有限公司销售量的增长特别引人注目,一举跃居常林股份有限公司之后,成为行业第七位。外国独资企业虽然市场占有率不大,但在压路机高档产品市场占有相当大的比例。2007 年压路机生产企业市场占有率情况见图 2。

(3)压路机主要生产企业产品销售结构比例

2007 年压路机主要生产企业产品销售结构比例与 2006 年相比,机械驱动单钢轮振动压路机约减少 4.9%,静碾压路机约减少 2.8%,液压双钢轮振动压路机约增加 0.3%,液压单钢轮振动压路机约增加 2%,轮胎压路机约增加 2.6%,5t 以下压路机和其他压路机约增加 2.9%。2007 年压路机主要生产企业产品销售结构比例见图 3。

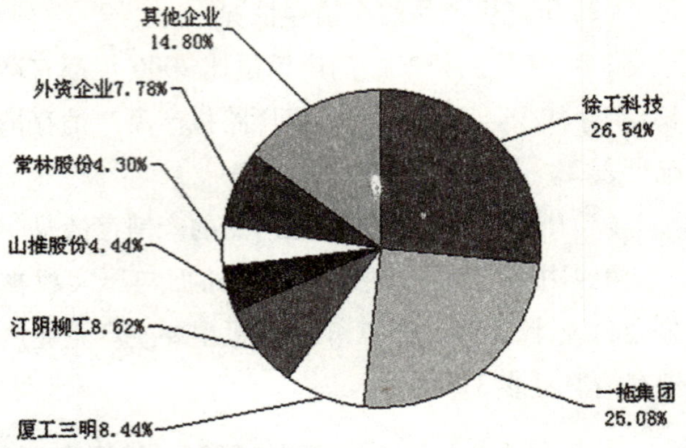

图 2　2007 年压路机生产企业市场占有率

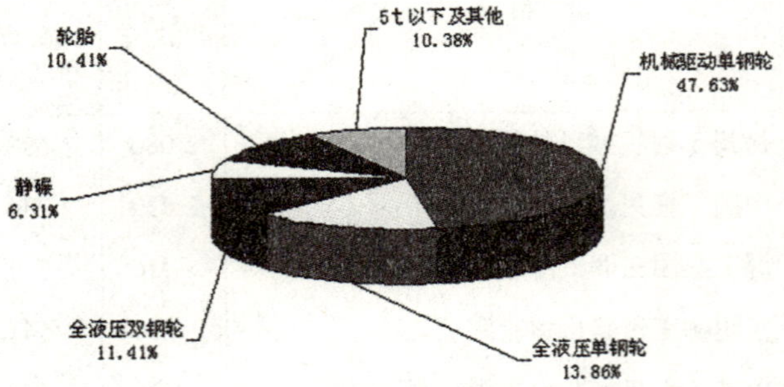

图 3　2007 年压路机主要生产企业产品销量结构比例

(4)压路机主要生产企业产品销售情况

2006～2007 年压路机主要生产企业产品销售情况见表 4。

表 4　2006～2007 年压路机主要生产企业产品销售情况　(单位:台)

企业名称	静碾压路机			轮胎压路机			其他压路机		
	2007 年	2006 年	同比增长(%)	2007 年	2006 年	同比增长(%)	2007 年	2006 年	同比增长(%)
徐州工程机械科技股份有限公司	216	299	-27.76	545	411	32.60			
中国一拖集团有限公司	173	294	-41.16	256	91	181.32			
厦工集团三明重型机器有限公司	27	18	50.00	71	48	47.92	8	7	14.29
江阴柳工道路机械有限公司	110	90	222.22	5	2	150.00			
山推工程机械股份有限公司	2	2	0	2					
常林股份有限公司	75	67	11.94	34	24	41.67			
三一重工股份有限公司				49	29	68.97			
郑州宇通重工有限公司				6					
鼎盛天工工程机械股份有限公司				6	1	500.00			

（续）

企业名称	静碾压路机			轮胎压路机			其他压路机		
	2007 年	2006 年	同比增长（%）	2007 年	2006 年	同比增长（%）	2007 年	2006 年	同比增长（%）
湖南江麓机械集团有限公司				9	2	350.00			
山东公路机械厂	12	13	-7.69	33	51	-35.29			
戴纳派克(中国)压实摊铺设备有限公司				2					
维特根悍马机械廊坊有限公司					9	-100.00		2	-100.00
中国龙工控股有限公司	2								
合　计	617	783	-21.20	1 018	668	52.40	8	9	-11.11

续表 4

企业名称	全液压单钢轮振动压路机			机械式单钢轮振动压路机			双钢轮振动压路机			5t 以下压路机		
	2007 年	2006 年	同比增长（%）	2007 年	2006 年	同比增长（%）	2007 年	2006 年	同比增长（%）	2007 年	2006 年	同比增长（%）
徐州工程机械科技股份有限公司	355	342	3.80	1 226	1 438	-14.74	297	251	18.33			
中国一拖集团有限公司	106	63	68.25	1 093	1 239	-11.78	251	244	2.87	615	388	58.51
厦工集团三明重型机器有限公司	163	145	12.41	437	504	-13.29	46	56	17.86	87	31	180.65
江阴柳工道路机械有限公司	65	31	109.68	669	415	61.20	8	3	166.67			
山推工程机械股份有限公司	98	64	53.13	340	328	3.66			0.0			
常林股份有限公司				319	281	13.52						
长沙中联重工科技发展股份有限公司	156	84	85.71				54	23	134.78			
三一重工股份有限公司	179	98	82.65		10	-100.00	76	73	4.11			
郑州宇通重工有限公司	10	5	100.00	125	144	-13.19	4	1	300			
鼎盛天工工程机械股份有限公司	32	9	255.56	78	105	-25.71	6					
湖南江麓机械集团有限公司	81	40	102.50				2	2	0.0			
山东公路机械厂		5	-100.00	13	17	-23.53	17	20	-15.00			
戴纳派克(中国)压实摊铺设备有限公司	7	16	-56.25				178	170	4.71	40		
沃尔沃建筑设备(中国)有限公司	96	84	14.29				96	199	-51.76	6		
维特根悍马机械廊坊有限公司	5	44	-88.64				60	79	-24.05	9		
中国龙工控股有限公司				357			1					
卡特彼勒(中国)投资有限公司	2						20			1		
宝马格(中国)压实机械公司	127						87			38		
合　计	1 482	1 030	43.88	4 657	4 493	3.65	1 203	1 121	7.31	796	388	105.15

(5)压路机主要生产企业产品销售区域分布情况

2007年压路机主要生产企业产品国内销量仍然集中在中区、北区和华南区3个区域，这3个区域的销量约占总销量的45%。与2006年相比，中区、东区和东北区的销量有较大下降，西区的销量有较大增长，其他区域的变化不大。2006～2007年压路机主要生产企业产品销售区域分布情况见表5。

表5　2006～2007年压路机主要生产企业产品销售区域分布情况

区　域	2007年		2006年		销量同比增长（%）
	销量（台）	比重（%）	销量（台）	比重（%）	
中区（江苏、安徽、山东、河南）	1 834	19.25	2 157	25.21	-14.97
北区（北京、天津、河北、山西、内蒙古）	1 414	14.85	1 418	16.58	-0.28
东区（浙江、江西、福建、上海）	635	6.67	722	8.44	-12.05
东北区（黑龙江、吉林、辽宁）	583	6.12	657	7.68	-11.26
华南区（广西、广东、湖北、湖南、海南）	1 049	11.01	1 038	12.14	1.06
西南区（四川、重庆、云南、贵州）	839	8.81	814	9.52	3.07
西区（西藏、新疆、甘肃、青海、宁夏、陕西）	917	9.63	748	8.75	22.59
出口	2 258		999		126.03

3. 进出口情况

(1)压实机械进出口情况

根据海关总署的统计，2007年我国压实机械进口量明显减少，出口量大幅增长。2007年我国压路机主要出口哈萨克斯坦、印度尼西亚、阿尔及利亚、巴基斯坦、俄罗斯、沙特、阿联酋、越南、安哥拉、阿根廷等国家，也出口美国、日本和荷兰。2006～2007年我国压实机械进出口情况见表6。

表6　2006～2007年压实机械进出口情况

名　称	进口情况					
	进口数量（台）			金额（万美元）		
	2007年	2006年	同比增长（%）	2007年	2006年	同比增长（%）
机重18t及以上压路机	83	37	124.32	1 594.83	464.87	243.07
其他机动压路机	398	666	-40.24	1 088.87	2 219.38	-50.94
未列名捣固机及压路机	31	48	-35.42	69.00	51.33	34.42
压实机械合计	512	751	-31.82	2 752.70	2 735.58	0.63

名　称	出口情况					
	出口数量（台）			金额（万美元）		
	2007年	2006年	同比增长（%）	2007年	2006年	同比增长（%）
机重18t及以上压路机	624	320	95.00	3 119.04	1 333.38	223.92
其他机动压路机	4 607	2 347	96.29	13 479.44	6 490.40	107.68
未列名捣固机及压路机	23 418	8 828	165.27	1 648.6	2 567.64	-35.79
压实机械合计	28 649	11 495	149.23	18 247.08	10 391.42	75.60

(2)压路机主要生产企业出口压路机产品结构情况

2007年压路机主要生产企业出口产品中73%以上是单钢轮和双钢轮振动压路机，轮胎压路机和5t以下压路机也有较好的出口前景。2007年压路机主要生产企业出口压路机产品结构情况表见表7。

表7　2007年压路机主要生产企业出口压路机产品结构情况

项　目	钢轮静碾	轮胎	机械驱动单钢轮振动	全液压驱动单钢轮振动	全液压驱动双钢轮振动	5t以下压路机	其他压路机
出口数量(台)	72	317	792	653	213	204	7
比重(%)	3.19	14.04	35.08	28.92	9.43	9.03	0.31

4. 科技成果与新产品

(1)压路机主要生产企业新产品开发情况

2007年压路机主要生产企业新产品开发、专利申请、产品鉴定和新技术、新工艺、新材料应用情况见表8。

表8　2007年压路机主要生产企业新产品开发、专利申请、产品鉴定和新技术、新工艺、新材料应用情况

企 业 名 称	新产品开发	鉴 定 产 品	专 利 申 请	新技术、新工艺、新材料应用
徐州工程机械科技股份有限公司		XD120 串联式振动压路机(江苏省科学技术厅)		
一拖(洛阳)建筑机械有限公司	LSS2101 单钢轮振动压路机 LSS2102 单钢轮振动压路机 LSS2301 单钢轮振动压路机 LSS2302 单钢轮振动压路机 LDD308 双钢轮振动压路机 LDD310 双钢轮振动压路机 LDD312 双钢轮振动压路机 LDD314 双钢轮振动压路机 LLC220 垃圾压实机 LLC223 垃圾压实机 LLC226 垃圾压实机 LLC228 垃圾压实机			
长沙中联重工科技发展股份有限公司	YZC12B 双钢轮振动压路机 YZC13 双钢轮振动压路机 YZ18C 单钢轮振动压路机 YZ25B 单钢轮振动压路机			
常林股份有限公司	YZ12H 振动压路机 YZ12HD 振动压路机	YZ18J－7 振动压路机(常州市科技局)	重型压路机振动轮(已受理)	激光切割应用
	YZ14HD 振动压路机 YZ14－5 振动压路机 8188 振动压路机 8208 振动压路机 8228 振动压路机	YZ20J－5 振动压路机(常州市科技局)		静电喷涂在油漆 混合气体保护焊线的技术应用
山东公路机械厂	YZC4 双钢轮振动压路机		YL30 轮胎压路机外观设计	

(2)压路机主要获奖产品情况

2007年压路机主要获奖产品情况见表9。

表 9　2007 年压路机主要获奖产品情况

奖励项目名称	序号	获奖产品名称	获奖等级	获奖企业名称
中国机械工业科学技术进步奖	1	SR28M 型垃圾压实机	二等奖	山推工程机械股份有限公司
	2	XP301 型轮胎压路机	三等奖	徐州工程机械科技股份有限公司
	3	XSM220 型自行式振动压路机	三等奖	
2007 中国工程机械年度产品 TOP50	1	XP302 型轮胎压路机		徐工集团徐工科技股份有限公司
	2	LSS2301 型机械式单钢轮振动压路机		一拖(洛阳)建筑机械有限公司
	3	6623 型垃圾压实机		郑州宇通重工有限公司
	4	XP302 型轮胎压路机		江苏骏马压路机械有限公司
2007 年江苏省机械工业科技进步奖	1	D120 串联式振动压路机	一等奖	徐工集团徐工科技股份有限公司
	2	YZC10D 串联式振动压路机	二等奖	

二、沥青混凝土摊铺机

1. 生产发展情况

(1)行业产品构成及生产企业

我国沥青混凝土摊铺机行业产品主要是自行式沥青混凝土摊铺机。自行式沥青混凝土摊铺机包括履带式沥青混凝土摊铺机和轮胎式沥青混凝土摊铺机两大类产品。履带式沥青混凝土摊铺机目前约占 84%，轮胎式沥青混凝土摊铺机约占 16%。履带式和轮胎式沥青混凝土摊铺机按行走传动方式分为液压式和机械式。液压式沥青混凝土摊铺机目前约占 80%，机械式沥青混凝土摊铺机约占 20%。沥青混凝土摊铺机产品分类及 2007 年主要生产企业见表 10。

表 10　沥青混凝土摊铺机产品分类及 2007 年主要生产企业

序号	主要生产企业名称	机械式						
		≤4.5 m		4.5～6 m(含)		6～8 m(含)		8.5 m 以上
		履带式	轮胎式	履带式	轮胎式	履带式	轮胎式	履带式
1	徐州工程机械科技股份有限公司		√	√		√		√
2	镇江华晨华通路面机械有限公司	√	√	√	√	√	√	√
3	鼎盛天工工程机械股份有限公司							
4	三一重工股份有限公司							
5	长沙中联重工科技发展股份有限公司							
6	中交西安筑路机械有限公司		√	√	√			
7	成都市新筑路桥机械股份有限公司							
8	沃尔沃建筑设备(中国)有限公司							
9	维特根福格勒有限公司							
10	戴纳派克(中国)压实摊铺设备有限公司							
11	广西柳工机械股份有限公司							

序号	主要生产企业名称	液压式								
		≤4.5 m		4.5～6 m(含)		6～8 m(含)		8～9.5m(含)	9.5～12m(含)	12m 以上
		履带式	轮胎式	履带式	轮胎式	履带式	轮胎式	履带式	履带式	履带式
1	徐州工程机械科技股份有限公司		√	√	√	√	√	√		√
2	镇江华晨华通路面机械有限公司			√		√		√		√
3	鼎盛天工工程机械股份有限公司			√		√		√	√	

（续）

序号	主要生产企业名称	液压式								
		≤4.5 m		4.5～6 m（含）		6～8 m（含）		8～9.5m（含）	9.5～12m（含）	12m以上
		履带式	轮胎式	履带式	轮胎式	履带式	轮胎式	履带式	履带式	履带式
4	三一重工股份有限公司					√		√	√	
5	长沙中联重工科技发展股份有限公司					√		√	√	
6	中交西安筑路机械有限公司							√	√	
7	成都市新筑路桥机械股份有限公司					√		√	√	
8	沃尔沃建筑设备（中国）有限公司			√				√	√	√
9	维特根福格勒有限公司		√		√		√	√	√	√
10	戴纳派克（中国）压实摊铺设备有限公司	√					√	√	√	
11	广西柳工机械股份有限公司					√		√	√	

说明：打√的产品为主生产企业2007年生产、销售的产品。

（2）沥青混凝土摊铺机产品的产销存情况

2007年沥青混凝土摊铺机产品的产销量比2006年都有增长，库存减少。2006～2007年我国沥青混凝土摊铺机产品产销存情况见表11。

（3）主要生产企业沥青混凝土摊铺机产品的产销存情况

根据中国工程机械工业协会路面与压实机械分会的统计，2007年沥青混凝土摊铺机主要生产企业产销存情况见表12。

表11　2006～2007年沥青混凝土摊铺机产品产销存情况

（单位：台）

项　目	2007年	2006年	增减台数	同比增长（%）
产量	1 124	1 074	50	4.66
销量	1 284	1 136	148	13.03
库存	111	185	－74	－40.00

表12　2007年沥青混凝土摊铺机主要生产企业产销存情况　（单位：台）

序号	主要生产企业名称	产　量	销　量	库　存
1	徐州工程机械科技股份有限公司	204	242	13
2	镇江华晨华通路面机械有限公司	153	185	34
3	鼎盛天工工程机械股份有限公司	104	104	
4	三一重工股份有限公司	121	145	
5	长沙中联重工科技发展股份有限公司	101	110	
6	中交西安筑路机械有限公司	58	54	37
7	成都市新筑路桥机械股份有限公司		63	
8	沃尔沃建筑设备（中国）有限公司		68	
9	维特根福格勒有限公司		60	
10	戴纳派克（中国）压实摊铺设备有限公司		64	
11	广西柳工机械股份有限公司	9	11	4
	合计	750	1 106	88

2. 市场销售

（1）生产企业市场占有率情况

2007年，沥青混凝土摊铺机生产企业市场占有率前5名为徐州工程机械科技股份有限公司、镇江华晨华通路面机械有限公司、三一重工股份有限公司、长沙中联重工科技发展股份有限公司和沃尔沃建筑设备（中国）有限公司，各省市场占有率为8.5%～19%之间。戴纳派克（中国）压实摊铺设备有限公司、成都市新筑路桥机械股份有限公司、维特根福格勒有限公司和中交西安筑路机械有限公司5个企业的市场占有率为4.5%，而且比较接近。其他沥青混凝土摊铺机生产企业的市场占有率则都比较小。2007年沥青混凝土摊铺机生产企业市场占有率情况见图4。

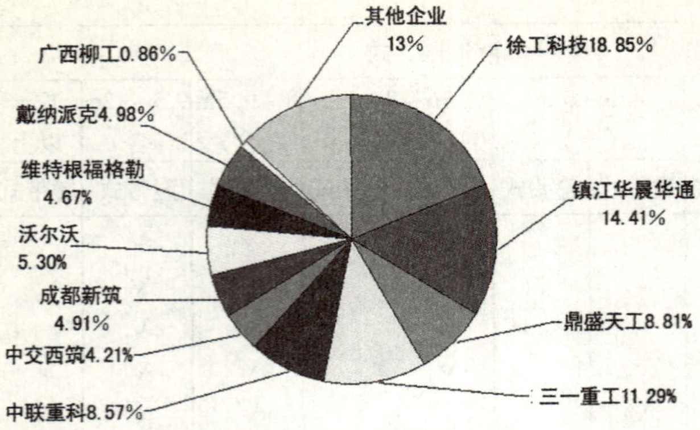

图4 2007年沥青混凝土摊铺机生产企业市场占有率

(2)主要生产企业月度销售情况

2007年沥青混凝土摊铺机市场启动也比较早,3月份开始进入销售高峰期。3~8月份为销售旺季,4、5、6这3个月销售量最大,9月份以后开始下降。2007年沥青混凝土摊铺机主要生产企业月度销售情况见图5。

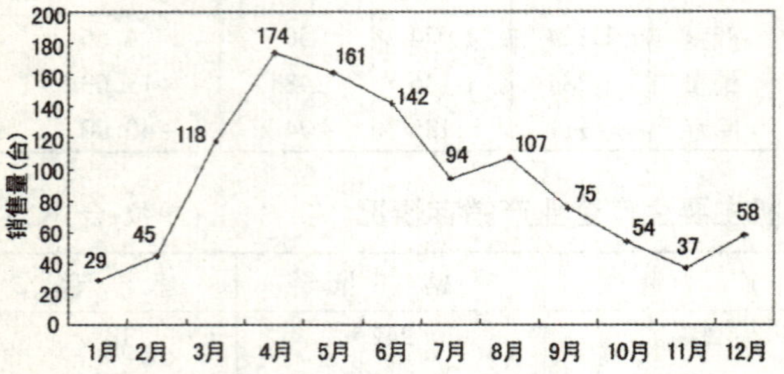

图5 2007年沥青混凝土摊铺机主要生产企业月度销售情况

(3)主要生产企业产品销量结构比例

根据中国工程机械工业协会路面与压实机械分会的统计数据分析,2007年沥青混凝土摊铺机主要生产企业销售的轮胎式沥青混凝土摊铺机占总销量的16.3%,履带式沥青混凝土摊铺机占83.7%。机械式沥青混凝土摊铺机占总销量的20.28%,液压式沥青混凝土摊铺机占79.72%。从销售结构看,市场需求产品主要集中在6~8m、8~9.5m、9.5~12m液压履带式沥青混凝土摊铺机。近几年,随着国内对高速公路路面质量认识的进一步加深,为减少材料离析造成的路面早期损坏,道路建设主管部门对沥青路面摊铺工艺进行了修正,要求采用并机梯摊铺,因而12m及以上超大型摊铺机销量逐渐减少。2007年沥青混凝土摊铺机主要生产企业产品销量结构比例见图6。

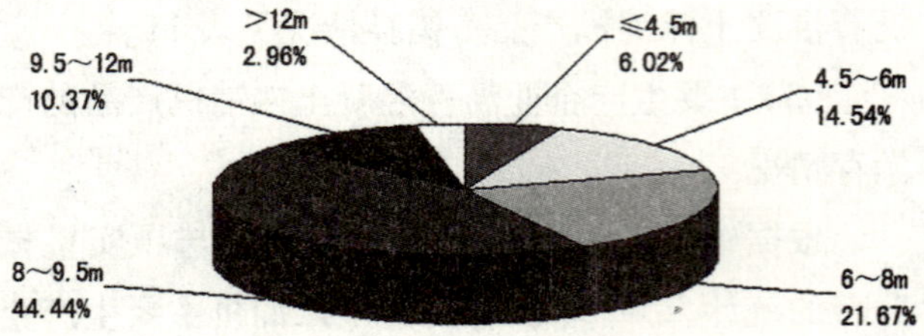

图6 2007年沥青混凝土摊铺机主要生产企业产品销量结构比例

(4)主要生产企业产品销售情况

2007年沥青混凝土摊铺机主要生产企业产品销售情况见表13。

表13 2007年 沥青混凝土摊铺机主要生产企业产品销售情况 (单位:台)

主要生产企业名称	机械式						
	≤4.5 m		4.5~6 m(含)		6~8 m(含)		8.5 m以上
	履带式	轮胎式	履带式	轮胎式	履带式	轮胎式	履带式
徐州工程机械科技股份有限公司		2	15		8		1
镇江华晨华通路面机械有限公司	2	11	22	56	24	18	9
鼎盛天工工程机械股份有限公司							
三一重工股份有限公司							
长沙中联重工科技发展股份有限公司							
中交西安筑路机械有限公司		18	9	24			
成都市新筑路桥机械股份有限公司							
沃尔沃建筑设备(中国)有限公司							
维特根福格勒有限公司							
戴纳派克(中国)压实摊铺设备有限公司							
广西柳工机械股份有限公司							
合 计	2	31	46	80	32	18	10

（续）

主要生产企业名称	液压式								
	≤4.5 m		4.5 ~ 6 m（含）		6 ~ 8 m（含）		8 ~ 9.5m（含）	9.5 ~ 12m（含）	12m以上
	履带式	轮胎式	履带式	轮胎式	履带式	轮胎式	履带式	履带式	履带式
徐州工程机械科技股份有限公司		29	12	3	79	9	71		8
镇江华晨华通路面机械有限公司			1		6		31	2	1
鼎盛天工工程机械股份有限公司			12		44		36	12	
三一重工股份有限公司					10		116	24	
长沙中联重工科技发展股份有限公司					6		73	34	
中交西安筑路机械有限公司							2	1	
成都市新筑路桥机械股份有限公司					27		19	9	
沃尔沃建筑设备（中国）有限公司			1				56	8	5
维特根福格勒有限公司		2		2		1	29	2	18
戴纳派克（中国）压实摊铺设备有限公司	1					1	32	19	
广西柳工机械股份有限公司					1	5	1		
合　计	1	31	26	5	173	11	470	112	32

（5）主要生产企业产品销售区域分布情况

2007 年沥青混凝土摊铺机主要生产企业产品国内销量集中在中区、北区和东北区 3 个区，这 3 个区的销量约占总销量的 60%。其他区域的销量都比较少，而且比较接近。2007 年沥青混凝土摊铺机主要生产企业产品销售区域分布情况见表 14。

表 14　2007 年沥青混凝土摊铺机主要生产企业产品销售区域分布情况

区　域	销量（台）	比重（%）
中区（江苏、安徽、山东、河南）	336	30.38
北区（北京、天津、河北、山西、内蒙古）	200	18.08
东区（浙江、江西、福建、上海）	124	11.21
东北区（黑龙江、吉林、辽宁）	97	8.77
华南区（广西、广东、湖北、湖南、海南）	98	8.86
西南区（四川、重庆、云南、贵州）	87	7.87
西区（西藏、新疆、甘肃、青海、宁夏、陕西）	92	8.32
出口	72	6.51
合　计	1 106	

3. 进出口情况

沥青混凝土摊铺机进、出口情况

根据海关总署的统计，2007 年我国沥青混凝土摊铺机进口量减少约 17%，而出口量增长了 80% 多。2007 年我国沥青混凝土摊铺机主要出口哈萨克斯坦、俄罗斯、阿尔及利亚、印度等国家。2006 ~ 2007 年我国沥青混凝土摊铺机进、出口情况见表 15。

表 15　2006 ~ 2007 年沥青混凝土摊铺机进出口情况

产 品 名 称	进　口					
	进口数量（台）			金额（万美元）		
	2007 年	2006 年	同比增长（%）	2007 年	2006 年	同比增长（%）
沥青混凝土摊铺机	143	172	−16.86	2 657.12	3 414.23	−22.18

产 品 名 称	出　口					
	出口数量（台）			金额（万美元）		
	2007 年	2006 年	同比增长（%）	2007 年	2006 年	同比增长（%）
沥青混凝土摊铺机	164	91	80.22	1 952.86	1 221.15	59.92

〔撰稿人：中国工程机械工业协会路面与压实机械分会吴竞吾〕

桩工机械

生产发展情况

在建筑施工中，各种桩基础、地基改良加固、地下连续墙及其他特殊地基基础施工的机械设备称为桩工机械。根据中国机械工程机械工业协会桩工机械分会(以下简称分会)对27个主要生产企业的统计，2007年生产桩工机械3 841台，销售3 528台，工业总产值352 829.5万元，产品销售收入323 485.8万元，与上年相比，销量增长8.7%，销售收入增长57.4%。2007年桩工机械行业产品分类及主要生产企业见表1，2007年桩工机械主要产品产销存统计见表2。

表1　2007年桩工机械主要产品分类及主要生产企业

产品分类	主要生产企业
柴油打桩锤	
DD系列导杆式柴油打桩锤	江苏东达工程机械有限公司、中国人民解放军六四O九工厂建机公司、东台市巨力机械制造公司
D系列筒式柴油打桩锤	上海工程机械厂有限公司，广东力源液压机械有限公司
液压打桩锤	
HHP系列液压打桩锤	广东力源液压机械有限公司
振动桩锤	
DZ、DZS系列振动桩锤	浙江振中工程机械有限公司、瑞安八达工程机械有限公司、兰州建筑通用机械厂、徐州鹏达基桩工程机械研究所
DZJ系列变矩振动桩锤	浙江振中工程机械有限公司、
DZM系列液压振动桩锤	广东力源液压机械有限公司、北京南车时代重工机械有限公司
钻孔机	
步履式长螺旋钻孔机	河北新钻钻机有限公司、郑州勘察机械有限公司、文登市合力机械有限公司、方圆集团有限公司、徐州鹏达基桩工程机械研究所、浙江振中工程机械有限公司、郑州宇通重工有限公司、郑州市鑫源桩工机械厂、威海海泰起重机械公司、郑州正弘桩工机械制造公司、河南三力机械制造公司、河北新河华泰桩工机械公司
电动履带式长螺旋钻孔机	文登市合力机械有限公司、方圆集团有限公司
旋挖钻孔机	北京市三一重机有限公司、徐工徐州筑路机械有限公司、湖南山河智能机械有限公司、上海金泰工程机械有限公司、中联重工科技有限公司上海分公司、山东福田雷沃重工有限公司、内蒙古北方重型汽车有限公司、郑州宇通重工有限公司、北京南车时代重工机械有限公司、郑州川岛机械设备有限公司、北京罗特锐机械科技公司、郑州正弘桩工机械制造公司
KP、GPS、QJ系列钻孔机(转盘式)	上海金泰工程机械有限公司、郑州勘察机械有限公司
动力头式钻孔机	上海金泰工程机械有限公司、河北新钻钻机有限公司
KQ系列潜水钻孔机	河北新钻钻机有限公司
液压压桩机	湖南山河智能机械有限公司、广东力源液压机械有限公司、武汉华威建筑桩工机械有限公司
桩架	
走管式桩架	瑞安八达工程机械有限公司、浙江振中工程机械有限公司

（续）

产品分类	主要生产企业
步履式桩架	上海工程机械厂有限公司、兰州建筑通用机械厂、浙江振中工程机械有限公司、瑞安八达工程机械有限公司、徐州鹏达基桩工程机械研究所、广东力源液压机械有限公司、江苏东达工程机械有限公司
DH、SF 履带式三支点桩架	上海工程机械厂有限公司、北京市三一重机有限公司
地下连续墙机械	
多轴连续墙钻孔机	上海金泰工程机械有限公司、上海工程机械厂有限公司、河北新钻钻机有限公司
地下连续墙抓斗	上海金泰工程机械有限公司、北京市三一重机有限公司
地基加固机械	
振冲器	江阴市振冲机械有限公司
插板桩机	徐州鹏达基桩工程机械研究所、瑞安八达工程机械有限公司

表 2　2007 年桩工机械主要产品产销存统计

（单位：台）

产品名称	产量	销售量	库存量
筒式柴油锤	432	348	139
导杆柴油锤	892	825	67
液压打桩锤	9	5	4
振动桩锤	440	393	55
步履式长螺旋钻孔机	293	264	41
电动履带式长螺旋钻孔机	95	84	6
潜水钻孔机	0	0	0
旋挖钻孔机	601	546	69
转盘式钻孔机	153	159	11
动力头钻机	1	3	0
冲击钻机	1	1	0
MD 系列多功能钻孔机	16	18	1
水井钻机	43	74	3
桩架	267	235	38
压桩机	416	415	1
软地基处理机械	89	82	7
地下连续墙成槽机械	90	73	8
牵引机	1	1	0
挖泥机	2	2	0
主机总计	3 841	3 528	444

市场销售情况

由于桩工机械必须结合工程的目的规模、桩的品种用途、施工工法以及施工过程中遇到的各种地质条件，因此桩工机械是一种多品种、多规格、批量不大、专用性较强的工程机械；由于桩工机械涉及基础工程项目不同，各类产品的销售情况也各不相同。随着国家高速铁路建设项目的展开，旋挖钻机得到快速发展，2007 年旋挖钻机销售量比上年增长 52.2%；液压压桩机在混凝土预制管桩迅速发展的带动下，2007 年销售量比上年增长 82%；在桩工机械产品中，近年来新开发的地下连续墙液压抓斗发展最为迅猛，2007 年的销售量与上年相比增长 642.9%，其他桩工机械产品销售情况变化不大。

进出口情况

据不完全统计，2007 年出口桩工机械 416 台，销售额为 3 203.99 万美元，同比增长 185.1%，出口创汇的大幅度增加，其中特别是旋挖钻机，不仅彻底改变了依赖进口的局面，而且出口产品占年销量的 22.7%。2007 年桩工机械产品出口情况见表 3。

表 3　2007 年桩工机械产品出口情况

企业名称	产品名称及型号规格	出口量（台）	金额（万美元）	销往国家及地区
上海工程机械厂有限公司、广东力源液压机械有限公司	筒式柴油锤	152	586	美国、土耳其

（续）

企 业 名 称	产品名称及型号规格	出口量（台）	金额（万美元）	销往国家及地区
北京市三一重机有限公司、郑州宇通重工有限公司、北京南车时代重工机械有限公司、上海金泰工程机械有限公司、湖南山河智能机械有限公司、徐工徐州筑路机械有限公司、山东福田雷沃重工股份有限公司、郑州川岛机械设备有限公司、中联重工科技发展公司上海分公司	旋挖钻机	124	6 503	越南、新加坡、俄罗斯、北非、阿联酋、中东、东南亚、乌克兰、保加利亚、德国、意大利、尼日利亚、阿塞拜疆
湖南山河智能机械有限公司、广东力源液压机械有限公司	压桩机	85	1 413	印度尼西亚、越南、马来西亚、菲律宾、缅甸
广东力源液压机械有限公司	HHP8、HHP14 液压锤	4	51	印度、爱沙尼亚
郑州川岛机械设备有限公司	CK1500 冲击钻机	1	2	越南
浙江振中工程机械有限公司	MD 型钻孔机	17	48	日本
浙江振中工程机械有限公司、瑞安八达工程机械有限公司	振动锤	15	77	日本、越南、东南亚、西亚
上海金泰工程机械有限公司	SG35、40 液压抓斗	5	277	阿联酋、德国、越南、罗马尼亚
浙江振中工程机械有限公司、上海工程机械厂有限公司	系列步履桩架	10	116	俄罗斯、东南亚、柬埔寨、韩国
方圆集团桩工机械厂	电动履带桩机	3	63	哈萨克斯坦
合 计		416	9 135	

科技成果与新产品

2007 年桩工机械行业加大新产品开发力度，新产品不断涌现，有上海工程机械厂有限公司的 D220 筒式柴油锤；广东力源液压机械有限公司的 JB62 、JB100、JB160 步履式桩架；郑州川岛机械设备有限公司的 SH665 、CD856 旋挖钻机，HS567 强夯锤；江苏东达工程机械有限公司的 DD90、DD120 导杆式柴油锤，JBY40、JBY120 步履式桩架；北京市三一重机有限公司的 SR220R 入岩旋挖钻机、SP120 反循环钻机、SFY658 全液压桩架；浙江振中工程机械有限公司的 DZJ200A、EP360 振动锤；北京南车时代重工机械有限公司的 TR180D、TR250D、TR250DJ 旋挖钻机，THH60 液压打桩锤，DZ60 液压振动锤，ZY40 连续墙抓斗；内蒙北方重型汽车股份有限公司的 NR1801DR、NR1802DL 、NR2002SL 旋挖钻机；徐州鹏达基桩工程机械研究所旋挖钻机；山东福田雷沃重工股份有限公司的 12、18、26 系列旋挖钻机；上海金泰工程机械有限公司的 SD28 旋挖钻机，SG40A 液压抓斗；河北新钻钻机有限公司的 LW33 螺纹桩机，GZ18 空心桩钻机，KQ600L 潜水双轴钻机；方圆集团桩工机械厂的螺纹桩机；郑州正弘桩工机械制造有限公司的 JLR10 系列旋挖钻等。

〔撰稿人：中国工程机械工业协会桩工机械分会施引番〕

混凝土机械

生产发展情况

2007 年我国混凝土机械又是一个丰收年，中国工程机械工业协会混凝土机械分会对我国 42 家企业统计数据进行了汇总，2006 ~ 2007 年主要生产企业经济指标情况见表 1。

表 1　2006～2007 年主要生产企业经济指标情况

企业代号	在职职工人数（人）		工业总产值（现价、万元）		工业增加值（万元）		产品销售收入（万元）		利税总额（万元）		人均劳动生产率（人均产值:万元/人）	
	2007 年	2006 年	2007 年	2006 年	2007 年	2006 年	2007 年	2006 年	2007 年	2006 年	2007 年	2006 年
01	245	238	5 300	5 100	710	600	5 200	5 000	310	260	22	21
02	3 036	2 011	410 000	180 000	240 000	66 000	350 000	160 000			135	90
03												
04			7 300	5 848	1 050	1 048	6 350	5 388	480	570		
05	108	94	1 507	1 316	339	274	2 143	1 634	196	167	14	14
06	2 018	1 998	38 990	3 0165	10 374	9 137	38 123	27 660	2 994	2 559	57 065	47 541
07	80		500		105		500		50		6	
08	220	180	4 391	3 208	785	550	5 137	3 754	1 334	94	19	17
09	310	306	6 203	5 862	1 693	1 602	6 200	5 524	376	312	20	19
10	868	846	24 600	21 000	4 505	4 250	23 600	18 800	1 300	1 350	28	25
11												
12												
13	102		818		149		842		226		8	
14												
15	2 600	2 523	120 270	105 015	12 066	9 875	120 195	105 690	7 874	5 843	5	5
16	301	289	17 000	15 800	120	2 300	15 000	14 793	5 428	4 711	57	55
17	337	340	3 913	4 069	899	916	3 146	3 307	216	234	12	12
18	1 150	1 150	34 000	27 000	8 160	5 955	40 000	25 000	8 464	5 290		24
19			20 643	17 000	2 667	2 000	21 063	16 800	1 800	1 200	70	56
20	2 016	1 522	280 000	221 000	59 000	180 000	260 000	200 000	43 000	34 000	139	110
21	477	578	10 442	8 310	272	810	9 731	7 715	－1 440	－587	22	14
22	450	407	22 540	18 032	3 790	3 031	23 223	18 579	1 322	1 058	46	37
23	3 469	3 456	744 798	447 948	102 040	65 568	749 629	442 023	99 289	50 118	31	21
24	3 524	3 410	92 602	64 538	32 841	21142	201 495	81 329	16 923	9 865	26	19
25	679	662	11 595	11 783	2 608	2 828	12 082	10 950	－220	289	17	18
26			2 800	2 600	720	680	2 600	2 500	210	195		
27	315	320	8 028	5 304	1 926	1 548	7 117	4 868	567	476	25	17
28	851	860	20 365	15 432	6 974	3 717	19 184	15 782				
29												
30	470		4 418				4 500		221		9	
31		462		20 032		5 408		11 756		1 425		43
32												
33	470		4 418				4 500		221		9	
34												

注：下列为企业代号的对应企业。

01 山东天宇建设机械有限公司

02 中联重工科技发展股份有限公司混凝土分公司

03 上海华东建筑机械厂有限公司

04 山东德州生建机械厂

05 陕西东城建设机械有限公司

06 四川建设机械（集团）股份有限公司

07 广州市百巨建筑机械设备有限公司

08 徐州天地重型机械制造有限公司

09 四川现代建设机械面有限责任公司

10 福建南方路面机械有限公司

11 湖南德邦重工机械有限公司

12 佛山高永力建设机械有限公司

13 达州市华兴建筑机械有限公司

14 成都久和实业有限责任公司

15 山东鸿达建工集团有限公司

16 山东三汇利工程机械有限公司

17 陕西永立建筑机械有限责任公司

18 夹江水工机械厂

19 青岛新型建设机械有限公司

20 沈阳北方交通重工集团有限公司

21 扬州柳工建设机械有限公司

22 浙江虎霸建设机械有限公司

23 徐州重型机械有限公司

24 方圆集团有限公司

25 四川建筑工程机械厂

26 牡丹江市银锚建设机械有限公司

27 中建二局洛阳建筑工程机械厂

28 韶关新宇建设机械有限公司

29 上海普茨迈斯特机械(上海)有限公司

30 吉林市中建工程机械有限公司

31 上海鸿得利机械制造有限公司

33 安徽星马汽车股份有限公司

34 徐州利勃海尔混凝土机械公司

35 三一重工股份有限公司

36 浙江省建设机械有限公司

37 西安筑路机械有限公司

38 云南省建筑机械公司

39 上海约纳森工具制造有限公司

40 郑州宇通重工有限公司

41 泰安东岳重工有限公司

42 贵州枫阳液压有限责任公司

1. 混凝土搅拌机

统计混凝土搅拌机生产企业 20 家，共生产搅拌机 21 051台，销售 19 666 台，产销平衡。其中扬州柳工建设机械有限公司销售搅拌机4 784台，为行业之首；方圆集团有限公司销售搅拌机 3 950 台，名列行业亚军。

2. 混凝土配料机

统计混凝土配料机生产企业 16 家，共生产配料机3 824台，销售 3 497 台，产销平衡。其中浙江省建设机械公司销售配料机 740 台，为行业之首；青岛新型建设机械有限公司销售配料机 568 台，名列行业亚军；山东省德州生建机械厂销售配料机 428 台，增长较快，名列第三；方圆集团有限公司销售配料机 411 台，名列第四。

3. 混凝土搅拌站(楼)

统计混凝土搅拌站(楼)生产企业 21 家，共生产搅拌站(楼)1 854 套，销售 1 847 台，产销平衡。其中方圆集团有限公司销售搅拌站(楼)415 套，为行业之首；福建南方路面机械有限公司销售 280 套，名列第二；青岛新型建设机械有限公司销售252 套，名列第三；韶关新宇建设机械有限公司销售 189 套，名列第四。

4. 拖式混凝土泵

统计拖式混凝土泵生产企业 16 家，共生产拖式混凝土泵 4 422 台，销售 3 975 台，产销平衡。其中三一重工股份有限公司销售拖式混凝土泵 1 442 台，为行业之首；长沙中联重科销售 857 台，名列第二；山东三汇利重型工程机械有限公司销售 423 台，名列第三；上海鸿得利机械制造有限公司销售 399 台，名列第四；就车载泵而言，上海鸿得利机械制造有限公司生产 175 台，销售 141 台，此单项可列为行业冠军。

5. 混凝土泵车

统计混凝土泵车生产企业 9 家，共生产混凝土泵车3 917台，销售 3 885 台，产销平衡。其中三一重工销售2 033台，为行业之首；长沙中联重工科技发展股份有限公司销售 1 241 台，名列第二；普茨迈斯特(上海)机械制造公司销售 262 台，名列第三；徐州重型销售机械有限公司销售 139 台，名列第四。

6. 混凝土搅拌运输车

统计混凝土搅拌运输车生产企业 13 家，共生产混凝土搅拌运输车 9 961 台，销售 9 693 台，产销平衡。其中安徽星马汽车股份有限公司销售 4 208 台，为行业之首；长沙中联重工科技发展有限公司销售 1 271 台，名列第二；上海华东建筑机械厂有限公司销售 1 153 台，名列第三；徐州利勃海尔混凝土机械有限公司销售 1 002 台，名列第四。

7. 散装水泥运输车

只统计到两家企业，安徽星马汽车股份有限公司销售1 054台；郑州宇通重工有限公司 181 台。

由于统计的企业有限，全国混凝土机械 2007 年的产销总量难以得出准确数字。全国混凝土搅拌站(楼)生产的企业较多，估计全年总产量超过

2 500套。根据配套件供应商提供的数据，拖式混凝土泵全国应为6 000 台，搅拌车为17 000辆。混凝土泵车的生产企业相对较少，因此统计数据较为准确，全年产销量达4 000 辆，这一数字，创造了一个新记录。2007 年混凝土机械产销情况见表2。

表2　2007 年混凝土机械产销量统计表

企业代号	搅拌机（台）		配料机（台）		搅拌站、楼（套）	
	生产量	销售量	生产量	销售量	生产量	销售量
01	210	206	165	160	56	55
02					101	101
03	75	28			77	73
04	827	815	430	428	38	38
05	36	37	24	19		2
06						
07					18	18
08					39	52
09	6	3			60	55
10					280	280
11						
12	285	285				
13	68	58	27	22	2	2
14	108	108				
15	1 711	1 701	100	100	50	50
16						
17	464	455	137	129	16	12
18						
19	2 899	2 867	556	568	254	252
20						
21	4 770	4 784	139	136	21	21
22	1 097		396			
23						
24	3 950	3 950	406	411	417	415
25	830	750	10	10	31	31
26	400	320	190	170	15	9
27				57	59	
28	846	816	306	287	205	189
29						
30	310	310	150	135	12	12
31						
33						
34						17

（续）

企业代号	搅拌机(台)		配料机(台)		搅拌站、楼(套)	
	生产量	销售量	生产量	销售量	生产量	销售量
35						
36			740	740	55	54
37					50	50
38	108	127	48	37		
39	2 051	2 046				
40						
41						
42						
小计	20 家		16 家		21 家	
	21 051	19 666	3 824	3 497	1 854	1 847

企业代号	拖式混凝土泵(台)		混凝土泵车(台)		搅拌车（台）		散装水泥车(辆)	
	生产量	销售量	生产量	销售量	生产量	销售量	生产量	销售量
01								
02	885	857	1 302	1 241	1 259	1 271		
03				2	1 146	1 153		
04								
05								
06	10	4			153	130		
07					37	37		
08	59	67	3	3				
09								
10								
11	174	170						
12								
13								
14								
15	80		50	50	255	255		
16	450	423						
17								
18	98	97						
19	92	86						
20			70	64	350	320		
21	6	19			71	56		
22	69							
23			129	139				
24	209	211			187	187		
25								

（续）

企业代号	拖式混凝土泵(台)		混凝土泵车(台)		搅拌车（台）		散装水泥车(辆)	
	生产量	销售量	生产量	销售量	生产量	销售量	生产量	销售量
26								
27	1	1			44	46		
28				5	5			
29	182	182	262	262				
30								
31	478	399	45	45				
33			55	48	4 447	4 208	1 064	1 054
34					1 002	1 002		
35	1 497	1 442	2 001	2 033	780	804		
36								
37								
38								
39								
40	61	52			225	219	193	181
41	17	21						
42	54	44						
小计	18 家 4 422	3 975	9 家 3 917	3 885	13 家 9 961	9 693	2 家 1 257	

注：企业代号同表 1。

2007 年我国水泥产量 12 亿多吨，占世界总产量的 50%，由于我国经济的快速增长，大量基本建设上马，给混凝土机械提供了一个发展的大好机遇。现在国产混凝土机械不但在国内混凝土施工中唱主角，而且通过世界几大展会的宣传，扩大了影响，我国混凝土机械的出口地区和出口数量都有很大增长，在国际混凝土机械市场上已有我们中国产品的一席之地。在产品性能和质量方面，国产产品也有很大提升，2007 年三一重工股份有限公司将 C60 混凝土泵送到 492m 的上海环球金融中心上，同年该公司的 66m 超长臂架泵车研制成功并申报吉尼斯纪录，该公司还在印度、德国和美国投资设厂；长沙中联重工科技发展有限公司在广州西塔工程成功地将 C100 混凝土泵送到 300m 高度，并开始挑战 C100 混凝土 432m 的泵送高度，2008 年该公司并购国际著名企业——意大利 CIFA 公司。中国混凝土机械的整体进步正在改变着混凝土机械的世界竞争格局。

〔撰稿人：中国工程机械工业协会混凝土机械分会盛春芳〕

凿岩机械与气动工具

生产和发展情况

我国凿岩机械与气动工具行业产品主要分为凿岩机械和气动工具两大类，它们都是以压缩空气为动力的产品，被广泛应用于矿山、筑路、水电、建材及汽车、航空、船舶等行业。我国凿岩机械气动工具产品分类及主要生产企业见表 1。

表1　我国凿岩机械气动工具产品分类及主要生产企业

产品分类		主要生产企业名称
凿岩机械	气腿式凿岩机	天水风动机械有限责任公司、衢州煤矿机械总厂有限公司、沈阳风动工具厂有限公司、宜春风动工具有限公司、湘潭风动机械厂、南京工程机械厂、洛阳风动工具有限公司
	手持式凿岩机	天水风动机械有限责任公司、开山集团、沈阳风动工具厂有限公司、衢州煤矿机械总厂有限公司
	内燃、电动凿岩机	洛阳风动工具有限公司、宜春风动工具有限公司
	凿岩钻架	天水风动机械有限责任公司、南京工程机械厂、黄石市黄风机械有限公司
	凿岩钻车	天水风动机械有限责任公司
	冲击器	天水风动机械有限责任公司、通化市风动工具有限责任公司、洛阳风动工具有限公司
	气动绞车	烟台市石油机械厂、黄石市黄风机械有限公司
气动工具	回转类产品	青岛前哨精密机械公司、上海气动工具厂、上海约纳森工具制造有限公司、镇江市丹徒风电机械厂、天津市柏益风动工具有限公司、天水风动机械有限责任公司、镇江市京口气动工具有限公司、徐州信义风动工具有限公司、徐州三刃风动工具有限公司、上海民生电器有限公司、通化市风动工具有限责任公司
	冲击类产品	南京工程机械厂、义乌市风动工具有限公司、通化市风动工具有限责任公司、上海气动工具厂、上海约纳森工具制造有限公司、天水风动机械有限责任公司、徐州三刃风动工具有限公司、宜春风动工具有限公司、徐州信义风动工具有限公司、天水风动工具厂一分厂

2007年凿岩机械与气动工具行业累计生产凿岩机械265 279台(套),比上年的281 948台(套)下降5.91 %;销售凿岩机械259 618台(套),比上年的276 884台(套)下降6.24%;年底凿岩机械库存32 762台(套),比上年27 849台(套)增长17.64%。

2007年生产气动工具651 116台,比上年的639 937台增长1.75%;销售气动工具693 044台,比上年的605 297台增长14.50%;2007年底气动工具库存97 965台,比上年127 294台下降23.04%。

国家出台的一系列宏观调控政策,使得当年凿岩机械行业持续增长的态势受到明显回落,加之钢材等原材料价格的不断上涨,人工成本的增加以及人为价格战等因素,出口产品也出现下降,使整个行业增速趋缓,增速也由2006年的32.83%回落至2007年的14.19%,应该引起业界的极大关注,研发投入新产品、延伸相关产品保持整个行业的持续高速增长应该受到高度重视。

2007年凿岩机械与气动工具行业主要产品产销存情况见表2。2007年凿岩机械与气动工具行业主要企业产品产销存情况见表3。

表2　2007年凿岩机械与气动工具行业主要产品产销存情况

产品名称	单位	2006年产量	2007年			产量同比增长(%)
			产量	销售量	年末库存	
总　计	台	921 885	916 395	952 662	130 727	-0.60
一、凿岩机械	台	281 948	265 279	259 618	32 762	-5.91
1. 凿岩机	台	260 634	243 041	238 899	21 747	-6.75
(1)气动凿岩机	台	232 493	222 900	221 365	13 366	-4.13
①手持式	台	103 473	153 405	153 405	2 722	48.26
②气腿式	台	128 102	68 503	66 961	10 238	-46.52
③向上式	台	263	460	362	159	74.90
④导轨式	台	655	532	637	247	-18.78

（续）

产品名称	单位	2006年产量	2007年			产量同比增长（%）
			产量	销售量	年末库存	
(2)内燃凿岩机	台	22 280	15 311	12 502	7 571	-31.28
(3)电动凿岩机	台	5 861	4 830	5 032	810	-17.59
2. 凿岩钻车	台	12	4	6	7	-66.67
3. 钻架	台	349	718	518	263	105.73
4. 气动铰车	台	772	470	469	400	-39.12
5. 冲击器	台	207	306	307	359	47.83
6. 气马达	台	9 431	8 574	8 376	5 989	-9.09
7. 其他	台	10 543	12 166	11 043	3 997	15.39
二、气动工具	台	639 937	651 116	693 044	97 965	1.75
1. 回转类产品	台	226 261	270 460	281 999	28 986	19.53
(1)气钻	台	3 175	2 827	3 019	1 480	-10.96
(2)气砂轮	台	159 315	195 900	195 587	18 291	22.96
(3)气板机	台	60 004	61 906	73 921	6 681	3.17
(4)气螺刀	台	1 997	1 056	1 007	1 758	-47.12
(5)搅拌机	台	1555	2 051	2 046	130	31.90
(6)抛光机	台	215	6 720	6 419	646	30.26
2. 冲击类产品	台	88 685	85 699	89 396	54 281	-3.37
(1)气镐	台	63 139	61 492	64 483	46 714	-2.61
(2)气铲	台	16 685	15 817	16 436	4 778	-5.20
(3)捣固机	台	8 861	8 390	8 477	2 789	-5.32
3. 其他	台	324 991	294 957	321 649	14 698	-9.24
三、配件	t	2 923	2 618	2 093	1 293	-10.41
附：小型空气压缩机	台	148 147	152 082	151 989	988	2.66

表3　2007年凿岩机械与气动工具行业主要企业产品产销存情况

产品名称	生产企业名称	单位	主要产品产销完成情况		年末库存量
			入库量	销售量	
凿岩机	总　计	台	243 041	238 899	21 747
1. 气动凿岩机	合　计	台	222 900	221 365	13 366
(1)气腿式	小　计	台	68 503	66 961	10 238
	天水风动机械有限责任公司	台	60 302	58 145	7 536
	衢州煤矿机械总厂有限公司	台	7 480	8 171	2 270
	宜春风动工具有限公司	台	4	23	0
	南京工程机械厂	台	466	555	237
	洛阳风动工具有限公司	台	251	67	195
(2)手持式	小　计	台	153 405	153 405	2 722
	天水风动机械有限责任公司	台	7 269	6 774	1 190
	浙江开山集团	台	143 416	143 474	307
	衢州煤矿机械总厂有限公司	台	2 720	3 157	1 225

（续）

产 品 名 称	生产企业名称	单位	主要产品产销完成情况		年 末
			入库量	销售量	库存量
(3)导轨式	小 计	台	532	637	247
	天水风动机械有限责任公司	台	330	419	146
	南京工程机械厂	台	202	218	101
(4)向上式	小 计	台	460	362	159
	天水风动机械有限责任公司	台	460	362	159
2. 内燃凿岩机	合 计	台	15 311	12 502	7 571
	洛阳风动工具有限公司	台	10 589	8 568	5 741
	宜春风动工具有限公司	台	4 722	3 934	1 830
3. 电动凿岩机	合 计	台	4 830	5 032	810
	洛阳风动工具有限公司	台	4 480	4 846	580
	宜春风动工具有限公司	台	350	186	230
凿岩钻架	合 计	台	718	518	263
	天水风动机械有限责任公司	台	209	165	99
	南京工程机械厂	台	157	146	19
	黄石市黄风机械有限公司	台	352	207	145
凿岩钻车	天水风动机械有限责任公司	台	4	6	7
冲击器	合 计	台	306	307	359
	天水风动机械有限责任公司	台	185	180	115
	通化市风动工具有限责任公司	台	95	97	221
	洛阳风动工具有限公司	台	26	30	23
气动铰车	合 计	台	470	469	400
	烟台市石油机械有限公司	台	426	430	348
	黄石市黄风机械有限公司	台	44	39	52
气动马达	合 计	台	8 574	8 376	5 989
	天水风动机械有限责任公司	台	10	19	10
	烟台市石油机械有限公司	台	6 021	5 849	3 391
	黄石市黄风机械有限公司	台	2 543	2 508	2 588
气镐	合 计	台	61 492	64 483	46 714
	天水风动机械有限责任公司	台	47	43	4
	南京工程机械厂	台	28 127	30 792	36 954
	通化市风动工具有限责任公司	台	4 659	5 569	8 868
	义乌风动工具有限责任公司	台	24 150	24 160	8
	宜春风动工具有限公司	台	1 450	874	391
	徐州三刃风动工具有限公司	台	1 050	1 069	101
	上海约纳森工具制造有限公司	台	2 009	1 976	388
气铲	合 计	台	15 817	16 436	4 778
	天水风动机械有限责任公司	台			1
	通化市风动工具有限责任公司	台	384	620	1 324

（续）

产品名称	生产企业名称	单位	主要产品产销完成情况		年末库存量
			入库量	销售量	
	上海气动工具厂	台	3 441	3 776	410
	义乌风动工具有限责任公司	台	1 380	1 380	6
	徐州三刃风动工具有限公司	台	4 590	4 872	286
	上海约纳森工具制造有限公司	台	4 122	4 061	751
	山东同力达智能机械有限公司	台	1 900	1 727	2 000
气钻	合　计	台	2 827	3 019	1 480
	天水风动机械有限责任公司	台	2 261	2 559	1 091
	镇江市京口气动工具有限公司	台	366	314	329
	山东同力达智能机械有限公司	台	200	146	60
气板机	合　计	台	61 906	73 921	6 681
	天水风动机械有限责任公司	台	1 867	2 936	4 932
	镇江市京口气动工具有限公司	台	2 146	2 091	514
	山东同力达智能机械有限公司	台	2 900	2 477	210
	上海市民生电器有限公司	台	3 010	2 897	294
	青岛前哨精密机械公司	台	51 983	63 520	731
气砂轮	合　计	台	195 900	195 587	18 291
	天水风动机械有限责任公司	台	12 940	12 080	2 921
	通化市风动工具有限责任公司	台	80	76	506
	上海气动工具厂	台	21 247	21 304	498
	镇江市京口气动工具有限公司	台	2 478	2 392	891
	天津市柏益风动工具有限公司	台	12 844	12 555	4 353
	山东同力达智能机械有限公司	台	5 620	5 968	982
	徐州三刃风动工具有限公司	台	3 342	3 800	509
	镇江市丹徒风电机械厂	台	20 941	22 176	2 774
	上海约纳森工具制造有限公司	台	116 408	115 236	4 857
气螺刀	镇江市京口气动工具有限公司	台	1 056	1 007	1 758
捣固机	合　计	台	8 390	8 477	2 789
	天水风动机械有限责任公司	台	0	55	223
	通化市风动工具有限责任公司	台	400	315	1 213
	上海气动工具厂	台	1 427	1 500	113
	义乌风动工具有限责任公司	台	720	720	10
	徐州三刃风动工具有限公司	台	1 500	1 515	336
	上海约纳森工具制造有限公司	台	4 343	4 372	894
搅拌机	上海约纳森工具制造有限公司	台	2 051	2 046	130
抛光机	合　计	台	6 720	6 419	646
	上海约纳森工具制造有限公司	台	120	125	90
	山东同力达智能机械有限公司	台	6 600	6 294	556
微型空气压缩机	合　计	台	152 082	151 989	988

（续）

产品名称	生产企业名称	单位	主要产品产销完成情况		年末库存量
			入库量	销售量	
	开山集团	台	151 700	151 632	535
	衢州煤矿机械总厂有限公司	台	382	357	453
其他采掘设备	合　计	台	12 166	11 043	3 997
	南京工程机械厂	台	121	137	10
	洛阳风动工具有限公司	台	192	166	87
	衢州煤矿机械总厂有限公司	台	9 707	9 430	2 815
	通化市风动工具有限责任公司	台	104	105	80
	烟台市石油机械有限公司	台	2 009	1 177	997
	黄石市黄风机械有限公司	台	33	28	8
其他风动工具产品	合　计	台	294 957	321 649	14 698
	天水风动机械有限责任公司	台	247	1 013	916
	上海气动工具厂	台	1 764	1 905	135
	镇江市丹徒风电机械厂	台	371	371	0
	上海民生电器有限公司	套	40 751	41 849	1 300
	天津市柏益风动工具有限公司	台	419	534	444
	衢州煤矿机械总厂有限公司	台	251 405	275 977	11 903
配件	合　计	t	2 618	2 093	1 293
	天水风动机械有限责任公司	t	339	276	858
	衢州煤矿机械总厂有限公司	t	123		
	南京工程机械厂	t	193	143	260
	洛阳风动工具有限公司	t	283	298	75
	通化市风动工具有限责任公司	t	116	102	90
	沈阳风动工具厂有限公司	t	1 403	1 270	8
	黄石市黄风机械有限公司	t	4	4	1
	宜春风动工具有限公司	t	157		

主要生产企业经济指标情况

2007年完成工业总产值(当年价)238 354万元,比上年202 544万元增长17.68%;完成工业增加值59 995万元,比上年52 524万元增长14.22%,人均增长20.28%;完成产品销售收入234 756万元,比上年205 578万元增长14.19%;全年实现利润总额12 471万元,比上年7 898万元增长57.90%。2007年凿岩机械与气动工具行业主要生产企业经济指标情况见表4。

表4　2007年凿岩机械与气动工具行业主要生产企业经济指标情况　(单位:万元)

序号	单位名称	工业总产值(当年价)	工业增加值(生产法)	主营业务收入	利润总额
1	沈阳风动工具厂有限公司	8 147	3 534	7 643	127
2	天水风动机械有限责任公司	22 968	8 620	20 896	3 288
3	南京工程机械厂	6 122	2 691	5 810	-339

（续）

序号	单位名称	工业总产值（当年价）	工业增加值（生产法）	主营业务收入	利润总额
4	宜春风动工具有限公司	1 300	604	1 201	－102
5	浙江衢州煤矿机械总厂有限公司	20 600	6 026	18 960	871
6	青岛前哨精密机械公司	10 866	4 442	11 103	1 216
7	通化市风动工具有限责任公司	600	144	681	－25
8	湘潭飞钎风动机械有限公司	771		638	40
9	洛阳风动工具有限公司	6 522	2 782	6 434	418
10	黄石市黄风机械有限公司	1 343	759	1 343	186
11	徐州三刃风动工具有限公司	541		564	59
12	上海气动工具厂	1 142	169	2 736	22
13	开山集团	137 252	27 106	137 332	4 589
14	上海民生电器有限公司	1 450	655	1 466	103
15	烟台市石油机械有限公司	3 106	900	2 670	30
16	义乌市风动工具有限公司	840	255	794	77
17	镇江市丹徒风电机械厂	874	228	855	60
18	镇江市京口气动工具有限公司	251			
19	天津市柏益风动工具有限公司	697	312	512	5
20	徐州信义风动工具有限公司			320	
21	山东同力达智能机械有限公司	4 573	684	4 573	39
22	上海约纳森工具制造有限公司	7 867		7 721	1 796
23	天水风动工具厂一分厂	523	84	503	10
	合　计	238 354	59 995	234 756	12 471

企业产品出口情况

凿岩机械与气动工具行业有10个企业产品出口,2007年出口额为692.47万美元。2005～2007年凿岩机械与气动工业行业产品出口情况见表5。

表5　2005～2007年凿岩机械与气动工业行业产品出口情况

产品名称	2005年			2006年			2007年		
	出口量（台）	出口额（万美元）	比重（%）	出口量（台）	出口额（万美元）	比重（%）	出口量（台）	出口额（万美元）	比重（%）
凿岩机械	17 655	589	41.12	17 653	733	67.41	13 984	402	58.09
气动工具	616	12	0.83	20 064	39	3.61	14 728	79	11.42
配件及其他	512 153	831	58.05	435 314	315	28.98	433 099	211	30.49
合　计	530 424	1432	100.00	473 031	1 087	100.00	461 811	692	100.00

〔撰稿人:中国工程机械工业协会凿岩机械与气动工具分会赵西营〕

工程机械零部件

生产发展情况 根据2007年对工程机械零部件行业中45个主要企业进行的统计，2007年完成工业总产值896 523万元，工业销售产值855 847万元，主营业务收入856 746万元，利润71 292万元。2006～2007年工程机械零部件行业主要经济指标完成情况见表1。因2006年统计数据是50个企业，为了有可比性，表1中2006年的经济指标，是减去因改制未报的五个企业各项经济指标后的数据。

表1 2006～2007年工程机械零部件行业主要经济指标完成情况 （单位：万元）

经济指标	2007年	2006年	同比增长（%）
工业总产值（当年价）	896 523	705 741	27.0
工业销售产值（当年价）	855 847	685 302	24.9
主营业务收入	856 746	620 814	38.0
工业增加值	302 183	176 278	71.4
出口交货值	75 319	61 355	22.7
利润总额	71 292	41 200	73.0

工程机械零部件行业产品分类及会员单位的主要生产企业见表2。2006～2007年工程机械零部件产品产销存情况见表3。2006～2007年工程机械零部件行业主要生产企业的经济指标完成情况见表4。

表2 工程机械零部件行业产品分类及会员单位的主要生产企业

产品分类	企业名称
液压件及液压附件	徐州徐工液压件有限公司、四川长江液压件有限责任公司、榆次液压有限公司、派克特精液压（天津）有限公司、浙江临海海宏集团有限公司、济南液压泵有限责任公司、合肥长源液压件股份有限公司、贵州枫阳液压有限公司、江苏中液液压机械有限公司、苏州工业园区飞翔液压附件厂、伊顿流体动力（上海）有限公司、贵州力源液压股份有限公司、泊姆克（天津）液压有限公司、山东锐驰机械有限公司、马鞍山市惊天液压机械制造有限公司、浙江苏强格液压有限公司、博世力士乐（北京）液压有限公司、上海纳博特斯克液压有限公司、黎明液压有限公司、厦门银华机械厂、上海年久流体控制设备有限公司、河北盛世集团有限公司、宁波恒通液压马达有限公司、江苏江阴市液压油管有限公司、江苏瑞隆电液控制科技有限公司、福州大学液压件厂、宁波广天赛克思液压有限公司、宁波江北宇州液压设备厂、意大利海德液控股份公司上海代表处、宁波大港意宁液压有限公司、上海大众液压技术有限公司、北京华德液压工业集团有限公司、浙江圣邦机械有限公司、卡尔森精密机械（昆山）有限公司、烟台江山工贸有限公司、江阴长龄液压机具厂、江苏恒源液压有限公司、盐城华兴液压机械有限公司、江西福事特液压有限公司、北京铸通液压机电制造有限公司及高邮市迅达工程机械有限公司等
变速箱驱动桥	杭齿集团工程机械变速箱厂、徐州良羽科技有公司、中南传动机械厂、江西分宜驱动桥厂、卡拉罗（青岛）传动系统有限公司、徐州美驰车桥有限公司、徐州市振兴车桥厂、福建晋工程机械有限公司、青海华鼎实业股份有限公司齿轮箱分公司、肥城金城车桥有限公司及六安金霞齿轮有限公司等

（续）

产品分类	企业名称
变矩器	浙江临海机械有限公司、山推股份有限公司液力变矩器厂、天津鼎盛工程机械有限公司、成工集团液力变矩器厂、安徽合力股份有限公司蚌埠液力机械厂、大连液力机械有限公司、陕西航天动力高科技股份有限公司、中国船舶重工集团公司第七一一研究所变矩器厂及厦门亿统机械有限公司等
回转支承四轮一带等零部件	徐州罗特艾德回转支承有限公司、马鞍山方圆回转支承有限公司、烟台富野机械有限公司、亚实履带（天津）有限公司、山推欧亚陀机械有限公司、安徽宁国顺昌机械有限公司、山东省烟台市广兴履带厂、上海瑞吉机械传动技术有限公司、北京东山机械技术有限公司、爱迪姆履带（天津）有限公司、铁岭市机械橡胶密封件厂、黄石赛福摩擦材料有限公司、浙江银轮机械股份有限公司、爱克奇换热技术（太仓）有限公司、莱州市莱索制品有限公司、山东彩桥驾驶室有限公司、徐州巴特工程机械制造有限公司、山东山推工程机械结构件有限公司、徐州徐工集团金属结构件有限公司、浙江天成座椅有限公司、上海胜代机械有限公司、芜湖盛力制动有限责任公司、宁波浙东精密铸造有限公司、上海永信仪表有限公司、贵阳永清仪电科技、杭州中策橡胶有限公司永固分厂、山东工程机械钢圈厂、无锡圣丰减震器有限公司、唐纳森无锡过滤器有限公司、济宁精益轴承有限公司、常州武滚轴承有限公司、济宁山推石油化工有限公司、中国石油化工股份公司长城润滑油分公司、马鞍山统力回转支承有限公司、爱斯科（徐州）耐磨件有限公司、济宁永生工程机械制造有限公司、摩纳凯齿轮（江西）有限公司、天津日标工程机械配件有限公司、北京中工北方石油化工有限公司及广西南宁精祥仪表有限公司等

表3　2006～2007年工程机械零部件产品产销存情况　（单位：台、套、件）

企业名称	产量		销量		库存	
	2007年	2006年	2007年	2006年	2007年	2006年
液压元件						
四川长江液压件有限责任公司	191 313	206 209	192 790	206 260	19 431	15 169
榆次液压有限公司	534 697	297 578	355 131	296 805	99 410	120 845
贵州枫阳液压有限责任公司	47 440	29 164	44 415	28 261	13 489	12 467
浙江临海海宏集团有限公司	890 705	842 000	877 845	789 000	237 464	224 000
贵州力源液压股份有限公司	51 778	30 769	52 390	29 336	10 035	8 149
济南液压泵有限责任公司	326 009	253 061	330 497	241 771	30 622	25 767
徐州徐工液压件有限公司	102 393	78 018	97 063	77 492	11 761	6 726
合肥长源液压件股份有限公司	527 985	621 351	523 417	599 114	4 368	201 068
江苏中液液压机械有限公司	325 473	405 014	311 480	398 773	77 632	78 415
苏州工业园区飞翔液压附件厂	578 760	636 254	545 222	593 063	282 942	255 122
博世力士乐（北京）液压有限公司	41 206	40 559	46 944	41 723		539
山东锐驰机械有限公司	67 311	38 797	65 850	39 065	8 049	7 603
北京铸通液压机电制造公司	60 000		60 000			
宁波大港意宁液压有限公司	13 221		12 465		756	
厦门银华机械厂	175 491	195 820	171 592	149 767	3 919	15 709
福州大学液压件厂	47 381	33 878	45 890	33 860	10 072	9 356
上海高行液压气动成套总厂	178 746	150 000	177 950	150 000	35 957	36 000
山西长治液压有限公司	295 610	309 288	298 732	275 081	113 867	162 309

（续）

企业名称	产量		销量		库存	
	2007年	2006年	2007年	2006年	2007年	2006年
阜新液压件厂	289 613	272 066	256 820	231 377	115 054	82 294
安徽叉车集团公司蚌埠液力机械厂	268 767	187 371	264 820	177 040	22 589	20 775
宁波广天赛克思液压有限公司	157 633	110 581	153 407	107 055	4 826	3 527
浙江台州先顶液压有限公司	43 429	54 317				
海盐管件制造有限公司	25 992 984	13 680 000	26 048 287	13 970 000	7 121 170	8 280 000
液力变矩器						
浙江临海机械有限公司	34 521	24 076	32 987	23 768	2 486	954
山推股份有限公司液力变矩器厂	30 327	30 057	33 982	33 982	5 305	5 305
大连液力机械有限公司	5 539	7 566	5 391	7 150	1 285	1 624
成工集团液力变矩器厂	9 500	7 384	9 292	7 230	208	1 627
安徽合力股份有限公司蚌埠液力机械厂	29 404	24 555	29 728	22 203	3 091	3 673
变速箱						
杭齿集团工程机械变速箱厂	66 956	25 458	60 333	22 658	10 476	3 450
长沙航空工业中南传动机械厂	29 705	35 433	28 312	33 792	4 709	5 675
徐州良羽科技有限公司	1 617	1 679	1 615	1 656	269	269
青海华鼎实业股份有限公司齿轮箱分公司	859	705	769	649	137	681
博世力士乐（北京）液压有限公司	33 739		31 475		707	
山推股份有限公司液力变矩器厂	7 442		7 487		1 974	
驱动桥						
江西分宜驱动桥厂	4 942	6 201	5 005	6 034	114	520
徐州良羽传动机械有限公司	4 612	4 900	4 610	4 894	545	578
回转支承						
马鞍山方圆回转支承股份有限公司	41 066	24 852	38 676	23 075		2 039
其他						
黄石赛福摩擦材料有限公司	3 820 000	2 850 000	3 100 000	2 340 000	550 000	360 000
铁岭市机械橡胶密封件厂	17 810 000	15 210 000	21 135 000	15 124 000	95 000	83 000
烟台富野机械有限公司	192 799	157 986	187 162	160 088	17 317	11 923
济宁市永生工程机械制造有限公司	3 100	5 147	3 010	5 166	252	212
芜湖盛力制动有限责任公司	1 457 000	994 000	1 445 000	978 000	60 000	41 000
浙江银轮机械股份有限公司	5 400 000	3 230 000	4 810 000	3 280 000	550 000	430 000
济宁精益轴承有限公司	6 270 000	4 040 000	5 860 000	3 920 000	3 380 000	2 970 000
浙东精密铸造有限公司	17 354(t)		17 100(t)		254(t)	
山东根源石油化工有限公司	352 123(桶)		345 054(桶)		17 165(桶)	

表4　2006～2007年工程机械零部件行业主要生产企业经济指标完成情况

（单位:万元）

企业名称	工业总产值(当年价)		工业增加值		主营业务收入		利润总额	
	2007年	2006年	2007年	2006年	2007年	2006年	2007年	2006年
液压元件								
四川长江液压件有限责任公司	24 773	20 836	6 976	6 132	24 205	19 007	1 707	1 285
榆次液压有限公司	53 194	41 707	15 237	13 516	50 015	43 000	551	377
宁波大港意宁液压有限公司	14 712				13 806		5 122	
浙江临海海宏集团有限公司	26 036	22 679	12 732	10 886	32 511	23 522	6 227	4 029
贵州力源液压股份有限公司	33 202	14 627	15 745	7 310	36 942	14 573	3 958	357
济南液压泵有限责任公司	24 335	19 722	8 716	8 301	24 094	18 496	680	489
合肥长源液压件股份有限公司	20 757	21 548	7 118	850	20 247	21 169	4 082	4 601

(续)

企业名称	工业总产值(当年价)		工业增加值		主营业务收入		利润总额	
	2007 年	2006 年	2007 年	2006 年	2007 年	2006 年	2007 年	2006 年
徐州徐工液压件有限公司	41 319	23 676	8 767	4 793	38 253	22 449	601	434
江苏中液液压机械有限公司	6 641	7 087	3 883	2 606	6 283	7 161	67	139
苏州工业园区飞翔液压附件厂	1 877	1 801	367	265	1 725	1 705	－83	12
山东锐驰机械有限公司	10 116	5 709		143	10 026	5 408	218	－264
博世力士乐(北京)液压有限公司	101 955	56 471	85 852	5 211	98 855	59 351	8 755	7 317
海盐管件制造有限公司	3 483	2 195	964	550	3 447	2 216	259	374
福州大学液压件厂	1 902	2 115	597	732	2 565	2 014	122	110
上海高行液压气动成套总厂	3 125	2 955	889	1 231	3 437	2 897	－46	－97
山西长治液压有限公司	14 040	13 553	6 249	6 624	12 264	11 057	202	188
阜新液压件厂	14 865	13 010	2 485	6 105	8 172	7 313	3	3
厦门银华机械厂	26 606	24 022	5 998	6 333	26 362	23 485		871
贵州枫阳液压有限责任公司	13 336	9 070	5 792	4 308	12 101	8 459	360	180
宁波广天赛克思液压有限公司	16 500	7 300		2 430	19 515	6 949	2 250	1 008
北京铸通液压机电制造公司	949				949		15	
液力变矩器								
浙江临海机械有限公司	17 986	13 619	4 705	3 197	17 137	13 865	947	688
山推股份有限公司液力变矩器厂	10 682	15 454	1 816		10 682	13 908	823	
大连液力机械有限公司	16 032	15 040	6 800	6 400	15 560	13 650	601	680
安徽合力股份有限公司蚌埠液力机械厂	21 541	15 738	5 083	2 375	21 209	14 709	1 575	932
成工集团液力变矩器厂	4 560				4 460			
变速箱								
杭齿集团工程机械变速箱厂	60 277	31 555	18 549	7 573	56 031	29 429	5 505	901
长沙航空工业中南传动机械厂	35 010	31 112	12 383	11 091	33 556	28 202	4 450	2 085
徐州良羽科技有限公司	12 349	12 073	1 032	1 354	10 347	10 088	－635	143
青海华鼎实业股份有限公司齿轮箱分公司	7 670	6 158	208	2 158	6 340	4 796	438	356
山推股份有限公司液力变矩器厂	4 772		810		4 801		362	
驱动桥								
江西分宜驱动桥厂	13 117	10 015	1 888	1 903	10 952	8 030	224	303
回转支承								
马鞍山方圆回转支承股份有限公司	26 232	14 916	12 940	4 000	25 586	15 430	8 256	3 255
其他								
黄石赛福磨擦材料有限公司	6 577	6 179	2 086	984	6 372	5 012	411	193
铁岭市机械橡胶密封件厂	2 123	1 871	474	438	2 088	1 821	210	170
宁波浙东精密铸造有限公司	16 619		3 383		16 422		1 516	
烟台富野机械有限公司	23 684	17 580	3 765	4 106	20 706	15 798	59	49
济宁永生工程机械制造有限公司	13 600	10 181	2 580	2 016	13 576	10 079	1 646	1 185
济宁精益轴承有限公司	5 607	3 852	1 682	2 224	5 652	3 918	756	162
常州市武滚轴承有限公司	4 059		933		3 733		300	
济宁山推石油化工有限公司	30 337	27 200	4 510	4 240	26 639	26 442	2 107	2 387
芜湖盛力制动有限公司	15 600	12 279	4 134	3 991	10 662	8 209	127	105
浙江银轮机械股份有限公司	78 748	59 440	18 594	11 042	78 612	57 593	5 010	4 558
广西南宁精祥仪表有限公司	1 500				1 051			
北京东山机械技术有限公司	12 243				12 243			

产品进出口情况　2007 年工程机械零部件与整机的进出口较上年均有较大幅度增长。据海关统计,2007 年工程机械产品进出口贸易总额累计达到136.4 亿美元,比上年的 89.4 亿美元增长了 52.6%,其中累计进口金额 49.4 亿美元、出口金额 87 亿美元。在进口方面,零部件进口 18.5 亿美元,

比上年增长39%，占进口总额的37%；零部件出口28亿美元，比上年增长57%，占出口总额的32%。2006～2007年工程机械零部件产品进出口情况见表5。2007年工程机械零部件行业主要企业自营出口产品情况见表6。

表5 2006～2007年工程机械零部件产品进出口情况

序号	产品名称	进口			出口		
		2007年（万美元）	2006年（万美元）	比上年增长（%）	2007年（万美元）	2006年（万美元）	比上年增长（%）
1	8427所列机械的零件	10 777	7 722	39.6	29 428	17 689	66.4
2	升降机、倒卸式起重机或自动梯的零件	10 429	7 658	36.2	44 276	29 460	50.3
3	其他8428所列机械的零件	13 097	12 494	4.8	23 606	12 661	86.4
4	戽斗、铲斗、抓斗及夹斗	1 175	556	111.2	2 887	1 477	95.5
5	推土机或侧铲推土机用铲	489	164	198.0	75	116	-35.3
6	凿井机械的零件	277	210	31.8	2 367	1 488	59.1
7	矿用电铲用零件	9 712	405	2 297.4	1 472	849	73.4
8	8426、8429及8430所列机械的其他零件	124 806	93 577	33.4	141 634	91 451	54.9
9	手提式风动工具用的零件	2 274	1 809	25.7	3 270	2 489	31.4
10	8474所列机器的零件	10 515	7 818	34.5	30 916	20 626	49.9
11	短距离运货的机动车辆及站台牵引车的零件	1 292	896	44.1	1 638	1 179	38.9
	合计	184 844	133 308	38.7	281 570	179 486	56.9

表6 2007年工程机械零部件行业主要企业自营出口产品情况

产品名称	企业名称	单位	数量	金额（万美元）	销往国家或地区
液压泵	贵州力源液压股份有限公司	台	9 213	392	加拿大、新加坡、美国、韩国
液压马达	贵州力源液压股份有限公司	台	218	9	加拿大、新加坡、美国、韩国
农机泵	贵州力源液压股份有限公司	件	604	6	泰国、日本
减速机	博世力士乐（北京）液压有限公司	台	8 297	799	德国
液压泵、液压马达	博世力士乐（北京）液压有限公司	台	16 871	10 614	德国、中国香港、澳大利亚
齿轮泵	榆次液压有限公司	台	21 889		
铸件（斗齿）	宁波浙东精密铸造有限公司	t	11 200	1 536	欧洲、美国、加拿大、澳大利亚
回转支承	马鞍山方圆回转支承股份公司	套	1 278		美国、日本、加拿大等
YC系列液压锤	长冶液压有限公司	台	305	51	欧洲
液压油泵（齿轮泵、叶片泵）	长冶液压有限公司	台	17 348	187	欧洲、美州
油缸	徐州徐工液压件有限公司	台	2 004		日本
液压件	贵州枫阳液压有限责任公司	台	984	104	法国
INM液压马达	宁波大港意宁液压有限公司	台	768	20	韩国
IHM液压马达	宁波大港意宁液压有限公司	台	86	3	伊朗
变速箱	杭齿集团工程机械变速箱厂	台	45	18	
齿轮	长沙航空工业中南传动机械厂	批	21	21	欧洲、美州
粉末冶金摩擦制品	黄石赛福摩擦材料有限公司	片	420 000		美国、土耳其、东南亚
链轨总成（各型）	烟台富野机械有限公司	条	8 334	627	东南亚及欧美
支、托轮总成（各型）	烟台富野机械有限公司	只	32 868	233	东南亚及欧美
散件（各型）	烟台富野机械有限公司	件	40 652	71	东南亚及欧美
SMOVSO系列泵	宁波广天赛克思液压有限公司	台	2 500	213	北美、意大利、澳大利亚等

（续）

产品名称	企业名称	单位	数量	金额（万美元）	销往国家或地区
PVB 系列泵	宁波广天赛克思液压有限公司	件	500	13	英国、巴西
PV 液压泵配件	宁波广天赛克思液压有限公司	件	2 000	84	意大利、阿根廷
SK3VII2 柱塞泵	宁波广天赛克思液压有限公司	件	300	69	北美、中国香港、中东地区
PC200/300 配件	宁波广天赛克思液压有限公司	件	8 900	94	东南亚、南美
林德系列液压配件	宁波广天赛克思液压有限公司	件	15 000	85	欧州、中东地区
K3V112 配件	宁波广天赛克思液压有限公司	件	5 000	43	中国香港、澳大利亚
板翅式油冷器	浙江银轮机械股份有限公司	万台	177	2 551	美国、欧洲、日本、巴西
管翅式油冷器	浙江银轮机械股份有限公司	万台	101	538	美国、西班牙
空空中冷器	浙江银轮机械股份有限公司	万台	1	103	法国
水空中冷器	浙江银轮机械股份有限公司	万台	4	548	美国、英国、墨西哥
铝油冷器	浙江银轮机械股份有限公司	万台	27	336	美国、英国
封条式冷却器	浙江银轮机械股份有限公司	万台	2	367	美国、英国，中东地区
铁总成油冷器、管壳式油冷器	浙江银轮机械股份有限公司	万台	4	392	法国、波兰
模块	浙江银轮机械股份有限公司	万台	1	160	美国、英国

市场及销售 工程机械零部件行业，承担着为国内外工程机械主机配套的任务。以国内主机配套为主，并为各类主机维修服务提供配件。2007 年我国工程机械九大主机在国内销量已达 435 429 台，比上年的 321 515 台增加了 35.4%；九大类主机在 2003 ~ 2007 年五年间在国内累计销售已达 1 403 932 台，维修市场对配件的需求量很大。2003 ~ 2007 年五年间工程机械九大类主机历年销售情况见表 7。

近年来工程机械零部件出口形势很好，例如浙江银轮机械股份公司生产的冷却器，2007 年全年主营业务收入 78 612 万元，出口创汇 34 981 万元，出口占主营业务收入的 44.5%；宁波浙东精密铸造有限公司生产的斗齿，2007 年主营业务收入 16 422 万元，出口创汇 10 752 万元，出口占主营业务收入的 65.5%；烟台富野机械有限公司生产的四轮一带，2007 年主营业务收入 20 706 万元，出口创汇 6 512万元，出口占主营业务收入的 31.4%。

表 7 2003 ~ 2007 年工程机械九大类主机历年销售情况 （单位：台）

机型＼年份	2003 年	2004 年	2005 年	2006 年	2007 年	合计
挖掘机	34 673	33 614	33 862	49 625	72 976	224 750
装载机	69 666	91 334	107 354	129 834	158 951	557 139
推土机	7 475	5 611	5 096	5 925	7 324	31 431
平地机	1 727	1 788	1 754	2 245	3 736	11 250
起重机	9 591	11 645	11 012	14 465	20 862	67 575
叉车	43 520	51 393	59 852	97 520	146 978	399 263
压路机	12 308	10 702	8 113	8 740	9 408	49 271
塔吊	10 375	8 255	12 693	12 025	13 910	57 258
摊铺机	1 306	1 363	906	1 136	1 284	5 995
合计	190 641	215 705	240 642	321 515	435 429	1 403 932
累计	190 641	406 346	646 988	968 503	1 403 932	

注：为了与中国工程机械工业协会的统计资料一致，表 7 列出了工程机械九大类主机产品 2003 ~ 2007 年的销售情况。

技术进步和奋斗目标 近几年来，由于企业加强科技投入和设备的更新，我国配套件产品的技术水平、质量和可靠性都有不同程度的提高，完全可以适用于国内生产在国内销售主机的配套。如目前国内销售的装载机、叉车等机种的配套件，几乎都是国内产品。对挖掘机这类技术含量较高的产品，由于近年来有不少外资知名配套件企业的进入和国内配套件企业产品水平的提高，大部分配套件也采用国内配套件，如底盘、焊接结构件、四轮一带、高压软管、金属硬管和接头等，并吸引了不少外商来华采购工程机械配件，出现了配套件出口的新局面。

但是，我国目前生产的高压、大流量的液压元件还不过关，为挖掘机液压系统配套的变量泵/马达、多路阀等几乎全部采购国外的产品。近几年来我国的小型液压挖掘机发展很快，液压系统中的元器件主要来自日本的KYB、川崎、东芝、不二越和德国力士乐，为了改变这种被动局面，从2006年开始在中国工程机械工业协会工程机械配套件分会的推动下，打响了这一攻坚战。通过两届小挖会议，同行达成共识：用两个3~5年的时间，突破13t以下小型液压挖掘机液压系统用变量液压元器件和中型液压挖掘机液压系统用变量液压元器件，满足小、中型液压挖掘机生产的需要。经过近两年的努力，已初见成效。贵州力源液压有限公司已生产出3.5t和6.0t小型液压挖掘机用的主液压泵、回转马达减速机总成和行走马达减速机总成；贵州枫阳液压有限责任公司生产出6.0t级三泵定(变)量系统多路阀已装机考核，并与广西玉柴工程机械有限责任公司、贵州力源液压有限公司合作开发变量系统负荷传感多路阀；宁波广天赛克思液压有限公司已试制出5.0t液压变量柱塞泵，已装机使用超过1 000h无故障，行走与回转马达也在试验中；江苏瑞隆电液控制科技有限公司已经生产出1.5t、3.5t、6.0t级多路阀，3.5t、13.0t主泵；无锡恒立液压气动有限公司生产的高压油缸接近国际先进水平，已批量配套整机。这是很可喜的成绩，如果我国国产变量液压元件批量生产、性能稳定，挖掘机配套实现了国产化，其他全液压类型的工程机械的配套就基本解决了。

近几年来我国各项建设事业突飞猛进，拉动了工程机械的快速发展，工程机械九大主机销售量以平均每年超过11%增长率增长。2007年装载机销量为158 951台，叉车销量为146 978台，但主要在国内销售，出口量不大，如装载机2007年出口才近万台，其原因是技术含量高的国产配套件缺乏，包括发动机、电液换档变速箱、湿式驱动桥、高压大流量的液压泵、阀、电动机、油缸等，主机的技术含量上不去，可靠性就得不到保证。因此，要提高主机的技术含量首先必须要提高配套件的技术含量，否则，主机配置的关键部件就要依赖进口，必将影响高品质主机的发展。

当今，世界工程机械强国在液压与机械—电气—电子技术的融合方面已经做了很多工作，取得很大的成绩，尤其在节约能源、降低能耗、提高效率、环保和减少污染等方面更是走在世界的前列。我国工程机械与世界先进工程机械的最大差距主要表现在节约能源、降低能耗、提高效率、环保和减少污染(减少排放，降低噪声，防止泄漏等)等方面，这方面的工作我们已经开始进行，但进展还很缓漫。为了尽快缩小这种差距，需要我们更加不懈地努力，在尽快突破高技术含量的关键部件，使之投入批量生产的同时，不要忘记节能和环保。为了实现用具有高技术含量的国产配套件来配套主机这一目标，除了整个行业的共同努力外，还需要得到政府有关部门的大力支持，这样我们由工程机械大国走向工程机械强国就为期不远了。

〔撰稿人：中国工程机械工业协会工程机械配套件分会刘文林〕

企业篇

介绍工程机械行业部分主要企业的管理创新、营销渠道建设和企业合作情况，报道外资企业在中国的发展情况

企业篇

2007 年工程机械行业 100 强企业主营业务销售收入排序

（单位：万元）

序号	企业名称	主营业务销售收入	利润总额
1	长沙建设机械研究院有限责任公司	1 459 571	170 026
2	三一集团有限公司	1 305 247	412 045
3	广西柳工机械股份有限公司	771 058	47 208
4	小松（中国）投资有限公司	750 000	
5	徐州重型机械有限公司	749 630	99 289
6	中国龙工控股有限公司	531 685	71 913
7	成都神钢工程机械（集团）有限公司	527 475	34 226
8	厦门工程机械股份有限公司	477 405	20 118
9	山推工程机械股份有限公司	430 755	58 376
10	山东临工工程机械有限公司	342 848	6 501
11	安徽叉车集团公司	341 800	44 331
12	徐州工程机械科技股份有限公司	326 632	3 958
13	浙江杭叉工程机械股份有限公司	282 290	16 786
14	现代（江苏）工程机械有限公司	281 786	19 722
15	山东华夏集团有限公司	224 507	7 627
16	安徽星马汽车股份有限公司	204 513	6 007
17	山东山工机械有限公司	202 378	14 773
18	北京现代京城工程机械有限公司	189 825	3 553
19	湖南江麓机械集团有限公司	189 466	2 538
20	山东常林机械集团股份有限公司	180 952	6 625
21	常林股份有限公司	176 939	1 687
22	长治清华机械厂	141 110	7 991
23	方圆集团	140 236	12 446
24	开山集团	137 332	4 589
25	内蒙古北方重型汽车股份有限公司	130 329	3 577
26	沃尔沃建筑设备（中国）有限公司	128 571	
27	中国一拖集团有限公司	127 261	
28	山东蒙凌工程机械股份有限公司	121 348	4 347
29	山东鸿达建工集团有限公司	120 195	4 673
30	湖南山河智能机械股份有限公司	115 182	14 736
31	四川长江工程起重机有限责任公司	112 367	8 768
32	博世力士乐（北京）液压有限公司	98 855	8 755
33	浙江诺力机械股份有限公司	91 718	91 718
34	抚顺挖掘机制造有限责任公司	90 885	90 885
35	广西玉柴工程机械有限责任公司	90 395	90 395
36	郑州宇通重工有限公司	84 229	84 229
37	山东福临机械制造有限公司	80 970	80 970
38	浙江银轮机械股份有限公司	78 612	78 912
39	上海彭浦机器厂有限公司	75 167	75 167

（续）

序号	企 业 名 称	主营业务销售收入	利润总额
40	大连叉车有限责任公司	72 276	72 276
41	宁波如意股份有限公司	63 517	63 517
42	上海华东建筑机械厂有限公司	61 435	61 435
43	贵州詹阳动力重工有限公司	60 384	60 384
44	徐州徐工筑路机械有限公司	60 240	60 240
45	河北宣化工程机械股份有限公司	54 692	54 692
46	抚顺永茂建筑机械有限公司	51 533	51 533
47	榆次液压有限公司	50 015	50 015
48	徐州华东机械厂	47 582	47 582
49	泰安东岳重工有限公司	43 086	43 086
50	广西建工集团建筑机械制造有限责任公司	42 040	42 040
51	陕西建设机械股份有限公司	41 863	41 863
52	北起多田野(北京)起重机有限公司	40 303	40 303
53	四川建设机械(集团)股份有限公司	40 151	40 151
54	徐州徐工液压件有限公司	38 253	38 253
55	力源液压(中航重机)公司	36 942	36 942
56	泰安泰山工程机械股份有限公司	36 009	36 009
57	长沙航空工业中南传动机械厂	33 556	33 556
58	浙江临海海宏集团	32 511	32 511
59	厦工集团三明重型机器有限公司	31 879	31 879
60	鼎盛天工工程机械股份有限公司	31 795	31 795
61	山东德工机械有限公司	31 375	31 375
62	蚌埠振冲安利工程机械有限公司	31 373	31 373
63	福田雷沃国际重工股份有限公司青岛雷沃工厂	30 619	30 619
64	阿特拉斯工程机械有限公司	30 395	30 395
65	中交西安筑路机械有限公司	30 313	30 313
66	徐州徐挖挖掘机械有限公司	29 549	29 549
67	镇江华晨华通路机有限公司	29 349	458
68	浙江省建设机械集团有限公司	27 087	905
69	四川邦立重机有限责任公司	26 491	3 067
70	厦门银华机械有限公司	26 362	1 317
71	马鞍山方圆回转支承股份有限公司	25 581	8 256
72	建德(泉州)工程机械制造有限公司	25 535	2 659
73	天津建筑机械厂	25 069	436
74	杭州爱知工程车辆有限公司	24 932	5 796
75	四川长江液压件有限责任公司	24 205	1 707
76	济宁液压泵有限责任公司	24 049	680
77	杭州武林机器有限公司	23 704	
78	福建南方路面机械有限公司	23 125	818
79	上海鸿得利机械制造有限公司	22 999	
80	利勃海尔机械(大连)有限公司	22 548	1 585
81	山东众友工程机械有限公司	22 334	1 047
82	徐州徐工徐随车起重机有限公司	21 617	836
83	安徽合力股份有限公司蚌埠液力机械厂	21 209	1 575

(续)

序号	企业名称	主营业务销售收入	利润总额
84	天水风动机械有限责任公司	20 896	3 288
85	烟台富野机械有限公司	20 706	59
86	山东卡特重工有限公司	20 629	2 283
87	合肥长源液压件有限责任公司	20 247	4 082
88	徐州徐工特种工程机械有限公司	20 006	756
89	宁波广天赛克思液压有限公司	19 515	2 250
90	浙江衢州煤矿机械总厂有限公司	18 960	871
91	江苏靖江叉车有限公司	18 824	214
92	本溪北方机械重汽有限责任公司	18 076	50
93	沈阳山河工程机械厂	17 307	300
94	厦门市装载机有限公司	17 206	981
95	浙江临海机械有限公司	17 137	947
96	浙江省金华起重设备厂	16 548	1 142
97	北京京城重工机械有限责任公司	16 498	637
98	宁波浙东精密铸造有限公司	16 422	1 516
99	哈尔滨工程机械制造有限责任公司	16 298	978
100	江西南特工程机械有限公司	15 685	979

2007年工程机械集团公司(本土品牌)主要经济指标

(单位:亿元)

序号	企业名称	总资产	销售收入	利润总额
1	徐州工程机械集团有限公司	124.75	233.73	15.23
2	长沙建设机械研究院有限责任公司	99.8	145.96	17
3	三一重工集团有限公司	188.96	130.52	41.2
4	广西柳工集团有限公司	56.1	106.97	6.44
5	常林工程机械集团	70.98	103.46	6.29
6	山东工程机械集团有限公司	69.91	100.27	11.77
7	中国龙工控股有限公司	54.37	53.17	7.19
8	成都神钢工程机械(集团)有限公司	39.44	52.75	3.43
9	厦门工程机械股份有限公司	44.42	47.74	2.01
10	安徽叉车集团有限公司	33.12	34.18	4.43
11	杭叉工程机械股份有限公司(集团)	7.91	28.23	1.68
12	山东华厦集团有限公司	13.29	22.45	0.76
13	山东方圆集团	11.39	14.05	1.24
14	山东鸿达建工集团有限公司	5.37	12.02	0.47
	合　计	819.81	1 085.5	119.14

〔供稿单位:中国工程机械工业协会〕

企 业 介 绍

抢抓机遇大干快上　赶超发展做大做强

——方圆集团

几年来，在各级领导的关心支持、正确领导下，方圆集团开拓思路，转变观念，加快发展步伐，提升竞争实力，创造出较好的经济效益和社会效益，保持着持续、稳步、健康发展的良好势头。2007 年，紧紧围绕"创新管理上水平，质量市场下功夫"的总体方针，应对千变万化的市场形势，迎接严峻的市场挑战，加快企业发展的步伐，集团全年实现营业收入 29 亿元，实现利税 1.85 亿元，各项主要经济指标均创历史最高水平；集团荣获"全国重合同守信用企业"、"全国建设机械行业用户满意企业"、"中国机械 500 强企业"、"山东省质量管理奖"，展现出新的风貌，实现了新的突破。2008 年，集团计划完成营业收入 33 亿元；实现利税 2 亿元；上缴国家税金 1.2 亿元。"十一五"期间，公司将以建设创新型、多元化、国际化企业集团为方向，以 2010 年实现营业收入 50 亿元为目标，进一步加大措施，加大投入，提高效率，提升品质，实现又好又快发展。重点抓住以下几个方面的工作：

一、技术创新，做强主导产业

产品开发，就是企业的生命。围绕建设机械产品系列化、大型化、高档化的目标，加快产品开发，以大型塔机、混凝土搅拌站为龙头，带动方圆集团建设机械产品上档次、扩规模、提效益。积极开发新型工业输送泵、臂架式泵车、液压电梯、高空作业消防车等产品，不断推出高技术含量、高附加值、高市场占有率的新产品，占据行业领先地位，引领行业潮流。同时，以建设机械为纽带，延伸产业链条，发展相关行业，开发风力发电成套设备、开发大型水泥机械，进军新的领域，储备发展后劲。

二、合理规划，开拓发展空间

项目投入，是企业的希望所在。公司将加大项目投入，调整产业结构，推进跨行业步伐。一是推进制粉项目，密切与韩国大韩制粉集团的合作，参与粮食加工新行业，推动方圆集团粮油、葡萄酒、制粉、化工等新产业的快速发展，成为方圆集团的"半壁江山"，造福于千家万户；二是在成立方圆典当有限公司的基础上，成立方圆集团海阳投资有限公司，开展资本运作，跻身金融领域，扩大融资渠道。以此为基础，聘请专家开展工作，为集团上市做好充分准备，通过企业上市，为方圆的发展插上腾飞的翅膀；三是以方圆集团上海镭福康医疗设备有限公司为基地，开发生产高附加值、高技术含量、高市场占有率的医疗器械、激光设备，打造新的产业体系，促使方圆集团形成多产业发展、多行业竞争、多领域突破、多层次跨越的新格局。

三、做强品牌，发挥名牌效应

做强企业，首先要做强品牌。2008 年，要争创方圆集团第 6 个"山东名牌产品"，塔式起重机产品争创"中国名牌产品"，方圆商标争创"中国驰名商标"；2010 年争创"国家质量管理奖"，三大系列的产品争创"中国名牌产品"。"十一五"期间，不断推进名牌战略，深入推行卓越绩效标准，开展 CE 认证工作，加大质量投入，做强方圆品牌，塑造企业形象，发挥名牌效应，靠名牌开拓市场，靠精品创造效益，赢得更快发展。

四、培育实力，开拓国际市场

几年来，方圆产品大批量进入俄罗斯、哈萨克斯坦、巴基斯坦、埃塞俄比亚、印度等三十多个国家和地区，其中一笔出口订单高达1 100万元。2007年方圆集团在国际市场的销售比例达到20%，展示出广阔前景。公司将进一步加大开发力度，发挥国际贸易公司的作用，培养一支高素质的专业队伍，加快推行国际代理制，在海外广泛设立经销网点，不断提升国际市场销售比例，2010年国际贸易要占到总销售额的40%，形成市场营销的国际化。

五、节能减排，提高经济效益

广泛开展技术革新、技术改造、合理化建议活动，在产品设计、制造、服务的每一环节开展创新，通过持续创新，淘汰一批老产品，优化一批老产品，降低成本，形成批量，让老产品焕发生机；通过全员创新活动，推进节能减排，完成投资500万元，集中改造喷漆工艺，保护生态环境，为构建和谐社会建功立业。

六、深入研究，加强文化建设

企业文化，是企业的灵魂。建设具有方圆特色的企业文化，用先进的经营理念统一思想，凝聚力量，全面调动职工的积极性和创造性，增强每位员工的责任感和使命感，树立做大做强的坚定信念，营造干事创业的良好氛围，推动方圆集团又好又快地向前发展，为山东海阳市经济的振兴做出新的、更大的贡献！

〔撰稿单位：方圆集团办公室〕

合肥振宇　十年亮剑

——合肥振宇工程机械股份有限公司成立十周年庆典

在具有战争艺术和传奇色彩的作品《亮剑》里，草莽英雄李云龙曾说过：高手过招，哪怕明知是死，也要亮剑，即使倒下，也要成为一座山，一道岭。军人出身的公司董事长胡乾坤先生正是带着这种亮剑精神，指挥合肥振宇工程机械股份有限公司在十年的发展过程中，在强手林立的中国工程机械市场，敢于向“高手过招”，敢于向强者挑战，一路披荆斩刺，步步为营，屡创辉煌。

合肥振宇工程机械股份有限公司（以下简称“合肥振宇”），其前身为“合肥振宇工程机械有限责任公司”，始创于1998年，至今已是整整十周年。十年前，胡乾坤先生为代表的创业者立志改变国内挖掘机市场外资品牌一统天下的局面，在资金极其短缺、条件十分简陋的情况下创建了合肥振宇。

十载春夏秋冬、几多风霜雪雨！十年来，创业者呕心沥血、励精图治，合肥振宇从小到大、由弱变强，不断发展壮大。“梅花香自苦寒来”，今天的合肥振宇，已经从当初那个仅制造简单机具的小厂变成了今天可以制造十余种系列挖掘机产品、年产能力超过1 000台并拥有完全自主知识产权的高新技术企业。

合肥振宇目前的产品覆盖履带式、轮胎式、湿地式3大系列、13个品种，涵盖了微型（8t以下）及中型（8—33t）挖掘机，专供出口欧洲的20t履带式起重机已经投入批量生产。2006年元月，合肥振宇ZYL80型轮式液压挖掘机被安徽省发展与改革委员会列为“三高”推广项目；2007年10月，ZYL160轮胎式液压挖掘机、ZY80、ZY150、ZY210履带式液压挖掘机四个产品获得安徽省科学技术厅颁发的“安徽省科学技术研究成果证书”；2008年3月，ZYL160轮胎式液压挖掘机，被评为“2007年合肥市科技进步一等奖”。合肥振宇于2004年通过ISO9000:2000认证，2007年通过复评。

合肥振宇积极自主创新，现已拥有两项实用新型专利、八项外观设计专利，并有一项发明专利、两项实用新型专利、三项外观设计专利申请已为国家知识产权局受理。2008年7月经合肥市知识产权局“合知〔2008〕7号”文件批准，合肥振宇为合肥市第三批知识产权试点单位。

2007年10月，合肥振宇被安徽省科技厅认定的“高新技术企业”，8个产品被认定为“高新技术产品”；2008年3月，合肥振宇被合肥市外经贸局认定为合肥市12家重点高技术产品出口企业之一，产品远销美国、德国、法国、澳大利亚、意大利、俄罗斯等几十个国家。

合肥振宇产品远销国内外，深受顾客欢迎和青睐，其竞争优势在于：

第一、产品型号齐全，满足了国内外客户多样化、个性化的需求。

第二、视质量为生命，其产品质量处于国内领先水平。

第三、科学、合理的市场营销，保障了价格竞争优势。

合肥振宇产品在国内外市场上的价格比同行业产品要低10% ~30%，而且售后服务完善、周到，真正物有所值。

第四、公司液压式挖掘机全部为独立研发、制造，完全拥有自主知识产权。

第五、技术研发实力雄厚，企业管理能力出众。

合肥振宇董事长胡乾坤先生，自1977年起一直从事挖掘机实验技术工作，掌握和积累了大量的第一手资料，拥有扎实的理论和实践功底。他所编写的专著《液压挖掘机的使用和维修》于1990年出版，并五次重印，发行量达20多万册。此著作填补了国内液压挖掘机的使用与维修领域的空白，对普及应用挖掘机知识，促进工程机械行业的发展作出了重要贡献。他凭着深厚的专业功底、过人的胆略和智慧及声振寰宇的一腔热血，创建了合肥振宇，振臂高呼立誓振兴中国挖掘机产业。在他的感召下，一批志同道合的有着丰富技术、生产、融资、财务等管理经验者纷纷加盟，其中总经理田作智先生为高级工程师，具有优秀的德语、英语听、说、读、写能力，是原合肥矿山机器厂总质量师、总工程师，参与了我国WY80A、WY80两种国优金奖液压挖掘机的设计定型工作，并多次赴德国LIEBHERR公司考察培训，是我国液压挖掘机制造行业第二代总工程师。

更为喜人的是，在我国挖掘机行业著名专家、享受国务院津贴的教授级高工陈国俊先生带领下，一支多学科、多专业的研发队伍已经成长起来了。合肥振宇技术中心下设挖掘机研究所，液压及电器研究室，工艺装备研究室，起重机研究室，标准化、情报、资料室等相关所室，以多位高级工程师为学术带头人的30余人的研发队伍正在日夜描绘合肥振宇的美好前景，正在书写中国民族挖掘机产业新的篇章

合肥振宇的发展为决策者提供了更为广阔的天地，同时他们也深知，要谋求更大的成绩、为民族挖掘机产业的崛起担负起更大的责任，就必须有更多人的帮助和支持。2008年4月，合肥振宇成功地引进战略投资者，完成股份制改造，经工商登记，整体变更为股份有限公司，注册资本7 200万元。目前全体员工正在全力以赴，借助多元化资本加快发展，力争以丰厚的利润回报股东、回报社会。

中国工程机械协会挖掘机分会秘书长陈正利先生曾为合肥振宇题词：“民族挖掘机行业的一面旗帜”！振宇人为此深感骄傲，也深感惶恐。“雄关漫道真如铁，而今迈步从头越”，振宇人深知成绩和辉煌属于过去，我们今后还有更长的路要走，还有更多的任务要去完成，还有更高的责任要去承担！

合肥振宇正如春之朝阳，蓄势待发、磅礴而上，在胡乾坤先生的带领下，必将开创民族工业历史新纪元。

〔撰稿单位：合肥振宇工程机械股份有限公司总经理办公室〕

武汉华威建筑桩工机械有限责任公司

武汉华威公司创办于1998年，是一家技术力量雄厚、管理制度严谨、检测系统先进，以桩工机械、钢结构、重型液压油缸为主业，集发明、设计、制造生产、基础施工于一体的现代化优秀高科技民营企业。

十年来，公司依靠科技进步、技术创新，积极培育新的经济增长点。同时，把技术创新与积极探索深化企业内部改革、转变经营机制紧密结合起来，使企业经济效益得到飞速发展，各项经济指标稳步上

升，厂容厂貌发生了巨大变化。企业已从转产之初年产值不足200万元发展到目前年产值近亿元的生产规模。现总资产3 000多万元。2003年被认定为湖北省优秀民营企业；2004年荣获武汉市知识产权先进集体；2001年以来连续4年荣获“重合同守信用企业”；2002年12月通过ISO 9001质量体系认证。截止到2007年底产销量和多项经济指标已连续6年居本地区同行业之首，成为中国桩工机械的重要生产基地。省市有关领导视察公司后认为该公司是“桩工机械设备制造业最有科技含量的企业”。

回顾十年走过来的发展之路，公司深深体会到坚持技术创新是企业保持长盛不衰的法宝。

一、树立企业是技术创新主体的意识，走科技兴企之路

当今世界，科学技术日新月异，市场竞争日趋激烈，如何使企业在激烈的市场竞争中立于不败之地，成为摆在公司面前一项非常重要的工作。为顺应市场需求，加快企业科技进步步伐，提高产品的科技含量、水平和档次，公司始终把“科学技术是第一生产力”的科学论断作为企业发展的指导思想，并且把攀登世界先进技术高峰、争创行业最高水平摆在主要工作位置。公司的具体做法是：

（一）瞄准市场。技术创新都离不开市场，市场需求（包括潜在市场需求）是技术创新的依据，市场实现程度是检验技术创新成功与否的最终标准。在新产品开发中，公司始终坚持“调研一代，设计一代，开发一代，试制一代，生产一代”的开发方针。要求广大科技人员面向市场，牢固树立“人无我有、人有我优、人优我新”的新产品开发思想。每开发一个新产品，都要进行大量的市场调查和分析研究，搞清市场需求，做到开发出来的产品适销对路，“开发一个，成功一个”，很快形成批量生产能力。

上世纪90年代末以来，我国建筑业迅猛发展，大部分房地产开发项目建筑基础要求打桩，而目前常用的产品为单梁压桩工艺落后的压桩机、拆装转场难的打桩机、噪声污染大的老式的打桩锤。公司根据上述桩工机械在施工中所存在的问题，经过调查研究，决定把开发生产无污染、低噪声的桩工机械设备作为突破口，开发了双梁串并联压桩机，并很快形成批量生产能力。接着又相继开发了专利产品GZY系列高质全液压桩机、DGD系列折叠式打桩机和CHD环保自动控制多功能打桩锤，使之形成系列产品。

（二）始终把目光盯向当今国际最新水平，自主研发，不断创新，并将国内外最新的科技成果和设计思想运用到产品上。双梁串并联压桩的新设备新工艺，折叠式整机拖运打桩机，无污染无噪音打桩锤，以上新设备、新工艺均属国内外首创。以“新”吸引顾客，以“质”赢得用户，以“诚”扩大市场，从而保证了产品在激烈的市场竞争中保持长盛不衰。在国内同行业中，公司率先把计算机控制技术、变频技术和PLC控制技术运用到静压桩机、打桩锤设备中去。2000年，公司开发的GZY系列高质全液压桩机投放市场后，火爆了国内市场，至今仍处于领先地位。

在此基础上，公司又开发了DGD系列折叠式打桩机和CD环保自动控制多功能打桩锤，采用了当今国际上最先进的机械制造技术和数控、PLC、液压控制技术，科技含量高。

（三）建立了第一把手亲自抓开发、亲自决策的领导体制。公司董事长以高度的责任感、强烈的事业心、饱满的热忱和强烈的开拓拼搏精神，把自己与企业的生存和发展紧密地联系在一起。他每年都要花大量的时间了解市场需求，掌握桩工机械专用设备的技术动态以及本公司产品在市场中的位次和档次，以便取得第一手资料，指导企业进行新产品的开发和产品更新。这样决策周期短，见效快，顺应瞬息万变的市场需求。

（四）合理配置资源，掌握科学的技术创新手段。要提高技术创新能力，必须具有科学的技术创新手段，产品设计手段，试验手段，生产手段，质量保证手段，以符合技术创新要求，符合规模化生产要求，符合用户对产品性能和其他质量指标的要求。公司始终把技术创新的投入作为提高企业竞争力，提高资本运营质量，提高企业效益的重要手段之一。技术创新投入按年销售收入的8%列入年度财务计划。

（五）建立了以技术中心为核心产品开发体系。

技术中心的管理体制是实行总经理领导下的总工程师负责制，在中心内部实行总工程师领导下的研究所主任或课题组长负责的分层管理体制。根据公司科研、技术开发、市场需求分成三个层次：一是为降低成本、提高质量、进行工艺设计的开发和装备的革新；二是根据市场信息，促进新产品的开发和老产品的改进；三是根据对潜在市场的分析和公司发展战略，从事长远性研究和综合关键、重大技术的开发。中心在技术开发中，引入竞争机制，实行技术开发项目承包责任制、科技项目动态管理制和技术人员淘汰制等动力和压力相结合的办法，设立了科技专项奖金，用于奖励对项目完成做出贡献的科技人员。有计划地组织科技人员深入调试现场，了解所设计产品的技术工艺性能及存在问题，为改进设计和后续的新产品开发积累第一手资料。对那些不求进取的"南郭先生"及时予以淘汰并有计划引进智力、引进人才，使企业科研队伍充满生机和活力。

（六）加大技改力度，增强企业发展后劲。为提高公司自身的开发能力，在经济效益不断上升的同时，果断地投入了改造资金2 000多万元，改造和新建厂房面积达2万多m^2。整个工程结束后，可形成年产1.5亿产值桩工机械、液压油缸及钢结构的生产能力，为高新技术产业化提供宽松外部环境，形成又一个新的经济增长点。

二、把转变经营机制的创新与技术创新紧密结合起来，使技术创新工作不断深化

企业内部缺少必要的竞争和激励机制是国有企业经营不活的一个重要原因，也是过去计划经济遗留产物。如何深化企业内部改革，转变经营机制，公司进行了大胆的探索和尝试。针对公司人多，科技开发力量较强这一特点和当今市场瞬息万变的现实，公司创造性地确立了"二头大中间小"的经营管理模式。即一头是经营管理、市场开拓、新产品设计、开发和研究，一头是质量管理、售后服务，中间生产环节中大量零部件的铸造、焊接、机械加工、热处理等通过外协解决。

公司承担关键件的加工、总装、试验、试车，大量利用社会上许多专业厂的资金、专业技术和加工能力，有效地解决供销矛盾，使公司有足够的精力从事市场开拓、技术创新工作，便于形成"拳头"，有效地采取闪电式方式占领市场，取得市场的主动权，市场反应能力强，保证了技术创新工作向着更加深入的方向发展，从而实现良性循环。由于措施得当，方法科学，使技术创新在本企业中深深扎根，在企业的发展中起到了积极的推动作用。十多年来，每年都有新产品批量投放市场。到目前为止，公司开发的各种桩工机械，桥梁机械设备已形成十大系列，近30个品种，先后申请发明申请专利20多项。市场占有率达70%左右，并出口到伊朗和马来西亚、印度尼西亚等东南亚国家。

总之，公司依靠科技进步，技术创新发展了企业经济，依靠转变经营机制深化企业改革，企业也因此获得了长足的发展，保证了技术创新工作向着更高层次迈进，形成良性循环。公司更加振奋精神，满怀信心，齐心协力，为实现2010年的宏伟目标而奋勇前进！

〔供稿单位：武汉华威建筑桩工机械有限责任公司〕

泰安泰山福神齿轮箱有限责任公司

泰安泰山福神齿轮箱有限责任公司始建于1958年，原名山东新汶工具厂和山东齿轮箱厂，系原机械工业部工程机械定点配套厂、非标复杂刀具定点厂、工矿配件定点厂，国有中（一）型企业。2002年改制为泰安泰山福神齿轮箱有限责任公司，为中国工程机械协会工程起重机分会理事单位。公司总资产1.2亿元，总占地面积26万m^2，现有员工800余人，其中工程技术人员150余人。主导产品为工程机械行星减速机、各类刃具、高精度齿轮等产品。公司的"汶工"牌商标被命名为"山东省

历史足迹 History Trace

1958年上海华东钢铁建筑厂的一半设备和人员搬迁到柳州，柳工建厂；

1966年研制出中国第1台轮式装载机Z435；

1987年引进卡特彼勒966E专有技术；

1993年改制上市，广西柳工机械股份有限公司成立，标志着柳工开始向建设现代企业制度迈进；

1995年采埃孚成立、与凯斯合作；

1996年 胡锦涛同志视察柳工；

1996 年江泽民同志视察柳工；

1998年 柳工研发成功全新一代的“G”系列轮式装载机，从而引领国内装载机行业产品技术的最新发展方向；

2000年江阴柳工道路机械有限公司成立；

2001年广西柳工挖掘机有限公司成立；

2003年江苏柳工机械有限公司成立；

2004年开始生产路面机械；澳洲柳工机械有限公司成立；

2004年柳工成为挖掘机行业民族品牌的代表；

2005年制定“十一五”规划；组织变革；

2006年4月装载机产销双突破10万台；

2006年温家宝同志视察柳工；

2006年李长春同志视察柳工；

2007年印度和北美公司成立；启动天津项目；

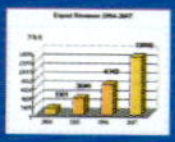
2007年柳工海外市场年销量突破1亿美元；

2008年7月，柳工印度制造工厂奠基；

2008年9月，柳工获全国质量奖；

2008年11月26日 柳工创建50周年。

共筑美好家园

Shaping the future together

扎根热土　艰苦创业（1958～1972年）

1958年冬，上海华东钢铁建筑厂的500多名同志率先抵达柳州，接着西安等地支援的同志也陆续南下，汇集柳州，在柳州这片热土上安营扎寨，成为柳工事业的奠基人。工厂定名为“柳州建筑机械制造厂”——柳工的最前身。1965年，柳工选定轮式装载机为方向性产品，开创了柳工生产装载机的历史。用不到10个月的时间，于1966年国庆节，试制成功了中国第一台轮式装载机——Z435装载机。1971年7月，柳工再次试制成功中国第1台大功率装载机——Z450装载机，奠定了中国ZL系列轮式装载机的基型产品。这两种装载机均填补了国内轮式装载机生产的空白，对中国工程机械具有划时代的意义。1972年末，国家投资2 700万元，批准柳工扩建，从此，柳工纳入国家专业定点生产装载机系列产品的发展轨道。

改革发展　勇当排头兵（1972～1997年）

从1978年后的近20年，柳工伴随着中国改革开放的浪潮，一直处在广西国有企业改革的前沿，形成了自己的发展特点和风格，确立了柳工在行业的排头兵地位。1984年，以增强企业活力为中心的城市经济体制改革全面铺开。1985年，柳工装载机年产量达到925台，产值突破亿元大关，税利3 505万元，创造了历史最好水平。在近10年时间，柳工先后进行了“厂长负责制”、“利改税”、“承包经营责任制”、“转换经营机制”、“股份制改制”和“建立现代企业制度”等改革，企业发生了巨大变化。20世纪80年代末90年代初，柳工经济效益连续多年居全国同行业之首，荣获中国500家最佳经济效益工业企业，进入国家工业企业500强，并获得全国用户满意企业、全国优秀企业金马奖等荣誉。柳工也是国内同行中最早走出国门吸收引进国外先进技术的企业。1993年11月，柳工改制为股份制公司，成为广西第1家、工程机械行业首家上市公司。1994年，柳工作为现代企业制度试点单位，深化了内部改革。

创新发展　做“世界柳工”（1997～2008年）

进入21世纪，是柳工和中国工程机械行业发展史上堪称波澜壮阔的时期，也是柳工发展速度最快、整体实力全面提升的时期。2002年柳工首家在行业中推出以“全心全意为用户服务”为宗旨的柳工服务品牌；2003年提出了“建设开放的、国际化的柳工”的战略目标。截至2006年底，柳工累计产销双超11万台，年产销突破2万台，装载机产销量位居世界第2位。2006年柳工挖掘机销售超过1 300台，位列国内挖掘机销售前10强，销量增幅居国产挖掘机品牌之首，增速跻身中国挖掘机市场前三甲，上榜“2006中国工程机械十大新闻”。2007年产品出口突破2 000台，出口额从2003年的500万美元跃升到2007年的1.3亿美元。2006年、2007年，又率先在行业推出“桥箱三包一年”、“整机三包一年”服务承诺。公司连续3年跻身世界工程机械50强；高原型装载机填补世界空白，并获国家科技进步奖；成功推出了满足欧美高端市场的系列环保型装载机；技术水平始终保持行业前列。

今天柳工已从传统的装载机专业制造商，发展成以装载机为主导、以挖掘机、路面机械为两翼、向相关产品延伸的业务多元化的工程机械企业。

历史荣誉 History Glory

公司因优良的业绩、完善的公司治理和良好的市场表现，赢得社会各界的赞誉。近年来，柳工荣获了“全国质量效益型先进企业”、“最具竞争优势百家企业”、“最具投资价值上市公司”、“CCTV 2005年度50家公司中国最具价值上市公司”、“2005年度中国企业信息化500强”等荣誉和称号。2004年被国家六部委联合授予“中华诚信鼎”

柳工是工程机械行业率先获得“全国用户满意企业”、“全国用户满意产品”、“全国用户满意服务”荣誉的企业（连续五届），还先后获得“安全质量标准化国家一级企业”、“全国实施卓越绩效模式先进企业特别奖”、“全国机械工业质量管理奖”、“2006年全国质量奖提名奖”、“2007最具全球竞争力中国公司”、“中国制造业企业500强”及“中国企业500强”等众多殊荣，装载机产品两次荣获“中国名牌产品”称号。公司董事长、党委书记王晓华先后当选中国共产党第十七次全国代表大会代表、十一届全国人大代表，这不仅是他个人的荣誉，也是全体柳工人的荣誉和骄傲。

公司部分荣誉

中国500强企业

世界工程机械50强企业第29名

“全国质量效益型先进企业”

连续五届全国用户“三满意”企业

首批国家职业卫生示范企业

全国厂务公开工作先进单位

高原型装载机获国家科学技术进步奖二等奖

中组部、国资委联合授予“四好班子”荣誉

“最具投资价值上市公司”、“漂亮蓝筹50”

2006年度中国最佳投资者关系管理百强（第6位）

2006年装载机销量市场占有率为20%，国内第一，世界第二。

销售收入、整机销量和利润总额行业第一

2007年度最具全球竞争力中国公司50强（第4位）

董事长王晓华当选为17届全国党代表、11届全国人大代表

2008年“全国质量奖“

科技成果和产品展示 Achivement in Science and Technology&Products Exhibition

柳工的产品研发部门被评定为国家级企业技术中心，建立了博士后工作站，拥有500多名工程技术人员从事产品设计及制造技术研究工作，使产品研发水平和技术性能始终保持在行业一流水平。

强大的研发实力使公司研制出填补世界空白的高原型特种轮式装载机，荣获2003年度国家科学技术进步奖二等奖；另外，柳工装载机系列产品在业内率先通过TUV公司的“CE”安全认证并达到欧III、Tier3排放标准，已获取欧洲和北美市场准入并赢得高端客户的认可。

“十五”到“十一五”规划期间，柳工实施“东扩”战略，分别在江苏省江阴市、镇江市、扬州市和上海市设立了压路机、小型工程机械、建筑机械和叉车的研发制造基地。形成以装载机为核心业务，挖掘机、压路机为两翼，叉车、路面机械、小型工程机械、起重机为战略性业务的产品线布局。

挖掘机系列
——CLG 220LC履带液压挖掘机

CLG 220L履带C液压挖掘机是柳工自主研制开发的大吨位挖掘机产品，拥有自主知识产权，是集机、电、液高新技术于一体的卓越典范；加强型结构件，适应各种恶劣工况；操作环境安全、舒适；整机维护保养方便，成本低，可靠性好，作业效率高，主要性能参数达到同期国际先进水平。

装载机系列
——CLG899III轮式装载机

CLG899III装载机额定载容6.4m^3，最大装载量可达到11～12t，是目前中国研制出的最大的轮式装载机。该机项目研发过程运用了集成创新技术及多项绿色设计，达到欧III排放标准，完全适应于国际市场需求，具有高度的自主知识产权。

共筑美好家园

Shaping the future together

装载机系列
——CLG856III轮式装载机（50周年纪念版）

CLG856III轮式装载机是柳工生产多年的ZL50型轮式装载机的第3代产品，该产品消化吸收国际上流行的先进技术和先进结构的具体应用，是柳工参与国际竞争的主要机型之一。

压路机系列
——CLG614全液压振动压路机

适用于各种材料的基础层、次基础层及填方的压实作业，是建设高等级公路、机场、港口、堤坝及工业建筑工地的理想压实设备。

小型工程机械
——CLG375滑移装载机

体积小、重量轻，操作简便，移动、转向灵活，可原地进行360°转向，可换装种类繁多的属具设备，工作控制性能良好，用途广泛，普遍适用于城市基础设施、道路、仓库和码头等狭窄场地的作业。

路面工程机械系列
——CLG509沥青摊铺机

CLG509沥青摊铺机是柳工自主创新研发、集多项科研成果于一身的路面工程机械产品之一；采用先进的机、电、液一体化自动控制，整机性能完全满足路面施工高可靠性、高负荷连续作业的施工要求，适应领域广。

叉车系列
——CPCD50叉车

搬运货物和短距离运输的工业车辆，适于在平滑、坚硬的路面上行驶。用于仓库、铁路车站、港口码头、建筑工地和大型露天货场等进行装卸或堆垛作业。性能达到国内先进水平。

更多产品

平地机系列——CLG418平地机

功率储备大，适用于道路、机场、停车场、广场和水利建设等大面积场地的平整作业，砾石或砂石路面维修，道路清洁以及雪地除雪等场合。

汽车起重机系列——QY12H起重机

该系列起重机安装在汽车底盘上，转换作业场地十分方便，适合对货物的吊装、拆卸和搬运等场合。

推土机系列——B160推土机

柳工推土机系列产品目前尚处于研发阶段，不久的将来，全系列推土机产品将强势加入柳工产品阵容。

小型工程机械——CLG766挖掘装载机（俗称“两头忙”）

集挖掘、装载功能于一身，小巧敏捷、操作灵活。可加装多种工作装置，轻松实现破碎、剪切、起吊、加装、开沟、钻孔和推土等功能。

铣刨机系列——CLG563铣刨机

柳工铣刨机系列为柳工完全独立自主研发的路面机械产品之一，是集机、电、液多项高端技术于一身的高科技产品。广泛适用于市政街道、高速公路等各等级公路的施工场合。

混凝土搅拌运输车系列

柳工集团下属子公司扬州柳工产品，是城建、水利和道路施工等场合不可或缺的设备之一。

著名商标”。

一、公司的发展历程

公司早在80年代中期开始生产工程机械行星减速机，1985年参与了中国通用型液压汽车起重机起升、回转行星减速机构的设计和开发。时至今日，企业已能提供8～130t全系列汽车起重机的起升机构、回转机构，提供50～400t履带起重机的卷扬机构、变幅机构、回转机构和行走机构。企业生产的8～12t汽车起重机起升、回转机构在全国行评中双获第一，50～100t履带起重机产品通过优秀新产品、优秀成果双鉴定。企业被中国质量管理协会命名为“用户满意单位”和“用户服务满意单位”。

多年来，企业生产的行星传动齿轮箱还广泛应用于液压挖掘机、旋挖钻、掘进机、推土机、建筑机械、路面机械、石油机械、港口船舶机械等各类工程机械产品。

另外，公司还生产以斯泰尔发动机齿轮为主的高精度齿轮，生产以齿轮刀具为主的复杂、精密切削刀具及螺纹刀具，产品多次获得行业及山东省奖励。

50年的发展历程见证着企业不断开拓进取、持续创新发展的道路，50年的发展成就了一个工程机械行星减速机行业的优秀企业。

二、公司的发展宗旨

公司以做好工程机械行业行星减速机配套产品为已任，把行星减速机产品作为公司的核心技术，多年来一直追求该类技术的国际先进水平，密切关注工程机械行业的发展。励精图治、默默耕耘，坚持以技术创新引领企业发展，以质量第一推动企业进步，坚持为工程机械行业服务，适应工程机械市场发展的需要。

为了适应汽车起重机向大吨位发展的需要，我们迅速地开发了80、100、130t起升机构和回转机构，从而形成了8～130t汽车起重机全系列产品的开发，如果有需求我们还能生产更大吨位的汽车起重机产品。

为了适应履带起重机迅速发展的需要，公司发挥了快速开发的能力，仅用3个月的时间就设计开发并试制完成了50t履带起重机减速机产品，在不到1年的时间完成了100t以下近80个新产品开发，目前已经完成了400t以下产品的系列开发，其中行走机构的输出扭矩已经达到了620kN·m，较好地适应了履带起重机市场的需要，这也是今后几年我们公司重点发展的产品。

为了适应液压挖掘机的市场需求，公司迅速开发了中、大吨位挖掘机的行走机构和回转机构；为了适应旋挖钻机的市场需求，公司迅速开发了旋挖钻机的行走机构、回转机构和卷扬机构；为了适应掘进机的市场需要，公司迅速开发了掘进机的行走机构、截割减速机；还有适应港口、船舶机械的产品，适应路面机械的产品，适应石油机械的产品，适应建筑机械的产品等等。

这些产品的开发推动了企业的发展，同时也满足了工程机械行业发展的需要。只要工程机械行业需要，只要工程机械市场需要，公司随时愿意为各主机厂服务，为中国工程机械的发展而不懈努力。

三、公司的发展实力

技术创新能力：企业技术开发中心设工程机械产品的齿轮箱研究所、齿轮刀具研究所等处室，从事专业技术开发设计的工程技术人员80余人；设计手段采用计算机辅助设计，具有AUTOCAD二维和三维软件；开发宗旨是技术创新、持续改进。公司以行星齿轮传动齿轮箱为企业的核心技术，具有行星齿轮传动齿轮箱、各类变速箱、驱动桥、各种齿轮和齿轮刀具的自主创新设计能力和制造能力，公司有完善的技术创新的机制和快速适应市场变化的能力。

公司的产品以新型多级行星齿轮传动和新型多级行星差速齿轮传动为主，均采用模块化结构设计，采用硬齿面磨削外齿轮、氮化内齿圈，内置液压释放一体多片湿式制动器等。具有结构紧凑、安装简便、故障率低、噪声低、效率高、寿命长等特点，其技术水平均达到国际先进水平。

质量保证能力：公司于1999年通过了ISO9002国际质量管理体系认证，于2003年通过了ISO9001国际质量管理体系认证，于2005年通过ISO/TS16949国际质量管理体系认证。公司的质量方针是“高起点，高标准，满足顾客要求”。公司的质量计量为国家二级计量单位，并为山东省量刃具检测中心。

生产制造能力：公司主要加工设备500多台，员工800余人，可从事铸造、锻造、冲压、热处理、各类机械加工及装配，尤其以齿轮加工和行星传动齿轮箱制造为特长。为全面提升企业的核心竞争力，近年来企业加大了技术改造和设备更新力度，先后投资几千万元新购置了数控蜗杆磨齿机、数控插齿机、加工中心、数控车床和数控热处理连续炉、氮化炉等先进设备，进一步提高了企业的工艺装备水平。目前企业各类起重机减速机的生产能力已经达到2万台以上，还在继续加大技改投入，2009年在原基础上还要提高一倍。我们公司的生产管理实行ERP管理，推行准时化生产，有能力保证各主机厂家的需求。

四、公司的发展规划

为适应工程机械行业的发展，充分发挥企业技术优势，切实做强做大工程机械行星减速机产品，公司牢牢抓住高端工程机械配套国产化和履带起重机等产品高速发展的机遇，于2007年制定了《工程机械三年发展规划》，并且每年都在制定发展的滚动规划，确定重点发展起重机械（履带起重机、汽车起重机、港口船用起重机等）配套产品（卷扬、回转、变幅、行走机构）以及适合公司技术特点的行星减速机构，对风能发电机组齿轮箱也列入了中长期发展规划。

公司2006年实现工程机械产品销售7 884万元，2007年实现销售10 055万元，2008年规划实现产值2.8亿元，2009年规划实现产值4.5亿元，2010年规划实现产值6亿元。

目前，发展中的公司全体员工正团结奋进、开拓创新，为实现企业新的更大发展而努力奋斗！公司承诺将以最优质的产品、最完善的服务，竭诚为我国的工程机械行业发展服务。

山东省劳动模范、公司董事长、党委书记、总经理刘宜经同志携全体员工真诚欢迎各界朋友来公司参观指导、发展合作、共创大业！

〔供稿单位：泰安泰山福神齿轮箱有限责任公司〕

外企在中国

住友建机：赢在中国

被誉为“全球第一CEO”的杰克·韦尔奇在他的力作《赢》中指出，企业具体的问题成千上万，不过绝大多数可以归结为如下一句话：怎样才能赢？住友建机株式会社（简称：住友建机）正是循着“赢”的思路，在强者林立的中国工程机械市场上推动液压挖掘机和沥青摊铺机的销售，步步为营，屡创佳绩。

住友建机是拥有400多年历史的世界500强之一的住友集团旗下的建设机械厂家，在世界范围享有盛誉。在1967年凭借自身技术开发研制了第一台液压挖掘机之后，目前世界各地到处活跃着住友液压挖掘机的身影，尤其近期推出的“LEGEST”新型液压挖掘机是集住友38年来的经验和技术的结晶，汇集了欧、美、中、日等世界各国客户的意见，并结合全世界关注的节省能源和环保问题的要求而开发，燃料消耗率有了惊人的改善，得到业界高度评价。住友的沥青摊铺机在日本国内更是达到70%的市场占有率，几乎是一枝独秀，完全垄断。

“全球化”和“革新”是住友建机下一个中期计划的两个关键词。“全球化”是指住友积极投资海外市场尤其是中国市场，并扩展全球业务。走向世界的住友建机在积极地准备迎接新的挑战，特别值得一提的是住友重工集团已在作为中国4大经济圈之一的环渤海经济开发区的唐山市建厂，项目总占地面积40万m^2，其中建设机械工厂140 070m^2，2008年4月27日河北省委常委、唐山市委书记赵勇宣布工程开工，标志着河北省最大的日资产业园和先进装备制造示范区正式启动实施。预计2008年可完成工厂的基础设施，2009年2月份第一台中国国内组装的住友挖掘机将会下线。由此，住友建机将大力推进以中国市场为主战场的经营方针。谈到“革新”，住友建机的清水谦介社长在中国经销商大会上表示：“在世界经济高速发展的今天、在取得惊人经济发展的中国、我们不仅要扩大自己的事业规模，同时对我们在推进组织上的改革、业务上的革新是绝好的机会。我们深深地意识到没有成长就没有未来。没有挑战就无法激活企业的活力。我们认为其基础应该是来自客户的心声。倾听客户的心声、分析其内容、制定相关战略并将其反应到业务和方法上是极为重要的。”

拥有400多年文化底蕴的住友集团和以客户价值为中心不断革新不断进取的住友建机是我们“赢”的坚实基础。

2004年住友建机与香港中骏集团属下的中骏重工（厦门）有限公司在原来厂家与代理长期合作、互相信任的基础上，为进一步扩大市场占有率，提高住友品牌的知名度与售后服务的力度，在中国成立了合资公司——住重中骏（厦门）建机有限公司（简称：住重中骏）。此时，公司正好遇上中国的宏观调控，使得2004年住友建机在中国市场的销售情况并没有达到预期目标，但住重中骏正好利用这段时间，完善了代理商网络以及售后服务网络建设。2005年住重中骏再度发力，售出了所有的库存机器，而且大部分机型都出现了供不应求。2006年在快速发展的基础上进一步扩大市场占有率，2007年再创佳绩，销售量同比增长了50%，创下历史新高，并在上海设立摊铺机销售服务中心，全面启动沥青摊铺机的销售工作。在继往开来的2008年，住重中骏营业本部出台更多营销策略大力推广LEGEST系列新机型，通过举办机手培训和大型展示会等促销活动加强用户对新机型的认识和感受。2008年上半年在供货不足的情况下销售量还同比增长了80%。

熟悉市场和客户，擅长市场营销的住重中骏是“赢”的有力保证。

战略专家波特认为，“赢”有三种基本的战略即：低成本战略、差异化战略和聚焦战略，企业必须在此三者中做出选择。住友建机选择了差异化，主要包括产品差异化和服务差异化。

首先是产品差异化：住友建机是在调查了全世界上万名客户，倾听客户的心声，充分把握客户的需求的基础上研发出LEGEST系列新型挖掘机。2007年10月，住友建机对外宣布其推出的住友LEGEST系列新型液压挖掘机获得“日本产业设计振兴会”评选的“优秀设计奖”称号。日本产业设计振兴会的“优秀设计奖”评选已经有50年以上的历史，对于日本国内外不同领域的报名作品进行评选，对促进社会发展的优秀设计给予表彰。住友LEGEST系列新型挖掘机以其独特的设计、开阔的视野、出色的运动性和卓越的舒适性等特点受到专家的好评。住友挖掘机首次参选就击败其他同行业对手，获得大奖！

“创造最大的客户价值”是科特勒市场营销学的精义，住友建机新机型的开发理念完全体现了这一思想。新机型从三个方面全方位满足客户的需要，即：优异的经济性、出色的运动性和卓越的舒适性。概括地说，就是做到“人无我有”和“人有我优”，以实现最大的客户价值。标配的“EMS易维护系统”可以使大小臂各连接部位的给脂时间间隔延长到1 000h，大大节省了保养时间；功能强大的电脑板能够判断机器的工作状态，遇到阻碍时能自动增加挖掘力，从而提高工作效率；低转速高输出的共轨电喷发动机与新型液压系统双管齐下，节省燃油20%，以及可以像水龙头那样自由控制油门的旋钮一体化新型操作模式等，这些都是“人无我有”的独特配置和性能。此外，开阔的前方和侧方视野，能够4级调整的可倾斜式操纵箱以及可以延长液压油换油周期至5 000h的集成回油滤油器等，都比其他品牌的同类产品优越，做到了“人有我优”。

住友建机推出新型挖掘机后可谓双喜临门，继获得日本产业设计振兴会颁发的“优秀设计奖”之后，又荣获日本经济产业省主办的“节省能源奖”，开创了建机行业双重大奖获得的先河。

节能和环保是全世界共同关注的课题，“节约能源大奖”在日本已经连续举办了18年，它是日本官方权威机构举办的，由专业人士组成“节约能源大奖评审委员会”，通过公开募集，严正评审，选出获奖者。表彰拥有优异的节约能源性能的民用机器，力图促进节约能源产品的开发与普及。住友参赛的是20吨级LEGEST新型挖掘机，其在提高功率的同时还可以降低燃油消耗率20%，优异的经济性能受到评审委员会的一致好评，一举夺奖。在当今能源紧张，油价高企的形势下，如此节能环保的机器必然受到客户的青睐，也充分体现了住友新型挖掘机作为“为您着想的事业伙伴”的研发理念。

除了产品差异化，住友还通过服务差异化来体现“为客户着想”的价值主张和品牌内涵。住友建机和住重中骏将与代理商建立战略联盟共同提高服务水平，实现服务的个性化和灵活性。住重中骏的董事长中捨克比古先生在代理商年会中指出：“首先，我们考虑要扩大重组，强化现有各地区的销售与服务网络并投入更大的力量；第二，与各家代理商共同制定各区域的战略，共同推进市场的销售；第三，针对售后服务我们要更进一步地站在客户的角度，在实现顾客支援方面上下功夫。”住重中骏服务部把工作方针从原先的“服务带动销售”升华到了“ 提高用户满意度 ”的层面，并出台了一系列的政策和措施。

新的世纪充满了机遇和挑战，我们将进一步深化改革，强化内部管理，巩固品牌定位，矢志为中国的基础建设提供世界级的产品和服务，全方位推进“赢”的战略。

〔供稿单位：住友建机株式会社〕

威斯特在中国

威斯特在中国的发展

威斯特中国有限公司成立于2001年元月，隶属于卡特彼勒全球最大的代理商之一——威斯特代理体系。威斯特代理体系业务面积覆盖西澳大利亚、新南威尔士、澳大利亚首都地区和中国东北、华北地区。澳洲威斯特从事卡特彼勒代理已经有几十年的历史，在全球众多卡特彼勒代理中名列前茅，而且一直是卡特彼勒最成功的海外代理之一。

开放的中国这一新兴市场引起了全球的广泛关注，众多海外企业竞相进入中国，在这块高速发展的市场上寻求新的增长点。威斯特作为海外的优秀企业不甘人后，于2001年成立了威斯特中国有限公司，取得了卡特彼勒在中国东北和华北地区的独家代理权。

从成立伊始，有着澳洲威斯特和卡特彼勒支持的威斯特中国，继承了两家优秀公司的经验，就像站在巨人肩膀上，有着更长远的目光，公司的远景就是要成为世界一流的代理商，为此，威斯特中国一直从各个方面朝着这个目标努力。

成立之初，威斯特在中国一切从零开始，经过连续几年在市场上的深耕细作，持续不断的投入，到2008年威斯特已经在代理区域内建立了超过30家分支机构，网络覆盖已经深入到三、四级城市；员工人数也在短短的几年间增长到了1 500多人。秉承澳洲威斯特先进的管理经验和技术业务水平，以及来自卡特彼勒公司的强力支持，威斯特公司紧跟中国经济快速发展的步伐，从成立以来在业务方面获得了飞速发展，销售额逐年上升，年平均增长率保持在40%以上。

销售产品的结构也从一开始的挖掘机“一枝独秀”发展为主打产品包括挖掘机，装载机，平地机，推土机等多个种类和型号“齐头并进”的良好态势。威斯特对客户的综合服务能力也得到了极大的提升，为适应工程机械行业机器分布范围广、工作条件艰苦、工期紧的特点，威斯特组建了一个由几百位专业维修人员组成的庞大服务网络，针对不同产品类别，分为挖掘机服务、矿山设备服务、路面产品服务、港口设备服务、发动机服务等不同的服务队伍，提供从灵活机动的现场服务，轻型维修保养到大修和设备翻新等不同类别的服务。其中最值得一提的是威斯特投资2 000多万美元在天津港保税区建立的符合卡特彼勒防污染控制最高级别（五星级）的威斯特设备翻修中心。中心占地面积25 000m^2，建筑面积12 000m^2，于2005年3月正式投产运营，主要从事卡特彼勒机械设备及零配件的维修、翻新、加工、销售、租赁及零配件仓储等项目，并为客户提供技术咨询及技术人员的培训。翻修中心的建立代表着威斯特已具备了世界一流水平的服务能力。

从优秀到卓越

当今的世界是高速发展的世界，客户的需求也在不断变化，惟有为客户创造更优价值，与客户实现共赢的公司，才能和客户保持长期良好关系，从而实现公司的长期可持续发展。威斯特深知这一点，"追求卓越，关注与客户的长期关系"就是公司从建立以来所形成的核心价值观。秉承这一理念，基于几年来的持续投入和积累，威斯特公司开始致力于成为工程机械行业客户的整体解决方案提供商，将服务的理念又提升了一个层次，开始了从优秀到卓越的新征程。

威斯特为客户提供的整体解决方案包括了工程机械行业服务的方方面面，内容包括：

设备选择　威斯特所代理的卡特彼勒的产品囊括30多个品种400余个型号的专业设备，有能力为区域内包括公路、铁路、港口、机场、水利水电、矿山、采石、城市环卫建设、石油、航海业、邮电通信业以及楼宇建筑等在内的多个行业的客户提供门类齐全的卡特彼勒优质设备。

融资租赁　通过卡特彼勒中国融资租赁有限公司，为客户提供量身定做的融资租赁购机方案，解决资金瓶颈问题，为客户提升项目运营竞争力。

项目优化　威斯特为区域内不同行业的客户提供基于投资回报分析的设备选型指导、工装选配、技术咨询、灵活的设备保养和服务协议等全方位支持，降低运营成本，助客户实现项目利润更大化。

设备租赁　除了能提供种类齐全的新设备，威斯特还能为客户提供包括设备租赁在内的多种设备获得方式，满足客户不同需要。

零配件供应　通过遍布威斯特中国区域内的营业网点，威斯特的零件仓库和柜台将为客户第一时间供应方便快捷的高质量卡特彼勒正品零配件。

维修保养　遍布威斯特营业区域的几十个服务站点为用户提供24h的快捷服务，减少设备因为故障而造成的停机时间，最大限度地提高设备寿命。

网络覆盖　遍布区域的营业网点使客户无论在那个地方都能享受到及时、周到、同一标准的优质服务支持。

多元化培训　为了帮助客户提高利润率，威斯特为客户提供包括产品性能培训、设备上岗培训、强机手培训、服务维修保养培训等一系列专业的操作培训和产品培训，使用户能够更加了解产品的性能，从而获得最大的经济效益。

二手机买卖　通过以旧换新，二手设备收购，经过翻新及试用过的二手设备销售等方案，帮助客户盘活设备资产，实现利益最大化。

设备翻新　通过世界一流，荣获卡特彼勒防污染控制最高级别5星级标准的设备翻修中心，威斯特实现了提供给客户更长的机器使用时间，提高生产效率，延长机器使用寿命，从而达到机器损时的最小化，为客户得到高效能的设备投资回报提供了保证。

基于威斯特的丰富产品线和多样化的增值服务，客户在威斯特既可实现"一站式"解决、又可实现产品的全面维护。威斯特以最优的方案促进客户事业蒸蒸日上。

威斯特中国使命

使命是公司事业的价值取向和事业定位，它代表着公司的目的、方向、责任。作为威斯特体系的一部分，威斯特中国从成立伊始就有着自己明确的使命，那就是：为客户、雇员、社会和股东创造和奉献我们的最优价值。客户：为客户提供整体解决方案；雇员：努力成为最佳雇主；社会：成为尽职尽责的公司典范；股东：为股东带来持续的回报。

从威斯特的使命中可以看到用户被放在了第一位。事实上只有把用户利益放在第一位，注重长期客户关系，才能实现公司的可持续发展。

没有满意的员工就没有满意的客户。在威斯特的使命中还体现了公司对于员工的重视。威斯特深刻理解员工满意度与客户满意度的关系以及人才对于公司长期发展的重要性。

在代表威斯特企业文化的核心价值观中，“任人惟才，公正地对待每一个人”是其中的重要部分。作为一个外资企业，在企业的管理中，威斯特非常重视中西方文化的融合，将西方的管理模式与中国传统的人文理念有机地结合在一起。员工与管理层之间的沟通不是自上而下的单向沟通，而是上下交汇的双向沟通。公司高层经理们会经常深入到客户和基层员工中了解市场信息和员工的想法，其中的外籍经理们甚至对中国的“酒”文化都已经有了深刻的了解。公司董事总经理毕瑞德先生更是亲自倡导定期举行公司高层与公司全体员工的见面会，在见面会上员工可以畅所欲言，向高层经理们提出自己的想法和建议，而管理层则会当场认真地回复每一个员工。对公司形成更加公开、透明、人性化的工作氛围起到了促进作用。

在工作环境方面，威斯特致力于为每位员工提供安全舒适的环境并建立威斯特的安全文化。在员工的业余文化方面，公司的员工俱乐部不定期举办郊游、家庭日、体育、拓展等活动，提高员工工作和生活质量。

对于进入到新兴市场上的外资企业而言，人力资源往往会成为企业扩张道路中的瓶颈之一。作为立志在中国长期发展的外资企业，正如威斯特董事总经理马丁·毕瑞德先生所讲的，“我们致力于培养我们的员工。我们公司有20多位外籍雇员，其中部分不会说中文，我们要靠我们本土的员工来发展我们的事业，提高员工的业务能力来满足不同的客户需求。”威斯特对员工的培训是长期的、体系化的，每年公司为员工安排的不同培训项目多达上百种，员工可以根据自己的情况，有针对性地参加相关的培训课程，提升自己的综合能力。比如在业务技能方面，威斯特每年都会投入大量的培训费用派业务人员参加卡特彼勒公司为代理商提供的多种业务培训，包括多达几十种课程的一年一次的大规模“明日业务精英培训”、产品应用培训、网上业务自学教程等；甚至还会为一些优秀员工安排在海外的提升培训课程。

同时威斯特中国与卡特彼勒携手合作开展了在中国乃至整个亚洲地区的第一个“ThinkBIG”职业技术培训项目，这一项目不仅仅使威斯特公司受益，从长远来看，通过这一项目培养出的大量专业技术人员将会成为行业新生力量，在未来推动整个中国工程机械行业的良性发展。

做中国的优秀“企业公民”。除了对客户和员工的责任，作为扎根中国的外资企业，威斯特以成为中国本土的良好企业公民为己任。其职业技术培训项目将为中国工程机械行业的长期发展培养国际化人才；在日常工作中威斯特严格遵守卡特彼勒防污染控制的标准，致力于把对环境的影响降至最低；威斯特的员工俱乐部在公司的支持下秉承回报社会，增强员工社会责任感的经营理念，开展了一系列公益活动。由于威斯特在社会公益活动方面所做出的贡献，威斯特已连续两届被北京市团委及北京志愿者协会评选为“优秀志愿者团体”。

展望未来，威斯特对中国工程机械行业前景有着坚定的信心，威斯特中国将一如既往地推动可持续投入和发展的远景规划，在中国延续威斯特代理体系在海外成功的传奇故事。

威斯特，传奇到永远！

〔供稿单位：威斯特中国有限公司〕

中国工程机械工业年鉴2008

市场篇

系统论述及分析国内、国际工程机械市场总体态势和发展趋势，概述工程机械代理商发展情况

市场篇

工程机械市场前景分析

今后5~10年中国工程机械仍然面临较好的发展机遇，国内市场需求和出口增长两大动力将继续拉动我国工程机械保持较快的发展走势，但是也面临严峻的挑战，总的说来是喜忧参半，市场争夺更加激烈。如何支撑民族品牌在中国市场的优势地位和扩大出口范围，需要各方积极引导和国家产业政策的支持，特别是产品核心技术创新和功能部件的发展将起到决定性的作用。

一、国内市场需求发展走势回顾

我国国民经济发展十多年来一直保持高速增长态势，2001年前、2004年和2008年中央对国民经济发展采取了不同的宏观调控政策以后，都达到了预期的目标，对工程机械市场需求产生了不同程度的影响。特别是2004年4月开始，中央实行了强有力的宏观调控政策，清理投资项目，停止和严审批地，紧缩贷款，对国内工程机械市场需求产生了激烈的振荡影响，当年企业效益下降，直到2005年四季度随着国内投资项目陆续启动，市场需求才开始大幅回升，这说明工程机械市场需求与固定资产投资及其主要投资方向有着密切的关系。1999~2007年国内市场需求发展走势见下表。国内市场需求发展走势见图1。国内销售总额减去出口额再加上进口额后的数额为国内市场需求。

表　1999~2007年国内市场需求发展走势

年份	1999	2000	2001	2002	2003	2004	2005	2006	2007
年市场需求额(亿元)	470	544	628	878	1 236	1 283	1 273	1 542	1 990
年增长率(%)	13.80	15.75	15.44	39.80	40.00	3.80	-0.78	21.32	29.00

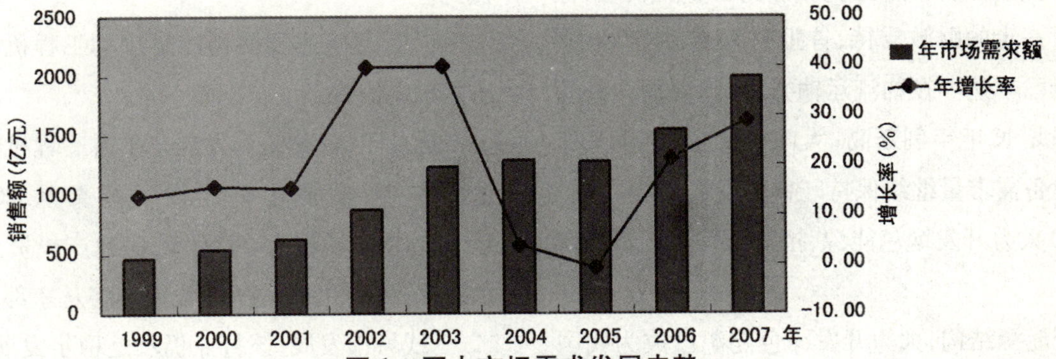

图1　国内市场需求发展走势

2008年国家虽然也实行货币适度从紧的政策，但与工程机械产品发展的相关主要投资方向和投资项目及投资额度仍然与日增升，预计2008年国内市场需求增长仍然能保持35%以上，主要产品1~4月份累计销售量同比增长40%，其中液压挖掘机增长57%，推土机增长39.1%，汽车起重机增长33.9%，装载机增长28.7%，压路机增长23.4%，摊铺机增长49%，平地机增长76.9%，叉车增长49.2%。企业产品销售量的大幅增长也包括出口市场的拉动，最为突出的平地机一季度出口量达到552台，占总销量的55.2%。

二、国内市场需求发展依然看好

工程机械是我国房地产建设、交通、能源、物流行业、军事工程、矿山建设、抗震救灾、水利、市政园林等领域建设用的主要支柱装备，这些领域的发展情况直接影响工程机械产品的需求走势。要知道我国工程机械今后几年发展能否维持目前这种高速增长态势，能维持多久，就要充分了解这些相关产业的发展情况及出口市场走势对中国工程机械发展的拉动作用。主要从以下八个方面作一简要分析，供业内人士参考。

（一）交通运输设施建设推动工程机械市场需求向中大型施工机械发展

交通运输设施建设在2020年之前仍然是我国国民经济的发展重点，其中高速铁路通车里程规划目标要达到2万km，复线扩能工程及地方支结铁路建设达1万多km，全国重点城市轨道交通里程达1 500km以上，目前京沪线已开工，京哈与京广线也已纳入规划勘察阶段，巨额投资规模和工程量之大是我国铁路建设史上没有过的，同时对工程机械产品品种的需求提出新的要求，体现了大型化、专业化的发展趋势，形成了工程机械新的市场热点。全国高等级公路继续加密建设，扩大通车里程以及养护工程的快速发展将继续促进工程机械市场需求发展，特别是为支持“三农建设”，要大力修通县、乡村公路网，目前各地区正在规划启动，需要大量的中低端土石方施工机械和路面施工机械，国家还给予一定的财政支持，首批财政支持1 000多亿元投资已下达。在物流运输方面，随着国内外货物运输量增长年年创新高，大吨位叉车、电动叉车和仓储设备需求量继续保持旺盛的发展走势。

（二）大力开发绿色能源，拉动工程机械新的需求

改变能源结构，大力开发绿色能源已成为我国今后能源开发的基本国策。今后的两个五年规划，绿色能源中的水电、风电、核电及其输变电建设工程量将创历史新高。其中西南水电开发工程总规划投资达8 000多亿元，工程建设的复杂性和施工难度也是从未有过的，特需的施工装备亟待开发；在有风力资源的地区，风力发电已成为各地区的首选能源，近两年装机容量正以40%以上速度增长，国家规划的西北风电玉门至达坂城的装机容量2010年建设目标达1 000万kW，相当于三峡电站的发电量，因此风力建设和维护管理需要大量的工程起重机械及混凝土和桩工机械等产品；核电建设到2020年总规划目标为6 000万kW，“十一五”到“十二五”规划期间要建成4 000万kW装机容量，投资总规模达6 000多亿元，建成11个核电站（包括辽宁红河，浙江三门和万家山，江苏的连云港，田湾，山东的海洋，福建的宁德，广东的台山、阳江、腰古、田尾等）。在石油天然气资源开发方面，一方面要参与海外石油开采工程，另外要从哈萨克斯坦和俄罗斯等引入天然气，要建设两条4 000km以上的西气东输工程，每条输气工程建设投资均在300亿美元以上，其中到达长三角和珠三角的第二条西气东输工程建设已开始启动，并列入施工准备。

（三）南水北调工程正在加紧实施

中国是水资源短缺的国家之一，但是水资源分布又不均衡，正在实施的南水北调工程是解决我国局部洪涝与干旱自然灾害的历史性举措，可对水资源合理利用。南水北调工程建设施工装备90%以上为工程机械，所需求的施工装备已多次有报道，不再详述。但是排洪水系工程规划，减灾防灾又提到国家议事日程上来，需要大量土石方工程施工机械到位。

（四）建筑业发展仍然是拉动工程机械市场需求的重要因素

近几年来，建筑业发展几乎占工程机械市场需求的一半，城镇化率建设目标要从2006年的43.9%达到2020年的60%，房地产投资总额比重仍将保持在20%以上，建设区域将从东部向西部和二、三线城市发展，该行业仍然是稳步发展的态势，但增长率减缓。

（五）西部大开发建设的国家财政支持力度进一步加大

近几年来，西部大开发建设正进入实质性建设阶段，除了已修建的青藏铁路以外，国家西部建设十大工程投资1 516亿元已通过建设方案，新丝绸之路1 920亿元投资正在勘探论证。随着中西亚国家发展崛起，西部交通与边贸得到发展，将带动相

关产业发展，进一步加速大开发建设的进程。

（六）物流行业的持续高速发展，带动了叉车及仓储装备的市场需求

三年来叉车及仓储装备需求量增长率均在35%左右，随着商贸量的不断增加，今后几年仍将保持较高的增长速度。

（七）城市环保、园林建设也是国家今后的发展重点，将带动市政环卫机械需求的发展

（八）灾后建设

四川汶川“5.12”特大地震后的抢险与大规模重建任务非常繁重，直接经济损失5 000多亿元，重建投资达5 000多亿元，需要大量的工程机械产品支援灾区重建家园及交通、电力、通信等基础设施建设任务。

综合上述情况分析，另外还有金属矿山、煤炭、建材、治沙、绿化防风工程等领域，这些长期稳定的投资领域，受国家宏观调协控政策影响较小，必将成为拉动工程机械市场需求发展的重要长效因素，促进中国工程机械市场需求继续发展。“十一五”期间平均每年市场需求增长率仍能保持在两位数以上，预计国内市场需求到2010年将达到3 400亿元（包括电梯、叉车、零部件等全行业产品），“十一五”到“十二五”期间随着工程机械保有量的不断增加，增幅将减缓，到2020年将达到5 500亿～6 000亿元。

三、出口市场预测

2007年全球工程机械销售额已达到1 600亿美元左右，其中60%以上的国际市场被15家大跨国公司主宰，国际工程机械产业链已高度集中。2007年中国工程机械出口销售额约占全球市场的5%，与日本、美国、西欧的国际跨国公司相比，竞争力正在不断提升。2006年我国向197个国家和地区出口了50.12亿美元的工程机械产品，比2005年增长70.5%，首次实现了10.8亿美元的贸易顺差，外贸依存度已上升到23%。2007年出口额达到87亿美元，又比2006年增长73.6%，外贸依存度上升到26%。2008年上半年出口额已达到63.5亿美元，比上年同期增长72.3%，出口继续呈现良好的发展态势。工程机械12种主要产品出口增长趋势见图2。

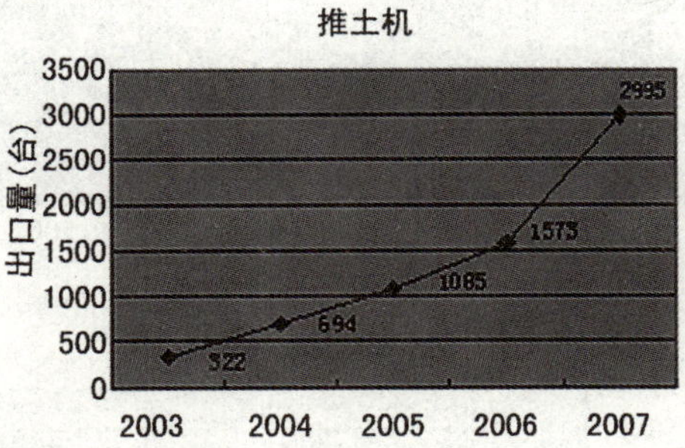

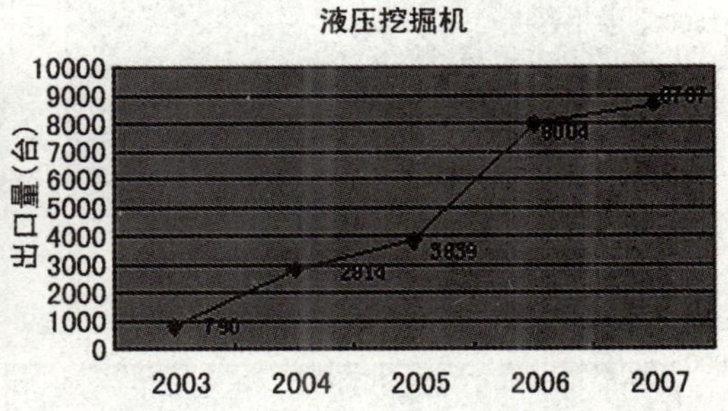

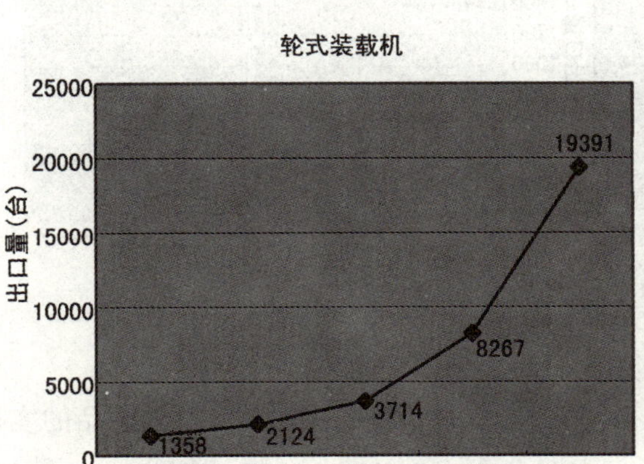

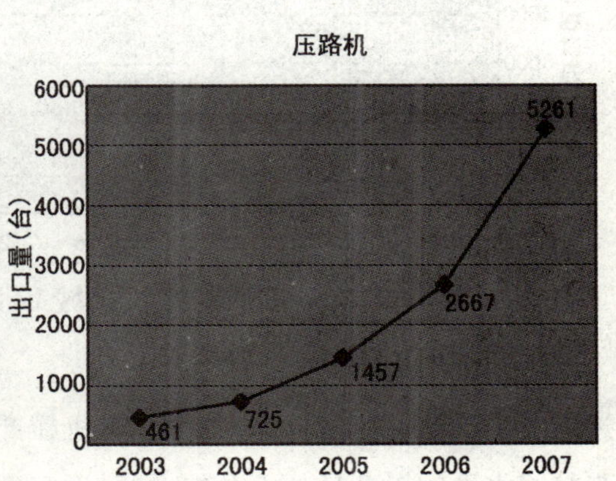

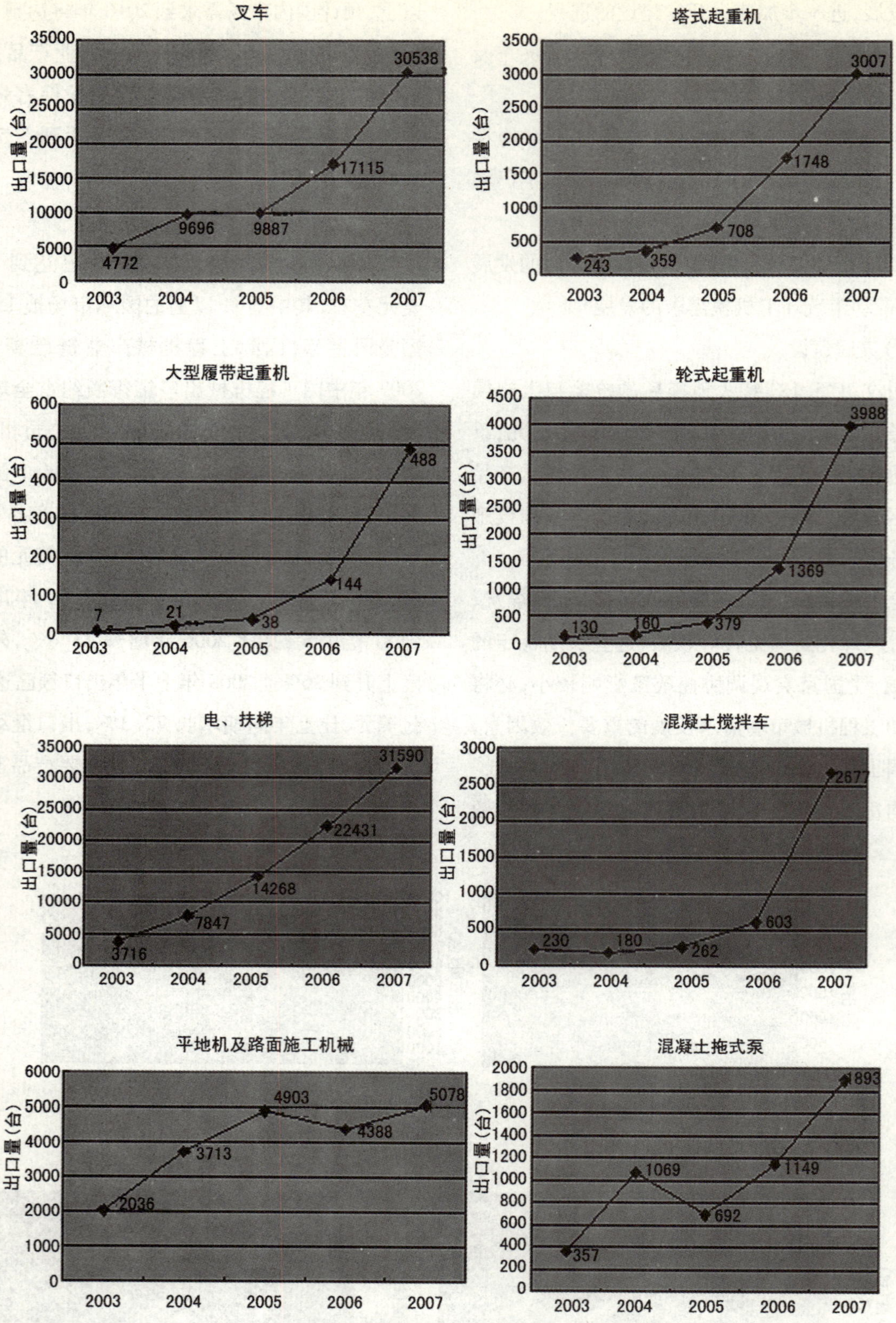

图2　工程机械12种主要产品出口增长趋势

注：数据来源于海关。

上述产品出口量快速增长，与中国工程机械产品创新与技术水平的提高是分不开的，同时近三年来许多企业连续参加了国际工程机械大型博览会，加大了宣传力度，中国工程机械产品的实用性、经济性被广大海外用户接受，提高了对中国工程机械产品的认知度，海外代理商队伍不断扩大。因此今后几年出口量仍将保持较好增长态势,2008年将可突破120亿美元,但竞争难度与贸易摩擦将加大。如果不在产品环保标准、节能、相关安全技术标准、产品使用可靠性、售后服务等方面不断创新提高,不可能再保持这样的高速增长。初步预测,到2010年出口总额有望达到200亿美元左右。

四、阻碍中国工程机械发展的不利因素

(1)国家宏观调控实行从紧的货币政策以后,必然对部分产品销售产生制约影响,例如房地产业增长速度减缓,江苏、浙江等地区的商品混凝土搅拌站闲置率已经达到20%以上,影响到商品混凝土机械行业的发展;另外从2007年下半年开始,主要产品销售回款率降低,出现流动资金紧张,应收账款比例上升,不利于生产发展。

(2)钢材、燃油价格,劳动力成本同步上升,增加了产业链运行成本,中小企业难以生存发展,小型工程机械生产已有1/4的企业处于停产、半停产阶段,大中型企业产品经营成本上升。

(3)人民币对美元汇率不断升值,将消弱中国工程机械产品的国际竞争力。

(4)关键功能部件依赖外国品牌形势严峻,已经成为我国工程机械发展的瓶颈。

(5)外资项目入境迅猛,群雄争霸,竞争压力加大。

我国工程机械市场旺盛的需求和国际竞争力的提升,使得国际跨国公司进入中国兼并和兴办独资企业的势头猛烈,国际化竞争加剧,这是对我国工程机械发展的挑战。例如CAT公司在天津兴办履带总成和在徐州兴办挖掘机企业以后,又在山东兼并了山工机械股份有限公司生产装载机,在江苏苏州建厂生产轮式装载机扩大出口,在徐州又延伸发展了推土机和路面机械生产基地,在无锡发展工程机械柴油机配套项目,并在大连成立了研发中心,进一步扩大在中国市场的竞争力。还有日本的小松、日立、神钢、力至优,韩国的现代,德国的利勃海尔、阿迈、普茨迈斯特、荣格恩莱西,美国的特雷克斯、海斯特,意大利的卡拉诺,瑞典的沃尔沃等等跨国公司,在中国的投资力度不断加大,收购兼并企业,使中国工程机械行业竞争呈现全面国际化的状态。行业整合除国内企业以外,内外企业的整合也在加剧,而且出现大中型规模以上企业兼并组合的发展趋势。

五、2010年中国工程机械销售规模预测

根据上述对国内市场需求和出口市场的发展预测,到2010年我国工程机械销售规模将达到4 000亿~4 500亿元(包括在境内的中外合资、独资企业),大大超过行业"十一五"规划预订的2 340亿元的发展目标。届时,中国将成为国际工程机械名副其实的第二生产大国。

〔撰稿人:中国工程机械工业协会茅仲文〕

2007年国际及国内工程机械市场形势分析

1. 国际工程机械市场观察

近年来,随着全球经济的回升和转暖,世界主要工程机械市场(包括发展中市场)呈现了普遍增长的形势。2007年,尽管北美市场出现了明显的下滑,但是全球市场仍然保持了增长态势,2007年的增幅为13%,总销售量已略超过100万台。自2005年至2007年,全球市场销售量一直保持着每年10%以上的增长速度。从当地销售量来看,2007年也是标志性的一年,中国国内工程机械的销售量首次超过北美和西欧,成为世界上工程机械销售量最大的市场,所占比重为23%。2007年世界主要工程机械市场销售量比重见下图。

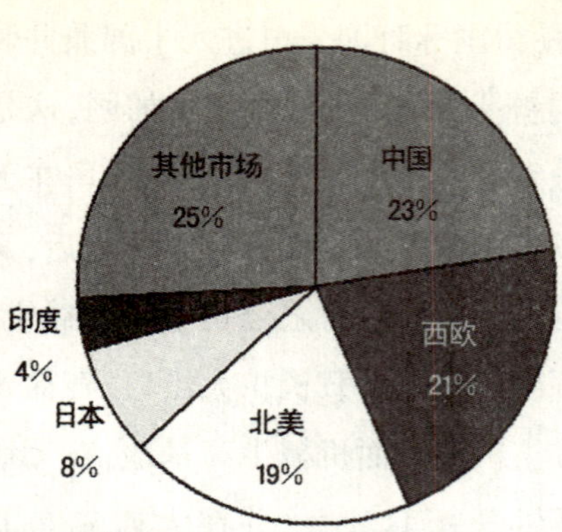

图　2007年世界主要工程机械市场销售量比重

中国　2007年继2006年再次实现超过20%的增长，销售量达到近23万台。尽管中国政府一直对固定资产投资实行调控政策，但是在新一轮五年计划的带动下，2007年投入实施的新建设项目大幅度增加，使工程机械市场保持了持续增长的势头。中国的市场结构仍然以装载机和挖掘机（包括小型挖掘机）为主导，两者合计占总销售量的比重达到80%以上，反映了新建项目主导市场需求的特点。在政府保持国民经济稳步增长政策的引导下，预计新增建设项目在近期内仍将推动市场需求进一步增长。尽管从中长期来看市场波动不可避免，但整个行业都预期中国市场将保持总体增长趋势。

北美　在2004～2005年曾经历大幅增长，但自2006年开始出现下滑。2007年市场下降幅度达到16%，被认为真正出现了严重下滑。下降幅度比较大的产品品种是挖掘装载机、履带式挖掘机、叉装机及装载机等，跌幅比率均达两位数，占北美市场27%销售量的滑移—转向装载机也下降了9%。这反映了在次贷危机之后商品住宅建设市场的下滑。另一方面，采矿和公共工程方面的市场需求仍然保持发展，因此并非所有产品品种都出现下降。由于次贷危机影响的不断扩大，甚至会导致美国经济出现衰退，预计北美市场在2008～2009年将继续下滑，比较乐观的看法是可能到2010年有所恢复，但也有观点认为要经历3～4年的停滞才能重新进入明显的增长周期。

西欧　各国市场自2004年以来均呈增长形势。2007年，整个西欧15国的市场销售量增长12%，达到21万台以上，为历史上最大销售量。欧洲主要市场中，德国、法国、西班牙和英国分别增长了63%、40%、40%和36%，意大利的增长幅度较小为1%。总的来看，2007年的增长是惊人的，预计今后可能会出现周期性的小幅下降。实际上，在2007年之初人们根据订单情况已经预料到全年的大幅增长。由于各国都在推进基础设施建设，工程机械租赁业对未来需求比较乐观，从而大量增加了采购订单，低通胀和低利率经济环境也有利于为购置新机提供融资服务。此外，非洲、中东和东欧地区等对二手设备需求的增加为西欧市场更新设备提供了旧机输出渠道。

日本　日本市场在走出2003年的低谷以后，在2007年继续呈现缓慢的攀升。原因在于公共工程项目略有增加，私人投资势头显著回升，租赁公司更新设备的意愿上升。另外一个重要因素是二手设备的出口非常容易；由于东南亚市场恢复繁荣，因此对二手设备需求量很大。尽管实施新的抗震法规使住宅建设需求停滞，但预计2008年日本市场仍将在75 000台的水平上维持小幅增长。

印度　印度市场的快速发展正在引起整个行业的广泛关注。2007年印度市场总销售量大幅增长近50%，达到36 000台，几乎是2003年销售量的4倍。挖掘装载机是印度市场的主导品种，占市场总销售量的60%；其次是履带式挖掘机，占28%。印度已经制定了全国性基础设施建设新计划，预计将带动挖掘装载机销售量达到每年50 000台、履带式挖掘机达到40 000台。因此，虽然印度市场目前的绝对规模还比较小，但是其增长潜力将是惊人的，正在形成一个很大的新兴市场。

俄罗斯　在经过长期的下滑后，俄罗斯市场近5年来有较大幅度的恢复性增长。受益于世界能源需求和价格的上涨，俄罗斯经济强劲增长，其建设和采矿业的需求正在上升。2007年其工程机械市场销售量达到32 000台，较5年前提高了2倍。销售量增长较快的品种有液压挖掘机、轮式装载机、挖掘装载机以及滑移—转向装载机等。目前液压挖掘机占市场销售量的1/3，轮式装载机占1/4强。中国制造商在俄罗斯市场所占的比重明显提高，特别是在轮式装载机、推土机和平地机等领域。由于前一时期的市场低迷，工程机械在俄罗斯处于短缺状态，而政府正在计划大力投资建设基础设施，因此俄罗斯市场将继续保持增长，预计销售量5年内很可能会再扩大1倍。

中欧 包括波兰、匈牙利、捷克和斯洛伐克，他们在加入欧盟之后，经济增速加快，同时还从欧盟获得了用于建设当地基础设施的资助，因此其工程机械市场需求呈现大幅度增长。自2003年至2007年，4国市场合计销售量提高了1.8倍，达到近13 000台。其中，除匈牙利外，2007年其他3国的销售量均保持增长。应当注意的是，除上述新机销售外，在该地区来自西欧的二手设备销售量也比较大，从而取代了一部分新机需求。而在新机需求中，挖掘装载机、滑移—转向装载机、小型挖掘机和叉装机等小型设备所占比重较大，为50% ~70%。预计今后数年内中欧地区的市场需求仍将保持旺盛。

其他 主要有非洲、中东、中亚、澳大利亚、南美和东南亚等市场，他们在总体上保持增长形势。主要原因是，很多国家普遍增加了对基础设施建设的投资；世界经济发展对全球资源开发的需求不断膨胀，使一些资源型经济体的发展资金大幅度增加；一些发展中国家在来自各方面的经济援助下投入新的建设项目。中国制造产品在这些市场的增长中扮演着越来越重要的角色。2000 ~2007年世界主要地区工程机械生产量见下表。

表 2000 ~2007年世界主要地区工程机械生产量 （单位：台）

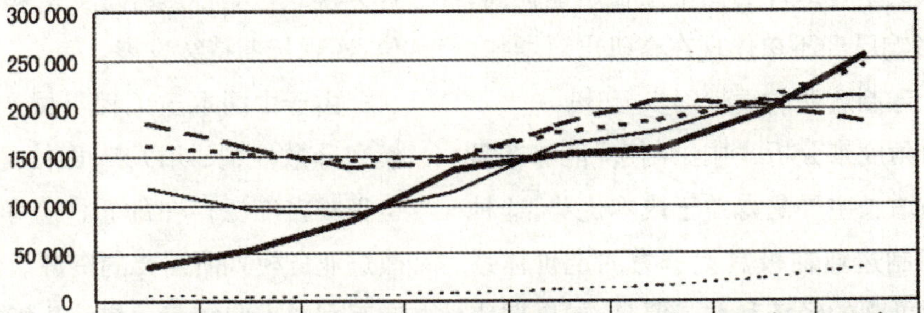

	2000年	2001年	2002年	2003年	2004年	2005年	2006年	2007年
北美	184 770	159 815	139 635	146 265	182 150	209 495	202 890	185 610
日本	117 879	95 575	91 420	114 595	161 850	176 655	206 770	212 630
西欧	161 984	151 618	146 586	149 448	174 396	186 487	207 272	243 816
中国	36 407	53 064	84 824	137 761	151 293	158 051	194 090	254 389
印度	6 498	5 419	6 564	8 574	12 182	16 588	23 670	36 038

2.中国工程机械产量达到世界第一位

几年以前，全球工程机械生产重心向中国转移的趋势就已经显现，由于全球经济形势的变化和中国工程机械产业的快速发展，这种转移的发展速度正在加快。2007年是反映全球工程机械转变趋势的标志性一年，在这一年，中国工程机械产品产量首次全面超过其他主要工程机械生产国和地区，而成为全世界最大生产国。

上述统计中包括了液压挖掘机、小型挖掘机、履带式推土机、履带式装载机、叉装机、挖掘装载机、滑移—转向装载机、轮式装载机、铲运机、平地机、沥青混凝土摊铺机和非公路自卸车，但未包括压实设备、移动式起重机、混凝土机械及塔式起重机等品种（如果包括这些产品，估计中国产量的超出将更加显著）。自2000年以来，中国工程机械产量提高了约6倍，2007年超过了25万台，居世界第一位。

中国产量的提高首先是由于国内工程机械市场需求的持续增长。在2000 ~2007年间，国内需求增长了4.5倍。另一方面，自2004年以来，出口对产量增长的推动作用迅速提高。出口量占中国工程机械年产量的比重在2003年仅为1%左右，而到2007年已经达到11%。自2004年以来，出口量增加对中国产量增长的贡献达到21%，中国在世界主要工程机械生产国和地区中所占的比重已经由20%提高到25%以上。

3.中国工程机械出口与竞争力的增长

自2004年以来，中国工程机械产品的出口一直保持着高速增长，这与全球经济发展趋势的影响密不可分。由于全球经济增长的加快，工程建设和资源开发的需求大幅度增加，从而为中国制造产品进入国际市场、增加对外销售提供了良好机会。

更重要的是，在经济全球化的形势下，传统发达国家的物质生产不断向发展中国家转移，并且这种转移正在从一般消费品制造业转向更加高端的主体制造业。这种情况在工程机械领域的反映就是国际制造商对中国的投资已不单着眼于进入中国本土市场，而且希冀利用中国制造业的低成本优势扩大从中国的出口。国际制造商目前在中国工程机械整机出口量中约占有10% ~15%的比重，随着他们在中国的进一步投资，预计他们从中国的出口量还会逐步增加。影响更加深远的是，国际制造商从中国采购低成本零部件的比重正在迅速提高，“中国制造”的影响已经不单体现在整机出口增加，而且体现在对全球制造业的贡献逐步上升。

从行业竞争角度来分析，“中国制造”能够在需求的推动下迅速增长主要是得益于成本优势，这种成本优势使中国制造业在极具竞争力的定价体系下仍然能够取得可观的经济利益。但是，如果期望这种成本优势将长期存在下去，并且可以成为中国企业向国际市场进取的不变法宝，那么是十分危险的。由于铁矿石、橡胶等初级产品价格持续上涨和人力资源成本的提高，工程机械产品的利润空间正在受到严重挤压。过去几年来，劳动生产率的提高和企业体制改革所释放的效率在一定程度上抵消了生产成本上升的压力。但是，这种抵消作用目前已经接近尽头，表现在制造商现在必须以提高销售价格来补偿由于成本上升造成的损失。此外，人民币汇率的提高也直接影响中国产品在国际市场的价格竞争力。因此，“中国制造”难以完全依赖价格武器来长期保持现有的竞争力。

我们已经看到，中国本土的领先制造商正在积极向国际先进水平进取。在其骄人的销售增长业绩中，出口贡献不断扩大；并且，他们正在通过建设海外工厂乃至国际并购等途径提高在国际市场的份额和影响力。为取得和保持在国际市场的长期竞争优势，中国企业必须进一步提高自我独立创新能力，开拓国际代理商渠道，建立和加强客户服务能力（包括产品技术服务、售后支持、融资服务等）。也就是说，需要发展能够适应国际竞争需要的先进业务模式，从而摆脱高度依赖价格竞争的不利地位，实现长期持续发展。

由于中国本土工程机械产业长期固有的小规模和分散性，长期以来，即使是占主导地位的企业也很难在广泛存在的恶性竞争环境下获得并投入改进业务模式所需要的资源。目前，这种情况正在向有利的方向转变。与前几年相比，中国工程机械产业的集中度在逐步提高，领先企业在市场上的话语权明显加强，国际制造商在中国影响的扩大也有利于整个行业结构和产品结构的优化。总之，中国工程机械产业在不断整合的过程中，正在为增强竞争实力创造更好的环境和条件，在全球产业中的地位必将进一步提高。

〔撰稿人：英国工程机械咨询有限公司北京代表处史杨〕

2007年中国工程机械代理商经营概况

2007年中国工程机械代理商工作委员会的市场调查不是随机抽取样本，而是选择特定的经营状况比较不错的代理商来进行的调查，因此调查结果不是反映整个工程机械代理商群体的经营状况，但能从宏观上反映整个工程机械行业的现状，反映行业中比较领先的代理商的经营状况，作为行业的标杆，给广大代理商一个参照的标准。

1. 代理商规模情况

在调查中，我们发现，相对于制造商的规模来看，代理商的规模普遍偏小，并且大多采取多品牌的经营方式，代理单一品牌的代理商较少。分析其原因，一方面是由于我国生产工程机械的企业集中度低，有大小企业2 000家，且中小企业多，这种情况必然导致代理商的数量多、规模小；另一方面，由于我国工程机械市场持续扩张，一些个体人员发现其中有利可图，少许投入甚至白手起家就开始经营工程机械。

调查结果显示，人员规模在300人以上的较大规模的代理商只占18.2%，人员规模在100人以下的较小规模的代理商占18.1%，大部分代理商人员规模处于中等，人员数量在100人到300人之间的代理商占到受调查代理商数量的63.6%，这其中，人员规模在100到150人代理商占40.9%，151到300人的代理商占22.7%。工程机械代理商人员规模见图1。

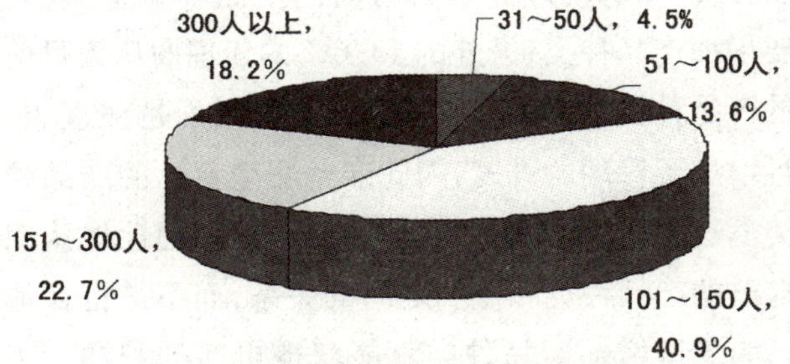

图1　工程机械代理商人员规模

通过交叉分析，我们发现，代理商的规模和销售额增长率存在一定的相关关系，能实现高速增长和快速增长的代理商其人员规模都是在100人以上的较大规模的代理商，同时，利润增长很快的也都是人员规模在150人以上的大规模的代理商，这说明在工程机械代理行业，存在明显的规模经济效应。大的代理商在进货以及开拓市场、提供服务方面都有优势，具有较强的竞争能力。

从2006年的销售规模上来看，销售额在1亿元到5亿元之间的代理商构成了受调查样本的主体，占到了总体的63.6%，销售额在1亿元以下的占18.2%，销售额在5元亿到10亿元的代理商占13.6%，而销售额在10亿元以上的大规模代理商只占到4.6%。工程机械代理商销售额规模情况见图2。

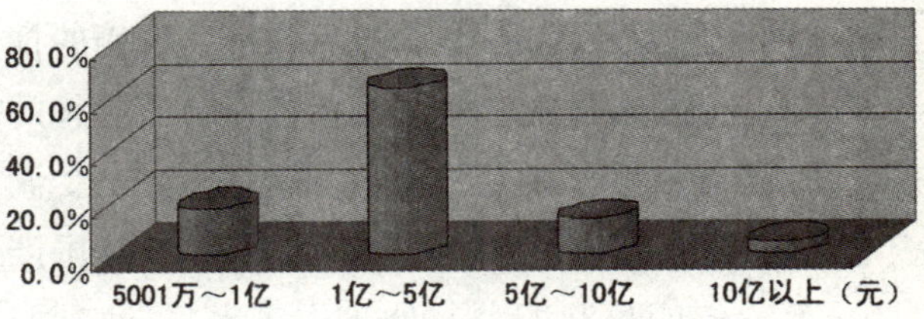

图2　工程机械代理商销售额规模情况

2. 代理商经营的品牌状况

就经营的品牌来看，调查结果显示，经营单一品牌的代理商占总样本的9%，经营2到6个品牌的代理商占总体的81%，构成了全体代理商的主力，经营7个及其以上品牌的代理商占总体的10%。工程机械代理商经营的品牌数量见图3。究其原因，是因为在目前的条件下，代理商的经营水平不足以及绝大多数工程机械产品的盈利能力不是很强。这导致代理商经营单一品牌的风险不可避免，经营多品牌可以实现风险分担，但是品牌过多会增加管理的难度，对经营水平要求较高。因此需要根据自身的管理状况、经营能力和成本等因素综合考虑适合自己的产品策略。

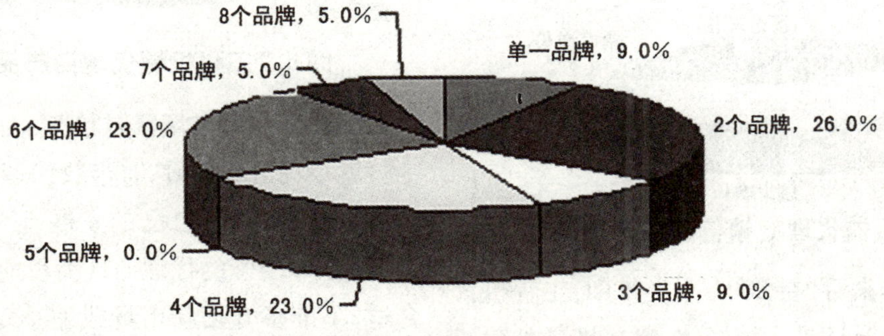

图3　工程机械代理商经营的品牌数量

我们就各个机械类别做了详细的调查，结果显示，广大代理商经营的挖掘机有 81.6% 是外资品牌，国产的挖掘机受到外国品牌的严重威胁。从盈利方面来看，有 91.2% 的挖掘机盈利能力在中级或中级以上水平，盈利能力较差的只占到 8.8%，且主要是国产品牌，这是由于外资品牌凭借其品牌的强势并已在中国进行本土化生产，成本进一步降低，且其产品主要集中在高端市场，利润很高。装载机市场上国产品牌占到了 84.6%，应当说市场份额还是比较高的，但是盈利能力不容乐观，有 70% 的代理商经营装载机盈利能力较差，需要引起国内装载机企业的密切注意，在占据了相当的市场份额的情况下，如何提高盈利能力是当务之急。国产品牌的推土机、压路机和平地机占的比例也很高，在受调查的经营推土机的代理商中，有 75% ~80% 是国产品牌，而它们的盈利能力都处于中等水平，盈利好的和盈利差的几乎差不多，这说明盈利的好坏不是取决于推土机、压路机和平地机这些机械品种，更多的在于代理商自身的经营能力。起重类机械国产和外资平分秋色，盈利能力也处于中等水平。

3. 代理商销售额和利润状况

2007 年上半年代理商的销售额同上年同期相比，有一半的代理商销售额稳步增长，增长率在 21% 到 30% 之间；销售额快速增长，增长率在 31% 到 50% 的代理商占总体的 18.2%；销售额缓慢增长，增长率在 11% 到 20% 之间的代理商占 9.2%；另外还有 13.6% 的代理商增长不明显，增长率小于 10%；增长率大于 50% 的代理商占 4.5%；销售额下滑的代理商占 4.5%。工程机械代理商销售额增长情况见图 4。

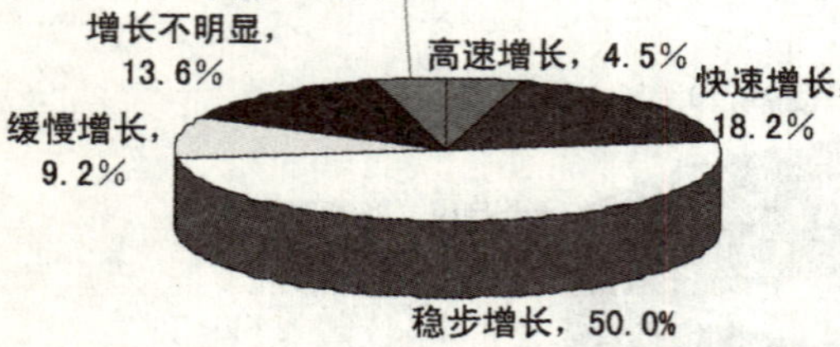

图 4　工程机械代理商销售额增长情况

从图 4 中总体来看，在 2007 上半年中，工程机械代理商的经营状况还是比较好的，超过 80% 的代理商销售额都比上年同期有明显增长。

在销售额增长的基础上，2007 年上半年代理商的利润相比上年同期也有所增长，据调查，有 13.6% 的代理商盈利状况很好，比上年有较大幅度增长；有 59.1% 的代理商盈利状况比上年同期有小幅度增长；另有 18.2% 的代理商盈利状况与上年同期持平；只有 9.1% 的代理商盈利状况不如上年同期；而发生亏损的代理商在调查中没有遇到，这是一个十分积极的信号，行业内所有的代理商都盈利表明整个工程机械行业在快速发展，而利润随着销售额的增加而增加表明市场运行处于健康、良好状况。工程机械代理商利润增长情况见图 5。

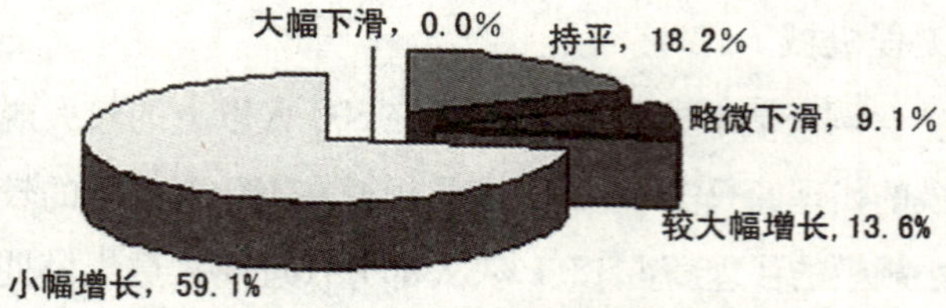

图 5　工程机械代理商利润增长情况

4. 代理商经营的产品种类情况

对于自身经营的产品种类，有 54.5% 的代理商认为自己的产品种类合适，不计划增加或减少产品；31.9% 的代理商认为目前的产品种类单调，需要增加产品种类；另外的 13.6% 的代理商认为目前的产品种类太多了，有很多产品盈利不是很理想，且增加了管理的难度，因此准备删减自己的产品种类。这表明，行业内的代理商能够更加理性地认识自己的产品种类和盈利之间的关系，而不是盲目地认为通过增加产品种类就能获得更多的利润。工程机械代理商产品种类计划见图 6。

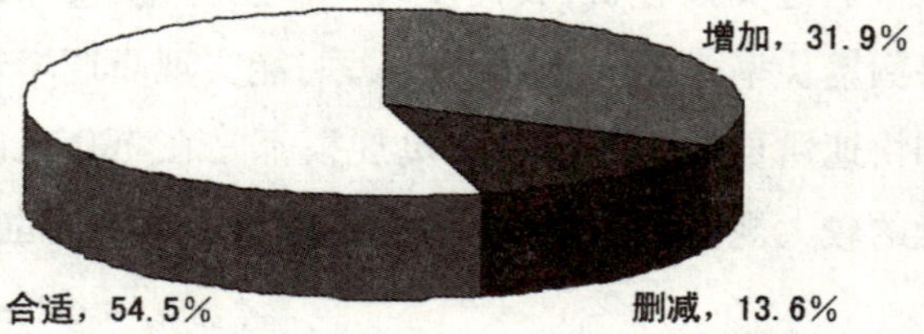

图 6　工程机械代理商产品种类计划

5. 代理商的市场区域状况

就市场区域来看，有半数代理商认为目前市场区域太小，限制了自己的发展，计划开拓新的市场区域；有 45.5% 的代理商认为目前的市场区域比较合适，不准备开拓新市场或缩小现有市场区域；只有 4.5% 代理商感觉目前的市场区域铺得太大，而效率不高，管理难度较大，准备缩小市场区域，集中经营重点市场。工程机械代理商市场区域计划见图7。

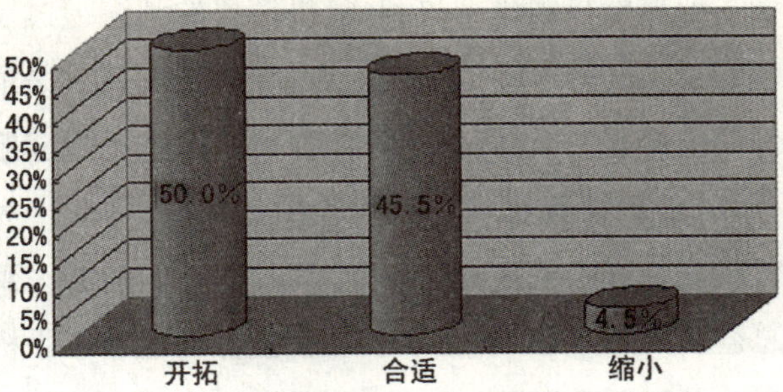

图7　工程机械代理商市场区域计划

这种情况也说明，多数代理商对未来工程机械市场的预期是比较好的，因为只有在市场快速发展的时候，这种抢摊式的简单粗放的市场扩张战略才会产生效果，能快速增加利润。而一旦行业发展速度放慢或者行业进入转轨时期，如果还按原有思路来经营，就会遇到很大的麻烦。由于规模的盲目扩大，人员增多，导致管理工作跟不上，经营起来力不从心。

6. 代理商对未来三年工程机械行业的看法

对于未来三年工程机械行业发展情况的整体看法，没有一个代理商认为市场机会很多，同时也没有一个代理商认为未来三年市场将会下滑。大部分代理商，占受调查总体的45.5%，认为未来工程机械市场竞争会加剧，较大的代理商将会形成群雄逐鹿的局面；31.8%的代理商认为未来三年市场将会稳步增长，工程机械市场格局将会平稳发展，不会有较大的变化；另外22.7%的代理商认为市场已经进入成熟阶段，未来三年内会通过竞争优胜劣汰，“大鱼吃小鱼”的现象将不可避免。工程机械代理商产品种类计划见图8。

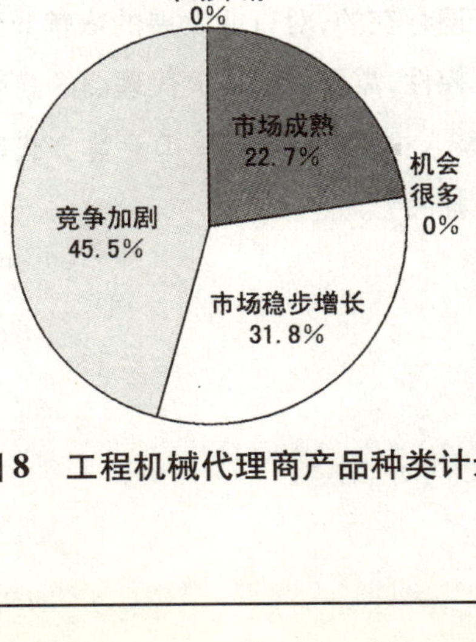

图8　工程机械代理商产品种类计划

7. 制造商对代理商的供货情况

对2007年下半年制造商对代理商的供货情况以及零配件供应情况的调查结果显示，选择制造商供货很及时的代理商只占到总体的4.5%，选择比较及时的代理商占总体的一半，还有36.4%的代理商认为制造商的供货不是很及时，最后的9.1%的代理商认为制造商的供货很不及时。配件供应情况与此类似，配件供应很充足和很不充足的代理商各占4.5%；59.2%的代理商认为制造商对他们的配件供应比较充足，基本能满足要求；31.8%的代理商认为配件供给不是很充足，时常会有缺货现象的发生。工程机械制造商对代理商供化情况见图9。工程机械制造商对代理商的配件供应情况见图10。

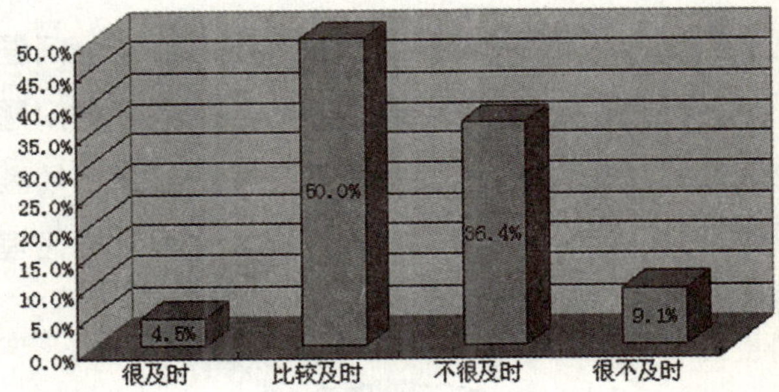

图9　工程机械制造商对代理商供货情况

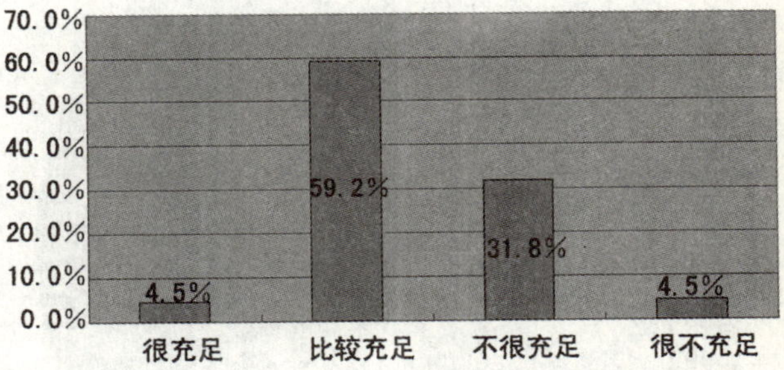

图10　工程机械制造商对代理商的配件供应情况

8. 代理商总经理目前负责的主要工作

代理商的总经理负责的主要工作反映了代理商目前经营中的工作重点所在，也往往是代理商企业认为自己做的不足或欠缺的问题所在。通过调查，我们发现，目前广大代理商的工作重心主要有内部组织结构的完善、员工的培训、营销方案的制定和策划、货款的回收，销售和售后服务也占有相当重要的地位，工程机械代理商总经理负责的工作见图10。

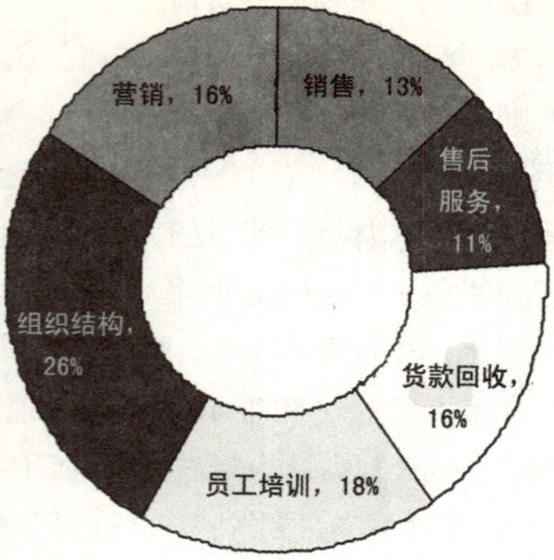

图 11　工程机械代理商总经理负责的工作

代理商面临的主要问题

就代理商目前面临的主要问题来看，员工素质问题、下属机构的管理问题、市场上恶性竞争问题和资金回收问题是最普遍存在的问题，其余的问题如产品盈利能力不足、品牌缺乏竞争力以及市场区域和产品种类等问题不是很突出。工程机械代理商面临的主要问题见图 12。

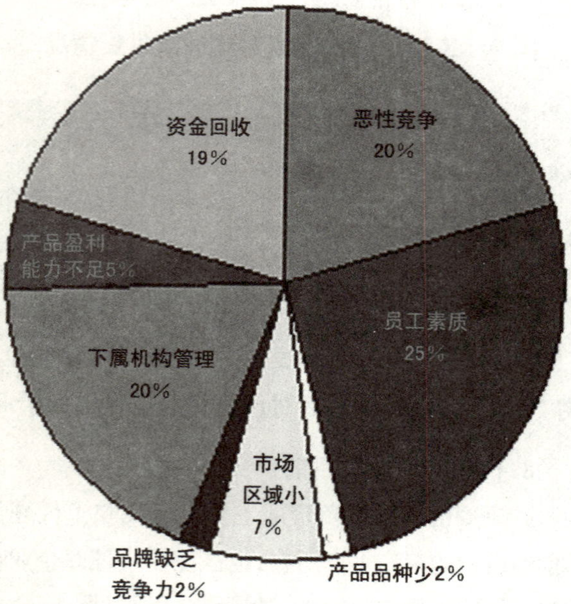

图 12　工程机械代理商面临的主要问题

10. 代理商利润来源

对于利润的来源，调查发现，有 77.3% 的代理商主要靠整机销售来盈利，整机销售的利润超过了他们总盈利的 50%，有的甚至达到 80%；其次是配件和维修服务，这两项业务作为整机销售的配套服务，对整机销售起到支持和辅助的作用，因此广大代理商普遍经营这两项业务，其盈利基本能够占到总盈利的 30%。与此同时，租赁业务和经营二手机械业务则严重不足，有 54.5% 的代理商根本没有经营租赁业务，租赁业务盈利占总盈利比例最大的只有 30%，且这样的代理商只有一家，大部分经营租赁业务的代理商其盈利大概占总盈利的 15%；有 63.6% 的代理商根本没有二手机械业务，仅有一家代理商经营二手机械的利润达到总利润的 20%，其余的大部分是占到总盈利的 5% ~10%。由此看来，大多数代理商还仅仅是靠整机的销售来获得盈利，这种盈利模式在很大程度依赖于行业的良好发展前景。大多数代理商不能进行集约化、系统化、产业化、链条化经营，仅仅依靠市场本身的扩张来获得增长，不能对原有市场进行深度开发和挖掘，一旦遇到国家的宏观调控，工程机械需求增长率下降，很多代理商都不能获得很好的盈利。而工程机械是耐用消费品，其存量会随着行业的发展和工程项目的需求到达一个稳定的水平，不可能一直增长。一旦到达这个水平，随后增量的需求会十分有限，大部分只是新老更替的需求以及配件和服务的需求，那时仅仅依靠增长来获得盈利就变得比较困难。这种仅靠外延增长来实现盈利的模式在代理商中是普遍存在的，对行业发展的依赖导致经营风险的不可控性，需要引起广大代理商的高度重视。

〔撰稿人：中国工程机械工业协会代理商工作委员会冯桂英〕

统计资料

公布2007年主要统计数据，准确、系统、全面地反映工程机械行业的主要经济指标

统计资料

2007 年我国工程机械行业主要企业产品产销存统计

1. 挖掘机械

序号	企 业 名 称	产 品 类 别	单位	年 产 量	销 售 量	库存量
1	天津建筑机械厂	履带挖掘机	台	3	4	1
2	陕西新黄工机械有限责任公司	履带挖掘机	台	8	12	23
3	山东泰山建能集团泰安泰装工程机械有限公司	履带挖掘机	台	5		5
4	内蒙古北方重型汽车股份有限公司	履带挖掘机	台	228	267	39
5	徐州华东机械厂	履带挖掘机	台	19	27	
6	福田雷沃国际重工股份有限公司青岛雷沃工厂	履带挖掘机	台	1 517	1 330	187
7	广西玉柴工程机械有限责任公司	履带挖掘机	台	4 070	3 824	853
8	广西柳工机械股份有限公司	履带挖掘机	台	2 460	2 115	561
9	阿特拉斯工程机械有限公司	履带挖掘机	台	361	361	
10	北京现代京城工程机械有限公司	履带挖掘机	台	5 072	5 057	687
11	常林股份有限公司	履带挖掘机	台	10	10	
12	山东福临机械制造有限公司	履带挖掘机	台	2 424	2 420	4
13	山东众友工程机械有限公司	履带挖掘机	台	520	641	240
14	徐州徐挖挖掘机械有限公司	履带挖掘机	台	607	514	116
15	山东力士德机械有限公司	履带挖掘机	台	205	202	22
16	沃尔沃建筑设备(中国)有限公司	履带挖掘机	台	1 606	1 623	125
17	山东卡特重工有限公司	履带挖掘机	台	908	881	61
18	四川邦立重机有限责任公司	履带挖掘机	台	163	172	7
19	小松(中国)投资有限公司	履带挖掘机	台	10 411	9 950	461
20	利勃海尔机械(大连)有限公司	履带挖掘机	台	131	131	
21	河北宣化工程机械股份有限公司	履带挖掘机	台	12	8	12
22	中国一拖集团有限公司	履带挖掘机	台	143	157	16
23	烟台工程机械有限公司	履带挖掘机	台	12	4	
24	成都神钢工程机械(集团)有限公司	履带挖掘机	台	4 245	4 245	
25	上海彭浦机器厂有限公司	履带挖掘机	台	109	103	18
26	现代(江苏)工程机械有限公司	履带挖掘机	台	4 627	4 627	
27	贵州詹阳动力重工有限公司	履带挖掘机	台	513	458	105
28	江西南特工程机械有限公司	履带挖掘机	台	650	610	40
29	三一集团有限公司	履带挖掘机	台	2 273	1 853	420
30	湖南山河智能机械股份有限公司	履带挖掘机	台	2 591	2 591	
31	斗山工程机械(中国)有限公司	履带挖掘机	台	11 498	11 594	1 120
32	其他(卡特、日立、住重中骏等)	履带挖掘机	台	15 229	15 229	
33	徐州华东机械厂	轮式挖掘机	台	1	1	
34	中国一拖集团有限公司	轮式挖掘机	台	1 496	1 560	122

（续）

序号	企业名称	产品类别	单位	年产量	销售量	库存量
35	贵州詹阳动力重工有限公司	轮式挖掘机	台	395	395	32
36	山东山工机械有限公司	挖装机	台	3	5	1
37	广西柳工机械股份有限公司	挖装机	台	26	18	5
38	常林股份有限公司	挖装机	台	101	88	26
39	山东临工工程机械有限公司	挖装机	台	75	86	33
40	烟台工程机械有限公司	挖装机	台	47	36	14
41	徐州徐工特种工程机械有限公司	挖装机	台	245	263	4
42	朝阳朝工机械有限公司	挖装机	台	10	41	20
43	福田雷沃国际重工股份有限公司	挖装机	台	15	13	
44	沈阳山河工程机械厂	掘进机	台	9	8	1
45	青海华鼎齿轮箱有限责任公司	掘进机	台	708	754	106
46	鞍山强力重工有限公司	掘进机	台	12	9	4
	总　计		台	75 773	74 297	5 491

2. 铲土运输机械

序号	企业名称	产品类别	单位	年产量	销售量	库存量
1	天津建筑机械厂	履带推土机	台	716	671	125
2	陕西新黄工机械有限责任公司	履带推土机	台	77	85	22
3	山推工程机械股份有限公司	履带推土机	台	3 780	3 646	463
4	广西柳工机械股份有限公司	履带推土机	台		21	11
5	内蒙古一机集团大地工程机械有限公司	履带推土机	台	186	178	51
6	鞍山强力重工有限公司	履带推土机	台	40	77	－13
7	河北宣化工程机械股份有限公司	履带推土机	台	1 162	1 206	131
8	中国一拖集团有限公司	履带推土机	台	564	554	111
9	上海彭浦机器厂有限公司	履带推土机	台	566	574	62
10	郑州宇通重工有限公司	轮式推土机	台	126	137	98
11	山东蒙凌工程机械股份有限公司	轮式推土机	台	200	175	35
12	山东泰山建能集团泰安泰装工程机械有限公司	轮式装载机	台	198	100	98
13	山东山工机械有限公司	轮式装载机	台	10 200	10 563	1 067
14	徐州华东机械厂	轮式装载机	台	219	130	293
15	徐州金正公路工程机械有限公司	轮式装载机	台	265	299	
16	广西柳工机械股份有限公司	轮式装载机	台	27 515	27 002	3 835
17	沈阳山河工程机械厂	轮式装载机	台	446	443	108
18	常林股份有限公司	轮式装载机	台	7 440	7 388	1 553
19	郑州宇通重工有限公司	轮式装载机	台	2 243	2 194	362
20	厦门工程机械股份有限公司	轮式装载机	台	23 776	21 629	6 025
21	山东临工工程机械有限公司	轮式装载机	台	17 624	17 999	4 096
22	杭州武林机器有限公司	轮式装载机	台	194	206	40
23	河北宣化工程机械股份有限公司	轮式装载机	台		1	－2
24	中国龙工控股有限公司	轮式装载机	台	28 223	27 891	4 993
25	山东德工机械有限公司	轮式装载机	台	1 881	2 168	92

（续）

序号	企业名称	产品类别	单位	年产量	销售量	库存量
26	中国一拖集团有限公司	轮式装载机	台	4 847	4 831	518
27	烟台工程机械有限公司	轮式装载机	台	384	295	77
28	徐州徐工特种工程机械有限公司	轮式装载机	台	1 050	1 070	170
29	成都神钢工程机械(集团)有限公司	轮式装载机	台	9 384	9 357	1 638
30	山东常林机械集团股份有限公司	轮式装载机	台	2 506	2 597	181
31	朝阳朝工机械有限公司	轮式装载机	台	670	633	250
32	鼎盛天工工程机械股份有限公司	轮式装载机	台		157	
33	福田雷沃国际重工股份有限公司	轮式装载机	台	7 811	9 144	198
34	浙江杭叉工程机械股份有限公司	轮式装载机	台		2	
35	泰安东岳重工有限公司	轮式装载机	台	44	99	
36	徐州工程机械科技股份有限公司	轮式装载机	台	10 019	10 341	1 274
37	厦门市装载机有限公司	轮式装载机	台	1 014	929	296
38	建德(泉州)工程机械制造有限公司	轮式装载机	台	1 510	1 470	310
39	陕西新黄工机械有限责任公司	履带装载机	台	20	10	10
40	河北宣化工程机械股份有限公司	履带装载机	台	1	3	
41	山推工程机械股份有限公司	推耙机	台	20	23	3
42	厦工集团三明重型机器有限公司	平地机	台	97	90	7
43	山推工程机械股份有限公司	平地机	台	45	38	9
44	徐州华东机械厂	平地机	台		1	1
45	广西柳工机械股份有限公司	平地机	台	229	213	32
46	徐州徐工筑路机械有限公司	平地机	台	1 210	1 151	240
47	常林股份有限公司	平地机	台	372	306	166
48	长沙建设机械研究院有限责任公司	平地机	台	82	86	
49	中国龙工控股有限公司	平地机	台	13	9	4
50	中国一拖集团有限公司	平地机	台	89	98	9
51	成都神钢工程机械(集团)有限公司	平地机	台	16	55	7
52	成都大华路面工程机械有限公司	平地机	台	180	217	12
53	鼎盛天工工程机械股份有限公司	平地机	台	1 143	1 013	
54	三一集团有限公司	平地机	台	466	459	10
55	厦工集团三明重型机器有限公司	铲运机	台	16	16	
56	新沂市八达特种工程机械有限公司	铲运机	台	2	2	
57	内蒙古北方重型汽车股份有限公司	矿用自卸车	台	383	360	71
58	本溪北方机械重汽有限责任公司	矿用自卸车	台	20	23	6
59	中环动力(北京)重型汽车有限公司	矿用自卸车	台	171	135	61
60	北京首钢重型汽车制造股份有限公司	矿用自卸车	台	68	51	19
61	安徽星马汽车股份有限公司	自卸车	台	113	124	113
62	湘电集团有限公司	大型电动轮车	台	30	30	
63	内蒙古北方重型汽车股份有限公司	井下矿车	台	6	3	5
64	北京京城重工机械有限责任公司	改装车	台	152	126	28
65	泰安东岳重工有限公司	其他改装车	台	3	3	4
66	广东力士通机械股份有限公司	发射车	台	1	1	

（续）

序号	企业名称	产品类别	单位	年产量	销售量	库存量
67	徐州徐工随车起重机有限公司	特种改装车	台	61	57	4
68	湖南省浦沅集团有限公司	特种改装车	台	188	174	18
69	山推工程机械股份有限公司	吊管机	台	80	71	10
70	广西柳工机械股份有限公司	吊管机系列	台		28	
71	泰安泰山工程机械股份有限公司	吊管机	台	231	221	10
72	沈阳山河工程机械厂	除雪机(器)	台	380	327	54
73	广西柳工机械股份有限公司	滑移装载机	台	197	204	44
74	中环动力(北京)重型汽车有限公司	港口牵引车	台	12	12	
75	沈阳山河工程机械厂	其他	台	37	37	1
76	鞍山强力重工有限公司	其他	台	14	27	-11
77	河北宣化工程机械股份有限公司	吊管机底盘	台	42	42	
	总　计		台	173 070	172 108	29 515

3. 工程起重机

序号	企业名称	产品类别	单位	年产量	销售量	库存量
1	长沙建设机械研究院有限责任公司	汽车起重机	台	4 751	4 615	287
2	北起多田野(北京)起重机有限公司	汽车起重机	台	358	314	51
3	蚌埠振冲安利工程机械有限公司	汽车起重机	台	986	997	22
4	徐州重型机械有限公司	汽车起重机	台	9 994	9 955	101
5	四川长江工程起重机有限责任公司	汽车起重机	台	1 523	1 520	81
6	锦州华元重型机械有限公司	汽车起重机	台	246	222	30
7	泰安东岳重工有限公司	汽车起重机	台	1 450	1 419	86
8	泰安工程机械总厂	汽车起重机	台	327	355	16
9	重庆大江信达车辆股份有限公司专用车厂	汽车起重机	台	79	74	14
10	广东力士通机械股份有限公司	汽车起重机	台	11	12	2
11	长春专用汽车制造总公司	汽车起重机	台	7	7	
12	湖南省浦沅集团有限公司	汽车起重机	台	20	40	
13	沈阳北方交通重工集团有限公司	汽车起重机	台	241	241	
14	三一重工股份有限公司	汽车起重机	台	496	480	16
15	中联重科浦沅分公司	汽车起重机	台	4 018	3 914	372
16	山东福临机械制造有限公司	轮胎起重机	台	477	461	16
17	北京京城重工机械有限责任公司	轮胎起重机	台	34	36	2
18	广东力士通机械股份有限公司	轮胎起重机	台	3	1	3
19	新沂市八达特种工程机械有限公司	轮胎起重机	台	116	108	8
20	抚顺起重机制造有限责任公司	轮胎起重机	台	5	5	2
21	徐州重型机械有限公司	履带起重机	台	231	232	9
22	抚顺挖掘机制造有限责任公司	履带起重机	台	419	401	47
23	泰安泰山工程机械股份有限公司	履带起重机	台	22	20	2
24	三一集团有限公司	履带起重机	台	259	249	11
25	山东鲁能光大重型机械设备有限公司	履带起重机	台	4	4	
26	湖南江麓机械集团有限公司	塔式起重机	台	255	262	16
27	抚顺永茂建筑机械有限公司	塔式起重机	台	403	403	

（续）

序号	企业名称	产品类别	单位	年产量	销售量	库存量
28	方圆集团	塔式起重机	台	586	583	7
29	长沙建设机械研究院有限责任公司	塔式起重机	台	977	947	71
30	广西建工集团建筑机械制造有限责任公司	塔式起重机	台	794	794	
31	广东省建筑机械厂	塔式起重机	台	21	21	
32	山东华夏集团有限公司	塔式起重机	台	6 500	6 000	500
33	山东鸿达建工集团有限公司	塔式起重机	台	4 143	4 122	21
34	四川建设机械（集团）股份有限公司	塔式起重机	台	368	360	
35	浙江省建设机械集团有限公司	塔式起重机	台	418	418	
36	湖南江麓机械集团有限公司	施工升降机	台	147	147	1
37	方圆集团	施工升降机	台	324	323	1
38	湖北宏力液压科技有限公司	施工升降机	台	375	360	7
39	广西建工集团建筑机械制造有限责任公司	施工升降机	台	269	269	
40	广东省建筑机械厂	施工升降机	台	22	22	
41	浙江省建设机械集团有限公司	施工升降机	台	132	132	
42	常林股份有限公司	随车起重机	台	29	23	6
43	长治清华机械厂	随车起重机	台	24	13	14
44	长春专用汽车制造总公司	随车起重机	台	26	26	
45	徐州徐工随车起重机有限公司	随车起重机	台	1 466	1 424	110
46	牡丹江专用汽车制造有限公司起重机厂	随车起重机	台	485	495	23
47	湖南省浦沅集团有限公司	随车起重机	台	180	158	31
48	广林特装车（锦州）有限公司	随车起重机	台	164	140	24
49	石家庄煤矿机械有限责任公司随车吊分厂	随车起重机	台	1 134	1 046	
50	长治清华机械厂	随车起重机	台	54	34	58
51	徐州专用汽车厂	随车起重机	台	44	46	
52	中联重科浦沅分公司	随车起重机	台	111	94	25
53	哈尔滨工程机械制造有限责任公司	港口轮胎起重机	台	67	72	
54	长江航运集团红光港机厂	港口轮胎起重机	台	77	77	
55	四川长江工程起重机有限责任公司	其他	台			4
56	锦州华元重型机械有限公司	测井车、扫描车	台	47	25	22
57	重庆大江信达车辆股份有限公司专用车厂	其他	台	15	15	1
58	广东力士通机械股份有限公司	半挂车	台	81	81	
59	长春专用汽车制造总公司	多功能车	台	11	11	
60	徐州徐工随车起重机有限公司	桥梁检测车	台	8	10	1
61	湖南省浦沅集团有限公司	清障车、其他	台	23	17	8
62	新沂市八达特种工程机械有限公司	正面起重机	台	6	7	2
63	哈尔滨工程机械制造有限责任公司	特种设备	台	68	65	3
64	广林特装车（锦州）有限公司	其他	台	12	10	2
65	山东鲁能光大重型机械设备有限公司	桅杆起重机	台	1	1	
66	中联重科浦沅分公司	其他	台	9	9	2
	总　计		台	45 953	44 744	2 138

4. 机动工业车辆

序号	企业名称	产品类别	单位	年产量	销售量	库存量
1	宁波如意股份有限公司	电动叉车	台	3 105	3 105	
2	衡阳力尔美电瓶车有限责任公司	电动叉车	台	44	44	2
3	锦州万力叉车有限公司	电动叉车	台	9	7	
4	安徽叉车集团公司	电动叉车	台	4 867	4 939	318
5	浙江杭叉工程机械股份有限公司	电动叉车	台	5 243	5 110	525
6	浙江诺力机械股份有限公司	电动叉车、电动仓储设备	台	217	217	
7	泰安东岳重工有限公司	叉车	台	1	3	
8	其他(合资、独资企业等)	电动叉车	台	10 175	10 175	
9	山东泰山建能集团泰安泰装工程机械有限公司	内燃叉车	台	14	1	13
10	广西柳工机械股份有限公司	内燃叉车	台		119	12
11	北京现代京城工程机械有限公司	内燃叉车	台	5 651	5 838	451
12	中国一拖集团有限公司	内燃叉车	台	1 579	1 592	298
13	湖北宏力液压科技有限公司	内燃叉车	台	1 521	1 478	29
14	山东光明机器制造有限公司	内燃叉车	台	1 241	1 220	21
15	宜昌金轮叉车有限责任公司	内燃叉车及蓄电池叉车	台	475	488	25
16	镇江福马叉车有限公司	内燃叉车	台	54	54	
17	锦州万力叉车有限公司	内燃叉车	台	441	441	
18	上海柳工叉车有限公司	内燃叉车	台	1 505	1 432	268
19	江苏靖江叉车有限公司	内燃叉车	台	1 843	1 816	100
20	厦门叉车总厂	内燃叉车	台	2 131	2 047	291
21	大连叉车有限责任公司	内燃叉车	台	5 759	5 779	688
22	安徽叉车集团公司	内燃叉车	台	32 552	32 052	1 220
23	浙江杭叉工程机械股份有限公司	内燃叉车	台	32 854	31 893	2 264
24	浙江诺力机械股份有限公司	内燃叉车	台	23	23	
25	斗山工程机械(中国)有限公司	内燃叉车	台	4 064	4 015	107
26	其他(合资、独资企业等)	内燃叉车	台	33 090	33 090	
27	常州博力搬运机械有限公司	手动托盘搬运车	台	175 873	183 907	2 832
28	湖北宏力液压科技有限公司	搬运车	台	14 571	5 975	446
29	浙江省金华起重设备厂	手动托盘搬运车	台	69 625	66 837	7 887
30	宁波如意股份有限公司	手动托盘搬运车	台	612 000	608 890	3 110
31	衡阳力尔美电瓶车有限责任公司	短距离固定平台搬运车	台	218	218	
32	浙江诺力机械股份有限公司	手动搬运车	台	804 150	804 150	
33	浙江省金华起重设备厂	堆垛机	台	3 365	3 256	344
34	浙江诺力机械股份有限公司	堆垛车	台	4 843	4 843	
35	其他(合资、独资企业等)	堆垛叉车	台	7 243	7 243	
36	山东泰山建能集团泰安泰装工程机械有限公司	索引车	台	1		1
37	厦工集团三明重型机器有限公司	牵引车	台	2	1	3
38	沈阳山河工程机械厂	牵引车	台	7	9	1
39	江苏靖江叉车有限公司	牵引车	台	285	282	6
40	宁波如意股份有限公司	拉紧器	台	801 789	801 789	
	总　计		台	2 642 430	2 634 378	21 262

5. 压实与路面机械

序号	企 业 名 称	产 品 类 别	单位	年 产 量	销 售 量	库存量
1	上海工程机械厂有限公司	静碾压路机	台	4	4	2
2	厦工集团三明重型机器有限公司	静碾压路机	台	33	12	19
3	徐州华东机械厂	静碾压路机	台	2	10	2
4	常林股份有限公司	静碾压路机	台	78	76	14
5	中国一拖集团有限公司	静碾压路机	台	186	190	58
6	徐州工程机械科技股份有限公司	静碾压路机	台	182	216	9
7	湖南江麓机械集团有限公司	振动压路机	台	80	92	48
8	上海工程机械厂有限公司	振动压路机	台	1	6	
9	厦工集团三明重型机器有限公司	振动压路机	台	773	657	108
10	山推工程机械股份有限公司	振动压路机	台	475	489	103
11	广西柳工机械股份有限公司	振动压路机	台	320	350	38
12	常林股份有限公司	振动压路机	台	301	316	129
13	郑州宇通重工有限公司	振动压路机	台	78	87	9
14	沃尔沃建筑设备(中国)有限公司	振动压路机	台	51	31	35
15	长沙建设机械研究院有限责任公司	振动压路机	台	173	175	10
16	河北宣化工程机械股份有限公司	振动压路机	台	5	5	
17	中国一拖集团有限公司	振动压路机	台	1 888	1 950	382
18	山东常林机械集团股份有限公司	振动压路机	台	357	416	95
19	鼎盛天工工程机械股份有限公司	振动压路机	台	114	122	
20	徐州工程机械科技股份有限公司	振动压路机	台	1 396	1 882	96
21	三一集团有限公司	振动压路机	台	251	267	15
22	其他(独资企业)	振动压路机	台	495	495	
23	其他(山东公路等)	振动压路机	台	75	75	
24	厦工集团三明重型机器有限公司	轮胎压路机	台	85	69	14
25	徐州华东机械厂	轮胎压路机	台	2	1	
26	常林股份有限公司	轮胎压路机	台	33	36	8
27	中国一拖集团有限公司	轮胎压路机	台	356	267	111
28	徐州工程机械科技股份有限公司	轮胎压路机	台	508	545	42
29	厦工集团三明重型机器有限公司	其他压路机	台	25	25	
30	广西柳工机械股份有限公司	其他压路机	台	531	493	72
31	郑州宇通重工有限公司	其他压路机	台	41	49	7
32	山东泰山建能集团泰安泰装工程机械有限公司	夯机	台	3	2	1
33	广西柳工机械股份有限公司	摊铺机	台	9	11	4
34	常林股份有限公司	摊铺机	台	2	3	
35	陕西建设机械股份有限公司	摊铺机	台	77	86	15
36	长沙建设机械研究院有限责任公司	摊铺机	台	101	101	
37	鼎盛天工工程机械股份有限公司	摊铺机	台	104	102	
38	徐州工程机械科技股份有限公司	摊铺机	台	204	242	13
39	中交西安筑路机械有限公司	摊铺机	台	58	56	37
40	镇江华晨华通路机有限公司	摊铺机	台	153	166	34
41	三一集团有限公司	摊铺机	台	121	123	8

（续）

序号	企业名称	产品类别	单位	年产量	销售量	库存量
42	其他（生建机械厂等）	摊铺机	台	140	139	
43	其他独资、民营企业	摊铺机	台	255	255	
44	福建南方路面机械有限公司	沥青搅拌机	台	10	10	
45	其他（四川建设机械股份有限公司、四川现代建设机械路面有限公司、浙江虎霸建设机械有限公司、成都永和实业有限责任公司、青岛新型建设机械有限公司等）	拌和站	台	41	41	
46	徐州华东机械厂	拌合机	台		1	3
47	河南陆德筑机股份有限公司	强制式沥青拌合机	台	44	44	
48	长沙建设机械研究院有限责任公司	加热设备	台	2	2	
49	徐州徐工筑路机械有限公司	铣刨机	台	37	38	7
50	长沙建设机械研究院有限责任公司	铣刨机	台	7	7	
51	徐州徐工筑路机械有限公司	水平定向钻	台	24	17	7
52	山东德工机械有限公司	冷再生机	台	8	10	3
53	河南陆德筑机股份有限公司	其他	台		6	
54	中交西安筑路机械有限公司	稀浆封层机	台	10	11	7
55	福建南方路面机械有限公司	稳定土厂拌设备	台	45	45	5
56	徐州徐工筑路机械有限公司	稳定土厂拌设备	台	27	38	5
57	河南陆德筑机股份有限公司	稳定土厂拌设备	台	18	18	
58	徐州徐工筑路机械有限公司	稳定土厂拌设备	台	26	27	7
	总　计		台	10 425	11 009	1 582

6. 高空、桩工、环卫机械等

序号	企业名称	产品类别	单位	年产量	销售量	库存量
1	杭州爱知工程车辆有限公司	液压高空作业车	台	572	582	45
2	北京京城重工机械有限责任公司	高空作业平台	台	590	393	292
3	重庆大江信达车辆股份有限公司专用车	高空作业车	台	47	67	11
4	广东力士通机械股份有限公司	高空作业车	台	8	7	3
5	长春专用汽车制造总公司	高空作业车	台	6	6	
6	徐州徐工随车起重机有限公司	高空作业车	台	3	4	1
7	湖南省浦沅集团有限公司	高空作业车	台	17	17	4
8	抚顺起重机制造有限责任公司	高空作业车	台	12	10	2
9	徐州专用汽车厂	高空作业车	台	30	25	
10	北京攀尼高空作业设备有限公司	起重举升式专用改装车	台	56	51	5
11	长沙建设机械研究院有限责任公司	消防车	台	25	25	
12	徐州重型机械有限公司	消防车	台	71	73	16
13	抚顺起重机制造有限责任公司	消防车	台	32	30	3
14	江苏申锡建筑机械有限公司	高空作业吊篮、其他	台	6 001	5 341	660
15	浙江振中工程机械有限公司	振动锤	台	85	66	17
16	郑州勘察机械有限公司	桩孔钻机	台	4	4	4
17	上海工程机械厂有限公司	桩架	台	49	35	16

（续）

序号	企业名称	产品类别	单位	年产量	销售量	库存量
18	河北新钻钻机有限公司	桩机	台	90	85	5
19	方圆集团	桩机	台	25	25	
20	郑州勘察机械有限公司	水文钻机	台	13	12	1
21	广西建工集团建筑机械制造有限责任公司	压桩机	台	27	27	
22	湖南山河智能机械股份有限公司	静压桩机	台	379	379	
23	上海工程机械厂有限公司	筒式打桩锤	台	257	206	108
24	内蒙古北方重型汽车股份有限公司	旋挖钻机	台	31	21	30
25	徐州徐工筑路机械有限公司	旋挖钻机	台	28	32	
26	郑州宇通重工有限公司	旋挖钻机	台	57	45	17
27	郑州勘察机械有限公司	旋挖钻机	台	22	21	3
28	长沙建设机械研究院有限责任公司	旋挖钻机	台	79	80	4
29	三一集团有限公司	旋挖钻机	台	180	172	16
30	湖南山河智能机械股份有限公司	旋挖钻机	台	107	107	
31	河北新钻钻机有限公司	潜水钻机、挖泥机等	台	53	50	3
32	郑州宇通重工有限公司	长螺旋钻机	台	31	31	6
33	长沙建设机械研究院有限责任公司	清扫车	台	1 674	1 659	
34	长治清华机械厂	垃圾车	台	154	113	51
35	长春专用汽车制造总公司	垃圾车	台	21	23	
36	中环动力（北京）重型汽车有限公司	洒水车	台	8	8	
	总计		台	10 844	9 832	1 323

7. 混凝土及混凝土制品机械

序号	企业名称	产品类别	单位	年产量	销售量	库存量
1	云南建筑机械厂	混凝土搅拌机	台	108	127	63
2	韶关新宇建设机械有限公司	强制式搅拌机	台	846	816	344
3	上海华东建筑机械厂有限公司	搅拌机	台	75	28	
4	方圆集团	搅拌机	台	3 951	3 942	9
5	上海约纳森工具制造有限公司	搅拌机	台	2 051	2 046	130
6	山东鸿达建工集团有限公司	混凝土搅拌机	台	1 711	1 701	10
7	浙江省建设机械集团有限公司	混凝土搅拌机	台	1 936	1 855	
8	其他（四川建设机械股份有限公司、四川现代建设机械路面有限公司、浙江虎霸建设机械有限公司、成都永和实业有限责任公司、青岛新型建设机械有限公司等）	搅拌机	台	12 620	11 308	
9	佛山市云雀振动器有限公司	振动器	台	22 251	19 569	3 207
10	广东省建筑机械厂	振动棒	台	512	512	
11	安徽星马汽车股份有限公司	混凝土泵车	台	55	48	6
12	方圆集团	泵	台	209	211	
13	郑州宇通重工有限公司	拖泵	台	61	52	2
14	贵州枫阳液压有限责任公司	拖式混凝土输送泵	台	54	44	12
15	长沙建设机械研究院有限责任公司	混凝土泵	台	885	857	

（续）

序号	企业名称	产品类别	单位	年产量	销售量	库存量
16	徐州重型机械有限公司	混凝土拖泵	台			5
17	泰安东岳重工有限公司	混凝土输送泵	台	17	21	
18	上海鸿得利机械制造有限公司	混凝土泵、车载混凝土泵	台	478	399	56
19	山东鸿达建工集团有限公司	混凝土泵	台	80	80	
20	三一集团有限公司	拖泵	台	1 497	1 442	127
21	其他（四川建设机械股份有限公司、四川现代建设机械路面有限公司、浙江虎霸建设机械有限公司、成都永和实业有限责任公司、青岛新型建设机械有限公司等）	混凝土泵	台	1 141	1 118	
22	方圆集团	混凝土泵车	台	149	149	
23	长沙建设机械研究院有限责任公司	泵车	台	1 302	1 241	
24	中国一拖集团有限公司	混凝土泵车	台	3	4	11
25	徐州重型机械有限公司	混凝土泵车	台	129	136	1
26	广东力士通机械股份有限公司	车载泵车	台	14	14	
27	上海鸿得利机械制造有限公司	臂架式混凝土泵车	台	58	45	12
28	山东鸿达建工集团有限公司	混凝土泵车	台	50	50	
29	三一集团有限公司	泵车	台	2 001	2 033	121
30	徐州专用汽车厂	车载泵等	台	4	4	
31	其他（四川建设机械股份有限公司、四川现代建设机械路面有限公司、浙江虎霸建设机械有限公司、成都永和实业有限责任公司、青岛新型建设机械有限公司等）	混凝土泵车	台	603	561	
32	韶关新宇建设机械有限公司	搅拌站、搅拌楼	台	98	99	8
33	福建南方路面机械有限公司	搅拌站、搅拌楼	台	280	280	
34	上海华东建筑机械厂有限公司	混凝土搅拌站	台	77	73	
35	方圆集团	搅拌站、拌和站	台	445	443	2
36	长沙建设机械研究院有限责任公司	混凝土搅拌站	台	101	101	
37	中交西安筑路机械有限公司	搅拌站	台	50	50	12
38	山东鸿达建工集团有限公司	搅拌站（楼）	台	50	50	
39	浙江省建设机械集团有限公司	搅拌站（楼）	台	55	54	
40	其他（四川建设机械股份有限公司、四川现代建设机械路面有限公司、浙江虎霸建设机械有限公司、成都永和实业有限责任公司、青岛新型建设机械有限公司等）	搅拌站	台	631	647	
41	云南建筑机械厂	混凝土配料机	台	48	37	43
42	韶关新宇建设机械有限公司	配料机	台	306	287	
43	方圆集团	配料机	台	406	411	
44	山东鸿达建工集团有限公司	配料机	台	100	100	
45	浙江省建设机械集团有限公司	配料机	台	740	740	
46	其他（四川建设机械股份有限公司、四川现代建设机械路面有限公司、浙江虎霸建设机械有限	配料机	台	2 378	2 328	

（续）

序号	企业名称	产品类别	单位	年产量	销售量	库存量
	公司、成都永和实业有限责任公司、青岛新型建设机械有限公司等）					
47	中环动力(北京)重型汽车有限公司	混凝土搅拌车	台			2
48	安徽星马汽车股份有限公司	混凝土搅拌车	台	4 447	4 208	339
49	韶关新宇建设机械有限公司	搅拌车	台	5	5	
50	上海华东建筑机械厂有限公司	混凝土搅拌车	台	1 383	1 366	
51	方圆集团	混凝土搅拌输送车	台	187	187	
52	郑州宇通重工有限公司	搅拌车	台	225	219	12
53	长沙建设机械研究院有限责任公司	搅拌运输车	台	1 259	1 271	
54	山东鸿达建工集团有限公司	搅拌车	台	255	255	
55	三一集团有限公司	混凝土搅拌车	台	780	804	
56	四川建设机械(集团)股份有限公司	混凝土搅拌车	台	191	182	27
57	其他(四川建设机械股份有限公司、四川现代建设机械路面有限公司、浙江虎霸建设机械有限公司、成都永和实业有限责任公司、青岛新型建设机械有限公司等)	搅拌车	台	1 389	1 359	
58	安徽星马汽车股份有限公司	散装水泥车	台	1 064	1 054	94
59	郑州宇通重工有限公司	散装水泥车	台	193	181	7
60	云南建筑机械厂	散装水泥料仓	台	76	53	44
61	其他(四川建设机械股份有限公司、四川现代建设机械路面有限公司、浙江虎霸建设机械有限公司、成都永和实业有限责任公司、青岛新型建设机械有限公司等)	水泥料仓	台	140	137	
62	云南建筑机械厂	稳定土设备	台	4	2	2
63	佛山市云雀振动器有限公司	其他	台	3 010	2 181	488
	总　计		台	75 224	69 577	5 196

8. 凿岩机械及风动工具

序号	企业名称	产品类别	单位	年产量	销售量	库存量
1	黄石市黄风机械有限公司	气动马达	台	2 543	2 508	2 588
		气动铰车	台	44	39	52
		气控单元阀架	台	352	207	145
		34zD 阀 SZ34 阀	台	11	11	
		启动器	台	12	12	
		配件	t	4	4	1
2	开山集团	手持式凿岩机	台	143 416	143 474	307
		微型压缩机	台	151 700	151 632	535
3	洛阳风动工具有限公司	气动凿岩机	台	237	60	177
		内燃凿岩机	台	10 491	8 482	5 729
		电动凿岩机	台	4 480	4 846	580
		气动岩石钻	台	14	7	18

（续）

序号	企业名称	产品类别	单位	年产量	销售量	库存量
		破碎机	台	148	137	66
		冲击夯	台	44	29	21
		柴油钻	台	98	86	12
		潜孔钻	台	26	30	23
		配件	t	283	298	75
		轴承附件	件	43 611	42 721	
4	南京工程机械厂	其中:气腿式凿岩机	台	466	555	237
		导轨式凿岩机	台	202	218	101
		钻架	台	157	146	19
		气镐	台	28 127	30 792	36 954
		配件	t	193	143	260
5	青岛前哨精密机械公司	气动工具	台	51 983	63 520	731
6	浙江衢州煤矿机械总厂有限公司	气腿式凿岩机	台	7 480	8 171	2 270
		手持式凿岩机	台	2 720	3 157	1 225
		微型压缩机	台	294	284	276
		气体压缩机	台	88	73	177
		锚杆机	台	162	164	175
		气腿	台	9 707	9 430	2 815
		支柱	根	251 138	275 757	11 698
		测力计	台	105	56	30
		三用阀	套	200 695	208 534	27 090
		配件	t	123		
7	山东同力达智能机械有限公司	气铲	台	1 900	1 727	2 000
		气扳机	台	2 900	2 477	210
		气动砂轮机	台	5 620	5 968	982
		气钻	台	200	146	60
		角向磨光机	台	6 600	6 294	556
8	上海民生电器有限公司	气扳机	台	3 010	2 897	294
		汽车配件	套	40 751	41 849	1 300
9	上海气动工具厂	除锈器	台	1 764	1 905	135
		气动砂轮机	台	21 247	21 304	498
		气铲	台	3 441	3 776	410
		捣固机	台	1 427	1 500	113
10	上海约纳森工具制造有限公司	气动砂轮机	台	116 408	115 236	4 857
		气镐	台	2 009	1 976	388
		气铲	台	4 122	4 061	751
		捣固机	台	4 343	4 372	894
		抛光机	台	120	125	90
11	沈阳风动工具厂有限公司	配件	t	1 403	1 270	8
12	天津市柏益风动工具有限公司	角向系列气动砂轮机	台	7 306	6 686	2 136
		直柄系列气动砂轮机	台	5 538	5 869	2 217

（续）

序号	企业名称	产品类别	单位	年产量	销售量	库存量
		其他气动砂轮机	台	419	534	444
13	天水风动工具厂一分厂	弹簧	万件	83	77	6
		水针	万件	26	19	7
		胶件	万件	183		
		叶片	万件	52		
		聚酯	万件	4		
14	天水风动机械有限责任公司	气腿式凿岩机	台	60 302	58 145	7 536
		手持式凿岩机	台	7 269	6 774	1 190
		向上式凿岩机	台	460	362	159
		导轨式凿岩机	台	330	419	146
		凿岩钻车	台	4	6	7
		凿岩钻架	台	209	165	99
		气钻	台	2 261	2 559	1 091
		气动砂轮机	台	12 940	12 080	2 921
		气扳机	台	1 867	2 936	4 932
		气马达	台	10	19	10
		冲击器	台	185	180	115
		气铲	台			1
		捣固机	台		55	223
		其他	台	247	1 013	916
		配件	t	340	276	858
15	通化市风动工具有限责任公司	气动砂轮机	台	80	76	506
		气镐	台	4 659	5 569	8 868
		气动锤	台	15	14	6
		气铲	台	384	620	1 324
		捣固机	台	400	315	1 213
		采掘设备	台	95	97	221
		钻头	台	89	91	74
		配件	t	116	102	91
16	徐州三刃风动工具有限公司	气动砂轮机	台	3 342	3 800	509
		气镐	台	1 050	1 069	101
		气铲	台	4 590	4 872	286
		捣固机	台	1 500	1 515	336
17	烟台市石油机械有限公司	气动马达	台	6 021	5 849	3 391
		气动铰车	台	426	430	348
		FSK－15 上扣器	台	219	234	110
		起动预供油泵	台	1 790	943	887
18	宜春风动工具有限公司	气动凿岩机	台	4	23	
		内燃凿岩机	台	4 722	3 934	1 830
		电动凿岩机	台	350	186	230

（续）

序号	企业名称	产品类别	单位	年产量	销售量	库存量
		气镐	台	1 450	874	391
		配件	t	157		
19	义乌市风动工具有限公司	气镐	台	24 150	24 160	8
		气铲	台	1 380	1 380	6
		捣固机	台	720	720	10
20	镇江市丹徒风电机械厂	气动工具	台	20 941	22 176	2 774
		其他	台	371	371	
21	镇江市京口气动工具有限公司	气钻	台	366	314	329
		气动砂轮机	台	2 478	2 392	891
		气扳机	台	2 146	2 091	514
		气动螺丝刀	台	1 056	1 007	1 758

9. 专用配套件

序号	企业名称	产品类别	单位	年产量	销售量	库存量
1	安徽合力股份有限公司蚌埠液力机械厂	液压元件	件	268 767	264 820	22 589
		液力变矩器	台	29 404	29 728	3 091
2	北京铸通液压机电制造有限公司	液量阀	件	10 000	10 000	
		压力控制阀	件	20 000	20 000	
3	博世力士乐（北京）液压有限公司	液压泵、液压马达	台	41 206	46 944	
		减速机	台	33 739	3 475	707
4	长沙航空工业中南传动机械厂	叉车变速箱	件	29 705	28 312	4 709
		液压件	件	10 758	11 112	
5	长治液压有限公司	叶片泵	件	159 893	153 085	43 144
		齿轮泵	件	125 980	129 494	65 397
		液压阀（方向阀）	件	3 219	9 705	3 834
		液压缸	件			285
		其他产品	件	5 109	5 297	1 237
		液压机具	件	1 409	1 151	255
6	大连液力机械有限公司	液力变矩器	台	2 559	2 661	540
		液力偶合器	台	2 984	2 730	745
7	福州大学液压件厂	齿轮泵	台	21 669	20 013	4 263
		变速泵	台	25 712	25 877	6 709
8	阜新液压件厂	高压叶片泵	台	6 672	5 383	16 091
		高压齿轮泵	台	28 299	30 522	26 380
		动力转向泵	台	254 642	220 951	72 583
9	广西南宁市精祥仪表有限责任公司	工程机械数字监控仪系统	台	8 000	8 000	
10	贵州枫阳液压有限责任公司	工程机械液压件	套	36 363	34 465	10 580
11	海盐管件制造有限公司	液压管件	万件	2 599	2 604	712
12	合肥长源液压件有限责任公司	齿轮泵	台	27 617	272 858	3 312
		液压阀	件	157 889	172 603	–147
		液压缸	件	93 926	77 956	15 770

（续）

序号	企业名称	产品类别	单位	年产量	销售量	库存量
13	黄石赛福摩擦材料有限公司	粉末冶金摩擦片	万件	382	310	55
		操纵阀	台	10	5	8
14	济宁市永生工程机械制造有限公司	TY220、230 配件	台	428	421	28
		TY180 配件	台	175	213	30
		TY160 配件	台	124	104	54
		TY320 配件	台	196	136	27
		挖掘机配件	台	1 250	1 210	64
		履带起重机配件	台	927	926	49
		齿轮泵	台	307 416	310 065	30 622
		齿轮马达	台	13 837	14 028	
		多路阀	件	4 756	6 604	
15	江苏中液液压机械有限公司	齿轮泵	件	283 442	274 323	69 496
		液压控制阀	件	3 364	2 107	2 400
		液压缸	件	16 047	11 120	5 578
		液压系统及装置	套	22 620	23 930	158
16	江西分宜驱动桥有限公司	PR35.21 驱动桥	台	574	621	3
		PR35.32 驱动桥	台	268	268	
		PR50.21J 驱动桥	台	336	340	15
		PR50.21J－Ⅱ驱动桥	台	336	316	20
		PR60.21B 驱动桥	台	2 980	3 022	66
		PR60.23C 驱动桥	台	448	438	10
17	江西南特工程机械有限公司	挖掘机配件	t	10 129	9 000	1 129
18	力源液压（中航重机）公司	液压泵	台	20 817	22 372	2 516
19	马鞍山方圆回转支承股份有限公司	回转支承	套	41 056	38 676	4 429
20	南京工程机械厂	液压件	件	121	137	10
21	宁波大港意宁液压有限公司	液压马达	台	2 993	2 464	527
		液压装置	台	10 228	10 001	227
		SA10V50 系列柱塞泵	台	880	870	10
		SK3V112 系列柱塞泵	台	398	392	6
		SVD22 系列柱塞泵	台	45	45	
		PYB5/6 系列柱塞泵	台	310	300	10
		SATV80 系列配件	套	20 000	19 850	150
		SPV 系列液压泵配件	套	18 000	16 500	1 500
		SPHB 系列液压泵配件	套	9 800	9 650	150
		小松 PC200/300 配件	套	22 500	21 800	700
		SK3V112 液压泵配件	套	23 580	23 000	580
		日本 HPV 液压泵配件	套	9 860	9 650	210
		CAT 液压泵配件	套	26 580	25 870	710
		林德系列液压泵配件	套	25 680	24 880	800
		铸件（斗齿）	t	17 654	17 100	254
22	青海华鼎齿轮箱有限责任公司	变速箱总成	台	859	769	137

（续）

序号	企业名称	产品类别	单位	年产量	销售量	库存量
		减速器	台	57	24	40
23	山东锐驰机械有限公司	液压缸	件	67 311	65 850	8 049
24	山推工程机械股份有限公司	YJ280 液力变矩器	台	5 149	5 432	940
		YJ315D 液力变矩器	台	20	33	
		YJ315L 液力变矩器	台	3 553	3 598	837
		YJ315S 液力变矩器	台	4 601	4 913	
		YJ315X 液力变矩器	台	5 975	6 483	668
		YJ355 液力变矩器	台	24	24	
		YJ375A 液力变矩器	台	64	78	
		YJ380 液力变矩器	台	23	23	
		YJ409 液力变矩器	台	31	31	
		YJ409GC 液力变矩器	台	61	134	
		YJ435 液力变矩器	台	13	13	
		YJ435GC 液力变矩器	台	5	5	
		YJSW315 液力变矩器	台	17 980	18 361	1 330
		ZL15 双变	套	548	733	
		变速箱	台	6 301	6 631	1 644
		松土器	台	1 679	1 485	220
		铲斗	台	42 692	42 038	
		四轮	台	358 758	358 758	
25	上海市高行液压气动成套总厂	方向控制阀	件	55 993	57 275	10 175
		压力控制阀	件	43 321	42 291	6 407
		流量控制阀	件	6 348	5 522	2 069
		液压系统及装置	台	179	179	
		蓄能器	件	501	501	
		冷却器	件	72	72	
		滤油器及装置	件	72 332	72 683	17 306
26	四川长江液压件有限责任公司	齿轮泵	台	67 859	67 865	5 410
		多路阀	件	35 095	35 185	3 919
		液压缸	件	82 041	81 192	9 286
		液压系统及装置	台	407	310	13
		其他液压件	台	5 911	8 238	803
27	苏州液压附件厂有限公司	液压元件	件	578 760	545 222	282 942
28	铁岭市机械橡校密封件有限公司	O 形圈	万件	1 286	76	4
		异形密封圈	万件	390	47	3
		骨架油封	万件	105	89	3
29	芜湖盛力制动有限责任公司	液压、气压制动元件	万只	146	144	6
30	厦门银华机械有限公司	液压缸	件	175 491	171 572	3 919
		石材机械	台	1 510	1 510	
		电子设备	台	2 675	2 675	
31	徐州良羽科技有限公司	变速箱	件	1 617	1 615	269

（续）

序号	企业名称	产品类别	单位	年产量	销售量	库存量
		驱动桥	件	4 612	4 610	545
32	徐州徐工液压件有限公司	液压缸	件	102 393	97 063	11 761
		液压系统	套	2 564	1 221	1 638
33	烟台富野机械有限公司	链轨履带总成	条	25 153	24 137	2 970
		支托轮总成	只	84 457	79 456	10 424
		其他	件	83 189	83 569	4 164
34	榆次液压有限公司	叶片泵	件	62 514	26 918	32 989
		齿轮泵	件	100 651	99 796	32 989
		柱塞泵	件		712	699
		方向控制阀	件	174 716	166 685	25 405
		压力控制阀	件	41 028	45 100	1 769
		流量控制阀	件	8 193	8 592	319
		液压缸	件	6 119	6 752	4 778
		液压系统及装置	套	711	616	462
35	浙江临海海宏集团	齿轮泵	台	1 663	1 718	517
		液压泵	台	1 663	1 718	517
		方向阀	件	86 596	88 465	3 300
		压力阀	件	68 878	69 588	5 967
		流量阀	件	39 099	38 768	8 000
		多路阀	件	124 896	126 588	15 915
		插装阀	件	541 789	523 641	198 996
		先导阀	件	27 784	29 377	1 769
36	浙江临海机械有限公司	液力变矩器	台	34 521	32 987	2 486
37	浙江银轮机械股份有限公司	板翅式油冷器	万只	287	247	22
		冷却器总成	万套	55	48	12
		中冷器	万台	85	76	10
		管翅式冷却器	万台	113	110	11

2006 ~ 2007 年我国工程机械九大类主机产品产销存情况

（单位:台）

序号	产品	分类	2006 年	2007 年	增减量	同比增长(%)
1	挖掘机	产	52 424	74 522	22 098	42.2
		销	51 791	72 976	21 185	40.9
		存	5 892	5 277	-615	-10.4
2	装载机	产	133 402	159 484	26 082	19.6

（续）

序号	产　品	分类	2006 年	2007 年	增减台数	同比增长(%)
		销	129 859	158 951	29 092	22.4
		存	24 130	27 482	3 352	13.9
3	推土机	产	5 834	7 417	1 583	27.1
		销	6 005	7 324	1 319	22.0
		存	909	1 096	187	20.6
4	平地机	产	2 446	3 942	1 496	61.2
		销	2 245	3 736	1 491	66.4
		存	330	497	167	50.6
5	压路机	产	8 604	8 899	295	3.4
		销	8 740	9 408	668	7.6
		存	2 123	1 172	-951	-44.8
6	摊铺机	产	1 074	1 224	150	14.0
		销	1 136	1 284	148	13.0
		存	185	111	-74	-40.0
7	工程起重机(汽车起重机、轮胎起重机)	产	14 388	21 124	6 736	46.8
		销	14 465	20 862	6 397	44.2
		存	603	737	134	22.2
8	塔式起重机	产	12 118	14 465	2 347	19.4
		销	12 025	13 910	1 885	15.7
		存	423	615	192	45.4
9	叉车(内燃及电动)	产	98 864	148 458	49 594	50.2
		销	97 520	146 978	49 458	50.7
		存	5 725	6 632	907	15.8

2006～2007 年我国工程机械行业主要经济指标完成情况

序号	项　目	单位	2006 年	2007 年	增减值	同比增长(%)
1	工业总产值(现价)	亿元	1 050.6	1 384.9	334.3	31.8
2	工业增加值	亿元	228.4	261.9	63.5	27.8
3	主营业务收入	亿元	967.3	1 426.9	459.6	47.5
4	出口交货值	亿元	93.4	187.4	94.0	100.6
5	利润总额	亿元	67.5	130.0	62.5	92.6
6	固定资产净值	亿元	176.1	300.3	124.2	70.5
7	流动资产年平均余额	亿元	176.0	746.1	570.1	323.9
8	年末负债	亿元	601.4	766.0	164.6	27.4
9	计算机拥有量	台	29 652.0	34 518.0	4 866.0	16.4

（续）

序号	项　　目	单位	2006 年	2007 年	增减值	同比增长(%)
10	职工人数	人	176 025.0	199 380.0	23 355.0	13.3
11	工资总额	亿元	44.0	53.4	9.4	21.4
12	完成基建投资	亿元	33.7	41.2	7.5	22.3
13	年末资产总计	亿元	918.0	1 231.0	313.0	34.1
14	所有者权益	亿元	357.0	631.3	274.3	76.8
15	利息支出	亿元	10.9	10.9	0.0	0.0
16	存货	亿元	258.6	418.0	159.4	61.6
17	主营业务税金及附加	亿元	2.7	4.8	2.1	77.8
18	全员劳动生产率	元/人	129 760.0	131 365.0	1 605.0	1.2
19	行业年平均工资	元/人	25 030.0	26 797.8	1 767.8	7.1
20	综合指数	%	185.5	194.0	8.5	4.6
	统计企业数目	家	198	178	(20.0)	-10.1

2007 年我国工程机械产品进口分类统计

产品分类	税号	产 品 名 称	单位	数量	同比增长(%)	金额(万美元)	同比增长(%)
履带式挖掘机	84295212	上部 360°旋转的履带式挖掘机	台	33 174	19.1	132 075.80	22.9
轮胎式挖掘机	84295211	上部 360°旋转的轮胎式挖掘机	台	592	11.7	2 825.01	-8.0
其他挖掘机	84295219	上部 360°旋转的其他挖掘机	台	1	-66.7	269.80	-24.9
	84295290	上部 360°旋转的机械铲、装载机	台	8	14.3	210.09	55.5
		小计		9	-10.0	479.89	-2.9
推土机	84291110	履带式推土机，$P>235.36$kW(320hp)	台	42	40.0	2 608.45	111.4
	84291910	其他推土机，$P>235.36$kW(320hp)	台	15	200.0	632.08	154.9
		小计		57	62.9	3 240.53	118.7
其他推土机	84291190	其他履带式推土机	台	583	44.3	2 939.09	23.7
	84291990	未列名推土机	台				
		小计		583	42.2	2 939.09	21.5
装载机	84295100	前铲装载机	台	483	19.3	4 837.53	23.4
	84295900	其他机械铲、挖掘机及机铲装载机	台	19	-70.3	727.41	14.3
		小计		502	7.0	5 564.94	22.1
铲运机	84293010	斗容量超过 $10m^3$ 的铲运机	台	25	316.7	1 352.35	329.4
	84293090	其他铲运机	台	94	118.6	2 939.09	106.3
		小计		119	142.9	4 291.44	146.7
筑路机及平地机	84292010	筑路机及平地机，$P>235.36$kW(320hp)	台	14	600.0	949.97	2282.1
	84292090	其他筑路机及平地机	台	31	-88.7	649.28	-61.1
		小计		45	-83.8	1 599.25	-6.4
压路机	84294011	机重 18t 及以上的振动压路机	台	83	124.3	1 594.83	243.1

（续）

产品分类	税号	产品名称	单位	数量	同比增长（%）	金额（万美元）	同比增长（%）
	84294019	其他机动压路机	台	398	-40.2	1 088.87	-50.9
		小计		481	-31.6	2 683.70	0.0
摊铺机	84791021	沥青混凝土摊铺机	台	143	-16.9	2 657.12	-22.2
	84791022	稳定土摊铺机	台				
	84791029	其他摊铺机	台	7	-30.0	112.10	26.2
		小计		150	-17.6	2 769.22	-20.9
沥青搅拌设备	84743200	矿物与沥青的混合机器	台	29	-39.6	652.63	-72.3
起重量＞100t 全路面汽车起重机	87051023	最大起重量＞100t 全路面起重车	辆	29	20.8	5 161.31	52.7
其他全路面汽车起重机	87051021	最大起重量≤50t 全路面起重车	辆				
	87051022	50t＜最大起重量≤100t 全路面起重车	辆	3	-70.0	315.68	-56.8
		小计		3	-76.9	315.68	-62.8
起重量＞100t 汽车起重机	87051093	最大起重量＞100t 其他起重车	辆				
其他汽车起重机	87051091	最大起重量≤50t 其他起重车	辆	11	10.0	178.15	6.8
	87051092	50t＜最大起重量≤100t 其他起重车	辆				
		小计		11	-15.4	178.15	-28.7
履带式起重机	84264910	履带式起重机	台	87	-6.5	11 142.06	-6.5
塔式起重机	84262000	塔式起重机	台	43	7.5	1 960.78	-12.7
其他起重机	84264110	轮胎式自推进起重机	台	46	-35.2	1 248.49	-4.8
	84264190	带胶轮的其他自推进起重机械	台	124	40.9	2 872.61	-12.6
	84264990	不带胶轮的其他自推进起重机械	台	15	50.0	675.53	186.6
	84269100	供装于公路车辆的其他起重机	台	308	71.1	463.86	60.7
	84269900	未列名起重机	台	527	26.7	2 016.23	43.8
	84281090	其他升降机及倒卸式起重机	台	770	11.8	2 726.08	53.5
		小计		1 790	23.1	10 002.80	20.5
堆垛机	84271010	电动机推进的有轨巷道堆垛机	台	209	132.2	3 394.44	134.2
	84271020	电动机推进的无轨巷道堆垛机	台	81	-27.0	264.70	-30.4
		小计		290	44.3	3 659.14	100.0
电动叉车	84271090	其他电动叉车及装有升降或搬运装置工作车	台	7 622	1.5	10 686.25	6.6
内燃叉车	84272090	其他机动叉车及装有升降或搬运装置工作车	台	3 977	27.6	15 636.25	18.7
集装箱叉车	84272010	集装箱叉车	台	182	91.6	2 790.90	54.9
手动搬运车	84279000	未列名叉车等装有升降或搬运装置的工作车	台	4 471	11.4	1 975.73	12.6
牵引车	87091110	电动牵引车	辆				
	87091190	其他电动的短距离运货车辆	辆				
	87091910	其他机动牵引车	辆	197	-33.7	399.54	-68.9
	87091990	其他短距离运货机动车辆	辆	2 979	188.9	863.03	7.9
		小计		3 176	43.4	1 262.57	-56.3
电梯及扶梯	84281010	载客电梯	台	2 536	18.7	15 840.27	6.6
	84284000	自动梯及自动人行道	台	59	-55.6	863.46	-26.2
		小计		2 595	14.4	16 703.73	4.2

（续）

产品分类	税号	产 品 名 称	单位	数量	同比增长（%）	金额（万美元）	同比增长（%）
打桩机及工程钻机	84301000	打桩机及拔桩机	台	31	24.0	650.07	-10.3
	84306911	钻筒直径在3m以上的非自推进工程钻机	台				
	84306919	其他非自推进工程钻机	台	77	185.2	617.44	364.4
		小计		108	107.7	1 267.51	47.8
混凝土泵	84134000	混凝土泵	台	793	-74.3	1 152.87	31.9
混凝土搅拌车	87054000	机动混凝土搅拌车	辆	32	-60.0	240.22	-52.6
其他混凝土机械	84743100	混凝土或砂浆混合机器	台	203	86.2	1 505.93	105.3
	84743900	固体矿物质的其他混合或搅拌机器	台	2 322	19.0	5 469.50	-23.8
		小计		2 525	22.6	6 975.43	-11.8
凿岩机及隧道掘进机	84303100	自推进的截煤机、凿岩机及隧道掘进机	台	123	28.1	22 181.33	48.8
	84303900	非自推进的截煤机、凿岩机及隧道掘进机	台	63	-3.1	5 050.37	-6.3
		小计		186	15.5	2 7231.70	34.2
手提气动工具	84671100	旋转式(包括旋转冲击式的)手提气动工具	台	259 356	-4.1	3 241.50	32.2
	84671900	其他手提式气动工具	台	187 041	-18.1	2 340.40	11.7
		小计		446 397	-10.6	5 581.90	22.7
其他工程车辆	87053010	装有云梯的救火车	辆	15	25.0	1 141.57	28.9
	87053090	其他机动救火车	辆	30	0.0	1 340.82	72.1
	87059060	飞机加油车、调温车、除冰车	辆	27	-44.9	708.85	-40.2
	87059070	道路(包括跑道)扫雪车	辆	5	-37.5	117.80	-49.5
		小计		77	-22.2	3 309.04	7.3
其他	84305020	矿用电铲	台	14	133.3	4 169.90	506.4
	89051000	挖泥船	艘	17	-5.6	12 225.76	210.2
	84302000	扫雪机及吹雪机	台	193	-56.7	167.90	31.8
	84294090	未列名捣固机械及压路机	台	31	-35.4	69.00	34.4
	84306100	非自推进的捣固或压实机械	台	1 654	-22.8	493.55	-17.6
	84306920	非自推进的铲运机	台	85	672.7	102.06	-27.4
	84306990	未列名非自推进泥土、矿等运送、平整等机械	台	180	-69.0	2 222.38	-13.0
	84791090	其他公共工程用机器	台	1 202	-37.7	3 435.86	-55.3
		小计		3 376	-34.8	22 886.41	44.9
零部件	84312000	8427 所列机械的零件	t	14 578	27.8	10 777.45	39.6
	84313100	升降机、倒卸式起重机或自动梯的零件	t	10 031	24.3	10 428.85	36.2
	84313900	其他 8428 所列机械的零件	t	9 880	31.2	13 097.17	4.8
	84314100	戽斗、铲斗、抓斗及夹斗	个	4 444	-26.4	1 174.73	111.2
	84314200	推土机或侧铲推土机用铲	个	3 765	457.8	489.34	198.0
	84314390	凿井机械的零件	t	152	21.6	277.15	31.8
	84314910	矿用电铲用零件	t	6 194	1 669.7	9 712.12	2 297.4
	84314990	8426、8429 及 8430 所列机械的其他零件	t	220 893	27.7	124 805.85	33.4
	84679200	手提式风动工具用的零件	t	594	-20.8	2 273.73	25.7
	84749000	8474 所列机器的零件	t	10 303	40.6	10 515.32	34.5
	87099000	短距离运货的机动车辆及站台牵引车的零件	t	574	-11.4	1 291.99	44.1
		小计				184 843.70	38.7

2007 年工程机械进口按国家(地区)统计

代码	国家(地区)	2007 年(万美元)	同比增长(%)	占进口总额比例(%)
100	**亚洲**	**289 835.95**	**24.0**	**58.66**
102	巴林	0.09		
110	中国香港	181.89	-70.4	0.04
111	印度	511.28	115.7	0.10
112	印度尼西亚	974.79	-13.5	0.20
113	伊朗	0.02	100.0	
115	以色列	0.20	-79.8	
116	日本	206 624.97	22.8	41.82
118	科威特	0.03	-50.0	
120	黎巴嫩	0.05		
122	马来西亚	4 176.97	2.8	0.85
127	巴基斯坦	0.12		
129	菲律宾	99.28	-23.3	0.02
131	沙特阿拉伯	0.11		
132	新加坡	3 283.14	15.5	0.66
133	韩国	64 873.24	28.6	13.13
134	斯里兰卡	12.82	43.7	
136	泰国	647.24	36.5	0.13
137	土耳其	67.74	17.7	0.01
138	阿联酋	31.76		0.01
141	越南	0.13	-23.5	
142	中国	2 485.74	124.2	0.50
143	中国台澎金马关税区	5 864.34	34.2	1.19
200	**非洲**	**128.55**	**-72.9**	**0.03**
227	马达加斯加	0.10		
244	南非	128.45	-72.0	0.03
300	**欧洲**	**143 489.41**	**17.4**	**29.04**
301	比利时	1 435.29	59.2	0.29
302	丹麦	2 189.68	81.0	0.44
303	英国	6 703.22	2.2	1.36
304	德国	67 180.14	0.8	13.60
305	法国	7 880.46	13.6	1.59
306	爱尔兰	43.06	-36.6	0.01
307	意大利	9 172.27	26.1	1.86
308	卢森堡	460.38		0.09
309	荷兰	13 403.77	326.3	2.71

（续）

代码	国家(地区)	2007年(万美元)	同比增长(%)	占进口总额比例(%)
310	希腊	7.61		
311	葡萄牙	2.09	703.8	
312	西班牙	2 904.79	9.9	0.59
315	奥地利	5 779.81	42.5	1.17
316	保加利亚	5.03	536.7	
318	芬兰	5 136.93	24.3	1.04
321	匈牙利	766.66	74.6	0.16
324	马耳他	0.01		
326	挪威	1 240.94	61.9	0.25
327	波兰	556.40	144.0	0.11
328	罗马尼亚	1.74		
330	瑞典	14 958.18	3.6	3.03
331	瑞士	2 321.08	10.3	0.47
334	爱沙尼亚	0.47	-74.6	
340	白俄罗斯	0.45		
344	俄罗斯联邦	122.53	-61.3	0.02
347	乌克兰	91.73	4.9	0.02
350	斯洛文尼亚	9.29	-78.8	
351	克罗地亚	17.18		
352	捷克	1 088.65	505.1	0.22
353	斯洛伐克	9.57	-10.1	
400	**拉丁美洲**	**2 856.42**	**-13.3**	**0.58**
402	阿根廷	5.03		
410	巴西	2 763.65	-12.8	0.56
412	智利	0.08	-97.4	
413	哥伦比亚	0.09		
419	厄瓜多尔	0.10		
429	墨西哥	77.66	-32.6	0.02
431	尼加拉瓜	0.68	41.7	
434	秘鲁	9.12	128.0	
440	萨尔瓦多	0.01		
500	**北美洲**	**48 842.72**	**74.3**	**9.89**
501	加拿大	2 294.33	55.4	0.46
502	美国	46 548.39	75.3	9.42
600	**大洋洲**	**8 932.58**	**66.1**	**1.81**
601	澳大利亚	8 908.60	66.1	1.80
609	新西兰	23.98	69.5	

2007 年我国工程

序号	税 号	货 品 名 称	单位	1月		2月		3月		4月	
				数量	金额	数量	金额	数量	金额	数量	金额
1	84134000	混凝土泵	台	82	86	6	19	112	43	37	158
2	84262000	塔式起重机	台	3	43	3	338	2	4	8	56
3	84264110	轮胎式自推进起重机	台	4	106	2	9	4	105	11	357
4	84264190	带胶轮的其他自推进起重机械	台	4	169	14	335	16	459	7	206
5	84264910	履带式起重机	台	6	1 176	3	409	7	548	3	870
6	84264990	不带胶轮的其他自推进起重机械	台	2	82			4	82	1	1
7	84269100	供装于公路车辆的其他起重机	台	5	10	18	22	4	7	5	584
8	84269900	未列名起重机	台	146	320	19	67	26	50	52	95
9	84271010	电动机推进的有轨巷道堆垛机	台	32	689	12	132	1	5	21	171
10	84271020	电动机推进的无轨巷道堆垛机	台	26	23			5	18	4	2
11	84271090	其他电动叉车及装有升降或搬运装置工作车	台	636	903	312	441	769	1 058	696	1 128
12	84272010	集装箱叉车	台	11	199	11	259	10	176	11	120
13	84272090	其他机动叉车其他装有升降或搬运装置工作车	台	352	1 264	251	747	344	1 304	326	1 309
14	84279000	未列名叉车等装有升降或搬运装置的工作车	台	165	120	50	56	441	227	938	195
15	84281010	载客电梯	台	153	1 264	120	858	174	1 471	206	1 449
16	84281090	其他升降机及倒卸式起重机	台	57	254	28	81	36	192	73	161
17	84284000	自动梯及自动人行道	台	10	144			1	16	6	96
18	84291110	履带式推土机，$P>235.36$kW(320hp)	台					72	305	9	591
19	84291190	其他履带式推土机	台	40	159	42	319			59	244
20	84291910	其他推土机，$P>235.36$kW(320hp)	台			3	101				
21	84291990	未列名推土机	台								
22	84292010	筑路机及平地机，$P>235.36$kW(320hp)	台			2	65	2	63		
23	84292090	其他筑路机及平地机	台	3	27	2	1			2	66
24	84293010	斗容量超过 10m^3 的铲运机	台								
25	84293090	其他铲运机	台	10	425			10	229	3	93
26	84294011	机重 18t 及以上的振动压路机	台								
27	84294019	其他机动压路机	台	26	94	30	59	52	101	52	87
28	84294090	未列名捣固机械及压路机	台	4	2	1	1	20	63	1	1
29	84295100	前铲装载机	台	31	548	21	87	37	312	47	405
30	84295211	上部 360°旋转的轮胎式挖掘机	台	43	187	57	274	55	262	44	207
31	84295212	上部 360°旋转的履带式挖掘机	台	2 213	8 835	1 673	6 638	3 934	14 690	3 762	14 755
32	84295219	上部 360°旋转的其他挖掘机	台								
33	84295290	上部 360°旋转的机械铲、装载机	台	2	35			2	90		
34	84295900	其他机械铲、挖掘机及机铲装载机	台			1	3	1	24	3	11
35	84301000	打桩机及拔桩机	台	3	32			4	57	2	20
36	84302000	扫雪机及吹雪机	台	26	5	11	27	3		7	1
37	84303100	自推进的截煤机、凿岩机及隧道掘进机	台	5	1 507	5	1 060	7	1 193	7	1 073

机械产品进口月报

（金额单位:万美元）

5月		6月		7月		8月		9月		10月		11月		12月	
数量	金额	数量	金额	数量	金额	数量	金额	数量	金额	数量	金额	数量	金额	数量	金额
85	181	64	36	137	254	58	30	62	78	57	69	48	155	45	46
5	665			13	512	3	238	2	12	1	12	3	20	3	75
4	179	2	133	3	141	1	32	1	45	11	143	3	90	2	93
9	259	12	208	4	35	10	200	9	218	6	106	13	230	18	406
9	1 307	4	550	3	1 066	4	718	3	1 061	11	342	29	2 165	4	355
						1	51	3	226			3	208	1	26
6	3	3	1	23	40	63	85	30	80	9	27	93	133	50	45
28	143	23	71	41	72	27	462	41	226	33	126	45	156	47	228
5	64	8	88	11	397	10	126	22	424	7	394	21	272	59	632
5	5	1		10	52	5	45	5	13	1	2	6	96	14	9
660	808	480	661	480	765	733	1 035	656	885	669	859	716	984	805	1 080
41 991	178	19	270	19	325	29	404	14	253	11	175	18	262	15	205
268	1 292	294	2 242	339	1 614	291	1 046	303	1 022	264	895	508	1 470	427	1 717
77	307	89	180	811	199	765	82	110	528	742	219	134	257	167	196
231	1 207	203	1 209	224	881	333	2 097	204	1 497	222	1 168	252	1 317	214	1 423
38	162	113	487	59	201	97	370	80	221	68	197	71	249	72	184
16	84	2	21			2	115	22	387						
9	686	5	289	4	333	2	65					7	345	5	282
32	112	59	554	37	169	46	140	52	348	41	200	49	232	55	169
2	88	2	111	4	176							1	31	3	125
		3	103	3	284			3	408			1	27		
3	64			3	45			2	38			6	89	10	320
		4	201									16	872	5	279
3	43	1	15	10	345	12	374	12	457	22	516	8	351	3	91
		3	31	32	649	17	318	25	532	3	27	3	38		
27	66	35	91	25	61	27	70	54	108	37	152	19	122	14	77
2	1									1	1			2	
31	92	41	486	56	704	35	454	42	233	30	144	48	395	64	977
89	440	31	119	32	168	38	184	48	227	1	4	98	481	56	273
3 903	14 253	2 661	11 002	2 459	11 068	2 519	10 379	2 029	7 923	1 814	7 822	3 356	12 974	2 899	11 784
										1	270				
1	10											2	55	1	19
2	10	1		4	323	4	180			1	84	1	85	1	6
3	83	7	356			2	37	5		2	29			3	35
6	1	1				27	5	1		65	82	13	9	33	37
2	50	10	1 742	17	3 913	11	1 663	12	2 107	12	1 996	20	3 250	15	2 626

序号	税号	货品名称	单位	1月		2月		3月		4月	
				数量	金额	数量	金额	数量	金额	数量	金额
38	84303900	非自推进的截煤机、凿岩机及隧道掘进机	台	6	261	28	704	1	4	2	637
39	84305020	矿用电铲	台					2	137	1	49
40	84306100	非自推进的捣固或压实机械	台	45	6	54	57	183	13	303	35
41	84306911	钻筒直径在3m以上的非自推进工程钻机	台								
42	84306919	其他非自推进工程钻机	台	12	162	3	32	3	35		
43	84306920	非自推进的铲运机	台								
44	84306990	未列名非自推进泥土、矿等运送、平整等机械	台			2	495			8	4
45	84312000	8427所列机械的零件	个	1 029	722	905	608	1 415	986	1 208	846
46	84313100	升降机、倒卸式起重机或自动梯的零件	个	771	900	346	430	1 016	1 041	1 062	932
47	84313900	其他8428所列机械的零件	个	683	875	276	458	477	1 194	562	722
48	84314100	戽斗、铲斗、抓斗及夹斗	个	171	19	429	271	310	92	750	70
49	84314200	推土机或侧铲推土机用铲	个	133	61	47	35	3 865	36	74	29
50	84314390	凿井机械的零件	个	5	3	2	2	17	13	10	17
51	84314910	矿用电铲用零件	个	96	99	18	37	26	117	1 400	2 192
52	84314990	8426、8429及8430所列机械的其他零件	个	19 790	9 952	15 086	8 069	22 945	11 756	21 559	11 712
53	84671100	旋转式(包括旋转冲击式的)手提气动工具	台	28 083	216	6 806	165	20 840	224	34 500	284
54	84671900	其他手提式气动工具	台	11 816	167	14 523	185	22 441	227	19 091	203
55	84679200	手提式气动工具用的零件	个	37	139	45	176	34	134	77	237
56	84743100	混凝土或砂浆混合机器	台	11	178	2	32	6	113	15	76
57	84743200	矿物与沥青的混合机器	台					5	121	2	95
58	84743900	固体矿物质的其他混合或搅拌机器	台	99	365	65	249	205	298	271	411
59	84749000	8474所列机器的零件	个	636	700	509	576	1 392	1 177	749	767
60	84791021	沥青混凝土摊铺机	台	8	159	5	91	15	196	9	259
61	84791022	稳定土摊铺机	台								
62	84791029	其他摊铺机	台			2	4	1	28	1	16
63	84791090	其他公共工程用机器	台	46	149	49	99	257	627	314	447
64	87051021	最大起重量≤50t全路面起重车	辆								
65	87051022	50t<最大起重量≤100t全路面起重车	辆					1	96	1	106
66	87051023	最大起重量>100t全路面起重车	辆	3	343	1	291			1	80
67	87051091	最大起重量≤50t其他起重车	辆	7	97					2	39
68	87051092	50t<最大起重量≤100t其他起重车	辆								
69	87051093	最大起重量>100t其他起重车	辆								
70	87053010	装有云梯的救火车	辆	7	689	1	82				
71	87053090	其他机动救火车	辆	3	199	5	180	1	39		
72	87054000	机动混凝土搅拌车	辆					1	25		
73	87059060	飞机加油车、调温车、除冰车	辆	4	96	4	99			1	23
74	87059070	道路(包括跑道)扫雪车	辆								
75	87091110	电动牵引车	辆								
76	87091190	其他电动的短距离运货车辆	辆								
77	87091910	其他机动牵引车	辆	30	131	10	7	3	4	4	1
78	87091990	其他短距离运货机动车辆	辆	12	128	2		64	16	2 759	17
79	87099000	短距离运货的机动车辆及站台牵引车的零件	t	32	63	3	13	61	91	66	146
80	89051000	挖泥船	艘	4	8 983	2	839	2	125	1	31
		合计			44 570		26 692		42 119		44 995

(续)

5月		6月		7月		8月		9月		10月		11月		12月	
数量	金额	数量	金额	数量	金额	数量	金额	数量	金额	数量	金额	数量	金额	数量	金额
		5	14	3	969	5	377	5	628	4	733	3	708	1	13
1	327		268	1	231		542	1	106	2	1 629	4	5		268
231	32	96	13	276	49	210	34	128	211	38	13	36	20	54	8
		2	7	2	19	12	16	35	272	2	31	3	1	3	43
		1	35	2	10	1	35	81	22			1	50		
4	163	2	135	22	274	20	231	96	719	17	47	9	147	1	142
817	622	1 079	804	1 396	991	1 463	1 142	1 350	986	1 119	824	1 425	1 144	1 382	1 115
1 003	813	768	760	827	1 026	911	975	824	891	717	779	658	817	1 130	1 080
770	880	730	844	2 106	2 160	656	1 012	921	1 058	834	652	1 348	2 374	707	1 024
399	55	315	62	496	131	330	120	474	87	701	55	356	168	130	44
1 080	44	137	33	759	52	229	73	100	19	484	41	304	40	161	27
11	12	11	22	17	16	52	141	3	8	13	24	5	16	6	4
1 206	1 898	26	87	1 235	1 834	1 182	1 718	137	371	443	413	299	455	126	491
15 642	8 885	16 367	8 868	15 436	8 909	16 786	9 528	18 394	10 760	17 408	9 953	20 059	12 620	21 482	13 707
21 593	283	22 533	309	15 658	246	32 221	371	15 695	262	20 228	268	13 530	252	27 602	356
14 372	204	11 953	150	14 963	190	21 102	210	13 621	191	14 472	150	10 902	226	18 595	240
46	189	43	215	47	199	71	234	50	171	39	138	45	208	58	235
22	50	46	50	16	214	16	87	33	329	8	96	21	174	7	108
2	76	2	76	7	143	3	64			4	30	1	2	3	46
154	425	259	503	358	438	382	454	190	635	112	349	129	561	114	841
749	886	709	666	1 229	990	703	846	1 028	924	844	794	732	902	1 031	1 298
19	345	13	261	16	259	15	281	15	219	12	318	12	212	4	57
						2	32							1	32
136	334	78	553	81	287	101	246	31	112	101	178	72	253	82	160
1	114														
5	771	1	153	4	867	5	1 026	1	212	1	113	3	410	3	651
										2	43				
				2	143	1	73							4	155
2	70			1	63			3	105	1	50	10	507	4	128
								30	188					1	28
1	24					4	100	5	141	8	226				
				2	52			1	48			2	17		
30	144	7	20	21	20	22	17	32	24	8	11	20	14	10	7
17	3	41	90	15	219	18	268	14	108	20	1	5	6	11	6
26	69	53	127	33	81	70	148	60	137	83	216	39	98	48	102
1	485	1	265	1	142	1	134	2	598	1	334			1	259
	41 046		36 646		46 016		41 540		40 099		34 570		49 827		46 495

2007 年我国工程机械产品出口分类统计

产品分类	税号	产 品 名 称	单位	数量	同比增长（%）	金额（万美元）	同比增长（%）
挖掘机	84295212	上部 360°旋转的履带式挖掘机	台	7 957	2.3	47 797.18	7.5
	84295211	上部 360°旋转的轮胎式挖掘机	台	565	433.0	2 138.18	281.0
	84295219	上部 360°旋转的其他挖掘机	台	151	125.4	1 178.36	75.7
	84295290	上部 360°旋转的机械铲、装载机	台	34	-32.0	401.09	45.8
		小计	台	185	58.1	1 579.45	67.0
推土机	84291110	履带式推土机，$P > 235.36$kW(320hp)	台	411	77.2	5 315.62	96.2
	84291910	其他推土机，$P > 235.36$kW(320hp)	台	25	316.7	278.03	347.8
		小计	台	436	83.2	5 593.65	101.8
其他推土机	84291190	其他履带式推土机	台	2 437	89.9	18 144.57	122.8
	84291990	未列名推土机	台	122	134.6	971.35	201.6
		小计	台	2 559	91.7	19 115.92	125.8
装载机	84295100	前铲装载机	台	19 391	134.6	61 143.22	138.2
	84295900	其他机械铲、挖掘机及机铲装载机	台	3 916	259.3	3 244.18	159.8
		小计	台	23 307	149.1	64 387.40	139.2
铲运机	84293010	斗容量超过 $10m^3$ 的铲运机	台	3	0.0	13.06	99.1
	84293090	其他铲运机	台	360	566.7	432.02	302.3
		小计	台	363	536.8	445.08	290.6
筑路机及平地机	84292010	筑路机及平地机，$P > 235.36$kW(320hp)	台	86	218.5	698.64	290.4
	84292090	其他筑路机及平地机	台	4 992	14.5	24 027.33	181.7
		小计	台	5 078	15.7	24 725.97	184.0
压路机	84294011	机重 18t 及以上的振动压路机	台	624	95.0	3 119.04	133.9
	84294019	其他机动压路机	台	4 607	96.3	13 479.44	107.7
		小计	台	5 231	96.1	16 598.48	112.2
摊铺机	84791021	沥青混凝土摊铺机	台	164	80.2	1 952.68	59.9
	84791022	稳定土摊铺机	台	9	0.0	31.63	-14.9
	84791029	其他摊铺机	台	100	61.3	279.81	178.1
		小计	台	273	68.5	2 264.12	66.6
沥青搅拌设备	84743200	矿物与沥青的混合机器	台	599	159.3	6 675.84	149.6
全路面汽车起重机	87051023	最大起重量 > 100t 全路面起重车	辆	7	600.0	663.46	63 694.2
其他全路面汽车起重机	87051021	最大起重量 ≤ 50t 全路面起重车	辆	588	150.2	5 523.74	151.9
	87051022	50t < 最大起重量 ≤ 100t 全路面起重车	辆	38	100.0	805.57	25.9

（续）

产品分类	税号	产品名称	单位	数量	同比增长（%）	金额（万美元）	同比增长（%）
		小计	辆	626	146.5	6 329.31	123.5
汽车起重机	87051093	最大起重量＞100t其他起重车	辆	18	260.0	886.88	433.3
其他汽车起重机	87051091	最大起重量≤50t其他起重车	辆	2 686	190.7	32 923.76	225.0
	87051092	50t＜最大起重量≤100t其他起重车	辆	651	251.9	14 825.21	282.7
		小计	辆	3 337	200.9	47 748.97	241.0
履带式起重机	84264910	履带式起重机	台	488	238.9	15 947.74	278.7
塔式起重机	84262000	塔式起重机	台	3 007	72.0	34 589.76	129.2
其他起重机	84264110	轮胎式自推进起重机	台	42	-52.3	886.77	-72.2
	84264190	带胶轮的其他自推进起重机械	台	82	156.3	2 597.81	174.1
	84264990	不带胶轮的其他自推进起重机械	台	36	350.0	28.81	-59.6
	84269100	供装于公路车辆的其他起重机	台	533	131.7	683.68	68.1
	84269900	未列名起重机	台	29 857	436.7	6 043.85	56.3
	84281090	其他升降机及倒卸式起重机	台	18 109	818.8	3 855.63	124.7
		小计	台	48 659	516.6	14 096.55	38.2
堆垛机	84271010	电动机推进的有轨巷道堆垛机	台	12	0.0	42.50	-86.1
	84271020	电动机推进的无轨巷道堆垛机	台	310	273.5	176.69	117.3
		小计	台	322	238.9	219.19	-43.2
电动叉车	84271090	其他电动叉车及装有升降或搬运装置工作车	台	17 916	91.8	11 072.07	81.6
内燃叉车	84272090	其他机动叉车其他装有升降或搬运装置工作车	台	30 538	78.4	40 067.81	81.1
集装箱叉车	84272010	集装箱叉车	台	93	144.7	1 591.21	239.5
手动搬运车	84279000	未列名叉车等装有升降或搬运装置的工作车	台	1 661 793	35.6	26 038.16	53.9
牵引车	87091110	电动牵引车	辆				
	87091190	其他电动的短距离运货车辆	辆				
	87091910	其他机动牵引车	辆	399	353.4	580.33	68.5
	87091990	其他短距离运货机动车辆	辆	29 853	2047.7	465.39	178.1
		小计	辆	30 252	286.4	1 045.72	51.0
电梯及扶梯	84281010	载客电梯	台	16 501	51.9	39 725.6	51.4
	84284000	自动梯及自动人行道	台	15 089	30.4	45 494.61	26.3
		小计	台	31 590	40.8	85 220.21	36.8
打桩机及工程钻机	84301000	打桩机及拔桩机	台	3 535	526.8	6 090.40	102.1
	84306911	钻筒直径在3m以上的非自推进工程钻机	台	6	-62.5	15.22	-69.8
	84306919	其他非自推进工程钻机	台	8 527	628.8	2 650.67	218.2
		小计	台	12 068	589.6	8 756.29	124.7
混凝土泵	84134000	混凝土泵	台	1 893	64.8	8 293.49	81.8
混凝土搅拌车	87054000	机动混凝土搅拌车	辆	2 677	343.9	13 718.57	335.9
其他混凝土机械	84743100	混凝土或砂浆混合机器	台	295 048	103.0	11 647.11	133.8

（续）

产品分类	税号	产 品 名 称	单位	数量	同比增长（%）	金额（万美元）	同比增长（%）
	84743900	固体矿物质的其他混合或搅拌机器	台	100 450	145.1	5 368.26	43.4
		小计	台(辆)	395 498	112.2	17 015.37	95.0
凿岩机及隧道掘进机	84303100	自推进的截煤机、凿岩机及隧道掘进机	台	2 000	138.4	1 838.70	-43.5
	84303900	非自推进的截煤机、凿岩机及隧道掘进机	台	24 878	83.1	2 541.61	40.3
		小计	台	26 878	86.3	4 380.31	-13.6
手提风动工具	84671100	旋转式(包括旋转冲击式的)手提风动工具	台	5 074 650	9.3	7 450.90	12.6
	84671900	其他手提式风动工具	台	16 245 731	-22.2	14 280.11	6.7
		小计	台	21 320 381	-16.5	21 731.01	8.6
其他工程车辆	87053010	装有云梯的救火车	辆	1		11.70	
	87053090	其他机动救火车	辆	118	353.8	1 697.2	339.7
	87059060	飞机加油车、调温车、除冰车	辆	7		55.40	
	87059070	道路(包括跑道)扫雪车	辆				
		小计	辆	126	384.6	1 764.3	357.1
其他	84305020	矿用电铲	台	2	0.0	510.00	51 940.8
	89051000	挖泥船	艘	318	367.6	17 697.37	1 157.4
	84302000	扫雪机及吹雪机	台	631 128	52.9	4 355.46	0.8
	84294090	未列名捣固机械及压路机	台	23 418	165.3	1 648.60	165.3
	84306100	非自推进的捣固或压实机械	台	231 203	237.6	3 223.71	148.3
	84306920	非自推进的铲运机	台	434	909.3	304.19	270.1
	84306990	未列名非自推进泥土、矿等运送、平整等机械	台	37 295	95.5	4 563.97	-17.4
	84791090	其他公共工程用机器	台	45 881	-2.2	3 360.55	39.1
		小计	台(艘)	969 679	74.4	35 663.85	127.6
零部件	84312000	8427 所列机械的零件	t	315 043	49.9	29 427.94	66.4
	84313100	升降机、倒卸式起重机或自动梯的零件	t	300 505	46.1	44 275.84	50.3
	84313900	其他 8428 所列机械的零件	t	155 967	109.6	23 606.31	86.4
	84314390	凿井机械的零件	t	8 922	17.1	2 367.26	59.1
	84314910	矿用电铲用零件	t	5 662	62.0	1 471.87	73.6
	84314990	8426、8429 及 8430 所列机械的其他零件	t	863 518	40.7	141 634.47	54.9
	84679200	手提式风动工具用的零件	t	5 999	33.8	3 270.08	31.4
	84749000	8474 所列机器的零件	t	148 434	40.1	30 916.49	49.9
	87099000	短距离运货的机动车辆及站台牵引车的零件	t	6 269	38.9	1 637.88	38.9
	84314100	戽斗、铲斗、抓斗及夹斗	个	81 491	4.6	2 887.31	95.3
	84314200	推土机或侧铲推土机用铲	个	6 607	-41.1	75.04	-35.1
		小计				281 570.49	56.9

2007年我国工程机械出口按国家(地区)统计

代码	国家(地区)	2007年出口额(万美元)	同比增长(%)	占出口总额比例(%)
100	**亚洲**	**415 640.65**	**67.6**	**47.79**
101	阿富汗	196.64	25.9	0.02
102	巴林	2 180.65	166.6	0.25
103	孟加拉国	1 263.43	3.9	0.15
105	文莱	89.55	74.0	0.01
106	缅甸	3 643.41	51.5	0.42
107	柬埔寨	1 425.94	374.7	0.16
108	塞浦路斯	784.81	135.8	0.09
109	朝鲜	1 736.60	128.9	0.20
110	中国香港	13 660.29	34.0	1.57
111	印度	41 863.31	101.7	4.81
112	印度尼西亚	14 303.92	58.6	1.64
113	伊朗	11 225.15	140.4	1.29
114	伊拉克	275.68	-10.0	0.03
115	以色列	1 498.97	66.6	0.17
116	日本	69 067.66	36.8	7.94
117	约旦	917.46	19.6	0.11
118	科威特	3 405.63	-11.4	0.39
119	老挝	819.74	81.8	0.09
120	黎巴嫩	417.43	125.6	0.05
121	中国澳门	1 675.76	-24.3	0.19
122	马来西亚	13 105.00	42.4	1.51
123	马尔代夫	11.94	903.4	
124	蒙古	4 273.87	175.2	0.49
125	尼泊尔	144.83	114.9	0.02
126	阿曼	2 196.28	144.0	0.25
127	巴基斯坦	5 633.27	45.3	0.65
128	巴勒斯坦	59.95	556.6	0.01
129	菲律宾	5 405.94	103.3	0.62
130	卡塔尔	5 834.91	35.1	0.67
131	沙特阿拉伯	24 727.91	119.1	2.84
132	新加坡	17 077.28	11.6	1.96
133	韩国	29 850.09	49.7	3.43
134	斯里兰卡	1 360.94	37.3	0.16
135	叙利亚	1 430.98	136.8	0.16
136	泰国	10 993.57	21.5	1.26
137	土耳其	11 224.51	72.4	1.29
138	阿联酋	45 913.27	120.6	5.28
139	也门共和国	1 288.02	54.9	0.15
141	越南	13 557.33	128.8	1.56

（续）

代码	国家(地区)	2007年出口额(万美元)	同比增长(%)	占出口总额比例(%)
143	中国台澎金马关税区	8 398.69	32.6	0.97
144	东帝汶	21.09	311.1	
145	哈萨克斯坦	36 492.59	148.6	4.20
146	吉尔吉斯斯坦	1 074.22	117.7	0.12
147	塔吉克斯坦	1 582.38	74.3	0.18
148	土库曼斯坦	833.74	484.1	0.10
149	乌兹别克斯坦	2 696.02	46.8	0.31
200	**非洲**	**86 779.90**	**109.2**	**9.98**
201	阿尔及利亚	19 686.55	399.1	2.26
202	安哥拉	9 597.86	2.8	1.10
203	贝宁	156.67	365.9	0.02
204	博茨瓦那	213.66	1 269.6	0.02
205	布隆迪	43.39	55.5	
206	喀麦隆	227.27	19.8	0.03
211	乍得	531.59	175.6	0.06
212	科摩罗	90.49	228.1	0.01
213	刚果	1 315.66	243.7	0.15
214	吉布提	654.32	119.8	0.08
215	埃及	1 595.01	157.5	0.18
216	赤道几内亚	2 055.35	497.2	0.24
217	埃塞俄比亚	6 539.16	105.2	0.75
218	加蓬	652.07	70.7	0.07
219	冈比亚	10.21	42.4	
220	加纳	1 576.87	131.0	0.18
221	几内亚	210.34	24.6	0.02
222	几内亚(比绍)	30.30	1 157.3	
223	科特迪瓦共和国	143.84	230.1	0.02
224	肯尼亚	1 818.39	72.3	0.21
225	利比里亚	462.61	955.9	0.05
226	利比亚	1 793.75	180.8	0.21
227	马达加斯加	175.25	28.3	0.02
228	马拉维	8.65	21.1	
229	马里	33.92	-78.1	
230	毛里塔尼亚	70.69	-23.2	0.01
231	毛里求斯	353.93	559.6	0.04
232	摩洛哥	2 469.72	63.5	0.28
233	莫桑比克	266.93	96.9	0.03
234	纳米比亚	208.65	416.1	0.02
235	尼日尔	72.38	-54.3	0.01
236	尼日利亚	5 386.59	131.4	0.62
237	留尼汪	126.18	78.6	0.01
238	卢旺达	596.12	1 664.2	0.07

（续）

代码	国家(地区)	2007年出口额(万美元)	同比增长(%)	占出口总额比例(%)
239	圣多美和普林西比	0.66		
240	塞内加尔	792.42	129.5	0.09
241	塞舌尔	8.47	104.6	
242	塞拉利昂	1 715.29	29 423.1	0.20
243	索马里	0.50		
244	南非	16 247.70	83.0	1.87
246	苏丹	3 759.68	10.8	0.43
247	坦桑尼亚	1 523.10	64.4	0.18
248	多哥	99.54	9.8	0.01
249	突尼斯	1 253.72	431.2	0.14
250	乌干达	311.92	585.2	0.04
251	布基纳法索	28.43	47 283.3	
252	民主刚果	89.01	26.3	0.01
253	赞比亚	950.61	-12.5	0.11
254	津巴布韦	638.92	1 052.2	0.07
255	莱索托	11.84	250.3	
258	厄立特里亚	106.37	1 063 600.0	0.01
299	非洲其他国家(地区)	67.35	1 875.1	0.01
300	**欧洲**	**210 262.76**	**106.7**	**24.18**
301	比利时	10 661.70	154.7	1.23
302	丹麦	3642.47	39.4	0.42
303	英国	20 267.48	58.5	2.33
304	德国	25 880.18	82.1	2.98
305	法国	7 952.88	76.9	0.91
306	爱尔兰	2 176.24	75.6	0.25
307	意大利	16 657.15	66.5	1.92
308	卢森堡	0.65	132.1	
309	荷兰	15 815.22	105.8	1.82
310	希腊	1 812.28	71.3	0.21
311	葡萄牙	985.71	54.1	0.11
312	西班牙	10 002.36	72.3	1.15
313	阿尔巴尼亚	121.99	-10.7	0.01
315	奥地利	2 333.55	88.4	0.27
316	保加利亚	1 245.54	219.3	0.14
318	芬兰	4 939.78	133.9	0.57
320	直布罗陀	4.90		
321	匈牙利	1 091.66	59.1	0.13
322	冰岛	213.96	328.9	0.02
324	马耳他	349.17	858.5	0.04
325	摩纳哥	1.75	40.0	
326	挪威	1 493.61	119.8	0.17
327	波兰	6 717.18	117.1	0.77

（续）

代码	国家（地区）	2007 年出口额（万美元）	同比增长（%）	占出口总额比例（%）
328	罗马尼亚	1 660.91	592.9	0.19
330	瑞典	6 276.70	65.6	0.72
331	瑞士	1 153.62	29.1	0.13
334	爱沙尼亚	579.12	199.3	0.07
335	拉脱维亚	673.41	101.8	0.08
336	立陶宛	796.85	193.0	0.09
337	格鲁吉亚	382.91	249.7	0.04
338	亚美尼亚	73.21	-37.1	0.01
339	阿塞拜疆	1 184.66	401.2	0.14
340	白俄罗斯	635.23	109.5	0.07
343	摩尔多瓦	114.60	380.9	0.01
344	俄罗斯联邦	50 642.93	179.0	5.82
347	乌克兰	8 730.47	253.1	1.00
350	斯洛文尼亚	524.17	147.9	0.06
351	克罗地亚	677.44	132.2	0.08
352	捷克	1 133.36	107.7	0.13
353	斯洛伐克	156.88	32.1	0.02
354	马其顿	14.00	-4.0	
355	波斯尼亚—黑塞哥维那	65.75	504.3	0.01
359	欧洲其他国家（地区）	419.13		0.05
400	**拉丁美洲**	**48 057.98**	**168.7**	**5.53**
401	安提瓜和巴布达	16.83	6.9	
402	阿根廷	8 797.13	159.8	1.01
403	阿鲁巴岛	52.10	195.0	0.01
404	巴哈马	131.74	502.4	0.02
405	巴巴多斯	55.36	77.0	0.01
406	伯利兹	127.07	1660.0	0.01
408	玻利维亚	248.88	58.5	0.03
410	巴西	11 173.94	222.1	1.28
412	智利	5 296.57	147.5	0.61
413	哥伦比亚	5 021.50	283.3	0.58
414	多米尼亚	81.19	976.8	0.01
415	哥斯达黎加	322.10	231.1	0.04
416	古巴	2696.09	303.6	0.31
417	库腊索岛	2.56		
418	多米尼加共和国	592.27	1 066.1	0.07
419	厄瓜多尔	980.56	79.0	0.11
421	格林纳达	10.34	154.7	
422	瓜德罗普岛	4.16	-83.8	
423	危地马拉	407.49	33.5	0.05
424	圭亚那	283.32	103.3	0.03
425	海地	18.20		

（续）

代码	国家（地区）	2007 年出口额（万美元）	同比增长（%）	占出口总额比例（%）
426	洪都拉斯	177.21	138.1	0.02
427	牙买加	107.61	45.5	0.01
429	墨西哥	2 380.68	52.0	0.27
431	尼加拉瓜	78.77	64.3	0.01
432	巴拿马	1 956.95	85.6	0.23
433	巴拉圭	66.83	101.0	0.01
434	秘鲁	2 286.93	471.7	0.26
435	波多黎各	143.62	366.9	0.02
437	圣卢西亚	145.20	60 400.0	0.02
438	圣马丁岛	13.00	42.4	
440	萨尔瓦多	41.41	-50.1	
441	苏里南	58.14	12.0	0.01
442	特立尼达和多巴哥	340.93	7.7	0.04
443	特克斯和凯科斯群岛	15.17	-5.9	
444	乌拉圭	331.66	30.4	0.04
445	委内瑞拉	3 565.79	145.2	0.41
447	圣其茨—尼维斯	0.25		
448	圣皮埃尔和密克隆	1.38	-48.1	
449	荷属安地列斯群岛	27.05	302.5	
500	**北美洲**	**84 284.41**	**10.6**	**9.69**
501	加拿大	10 965.27	16.9	1.26
502	美国	73 314.30	9.7	8.43
504	百慕大群岛	1.17		
599	北美洲其他国家（地区）	3.67		
600	**大洋洲**	**24 706.29**	**56.1**	**2.84**
601	澳大利亚	20 116.78	53.4	2.31
603	斐济	63.51	2.2	0.01
607	新喀里多尼亚	157.24	3.7	0.02
608	瓦努阿图	59.43	379.3	0.01
609	新西兰	1 575.56	-3.5	0.18
611	巴布亚新几内亚	1 071.40	30.3	0.12
612	社会群岛	1.41	-64.6	
613	所罗门群岛	169.70	4562.1	0.02
617	萨摩亚	9.08	-19.6	
618	基里巴斯	1 410.05		0.16
621	马绍尔群岛共和国	17.48	526.5	
622	帕劳共和国	0.42		
623	法属波利尼西亚	46.37	464.8	0.01
625	瓦利斯和浮图纳	6.46	625.8	
699	大洋洲其他国家（地区）	1.40		

2007 年我国工程

序号	税 号	货 品 名 称	单位	1月		2月		3月		4月	
				数量	金额	数量	金额	数量	金额	数量	金额
1	84134000	混凝土泵	台	121	414	89	412	87	230	326	1 645
2	84262000	塔式起重机	台	142	1 839	154	1 871	179	2 109	265	2 906
3	84264110	轮胎式自推进起重机	台	8	263	5	262	2	1	2	12
4	84264190	带胶轮的其他自推进起重机械	台	1	38	13	180	4	124	8	286
5	84264910	履带式起重机	台	22	820	17	534	29	1 039	22	482
6	84264990	不带胶轮的其他自推进起重机械	台			6	3	5	3		
7	84269100	供装于公路车辆的其他起重机	台	15	27	38	57	26	27	38	45
8	84269900	未列名起重机	台	2 651	156	3 475	630	1 837	324	2 405	459
9	84271010	电动机推进的有轨巷道堆垛机	台			4	17				
10	84271020	电动机推进的无轨巷道堆垛机	台	5	10	15	8	12	5	11	10
11	84271090	其他电动叉车及装有升降或搬运装置工作车	台	1 197	646	1 147	661	1 009	752	1 552	950
12	84272010	集装箱叉车	台	5	101	13	282	13	229	19	224
13	84272090	其他机动叉车及装有升降或搬运装置工作车	台	1 697	2 187	2 206	2 739	1 790	2 325	2 395	3 135
14	84279000	未列名叉车等装有升降或搬运装置的工作车	台	124 754	1 830	111 069	1 685	108 230	1 559	147 608	2 276
15	84281010	载客电梯	台	1 141	2 815	1 019	2 493	1 196	2 761	1 364	3 267
16	84281090	其他升降机及倒卸式起重机	台	2 617	229	2 382	325	2 648	208	324	184
17	84284000	自动梯及自动人行道	台	1 030	3 283	964	2 976	1 079	3 489	1 110	3 433
18	84291110	履带式推土机，$P>235.36$kW(320hp)	台	18	237	75	452	12	156	16	190
19	84291190	其他履带式推土机	台	122	1 023	138	1 033	138	1 211	194	1 204
20	84291910	其他推土机，$P>235.36$kW(320hp)	台			2	31				
21	84291990	未列名推土机	台	8	45	20	219	9	39	13	71
22	84292010	筑路机及平地机，$P>235.36$kW(320hp)	台	4	30	6	37	5	10	4	54
23	84292090	其他筑路机及平地机	台	442	1 618	705	1 364	443	1 111	391	1 401
24	84293010	斗容量超过 10m^3 的铲运机	台					1	10		
25	84293090	其他铲运机	台	76	9	70	34	17	53	18	39
26	84294011	机重 18t 及以上的振动压路机	台	39	198	28	131	53	176	44	215
27	84294019	其他机动压路机	台	238	813	289	880	369	1 025	405	1 230
28	84294090	未列名捣固机械及压路机	台	3 191	81	2 186	53	993	118	1 787	161
29	84295100	前铲装载机	台	980	2 910	995	3 126	1 351	4 030	1 627	5 437
30	84295211	上部 360°旋转的轮胎式挖掘机	台	8	15	19	102	4	10	40	328
31	84295212	上部 360°旋转的履带式挖掘机	台	660	3 954	575	2 863	447	2 270	725	4 191
32	84295219	上部 360°旋转的其他挖掘机	台	4	52	2	13	23	239	28	103
33	84295290	上部 360°旋转的机械铲、装载机	台	3	67	2	64	1	2	1	4
34	84295900	其他机械铲、挖掘机及机铲装载机	台	271	186	495	161	120	127	542	155
35	84301000	打桩机及拔桩机	台	59	253	59	333	63	329	74	352
36	84302000	扫雪机及吹雪机	台	22 670	147	24 073	91	5 571	29	2 886	17
37	84303100	自推进的截煤机、凿岩机及隧道掘进机	台	118	169	348	683			353	199

机械产品出口月报

（金额单位:万美元）

5月		6月		7月		8月		9月		10月		11月		12月	
数量	金额	数量	金额	数量	金额	数量	金额	数量	金额	数量	金额	数量	金额	数量	金额
174	692	127	552	172	676	218	941	122	535	145	631	136	780	179	784
241	2 993	437	3 208	265	3 057	379	3 161	261	3 177	254	3 139	293	3 677	288	3 462
5	92	2	44	2	13	6	92	4	83	3	17	2	5	1	3
4	131	2	70	3	99	5	177	7	244	14	485	14	501	7	262
29	1 132	30	1 502	36	911	96	2 535	48	1 724	45	1 318	48	1 987	66	1 978
15	8	5	2							4	6	1	8		
46	54	49	58	57	80	47	64	35	45	42	49	64	90	76	87
1 826	728	2 624	310	5 305	258	2 868	710	3 331	530	2 337	411	2 995	975	2 960	574
		1	5					6	17			1	4		
32	17	25	13	33	19	39	19	38	20	46	24	31	17	24	16
1 311	676	1 620	910	1 649	1 026	1 636	1 081	1 562	1 154	1 442	919	1 847	1 163	1 949	1 130
10	145	9	198	8	154	4	62	1	19	7	119	6	116		
2 338	2 975	2 288	2 933	3 078	4 114	2 849	3 666	3 066	4 136	2 399	3 223	3 377	4 544	3 045	4 073
139 617	2 205	133 591	2 072	144 653	2 378	158 907	2 467	146 500	2 389	129 759	1 995	166 578	2 760	150 447	2 594
1 157	3 028	1 058	2 401	1 442	3 510	1 739	4 159	1 557	3 568	1 339	3 249	1 788	4 342	1 708	4 171
2 814	341	483	384	2 815	384	800	397	651	416	649	299	923	336	999	335
1 100	3 810	1 239	3 773	1 291	4 060	1 476	4 768	2 040	4 432	1 220	3 768	1 385	4 071	1 153	3 667
33	495	38	469	26	315	74	999	19	244	27	310	57	979	15	242
201	1 324	223	1 662	216	1 535	258	2 022	236	1 734	249	1 842	298	2 188	184	1 476
18	241	1	1	1				1	3	2	3				
5	36	6	19	4	17	26	356	7	28	9	116	9	33	5	7
5	42	1	7	14	141	4	8			15	149	18	150	12	85
401	1 914	418	1 933	440	2 236	389	2 589	368	2 469	367	2 739	313	2 249	418	2 385
						2	3								
35	27	27	33	8	17	57	65	15	88	16	34	63	10	3	28
64	327	59	318	52	248	52	266	60	290	69	391	74	413	42	167
409	1 237	418	1 307	566	1 457	512	1 500	373	1 147	277	782	357	1 035	410	1 122
2 025	85	5 061	185	2 197	320	2 305	160	1 029	88	1 510	171	1 481	147	1 546	96
1 380	4 324	1 851	5 399	1 989	5 753	1 959	5 949	1 892	5 965	1 962	6 661	1 680	5 619	1 770	5 999
21	164	46	251	29	226	41	191	63	163	127	198	107	278	61	227
628	3 479	755	5 098	688	3 812	821	5 085	607	3 679	625	3 503	697	4 721	740	5 192
13	82	7	51	5	24	14	131	9	67	7	44	23	222	16	150
1	46	2	13	1	22	2	4	3	17	8	105	4	18	7	62
248	235	248	218	245	312	305	260	396	367	385	615	352	302	308	306
153	235	73	231	509	442	90	709	521	867	984	957	567	702	384	727
5 493	23	8 389	58	150 428	597	170 182	969	105 908	887	72 857	891	27 589	436	41 039	218
209	66	92	61	131	61	50	99	353	114	135	81	42	208	112	70

序号	税号	货品名称	单位	1月		2月		3月		4月	
				数量	金额	数量	金额	数量	金额	数量	金额
38	84303900	非自推进的截煤机、凿岩机及隧道掘进机	台	1 346	55	2 643	65	77	29	1 650	86
39	84305020	矿用电铲	台					919	74		
40	84306100	非自推进的捣固或压实机械	台	14 656	167	21 125	191	14 751	173	12 611	277
41	84306911	钻筒直径在3m以上的非自推进工程钻机	台								
42	84306919	其他非自推进工程钻机	台	357	275	443	151	174	113	200	250
43	84306920	非自推进的铲运机	台	16	3	8	5	4		30	21
44	84306990	未列名非自推进泥土、矿等运送、平整等机械	台	1 591	708	4 172	481	2 291	244	4 310	506
45	84312000	8427所列机械的零件	个	20 570	1 841	20 460	1 716	21 089	1 730	21 515	1 929
46	84313100	升降机、倒卸式起重机或自动梯的零件	个	22 926	3 036	20 166	2 996	17 541	2 609	22 458	3 318
47	84313900	其他8428所列机械的零件	个	8 468	1 295	9 004	1 776	5 523	998	8 183	1 293
48	84314100	戽斗、铲斗、抓斗及夹斗	个	14 034	208	2 687	145	2 640	169	2 359	327
49	84314200	推土机或侧铲推土机用铲	个	162	3	236	4	17	2	1 917	11
50	84314390	凿井机械的零件	个	1 303	405	1 489	389	551	74	558	83
51	84314910	矿用电铲用零件	个	158	38	545	145	487	102	546	127
52	84314990	8426、8429及8430所列机械的其他零件	个	61 192	9 450	58 151	9 385	52 769	8 211	65 436	10 307
53	84671100	旋转式(包括旋转冲击式的)手提风动工具	台	432 183	670	368 641	537	339 224	455	382 409	668
54	84671900	其他手提式风动工具	台	1 486 843	1 245	1 524 714	1 083	688 460	855	1 608 260	1 403
55	84679200	手提式风动工具用的零件	个	509	239	445	290	443	213	511	304
56	84743100	混凝土或砂浆混合机器	台	20 528	703	19 258	728	23 346	735	23 785	986
57	84743200	矿物与沥青的混合机器	台	25	290	21	246	27	377	49	790
58	84743900	固体矿物质的其他混合或搅拌机器	台	2 151	341	1 516	374	2 719	235	4 601	548
59	84749000	8474所列机器的零件	个	11 737	2 514	9 397	1 830	10 126	1 847	14 090	2 957
60	84791021	沥青混凝土摊铺机	台	8	43	12	151	12	189	9	92
61	84791022	稳定土摊铺机	台			1	1				
62	84791029	其他摊铺机	台	11	13	6	4	1	14	6	13
63	84791090	其他公共工程用机器	台	3 455	282	3 940	247	2 660	185	3 995	330
64	87051021	最大起重量≤50t全路面起重车	辆	38	393	35	339	44	413	47	440
65	87051022	50t<最大起重量≤100t全路面起重车	辆			1	27	3	82	4	60
66	87051023	最大起重量>100t全路面起重车	辆								
67	87051091	最大起重量≤50t其他起重车	辆	106	983	159	1 797	117	1 499	322	4 098
68	87051092	50t<最大起重量≤100t其他起重车	辆	71	1 421	60	1 316	106	2 182	67	1 628
69	87051093	最大起重量>100t其他起重车	辆			1	20	6	411		
70	87053010	装有云梯的救火车	辆	1	12						
71	87053090	其他机动救火车	辆	10	81	2	28	38	421	1	33
72	87054000	机动混凝土搅拌车	辆	113	570	97	522	102	513	134	651
73	87059060	飞机加油车、调温车、除冰车	辆	1	16					1	16
74	87059070	道路(包括跑道)扫雪车	辆								
75	87091110	电动牵引车	辆								
76	87091190	其他电动的短距离运货车辆	辆								
77	87091910	其他机动牵引车	辆	25	135	21	14	8	15	72	76
78	87091990	其他短距离运货机动车辆	辆	319	25	5 077	8	543	9	450	24
79	87099000	短距离运货的机动车辆及站台牵引车的零件	辆	584	103	404	112	497	130	759	153
80	89051000	挖泥船	艘	3	1 825	1	2 795	7	69	282	1 289
		合计			55 851		56 724		51 506		69 759

（续）

5月		6月		7月		8月		9月		10月		11月		12月	
数量	金额	数量	金额	数量	金额	数量	金额	数量	金额	数量	金额	数量	金额	数量	金额
1 356	77	2 457	871	2 613	108	3 214	96	2 555	86	1 167	75	1 401	447	4 807	502
												2	510		
16 318	249	15 648	264	15 929	271	25 734	390	34 701	394	19 388	191	20 118	264	21 562	389
				3	3	1		1	11			1	1		
790	76	1 087	413	1 245	67	759	255	1 279	228	1 280	404	622	193	564	229
		30	87	15	3	46	16	230	48	21	3	18	25	16	69
3 738	323	2 123	333	4 681	423	3 178	342	2 807	314	1 614	355	3 949	315	2 374	270
23 616	2 155	21 123	2 021	27 646	2 512	32 292	3 035	31 727	3 148	27 882	2 762	31 925	3 163	35 150	3 503
19 988	2 875	20 817	3 038	27 067	3 921	27 157	4 221	25 763	4 178	26 233	3 769	36 585	5 075	33 994	5 254
9 686	1 435	14 562	1 820	14 384	1 850	16 438	2 344	17 797	2 641	15 476	2 290	18 147	3 049	18 236	3 045
2 543	220	3 431	246	9 069	280	14 594	232	3 651	313	18 662	270	5 560	235	15 060	241
6	3	368	4	39	1	785	10	1 229	11	1 152	6	610	9	484	18
660	124	708	243	528	133	767	174	457	133	562	152	612	177	722	279
560	163	264	64	570	134	662	181	596	151	355	96	646	195	270	76
62 095	9 552	65 853	10 334	76 848	13 079	80 820	13 471	86 700	14 548	78 302	13 235	92 549	15 551	83 193	14 705
503 663	713	460 637	592	620 085	800	383 973	674	488 159	730	293 281	465	378 718	642	425 695	506
1 432 096	1 262	1 211 905	1 323	1 592 493	1 472	1 098 718	1 307	1 788 822	1 214	1 762 706	1 057	1 031 360	1 019	1 029 539	1 044
509	275	425	281	836	420	523	281	440	249	483	230	438	249	439	241
28 326	847	28 990	1 006	28 690	887	35 407	978	25 135	1 037	17 429	1 304	24 593	1 145	21 651	1 314
42	690	53	701	137	577	79	960	25	420	29	628	23	478	89	518
2 274	404	5 578	601	8 097	369	21 090	492	13 740	547	19 378	494	12 610	566	9 743	480
13 032	2 570	12 805	2 587	14 944	3 056	12 302	2 469	12 328	2 553	11 591	2 410	14 991	3 651	11 127	2 493
26	312	23	261	17	206	22	308	12	115	10	126	6	65	2	24
		2	14							1	1	1	13	4	3
9	9	6	3	20	50	6	52	3	27	7	49	5	25	20	22
4 113	299	5 205	339	5 515	420	4 372	354	3 781	227	3 170	236	3 213	217	3 023	234
33	249	68	534	52	502	62	543	37	380	44	396	66	642	64	701
2	83	3	65	5	116	3	40	2	43	5	80	3	57	7	154
		1	22					1	182	2	241	3	219		
115	1 365	245	3 288	282	4 018	285	3 270	251	2 843	243	2 976	315	3 906	246	2 880
31	769	52	1 049	39	821	54	1 208	31	706	51	1 242	51	1 258	38	1 226
2	19					4	219	2	109	2	29			1	80
3	10	3	7	6	125	6	159	7	19	2	17	16	437	24	373
207	993	285	1 318	255	1 262	369	1 864	240	1 316	244	1 280	264	1 470	367	1 962
1	2	1	1					1	17	2	4				
22	16	141	78	17	43	6	31	30	43	27	47	14	23	15	51
336	31	1 361	16	9 799	149	262	107	1 569	34	9 704	39	391	18	169	10
645	181	619	149	388	117	398	90	424	108	526	119	423	184	601	191
2	1 313	7	2 698	6	664	3	1 685	2	3 095	3	1 055	1	1 086	1	62
	63 071		72 416		77 127		87 521		82 922		77 376		91 663		84 841

2007 年我国工程机械产品进出口量值统计

（金额单位：万美元）

序号	税号	货品名称	单位	累计进口				累计出口			
				数量	同比增长（%）	金额	同比增长（%）	数量	同比增长（%）	金额	同比增长（%）
1	84134000	混凝土泵	台	793	-74.3	1 152.87	31.9	1 893	64.8	8 293.49	81.8
2	84262000	塔式起重机	台	43	7.5	1 960.78	-12.7	3 007	72	34 589.76	129.2
3	84264110	轮胎式自推进起重机	台	46	-35.2	1 248.49	-4.8	42	-52.3	886.77	-72.2
4	84264190	带胶轮的其他自推进起重机械	台	124	40.9	2 872.61	-12.6	82	156.3	2 597.81	174.1
5	84264910	履带式起重机	台	87	-6.5	11 142.06	-6.5	488	238.9	15 947.74	278.7
6	84264990	不带胶轮的其他自推进起重机械	台	15	50.0	675.53	186.6	36	350.0	28.81	-59.6
7	84269100	供装于公路车辆的其他起重机	台	308	71.1	463.86	60.7	533	131.7	683.68	68.1
8	84269900	未列名起重机	台	527	26.7	2 016.23	43.8	29 857	436.7	6 043.85	56.3
9	84271010	电动机推进的有轨巷道堆垛机	台	209	132.2	3 394.44	134.2	12	0.0	42.50	-86.1
10	84271020	电动机推进的无轨巷道堆垛机	台	81	-27.0	264.70	-30.4	310	273.5	176.69	117.3
11	84271090	其他电动叉车及装有升降或搬运装置工作车	台	7 622	1.5	10 686.25	6.6	17 916	91.8	11 072.07	81.6
12	84272010	集装箱叉车	台	182	91.6	2 790.90	54.9	93	144.7	1 591.21	239.5
13	84272090	其他机动叉车及装有升降或搬运装置工作车	台	3 977	27.6	15 636.25	18.7	30 538	78.4	40 067.81	81.1
14	84279000	未列名叉车等装有升降或搬运装置的工作车	台	4 471	11.4	1 975.73	12.6	1 661 793	35.6	26 038.16	53.9
15	84281010	载客电梯	台	2 536	18.7	15 840.27	6.6	16 501	51.9	39 725.60	51.4
16	84281090	其他升降机及倒卸式起重机	台	770	11.8	2 726.08	53.5	18 109	818.8	3 855.63	124.7
17	84284000	自动梯及自动人行道	台	59	-55.6	863.46	-26.2	15 089	30.4	45 494.61	26.3
18	84291110	履带式推土机，$P>235.36$kW (320hp)	台	42	40.0	2 608.45	111.4	411	77.2	5 315.62	96.2
19	84291190	其他履带式推土机	台	583	44.3	2 939.09	23.7	2 437	89.9	18 144.57	122.8
20	84291910	其他推土机，$P>235.36$kW (320hp)	台	15	200	632.08	154.9	25	316.7	278.03	347.8
21	84291990	未列名推土机	台					122	134.6	971.35	201.6

（续）

序号	税号	货品名称	单位	累计进口				累计出口			
				数量	同比增长（%）	金额	同比增长（%）	数量	同比增长（%）	金额	同比增长（%）
22	84292010	筑路机及平地机，$P>235.36$ kW（320hp）	台	14	600.0	949.97	2282.1	86	218.5	698.64	290.4
23	84292090	其他筑路机及平地机	台	31	-88.7	649.28	-61.1	4 992	14.5	24 027.33	181.7
24	84293010	斗容量超过 10m^3 的铲运机	台	25	316.7	1 352.35	329.4	3		13.06	99.1
25	84293090	其他铲运机	台	94	118.6	2 939.09	106.3	360	566.70	432.02	302.3
26	84294011	机重 18t 及以上的振动压路机	台	83	124.3	1 594.83	243.1	624	95.0	3 119.04	133.9
27	84294019	其他机动压路机	台	398	-40.2	1 088.87	-50.9	4 607	96.3	13 479.44	107.7
28	84294090	未列名捣固机械及压路机	台	31	-35.4	69.00	34.4	23 418	165.3	1 648.60	165.3
29	84295100	前铲装载机	台	483	19.3	4 837.53	23.4	19 391	134.6	61 143.22	138.2
30	84295211	上部 360°旋转的轮胎式挖掘机	台	592	11.7	2 825.01	-8.0	565	433.0	2 138.18	281.0
31	84295212	上部 360°旋转的履带式挖掘机	台	33 174	19.1	132 075.80	22.9	7 957	2.3	47 797.18	7.5
32	84295219	上部 360°旋转的其他挖掘机	台	1	-66.7	269.80	-24.9	151	125.4	1 178.36	75.7
33	84295290	上部 360°旋转的机械铲、装载机	台	8	14.3	210.09	55.5	34	-32.0	401.09	45.8
34	84295900	其他机械铲、挖掘机及机铲装载机	台	19	-70.3	727.41	14.3	3 916	259.3	3 244.18	159.8
35	84301000	打桩机及拔桩机	台	31	24.0	650.07	-10.3	3 535	526.8	6 090.40	102.1
36	84302000	扫雪机及吹雪机	台	193	-56.7	167.90	31.8	631 128	52.9	4 355.46	0.8
37	84303100	自推进的截煤机、凿岩机及隧道掘进机	台	123	28.1	22 181.33	48.8	2 000	138.4	1 838.70	-43.5
38	84303900	非自推进的截煤机、凿岩机及隧道掘进机	台	63	-3.1	5 050.37	-6.3	24 878	83.1	2 541.61	40.3
39	84305020	矿用电铲	台	14	133.3	4 169.90	506.4	2		510.05	51 940.8
40	84306100	非自推进的捣固或压实机械	台	1 654	-22.8	493.55	-17.6	231 203	237.6	3 223.71	148.3
41	84306911	钻筒直径在 3m 以上的非自推进工程钻机	台					6	-62.5	15.22	-69.8
42	84306919	其他非自推进工程钻机	台	77	185.2	617.44	364.4	8 527	628.8	2 650.67	218.2
43	84306920	非自推进的铲运机	台	85	672.7	102.06	-27.4	434	909.3	304.19	270.1
44	84306990	未列名非自推进泥土、矿等运送、平整等机械	台	180	-69.0	2 222.38	-13.0	37 295	95.5	4 563.97	-17.4
45	84312000	8427 所列机械的零件	t	14 578	27.8	10 777.45	39.6	315 043	49.9	29 427.94	66.4
46	84313100	升降机、倒卸式起重机或自动梯的零件	t	10 031	24.3	10 428.85	36.2	300 505	46.1	44 275.84	50.3
47	84313900	其他 8428 所列机械的零件	t	9 880	31.2	13 097.17	4.8	155 967	109.6	23 606.31	86.4
48	84314100	戽斗、铲斗、抓斗及夹斗	个	4 444	-26.4	1 174.73	111.2	81 491	4.6	2 887.31	95.3
49	84314200	推土机或侧铲推土机用铲	个	3 765	457.8	489.34	198.0	6 607	-41.1	75.04	-35.1

（续）

序号	税号	货品名称	单位	累计进口				累计出口			
				数量	同比增长（%）	金额	同比增长（%）	数量	同比增长（%）	金额	同比增长（%）
50	84314390	凿井机械的零件	t	152	21.6	277.15	31.8	8 922	17.1	2 367.26	59.1
51	84314910	矿用电铲用零件	t	6 194	1669.7	9 712.12	2297.4	5 662	62.0	1 471.87	73.6
52	84314990	8426、8429 及 8430 所列机械的其他零件	t	220 893	27.7	124 805.85	33.4	863 518	40.7	141 634.47	54.9
53	84671100	旋转式（包括旋转冲击式的）手提风动工具	台	259 356	−4.1	3 241.50	32.2	5 074 650	9.3	7 450.90	12.6
54	84671900	其他手提式风动工具	台	187 041	−18.1	2 340.40	11.7	16 245 731	−22.2	14 280.11	6.7
55	84679200	手提式风动工具用的零件	t	594	−20.8	2 273.73	25.7	5 999	33.8	3 270.08	31.4
56	84743100	混凝土或砂浆混合机器	台	203	86.2	1 505.93	105.3	295 048	103.0	11 647.11	133.8
57	84743200	矿物与沥青的混合机器	台	29	−39.6	652.63	−72.3	599	159.3	6 675.84	149.6
58	84743900	固体矿物质的其他混合或搅拌机器	台	2 322	19.0	5 469.50	−23.8	100 450	145.1	5 368.26	43.4
59	84749000	8474 所列机器的零件	t	10 303	40.6	10 515.32	34.5	148 434	40.1	30 916.49	49.9
60	84791021	沥青混凝土摊铺机	台	143	−16.9	2 657.12	−22.2	164	80.2	1 952.68	59.9
61	84791022	稳定土摊铺机	台					9		31.63	−14.9
62	84791029	其他摊铺机	台	7	−30.0	112.10	26.2	100	61.3	279.81	178.1
63	84791090	其他公共工程用机器	台	1 202	−37.7	3 435.86	−55.3	45 881	−2.2	3 360.55	39.1
64	87051021	最大起重量≤50t 全路面起重车	辆					588	150.2	5 523.74	151.9
65	87051022	50t＜最大起重量≤100t 全路面起重车	辆	3	−70.0	315.68	−56.8	38	100.0	805.57	25.9
66	87051023	最大起重量＞100t 全路面起重车	辆	29	20.8	5 161.31	52.7	7	600.0	663.46	63 694.2
67	87051091	最大起重量≤50t 其他起重车	辆	11	10.0	178.15	6.8	2 686	190.7	32 923.76	225.0
68	87051092	50t＜最大起重量≤100t 其他起重车	辆					651	251.9	14 825.21	282.7
69	87051093	最大起重量＞100t 其他起重车	辆					18	260.0	886.88	433.3
70	87053010	装有云梯的救火车	辆	15	25.0	1 141.57	28.9	1		11.70	
71	87053090	其他机动救火车	辆	30	0.0	1 340.82	72.1	118	353.8	1 697.20	339.7
72	87054000	机动混凝土搅拌车	辆	32	−60.0	240.22	−52.6	2 677	343.9	13 718.57	335.9
73	87059060	飞机加油车、调温车、除冰车	辆	27	−44.9	708.85	−40.2	7		55.40	
74	87059070	道路（包括跑道）扫雪车	辆	5	−37.5	117.80	−49.5				
75	87091110	电动牵引车	辆		−100						
76	87091190	其他电动的短距离运货车辆	辆						−100		
77	87091910	其他机动牵引车	辆	197	−33.7	399.54	−68.9	399	353.4	580.33	68.5
78	87091990	其他短距离运货机动车辆	辆	2 979	188.9	863.03	7.9	29 853	2047.7	465.39	178.1
79	87099000	短距离运货的机动车辆及	t	574	−11.4	1 291.99	44.1	6 269	38.9	1 637.88	38.9

（续）

序号	税号	货品名称	单位	累计进口 数量	同比增长（%）	金额	同比增长（%）	累计出口 数量	同比增长（%）	金额	同比增长（%）
		站台牵引车的零件									
80	89051000	挖泥船	艘	17	-5.6	12 225.76	210.2	318	367.6	17 697.37	1157.4
		合计				494 085.63	25.7			869 731.99	73.5

2007年我国工程机械进出口贸易额前50位国家（地区）

排序	进口 国家（地区）	进口额（万美元）	同比增长（%）	出口 国家（地区）	出口额（万美元）	同比增长（%）	进出口 国家（地区）	总金额（万美元）	同比增长（%）
1	日本	206 624.97	22.8	美国	73 314.30	9.7	日本	275 692.63	26.0
2	德国	67 180.14	0.8	日本	69 067.66	36.8	美国	119 862.69	28.3
3	韩国	64 873.24	28.6	俄罗斯联邦	50 642.93	179.0	韩国	94 723.33	34.6
4	美国	46 548.39	75.3	阿联酋	45 913.27	120.6	德国	93 060.32	15.1
5	瑞典	14 958.18	3.6	印度	41 863.31	101.7	俄罗斯联邦	50 765.46	174.9
6	荷兰	13 403.77	326.3	哈萨克斯坦	36 492.59	148.6	阿联酋	45 945.03	120.8
7	意大利	9 172.27	26.1	韩国	29 850.09	49.7	印度	42 374.59	101.9
8	澳大利亚	8 908.60	66.1	德国	25 880.18	82.1	哈萨克斯坦	36 492.59	148.6
9	法国	7 880.46	13.6	沙特阿拉伯	24 727.91	119.1	荷兰	29 218.99	169.8
10	英国	6 703.22	2.2	英国	20 267.48	58.5	澳大利亚	29 025.38	57.1
11	中国台澎金马关税区	5 864.34	34.2	澳大利亚	20 116.78	53.4	英国	26 970.70	39.4
12	奥地利	5 779.81	42.5	阿尔及利亚	19 686.55	399.1	意大利	25 829.42	49.5
13	芬兰	5 136.93	24.3	新加坡	17 077.28	11.6	沙特阿拉伯	24 728.02	119.1
14	马来西亚	4 176.97	2.8	意大利	16 657.15	66.5	瑞典	21 234.88	16.5
15	新加坡	3 283.14	15.5	南非	16 247.70	83.0	新加坡	20 360.42	12.2
16	西班牙	2 904.79	9.9	荷兰	15 815.22	105.8	阿尔及利亚	19 686.55	399.1
17	巴西	2 763.65	-12.8	印度尼西亚	14 303.92	58.6	马来西亚	17 281.97	30.3
18	中国	2 485.74	124.2	中国香港	13 660.29	34.0	南非	16 376.15	75.4
19	瑞士	2 321.08	10.3	越南	13 557.33	128.8	法国	15 833.34	38.5
20	加拿大	2 294.33	55.4	马来西亚	13 105.00	42.4	印度尼西亚	15 278.71	50.6
21	丹麦	2 189.68	81.0	伊朗	11 225.15	140.4	中国台澎金马关税区	14 263.03	33.3
22	比利时	1 435.29	59.2	土耳其	11 224.51	72.4	巴西	13 937.59	109.9
23	挪威	1 240.94	61.9	巴西	11 173.94	222.1	中国香港	13 842.18	28.0
24	捷克	1 088.65	505.1	泰国	10 993.57	21.5	越南	13 557.46	128.8

（续）

序号	进口			出口			进出口		
	国家（地区）	进口额（万美元）	同比增长（%）	国家（地区）	出口额（万美元）	同比增长（%）	国家（地区）	总金额（万美元）	同比增长（%）
25	印度尼西亚	974.79	-13.5	加拿大	10 965.27	16.9	加拿大	13 259.60	22.1
26	匈牙利	766.66	74.6	比利时	10 661.70	154.7	西班牙	12 907.15	52.8
27	泰国	647.24	36.5	西班牙	10 002.36	72.3	比利时	12 096.99	137.8
28	波兰	556.40	144	安哥拉	9 597.86	2.8	泰国	11 640.81	22.2
29	印度	511.28	115.7	阿根廷	8 797.13	159.8	土耳其	11 292.25	71.9
30	卢森堡	460.38	2952.9	乌克兰	8 730.47	253.1	伊朗	11 225.17	140.4
31	中国香港	181.89	-70.4	中国台澎金马关税区	8 398.69	32.6	芬兰	10 076.71	61.4
32	南非	128.45	-72.0	法国	7 952.88	76.9	安哥拉	9 597.86	2.8
33	俄罗斯联邦	122.53	-61.3	波兰	6 717.18	117.1	乌克兰	8 822.20	244.6
34	菲律宾	99.28	-23.3	埃塞俄比亚	6 539.16	105.2	阿根廷	8 802.16	159.9
35	乌克兰	91.73	4.9	瑞典	6 276.70	65.6	奥地利	8 113.36	53.2
36	墨西哥	77.66	-32.6	卡塔尔	5 834.91	35.1	波兰	7 273.58	118.9
37	土耳其	67.74	17.7	巴基斯坦	5 633.27	45.3	埃塞俄比亚	6 539.16	105.2
38	爱尔兰	43.06	-36.6	菲律宾	5 405.94	103.3	卡塔尔	5 834.91	35.1
39	阿联酋	31.76	8722.2	尼日利亚	5 386.59	131.4	丹麦	5 832.15	52.5
40	新西兰	23.98	69.5	智利	5 296.57	147.5	巴基斯坦	5 633.39	45.3
41	克罗地亚	17.18		哥伦比亚	5 021.50	283.3	菲律宾	5 505.22	97.4
42	斯里兰卡	12.82	43.7	芬兰	4 939.78	133.9	尼日利亚	5 386.59	129.9
43	斯洛伐克	9.57	-10.1	蒙古	4 273.87	175.2	智利	5 296.65	147.1
44	斯洛文尼亚	9.29	-78.8	苏丹	3 759.68	10.8	哥伦比亚	5 021.59	283.3
45	秘鲁	9.12	128.0	缅甸	3 643.41	51.5	蒙古	4 273.87	175.2
46	希腊	7.61	1309.3	丹麦	3 642.47	39.4	苏丹	3 759.68	10.8
47	保加利亚	5.03	536.7	委内瑞拉	3 565.79	145.2	缅甸	3 643.41	51.5
48	阿根廷	5.03		科威特	3 405.63	-11.4	委内瑞拉	3 565.79	145.2
49	葡萄牙	2.09	703.8	古巴	2 696.09	303.6	瑞士	3 474.70	15.9
50	罗马尼亚	1.74	3380	乌兹别克斯坦	2 696.02	46.8	科威特	3 405.66	-11.5

2008年工程机械产品关税税率汇总

（单位:%）

序号	税号	货品名称	最惠国	协定税率							暂定税
				东盟8国	亚太	巴基斯坦	中国香港	中国澳门	智利	也门5国	
1	84134000	混凝土泵	8	5		7			5.6		
2	84262000	塔式起重机	10	5		8.3					
3	84264110	轮胎式起重机	5			2.5			3.5		
4	84264190	其他轮胎式起重机	5			2.5			3.5		

（续）

序号	税号	货品名称	最惠国	协定税率							暂定税
				东盟8国	亚太	巴基斯坦	中国香港	中国澳门	智利	也门5国	
5	84264910	履带式起重机	8	5		7			5.6		
6	84264990	其他起重机	13	8		10.9			9.1		
7	84269100	供装于公路车辆的起重机	10	5		8.3					
8	84269900	未列名起重机	6	5		5.7			4.2		
9	84271010	有轨巷道堆垛机	9	5		7.7			6.3		
10	84271020	无轨巷道堆垛机	9	5		7.7			6.3		
11	84271090	电动推进的叉车及其他装有升降或搬运装置的工作车	9	5		7.7			6.3		
12	84272010	集装箱叉车	9	5	8.6	7.7					
13	84272090	其他机动叉车及其他装有升降或搬运装置的工作车	9	5	8.6	7.7					
14	84279000	未列名叉车及其他装有升降或搬运装置的工作车	9	5		7.7					
15	84281010	载客电梯	8		5.6	5.6					
16	84281090	其他升降机及侧卸式起重机	6	附表	4.2	3					
17	84284000	自动梯及自动人行道	5			2.5					
18	84291110	履带式推土机 $P > 235.36$kW(320hp)	7	附表		6.3			4.9		
19	84291190	其他履带式推土机 $P \leq 235.36$kW	7	附表		6.3			4.9		
20	84291910	其他推土机 $P > 235.36$kW(320hp)	7	附表		6.3					
21	84291990	未列名推土机	7	附表		6.3					
22	84292010	筑路机及平地机 $P > 235.36$kW(320hp)	5			2.5			3.5		
23	84292090	其他筑路机及平地机	5			2.5			3.5		
24	84293010	斗容量 $> 10m^3$ 的铲运机	3			1.5					
25	84293090	斗容量 $\leq 10m^3$ 其他铲运机	5			2.5					
26	84294011	机重18t及以上的振动压路机	7	附表		6.3			4.9		
27	84294019	其他机动压路机	8	附表		7			5.6		
28	84294090	未列名捣固机械及压路机	6	附表		5.7			4.2		
29	84295100	前铲装载机	5			2.5			3.5		
30	84295211	轮胎式挖掘机	8	5	7.2	7			5.6		
31	84295212	履带式挖掘机	8	5		7			5.6		
32	84295219	其他挖掘机	8	5	7.2	7			5.6		
33	84295290	其他上部结构可转360°的挖掘机、装载机	8	5	7.2	7			5.6		
34	84295900	其他机械铲、挖掘机及装载机	8	附表		7			5.6		
35	84301000	打桩机及拔桩机	10	5		8.3					
36	84302000	扫雪机及吹雪机	10	5		8.3					
37	84303100	自推进的截煤机、凿岩机及隧道掘进机	10	附表		8.3			7		
38	84303900	非自推进的截煤机、凿岩机及隧道掘进机	6	附表		5.7					
39	84305020	矿用电铲	7	附表		6.3			4.9		
40	84306100	非自推进的捣固或压实机械	6	附表		5.7					
41	84306911	钻筒直径3m及以上的工程钻机	6	附表		5.7					

（续）

序号	税号	货品名称	最惠国	协定税率							暂定税
				东盟8国	亚太	巴基斯坦	中国香港	中国澳门	智利	也门5国	
42	84306919	其他工程钻机	6	附表		5.7					
43	84306920	非自推进的铲运机	6	附表		5.7					
44	84306990	未列名非自推进泥土、矿等运送、平整等机械	6	附表		5.7					
45	84312000	8427 所列机械的零件	6	5	5.4	3					
46	84313100	升降机、倒卸式起重机或自动梯的零件	3			1.5					
47	84313900	其他 8428 所列机械的零件	5		2.5	2.5			3.5		
48	84314100	戽斗、铲斗、抓斗及夹斗	6	附表	5.4	3			4.2		
49	84314200	推土机或侧铲推土机用铲	6	附表		5.7					
50	84314390	凿岩机械零件	5		3.5	2.5			3.5		
51	84314910	矿用电铲用零件	5		4.5	2.5			3.5		
52	84314990	8426、8429 及 8430 所列机械的其他零件	5		4.5	2.5			3.5		
53	84671100	旋转式（包括旋转冲击式）手提风动工具	8	5		7					
54	84671900	其他手提式风动工具	8	5		7					
55	84679200	手提式风动工具的零件	6	5		5.7					
56	84743100	混凝土或砂浆混合机器	7	5		6.3					
57	84743200	矿物与沥青的混合机器	7	5		6.3			4.9		
58	84743900	固体矿物质的其他混合或搅拌机器	5			2.5			3.5		
59	84749000	8474 所列机器的零件	5			2.5			3.5		
60	84791021	沥青混凝土摊铺机	8	5	5.6	5.6			5.6		
61	84791022	稳定土摊铺机	8	5	5.6	5.6			5.6		
62	84791029	其他摊铺机	8	5	5.6	5.6			5.6		
63	84791090	其他公共工程用机器	8	5	5.6	5.6			5.6		
64	87051021	最大起重量≤50t 的全路面起重车	15	附表		14.1					
65	87051022	50t＜最大起重量≤100t 全路面起重车	10	附表		8.3					
66	87051023	最大起重量＞100t 全路面起重车	10	附表		8.3					
67	87051091	最大起重量≤50t 的其他起重车	15	附表		14.1					
68	87051092	50t＜最大起重量≤100t 的其他起重车	10	附表		8.3					
69	87051093	最大起重量＞100t 的其他起重车	10	附表		8.3					
70	87053010	装有云梯的消防车	3			1.5					
71	87053090	其他机动消防车	3			1.5					
72	87054000	混凝土搅拌车	15	附表	13.5	12.6					
73	87059060	飞机加油车、调温车、除冰车	12	附表	10.8	9.7					
74	87059070	道路（包括跑道）扫雪车	12	附表	10.8	9.7					
75	87059090	未列名特殊用途的机动车辆	12	附表	10.8	9.7					
76	87091110	电动牵引车	10	8		8.3					
77	87091190	其他电动的短距离运货车辆	10	8		8.3					
78	87091910	其他牵引车	10.5	附表		8.7					

（续）

序号	税号	货品名称	最惠国	协定税率							暂定税
				东盟8国	亚太	巴基斯坦	中国香港	中国澳门	智利	也门5国	
79	87091990	其他短距离运货机动车辆	10.5	附表		8.7					
80	87099000	短距离运货车、站台牵引车用零件	8.4	5		7.3					
81	89051000	挖泥船	3			1.5					
82	87042300	起重≥55t 汽车起重机用底盘	15								8
83	87042300	P≥291kW(390马力)装有驾驶室的混凝土泵车用底盘	15								10

《中国—东盟全面经济合作框架协议》八国实施税率表

（单位：%）

序号	税号	货品名称	文莱	印度尼西亚	马来西亚	缅甸	菲律宾	新加坡	泰国	越南
1	84281090	其他升降机及侧卸式起重机	5	5	5	5	5	5		5
2	84291110	履带式推土机 P >235.36kW(320hp)	5	5		5	5	5	5	5
3	84291190	其他履带式推土机 P ≤235.36kW	5	5		5	5	5	5	5
4	84291910	其他推土机 P >235.36kW(320hp)	5	5		5	5	5	5	5
5	84291990	未列名推土机	5	5		5	5	5	5	5
6	84294011	机重18t及以上的振动压路机	5	5		5	5	5	5	5
7	84294019	其他机动压路机	5	5		5	5	5	5	5
8	84294090	未列名捣固机械及压路机	5	5		5	5	5	5	5
9	84295900	其他机械铲、挖掘机及装载机	5	5		5	5	5	5	5
10	84303100	自推进的截煤机、凿岩机及隧道掘进机	8	8		8	8	8	8	8
11	84303900	非自推进的截煤机、凿岩机及隧道掘进机	5	5		5	5	5	5	5
12	84305020	矿用电铲	5	5		5	5	5	5	5
13	84306100	非自推进的捣固或压实机械	5	5		5	5	5	5	5
14	84306911	钻筒直径3m及以上的工程钻机	5	5		5	5	5	5	5
15	84306919	其他工程钻机	5	5		5	5	5	5	5
16	84306920	非自推进的铲运机	5	5		5	5	5	5	5
17	84306990	未列名非自推进泥土、矿等运送、平整等机械	5	5		5	5	5	5	5
18	84314100	戽斗、铲斗、抓斗及夹斗	5	5		5	5	5	5	5
19	84314200	推土机或侧铲推土机用铲	5	5		5	5	5	5	5
20	87051021	最大起重量≤50t的全路面起重车		8	8	8	8	8	8	8
21	87051022	50t<最大起重量≤100t全路面起重车		8	8	8	8	8	8	8

（续）

序号	税号	货 品 名 称	文莱	印度尼西亚	马来西亚	缅甸	菲律宾	新加坡	泰国	越南
22	87051023	最大起重量＞100t 全路面起重车		8	8	8	8	8	8	8
23	87051091	最大起重量≤50t 的其他起重车		8	8	8	8	8	8	8
24	87051092	50t＜最大起重量≤100t 的其他起重车		8	8	8	8	8	8	8
25	87051093	最大起重量＞100t 的其他起重车		8	8	8	8	8	8	8
26	87054000	混凝土搅拌车		8	8	8	8	8	8	8
27	87059060	飞机加油车、调温车、除冰车		8	8	8	8	8	8	8
28	87059070	道路（包括跑道）扫雪车		8	8	8	8	8	8	8
29	87059090	未列名特殊用途的机动车辆		8	8	8	8	8	8	8
30	87091910	其他牵引车	8		8	8	8	8	8	8
31	87091990	其他短距离运货机动车辆	8		8	8	8	8	8	8

〔撰稿人：中国工程机械工业协会江琳〕

标准索引

记载工程机械产品行业标准

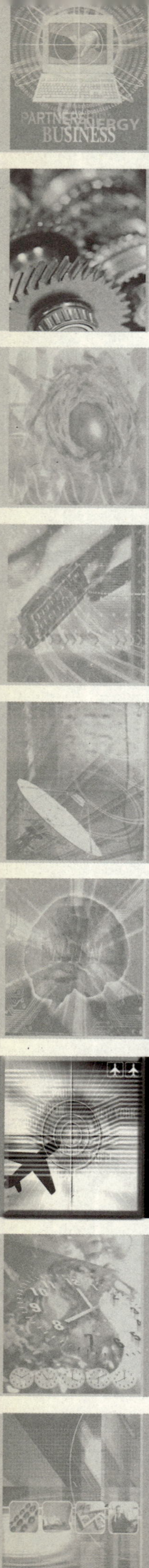

标准索引

标准索引

序号	标准号	标准名称
1	GB/T 6375—1986	土方机械　牵引力测试方法
2	GB/T 6572.2—1986	挖掘机名词术语　机械式
3	GB/T 6974.9—1986	起重机名词术语　塔式起重机
4	GB/T 7920.17—1987	钢筋加工机械　术语
5	GB/T 7920.18—1987	装修机械　术语
6	GB/T 8499—1987	土方机械　测定重心位置的方法
7	GB/T 8506—1987	平地机性能试验方法
8	GB/T 9139.1—1988	液压挖掘机　分类
9	GB/T 10169—1988	挖掘装载机　参数
10	GB/T 10170—1988	挖掘装载机　技术条件
11	GB/T 10175—1988	装载机额定工作载荷
12	GB/T 10400—1989	装载机的作用力和倾翻载荷的测量方法
13	GB/T 10675—1989	液压挖掘机　可靠性试验方法
14	GB/T 12974—1991	交流电梯电动机通用技术条件
15	GB/T 13330—1991	150t 以下履带起重机　性能试验方法
16	GB/T 13332—1991	液压挖掘机　挖掘力测试方法
17	GB 3883.13—1992	手持式电动工具的安全　第二部分:不易燃液体电喷枪的专用要求
18	GB/T 13751—1992	挖掘装载机　可靠性试验方法
19	GB/T 13752—1992	塔式起重机设计规范
20	GB/T 6946—1993	钢丝绳铝合金压制接头
21	GB 10060—1993	电梯安装验收规范
22	GB/T 14289—1993	土方机械　检测孔
23	GB/T 14560—1993	150t 以下履带起重机　技术条件
24	GB/T 14780—1993	土方机械排液、加液和液位螺塞
25	GB/T 14781—1993	土方机械轮式机械的转向能力
26	GB/T 14782—1993	平地机　技术条件
27	GB/T 5031—1994	塔式起重机　性能试验
28	GB 3883.18—1995	手持式电动工具的安全　第二部分:电动石材切割机的专用要求
29	GB/T 7586—1996	液压挖掘机试验方法
30	GB/T 9139.2—1996	液压挖掘机　技术条件
31	GB/T 9140—1996	液压挖掘机　结构与性能
32	GB/T 16278—1996	平地机　可靠性试验方法
33	GB/T 7024.1—1997	电梯、自动扶梯、自动人行道　术语
34	GB/T 7025.1—1997	电梯主参数及轿厢、井道、机房的形式与尺寸　第一部分:Ⅰ、Ⅱ、Ⅲ类电梯
35	GB/T 7025.2 - 1997	电梯主参数及轿厢、井道、机房的形式与尺寸　第二部分:Ⅳ类电梯

（续）

序号	标 准 号	标 准 名 称
36	GB/T 7025.3—1997	电梯主参数及轿厢、井道、机房的形式与尺寸　第三部分：Ⅴ类电梯
37	GB/T 6572.1—1997	液压挖掘机　术语
38	GB/T 10058—1997	电梯技术条件
39	GB/T 10059—1997	电梯试验方法
40	GB/T 16899—1997	自动扶梯和自动人行道的制造与安装安全规范
41	GB/T 16937.1—1997	土方机械　司机视野准则
42	GB/T 16937.2—1997	土方机械　司机视野评定方法
43	GB/T 17047—1997	混凝土制品机械　术语
44	GB/T 8533—1998	小型砌块成型机
45	GB/T 8593.1—1998	土方机械　司机操纵和其他显示符号　第 1 部分：通用符号
46	GB/T 8593.2—1998	土方机械　司机操纵和其他显示符号　第 2 部分：机器、工作装置和附件的特殊符号
47	GB/T 17299—1998	土方机械　最小入口尺寸
48	GB/T 17300—1998	土方机械　通道装置
49	GB/T 17301—1998	土方机械　操作和维修空间棱角倒钝
50	GB/T 7950—1999	臂架型起重机　起重力矩限制器通用技术条件
51	GB/T 9462—1999	塔式起重机　技术条件
52	GB/T 17771—1999	土方机械　落物保护结构　实验室试验和性能要求
53	GB/T 17772—1999	土方机械　保护结构的实验室鉴定　挠曲极限量的规定
54	GB/T 17806—1999	塔式起重机　可靠性试验方法
55	GB/T 17807—1999	塔式起重机　结构试验方法
56	GB/T 17808—1999	沥青混凝土搅拌设备
57	GB/T 17920—1999	土方机械　提升臂支承装置
58	GB/T 17921—1999	土方机械　座椅安全带及其固定器
59	GB/T 17922—1999	土方机械　翻车保护结构　实验室试验和性能要求
60	GB/T 8420—2000	土方机械　司机的身材尺寸与司机的最小活动空间
61	GB/T 8591—2000	土方机械　司机座椅标定点
62	GB/T 9142—2000	混凝土搅拌机
63	GB/T 18148—2000	压实机械　压实性能试验方法
64	GB/T 8592—2001	土方机械　轮胎式机器转向尺寸的测定
65	GB/T 8595—2001	土方机械　司机的操纵
66	GB/T 18576—2001	建筑施工机械与设备　术语和定义
67	GB/T 18577.1—2001	土方机械　尺寸的定义和符号　第 1 部分：主机
68	GB/T 18577.2—2001	土方机械　尺寸的定义和符号　第 2 部分：工作装置
69	GB/T 1955—2002	建筑卷扬机
70	GB/T 2883—2002	工程机械轮辋规格系列
71	GB/T 18775—2002	电梯维修规范
72	GB/T 18874.1—2002	起重机　供需双方应提供的资料　第 1 部分：总则
73	GB/T 18874.5—2002	起重机　供需双方应提供的资料　第 5 部分：桥式和门式起重机
74	GB/T 18875—2002	起重机　备件手册
75	GB　7588—2003	电梯制造与安装安全规范
76	GB/T 7920.5—2003	土方机械　压路机和回填压实机　术语和商业规格

（续）

序号	标准号	标准名称
77	GB/T 7920.8—2003	土方机械　铲运机　术语和商业规格
78	GB/T 7920.9—2003	土方机械　平地机　术语和商业规格
79	GB/T 7920.12—2003	沥青混凝土摊铺机　术语
80	GB/T 7920.15—2003	沥青贮存、熔化和加热装置　术语
81	GB/T 13749—2003	柴油打桩机　安全操作规程
82	GB/T 16273.6—2003	设备用图形符号　第6部分:运输、车辆检测及装载机械通用符号
83	GB/T 19154—2003	擦窗机
84	GB/T 19155—2003	高处作业吊篮
85	GB/T 7920.2—2004	建筑卷扬机　术语
86	GB/T 7920.14—2004	道路施工与养护设备沥青洒布车/喷洒机　术语和商业规格
87	GB/T 7920.16—2004	道路施工与养护设备　石屑撒布机　术语和商业规格
88	GB/T 8910.1—2004	手持便携式动力工具　手柄振动测量方法　第1部分:总则
89	GB/T 8910.2—2004	手持便携式动力工具　手柄振动测量方法　第2部分:铲和铆钉机
90	GB/T 8910.3—2004	手持便携式动力工具　手柄振动测量方法　第3部分:凿岩机和回转锤
91	GB/T 13333—2004	混凝土泵
92	GB/T 13750—2004	振动沉拔桩机　安全操作规程
93	GB 3883.2—2005	手持式电动工具的安全　第二部分:螺丝刀和冲击扳手的专用要求
94	GB 3883.4—2005	手持式电动工具的安全　第二部分:非盘式砂光机和抛光机的专用要求
95	GB 3883.7—2005	手持式电动工具的安全　第二部分:锤类工具的专用要求
96	GB 3883.8—2005	手持式电动工具的安全　第二部分:电剪刀和电冲剪的专用要求
97	GB 3883.9—2005	手持式电动工具的安全　第二部分:攻丝机的专用要求
98	GB 3883.11—2005	手持式电动工具的安全　第二部分:往复锯(曲线锯、刀锯)的专用要求
99	GB 3883.17—2005	手持式电动工具的安全　第二部分:木铣和修边机的专用要求
100	GB 3883.19—2005	手持式电动工具的安全　第二部分:管道疏通机的专用要求
101	GB/T 4307—2005	起重吊钩　术语
102	GB/T 5140—2005	叉车　挂钩型货叉　术语
103	GB/T 5141—2005	平衡重式叉车　稳定性试验
104	GB/T 5142—2005	前移式和插腿式叉车　稳定性试验
105	GB/T 6068.1—2005	汽车起重机和轮胎起重机试验规范　第1部分:一般要求
106	GB/T 6068.2—2005	汽车起重机和轮胎起重机试验规范　第2部分:性能试验
107	GB/T 6068.3—2005	汽车起重机和轮胎起重机试验规范　第3部分:结构试验
108	GB/T 7920.4—2005	混凝土机械　术语
109	GB/T 7920.6—2005	建筑施工机械与设备　打桩设备　术语和商业规格
110	GB/T 8511—2005	振动压路机
111	GB　8903—2005	电梯用钢丝绳
112	GB/T 10054—2005	施工升降机
113	GB/T 10171—2005	混凝土搅拌站(楼)
114	GB/T 10183—2005	桥式和门式起重机　制造及轨道安装公差
115	GB/T 10913—2005	土方机械　行驶速度测定
116	GB/T 13328—2005	压路机通用要求
117	GB/T 13331—2005	土方机械　液压挖掘机起重量

（续）

序号	标 准 号	标 准 名 称
118	GB/T 19924—2005	流动式起重机　稳定性的确定
119	GB/T 19928—2005	土方机械　吊管机和安装侧臂的轮胎式推土机或装载机的起重量
120	GB/T 19929—2005	土方机械　履带式机器制动系统的性能要求和试验方法
121	GB/T 19930—2005	土方机械　小型挖掘机倾翻保护结构的实验室试验和性能要求
122	GB/T 19931—2005	土方机械　挖沟机术语和商业规范
123	GB/T 19932—2005	土方机械　液压挖掘机司机防护装置的实验室试验和性能要求
124	GB/T 19933.1—2005	土方机械　司机室环境　第1部分:总则和定义
125	GB/T 19933.2—2005	土方机械　司机室环境　第2部分:空气滤清器的试验
126	GB/T 19933.3—2005	土方机械　司机室环境　第3部分:司机室增压试验方法
127	GB/T 19933.4—2005	土方机械　司机室环境　第4部分:司机室的空调、采暖和(或)换气试验方法
128	GB/T 19933.5—2005	土方机械　司机室环境　第5部分:风窗玻璃除霜系统的试验方法
129	GB/T 19933.6—2005	土方机械　司机室环境　第6部分:司机室太阳光热效应的测定
130	GB/T 3787—2006	手持式电动工具的管理、使用、检查和维修安全技术规程
131	GB/T 5144—2006	塔式起重机安全规程
132	GB/T 5023.6—2006	额定电压450/750V及以下聚氯乙烯绝缘电缆　第6部分:电梯电缆和挠性连接用电缆
133	GB/T 5972—2006	起重机用钢丝绳检验和报废实用规范
134	GB/T 5973—2006	钢丝绳用楔形接头
135	GB/T 5974.1—2006	钢丝绳用普通套环
136	GB/T 5974.2—2006	钢丝绳用重型套环
137	GB/T 5975—2006	钢丝绳用压板
138	GB/T 5976—2006	钢丝绳夹
139	GB/T 7920.10—2006	道路施工与养护设备　稳定土拌和机　术语和商业规格
140	GB/T 7920.11—2006	道路施工与养护设备　沥青混合料搅拌设备　术语和商业规格
141	GB/T 7920.13—2006	混凝土路面铺筑机械与设备　术语
142	GB/T 8706—2006	钢丝绳—术语、标记和分类
143	GB 8918—2006	重要用途钢丝绳
144	GB/T 8910.6—2006	手持便携式动力工具　手柄振动测量方法　第6部分:冲击钻
145	GB/T 20118—2006	一般用途钢丝绳
146	GB/T 20119—2006	平衡用扁钢丝绳
147	GB 20178—2006	土方机械　安全标志和危险图示通则
148	GB/T 20303.1—2006	起重机　司机室　第1部分:总则
149	GB/T 20303.2—2006	起重机　司机室　第2部分:流动式起重机
150	GB/T 20303.3—2006	起重机　司机室　第3部分:塔式起重机
151	GB/T 20303.4—2006	起重机　司机室　第4部分:臂架起重机
152	GB/T 20303.5—2006	起重机　司机室　第5部分:桥式和门式起重机
153	GB/T 20304—2006	塔式起重机　稳定性要求
154	GB/T 20305—2006	起重用钢制圆环校准链　正确使用和维护导则
155	GB/T 20315—2006	道路施工与养护设备　路面铣刨机　术语和商业规格
156	GB/T 20418—2006	土方机械　照明、信号和标志灯以及反射器
157	GB/T 20776—2006	起重机械分类
158	GB 3883.3—2007	手持式电动工具的安全　第二部分:砂轮机、抛光机和盘式砂光机的专用要求

（续）

序号	标准号	标准名称
159	GB 3883.5—2007	手持式电动工具的安全　第二部分:圆锯的专用要求
160	GB 3883.6—2007	手持式电动工具的安全　第二部分:电钻和冲击电钻的专用要求
161	GB 3883.10—2007	手持式电动工具的安全　第二部分:电刨的专用要求
162	GB 3883.12—2007	手持式电动工具的安全　第二部分:混凝土振动器的专用要求
163	GB 3883.14—2007	手持式电动工具的安全　第二部分:链锯的专用要求
164	GB 3883.15—2007	手持式电动工具的安全　第二部分:修枝剪的专用要求
165	GB 3883.20—2007	手持式电动工具的安全　第二部分:捆扎机的专用要求
166	GB 3883.21—2007	手持式电动工具的安全　第二部分:带锯的专用要求
167	GB/T 8419—2007	土方机械　司机座椅振动的试验室评价
168	GB/T 10055—2007	施工升降机　安全规程
169	GB/T 16936—2007	土方机械　发动机净功率试验规范
170	GB/T 20863.1—2007	起重机械分级　第1部分:总则
171	GB/T 20863.2—2007	起重机械分级　第2部分:流动式起重机
172	GB/T 20863.3—2007	起重机械分级　第3部分:塔式起重机
173	GB/T 20863.4—2007	起重机械分级　第4部分:臂架起重机
174	GB/T 20863.5—2007	起重机械分级　第5部分:桥式和门式起重机
175	GB 20891—2007	非道路移动机械用柴油机排气污染物排放限值及测量方法(中国Ⅰ、Ⅱ阶段)
176	GB/T 20900—2007	电梯、自动扶梯和自动人行道　风险评价和降低的方法
177	GB/T 20904—2007	水平定向钻机　安全操作规程
178	GB/T 20946—2007	起重用短环链　验收总则
179	GB/T 20947—2007	起重用短环链　T级(T、DAT和DT型)高精度葫芦链
180	GB/T 20969.1—2007	特殊环境条件　高原机械　第1部分:高原对内燃动力机械的要求
181	GB/T 20969.2—2007	特殊环境条件　高原机械　第2部分:高原对工程机械的要求
182	GB/T 20969.3—2007	特殊环境条件　高原机械　第3部分:高原型工程机械选型、验收规范
183	GB/T 21014—2007	土方机械　计时表
184	GB/T 21152—2007	土方机械　轮胎式机器　制动系统的性能要求和试验方法
185	GB/T 21153—2007	土方机械　尺寸、性能和参数的单位与测量准确度
186	GB/T 21154—2007	土方机械　整机及其工作装置和部件的质量测量方法
187	GB/T 21155—2007	土方机械　前进和倒退音响报警　声响试验方法
188	GB/T 21156.1—2007	特殊环境条件　沙漠机械　第1部分:干热沙漠内燃动力机械
189	GB/T 21156.2—2007	特殊环境条件　沙漠机械　第2部分:干热沙漠工程机械
190	GB 21240—2007	液压电梯制造与安装安全规范
191	GB/T 3811—2008	起重机设计规范
192	GB 3883.1—2008	手持式电动工具的安全　第一部分:通用要求
193	GB 3883.16—2008	手持式电动工具的安全　第二部分:钉钉机的专用要求
194	GB 3883.22—2008	手持式电动工具的安全　第二部分:开槽机的专用要求
195	GB/T 5013.5—2008	额定电压450/750V及以下橡皮绝缘电缆　第5部分:电梯电缆
196	GB/T 5143—2008	工业车辆　护顶架　技术要求和试验方法
197	GB/T 5182—2008	叉车　货叉　技术要求和试验方法
198	GB/T 8498—2008	土方机械　基本类型　识别、术语和定义
199	GB/T 8910.4—2008	手持便携式动力工具　手柄振动测量方法　第4部分:砂轮机

（续）

序号	标 准 号	标 准 名 称
200	GB/T 8910.5—2008	手持便携式动力工具　手柄振动测量方法　第5部分:建筑工程用路面破碎机和镐
201	GB/T 9465—2008	高空作业车
202	GB/T 10168—2008	土方机械　挖掘装载机　术语和商业规格
203	GB/T 14917—2008	土方机械　维修服务用仪器
204	GB/T 16277—2008	沥青混凝土摊铺机
205	GB/T 16273.1—2008	设备用图形符号　第1部分:通用符号
206	GB/T 18224—2008	桥式抓斗卸船机安全规程
207	GB/T 20969.4—2008	特殊环境条件　高原机械　第4部分:高原自然环境试验导则　内燃动力机械
208	GB/T 20969.5—2008	特殊环境条件　高原机械　第5部分:高原自然环境试验导则　工程机械
209	GB/T 21457—2008	起重机和相关设备　试验中参数的测量精度要求
210	GB/T 21458—2008	流动式起重机　额定起重量图表
211	GB/T 21467—2008	工业车辆在门架前倾的特定条件下堆垛作业　附加稳定性试验
212	GB/T 21468—2008	托盘堆垛车和高起升平台堆垛车　稳定性试验
213	GB/T 21682—2008	旋挖钻机
214	GB/T 21739—2008	家用电梯制造与安装规范
215	GB/T 21934—2008	土方机械　沉头方颈螺栓
216	GB/T 21935—2008	土方机械　操纵的舒适区域与可及范围
217	GB/T 21936—2008	土方机械　安装在机器上的拖曳装置　性能要求
218	GB/T 21937—2008	土方机械　履带式和轮胎式推土机的推土铲　容量标定
219	GB/T 21938—2008	土方机械　液压挖掘机和挖掘装载机动臂下降控制装置　要求和试验
220	GB/T 21939—2008	土方机械　低速机器报警装置　超声波及其他系统
221	GB/T 21940—2008	土方机械　推土机、平地机和铲运机用刀片　主要形状和基本尺寸
222	GB/T 21941—2008	土方机械　液压挖掘机和挖掘装载机的反铲斗和抓铲斗　容量标定
223	GB/T 21942—2008	土方机械　装载机和正铲挖掘机的铲斗　容量标定

〔撰稿人:中国工程机械工业协会标准化工作委员会李静〕

政策法规

记载对工程机械行业产生重要影响的政策法规

政策法规

中华人民共和国节约能源法

（中华人民共和国主席令　第77号）

《中华人民共和国节约能源法》已由中华人民共和国第十届全国人民代表大会常务委员会第三十次会议于2007年10月28日修订通过，现将修订后的《中华人民共和国节约能源法》公布，自2008年4月1日起施行。

目　录

第一章　总　则

第一条　为了推动全社会节约能源，提高能源利用效率，保护和改善环境，促进经济社会全面协调可持续发展，制定本法。

第二条　本法所称能源，是指煤炭、石油、天然气、生物质能和电力、热力以及其他直接或者通过加工、转换而取得有用能的各种资源。

第三条　本法所称节约能源（以下简称节能），是指加强用能管理，采取技术上可行、经济上合理以及环境和社会可以承受的措施，从能源生产到消费的各个环节，降低消耗、减少损失和污染物排放、制止浪费，有效、合理地利用能源。

第四条　节约资源是我国的基本国策。国家实施节约与开发并举、把节约放在首位的能源发展战略。

第五条　国务院和县级以上地方各级人民政府应当将节能工作纳入国民经济和社会发展规划、年度计划，并组织编制和实施节能中长期专项规划、年度节能计划。

国务院和县级以上地方各级人民政府每年向本级人民代表大会或者其常务委员会报告节能工作。

第六条　国家实行节能目标责任制和节能考核评价制度，将节能目标完成情况作为对地方人民政府及其负责人考核评价的内容。

省、自治区、直辖市人民政府每年向国务院报告节能目标责任的履行情况。

第七条　国家实行有利于节能和环境保护的产业政策，限制发展高耗能、高污染行业，发展节能环保型产业。

国务院和省、自治区、直辖市人民政府应当加强节能工作，合理调整产业结构、企业结构、产品结构和能源消费结构，推动企业降低单位产值能耗和单位产品能耗，淘汰落后的生产能力，改进能源的开发、加工、转换、输送、储存和供应，提高能源利用效率。

国家鼓励、支持开发和利用新能源、可再生能源。

第八条　国家鼓励、支持节能科学技术的研究、开发、示范和推广，促进节能技术创新与进步。

国家开展节能宣传和教育，将节能知识纳入国民教育和培训体系，普及节能科学知识，增强全民的节能意识，提倡节约型的消费方式。

第九条　任何单位和个人都应当依法履行节能义务，有权检举浪费能源的行为。

新闻媒体应当宣传节能法律、法规和政策，发挥舆论监督作用。

第十条　国务院管理节能工作的部门主管全国的节能监督管理工作。国务院有关部门在各自的职责范围内负责节能监督管理工作，并接受国务院管理节能工作的部门的指导。

县级以上地方各级人民政府管理节能工作的

部门负责本行政区域内的节能监督管理工作。县级以上地方各级人民政府有关部门在各自的职责范围内负责节能监督管理工作，并接受同级管理节能工作的部门的指导。

第二章　节能管理

第十一条　国务院和县级以上地方各级人民政府应当加强对节能工作的领导，部署、协调、监督、检查、推动节能工作。

第十二条　县级以上人民政府管理节能工作的部门和有关部门应当在各自的职责范围内，加强对节能法律、法规和节能标准执行情况的监督检查，依法查处违法用能行为。

履行节能监督管理职责不得向监督管理对象收取费用。

第十三条　国务院标准化主管部门和国务院有关部门依法组织制定并适时修订有关节能的国家标准、行业标准，建立健全节能标准体系。

国务院标准化主管部门会同国务院管理节能工作的部门和国务院有关部门制定强制性的用能产品、设备能源效率标准和生产过程中耗能高的产品的单位产品能耗限额标准。

国家鼓励企业制定严于国家标准、行业标准的企业节能标准。

省、自治区、直辖市制定严于强制性国家标准、行业标准的地方节能标准，由省、自治区、直辖市人民政府报经国务院批准；本法另有规定的除外。

第十四条　建筑节能的国家标准、行业标准由国务院建设主管部门组织制定，并依照法定程序发布。

省、自治区、直辖市人民政府建设主管部门可以根据本地实际情况，制定严于国家标准或者行业标准的地方建筑节能标准，并报国务院标准化主管部门和国务院建设主管部门备案。

第十五条　国家实行固定资产投资项目节能评估和审查制度。不符合强制性节能标准的项目，依法负责项目审批或者核准的机关不得批准或者核准建设；建设单位不得开工建设；已经建成的，不得投入生产、使用。具体办法由国务院管理节能工作的部门会同国务院有关部门制定。

第十六条　国家对落后的耗能过高的用能产品、设备和生产工艺实行淘汰制度。淘汰的用能产品、设备、生产工艺的目录和实施办法，由国务院管理节能工作的部门会同国务院有关部门制定并公布。

生产过程中耗能高的产品的生产单位，应当执行单位产品能耗限额标准。对超过单位产品能耗限额标准用能的生产单位，由管理节能工作的部门按照国务院规定的权限责令限期治理。

对高耗能的特种设备，按照国务院的规定实行节能审查和监管。

第十七条　禁止生产、进口、销售国家明令淘汰或者不符合强制性能源效率标准的用能产品、设备；禁止使用国家明令淘汰的用能设备、生产工艺。

第十八条　国家对家用电器等使用面广、耗能量大的用能产品，实行能源效率标识管理。实行能源效率标识管理的产品目录和实施办法，由国务院管理节能工作的部门会同国务院产品质量监督部门制定并公布。

第十九条　生产者和进口商应当对列入国家能源效率标识管理产品目录的用能产品标注能源效率标识，在产品包装物上或者说明书中予以说明，并按照规定报国务院产品质量监督部门和国务院管理节能工作的部门共同授权的机构备案。

生产者和进口商应当对其标注的能源效率标识及相关信息的准确性负责。禁止销售应当标注而未标注能源效率标识的产品。

禁止伪造、冒用能源效率标识或者利用能源效率标识进行虚假宣传。

第二十条　用能产品的生产者、销售者，可以根据自愿原则，按照国家有关节能产品认证的规定，向经国务院认证认可监督管理部门认可的从事节能产品认证的机构提出节能产品认证申请；经认证合格后，取得节能产品认证证书，可以在用能产品或者其包装物上使用节能产品认证标志。

禁止使用伪造的节能产品认证标志或者冒用节能产品认证标志。

第二十一条　县级以上各级人民政府统计部门应当会同同级有关部门，建立健全能源统计制度，完善能源统计指标体系，改进和规范能源统计方法，确保能源统计数据真实、完整。

国务院统计部门会同国务院管理节能工作的部门，定期向社会公布各省、自治区、直辖市以及主要耗能行业的能源消费和节能情况等信息。

第二十二条 国家鼓励节能服务机构的发展，支持节能服务机构开展节能咨询、设计、评估、检测、审计、认证等服务。

国家支持节能服务机构开展节能知识宣传和节能技术培训，提供节能信息、节能示范和其他公益性节能服务。

第二十三条 国家鼓励行业协会在行业节能规划、节能标准的制定和实施、节能技术推广、能源消费统计、节能宣传培训和信息咨询等方面发挥作用。

第三章 合理使用与节约能源

第一节 一般规定

第二十四条 用能单位应当按照合理用能的原则，加强节能管理，制定并实施节能计划和节能技术措施，降低能源消耗。

第二十五条 用能单位应当建立节能目标责任制，对节能工作取得成绩的集体、个人给予奖励。

第二十六条 用能单位应当定期开展节能教育和岗位节能培训。

第二十七条 用能单位应当加强能源计量管理，按照规定配备和使用经依法检定合格的能源计量器具。

用能单位应当建立能源消费统计和能源利用状况分析制度，对各类能源的消费实行分类计量和统计，并确保能源消费统计数据真实、完整。

第二十八条 能源生产经营单位不得向本单位职工无偿提供能源。任何单位不得对能源消费实行包费制。

第二节 工业节能

第二十九条 国务院和省、自治区、直辖市人民政府推进能源资源优化开发利用和合理配置，推进有利于节能的行业结构调整，优化用能结构和企业布局。

第三十条 国务院管理节能工作的部门会同国务院有关部门制定电力、钢铁、有色金属、建材、石油加工、化工、煤炭等主要耗能行业的节能技术政策，推动企业节能技术改造。

第三十一条 国家鼓励工业企业采用高效、节能的电动机、锅炉、窑炉、风机、泵类等设备，采用热电联产、余热余压利用、洁净煤以及先进的用能监测和控制等技术。

第三十二条 电网企业应当按照国务院有关部门制定的节能发电调度管理的规定，安排清洁、高效和符合规定的热电联产、利用余热余压发电的机组以及其他符合资源综合利用规定的发电机组与电网并网运行，上网电价执行国家有关规定。

第三十三条 禁止新建不符合国家规定的燃煤发电机组、燃油发电机组和燃煤热电机组。

第三节 建筑节能

第三十四条 国务院建设主管部门负责全国建筑节能的监督管理工作。

县级以上地方各级人民政府建设主管部门负责本行政区域内建筑节能的监督管理工作。

县级以上地方各级人民政府建设主管部门会同同级管理节能工作的部门编制本行政区域内的建筑节能规划。建筑节能规划应当包括既有建筑节能改造计划。

第三十五条 建筑工程的建设、设计、施工和监理单位应当遵守建筑节能标准。

不符合建筑节能标准的建筑工程，建设主管部门不得批准开工建设；已经开工建设的，应当责令停止施工、限期改正；已经建成的，不得销售或者使用。

建设主管部门应当加强对在建建筑工程执行建筑节能标准情况的监督检查。

第三十六条 房地产开发企业在销售房屋时，应当向购买人明示所售房屋的节能措施、保温工程保修期等信息，在房屋买卖合同、质量保证书和使用说明书中载明，并对其真实性、准确性负责。

第三十七条 使用空调采暖、制冷的公共建筑应当实行室内温度控制制度。具体办法由国务院建设主管部门制定。

第三十八条 国家采取措施，对实行集中供热的建筑分步骤实行供热分户计量、按照用热量收费的制度。新建建筑或者对既有建筑进行节能改造，应当按照规定安装用热计量装置、室内温度调控装置和供热系统调控装置。具体办法由国务院建设主管部门会同国务院有关部门制定。

第三十九条 县级以上地方各级人民政府有关部门应当加强城市节约用电管理，严格控制公用设施和大型建筑物装饰性景观照明的能耗。

第四十条 国家鼓励在新建建筑和既有建筑节能改造中使用新型墙体材料等节能建筑材料和

节能设备，安装和使用太阳能等可再生能源利用系统。

第四节　交通运输节能

第四十一条　国务院有关交通运输主管部门按照各自的职责负责全国交通运输相关领域的节能监督管理工作。

国务院有关交通运输主管部门会同国务院管理节能工作的部门分别制定相关领域的节能规划。

第四十二条　国务院及其有关部门指导、促进各种交通运输方式协调发展和有效衔接，优化交通运输结构，建设节能型综合交通运输体系。

第四十三条　县级以上地方各级人民政府应当优先发展公共交通，加大对公共交通的投入，完善公共交通服务体系，鼓励利用公共交通工具出行；鼓励使用非机动交通工具出行。

第四十四条　国务院有关交通运输主管部门应当加强交通运输组织管理，引导道路、水路、航空运输企业提高运输组织化程度和集约化水平，提高能源利用效率。

第四十五条　国家鼓励开发、生产、使用节能环保型汽车、摩托车、铁路机车车辆、船舶和其他交通运输工具，实行老旧交通运输工具的报废、更新制度。

国家鼓励开发和推广应用交通运输工具使用的清洁燃料、石油替代燃料。

第四十六条　国务院有关部门制定交通运输营运车船的燃料消耗量限值标准；不符合标准的，不得用于营运。

国务院有关交通运输主管部门应当加强对交通运输营运车船燃料消耗检测的监督管理。

第五节　公共机构节能

第四十七条　公共机构应当厉行节约，杜绝浪费，带头使用节能产品、设备，提高能源利用效率。

本法所称公共机构，是指全部或者部分使用财政性资金的国家机关、事业单位和团体组织。

第四十八条　国务院和县级以上地方各级人民政府管理机关事务工作的机构会同同级有关部门制定和组织实施本级公共机构节能规划。公共机构节能规划应当包括公共机构既有建筑节能改造计划。

第四十九条　公共机构应当制定年度节能目标和实施方案，加强能源消费计量和监测管理，向本级人民政府管理机关事务工作的机构报送上年度的能源消费状况报告。

国务院和县级以上地方各级人民政府管理机关事务工作的机构会同同级有关部门按照管理权限，制定本级公共机构的能源消耗定额，财政部门根据该定额制定能源消耗支出标准。

第五十条　公共机构应当加强本单位用能系统管理，保证用能系统的运行符合国家相关标准。

公共机构应当按照规定进行能源审计，并根据能源审计结果采取提高能源利用效率的措施。

第五十一条　公共机构采购用能产品、设备，应当优先采购列入节能产品、设备，政府采购名录中的产品、设备。禁止采购国家明令淘汰的用能产品、设备。

节能产品、设备政府采购名录由省级以上人民政府的政府采购监督管理部门会同同级有关部门制定并公布。

第六节　重点用能单位节能

第五十二条　国家加强对重点用能单位的节能管理。

下列用能单位为重点用能单位：

(一)年综合能源消费总量一万吨标准煤以上的用能单位；

(二)国务院有关部门或者省、自治区、直辖市人民政府管理节能工作的部门指定的年综合能源消费总量五千吨以上不满一万吨标准煤的用能单位。

重点用能单位节能管理办法，由国务院管理节能工作的部门会同国务院有关部门制定。

第五十三条　重点用能单位应当每年向管理节能工作的部门报送上年度的能源利用状况报告。能源利用状况包括能源消费情况、能源利用效率、节能目标完成情况和节能效益分析、节能措施等内容。

第五十四条　管理节能工作的部门应当对重点用能单位报送的能源利用状况报告进行审查。对节能管理制度不健全、节能措施不落实、能源利用效率低的重点用能单位，管理节能工作的部门应当开展现场调查，组织实施用能设备能源效率检测，责令实施能源审计，并提出书面整改要求，限期整改。

第五十五条　重点用能单位应当设立能源管

理岗位，在具有节能专业知识、实际经验以及中级以上技术职称的人员中聘任能源管理负责人，并报管理节能工作的部门和有关部门备案。

能源管理负责人负责组织对本单位用能状况进行分析、评价，组织编写本单位能源利用状况报告，提出本单位节能工作的改进措施并组织实施。

能源管理负责人应当接受节能培训。

第四章　节能技术进步

第五十六条　国务院管理节能工作的部门会同国务院科技主管部门发布节能技术政策大纲，指导节能技术研究、开发和推广应用。

第五十七条　县级以上各级人民政府应当把节能技术研究开发作为政府科技投入的重点领域，支持科研单位和企业开展节能技术应用研究，制定节能标准，开发节能共性和关键技术，促进节能技术创新与成果转化。

第五十八条　国务院管理节能工作的部门会同国务院有关部门制定并公布节能技术、节能产品的推广目录，引导用能单位和个人使用先进的节能技术、节能产品。

国务院管理节能工作的部门会同国务院有关部门组织实施重大节能科研项目、节能示范项目、重点节能工程。

第五十九条　县级以上各级人民政府应当按照因地制宜、多能互补、综合利用、讲求效益的原则，加强农业和农村节能工作，增加对农业和农村节能技术、节能产品推广应用的资金投入。

农业、科技等有关主管部门应当支持、推广在农业生产、农产品加工储运等方面应用节能技术和节能产品，鼓励更新和淘汰高耗能的农业机械和渔业船舶。

国家鼓励、支持在农村大力发展沼气，推广生物质能、太阳能和风能等可再生能源利用技术，按照科学规划、有序开发的原则发展小型水力发电，推广节能型的农村住宅和炉灶等，鼓励利用非耕地种植能源植物，大力发展薪炭林等能源林。

第五章　激励措施

第六十条　中央财政和省级地方财政安排节能专项资金，支持节能技术研究开发、节能技术和产品的示范与推广、重点节能工程的实施、节能宣传培训、信息服务和表彰奖励等。

第六十一条　国家对生产、使用列入本法第五十八条规定的推广目录的需要支持的节能技术、节能产品，实行税收优惠等扶持政策。

国家通过财政补贴支持节能照明器具等节能产品的推广和使用。

第六十二条　国家实行有利于节约能源资源的税收政策，健全能源矿产资源有偿使用制度，促进能源资源的节约及其开采利用水平的提高。

第六十三条　国家运用税收等政策，鼓励先进节能技术、设备的进口，控制在生产过程中耗能高、污染重的产品的出口。

第六十四条　政府采购监督管理部门会同有关部门制定节能产品、设备政府采购名录，应当优先列入取得节能产品认证证书的产品、设备。

第六十五条　国家引导金融机构增加对节能项目的信贷支持，为符合条件的节能技术研究开发、节能产品生产以及节能技术改造等项目提供优惠贷款。

国家推动和引导社会有关方面加大对节能的资金投入，加快节能技术改造。

第六十六条　国家实行有利于节能的价格政策，引导用能单位和个人节能。

国家运用财税、价格等政策，支持推广电力需求侧管理、合同能源管理、节能自愿协议等节能办法。

国家实行峰谷分时电价、季节性电价、可中断负荷电价制度，鼓励电力用户合理调整用电负荷；对钢铁、有色金属、建材、化工和其他主要耗能行业的企业，分淘汰、限制、允许和鼓励类实行差别电价政策。

第六十七条　各级人民政府对在节能管理、节能科学技术研究和推广应用中有显著成绩以及检举严重浪费能源行为的单位和个人，给予表彰和奖励。

第六章　法律责任

第六十八条　负责审批或者核准固定资产投资项目的机关违反本法规定，对不符合强制性节能标准的项目予以批准或者核准建设的，对直接负责的主管人员和其他直接责任人员依法给予处分。

固定资产投资项目建设单位开工建设不符合

强制性节能标准的项目或者将该项目投入生产、使用的，由管理节能工作的部门责令停止建设或者停止生产、使用，限期改造；不能改造或者逾期不改造的生产性项目，由管理节能工作的部门报请本级人民政府按照国务院规定的权限责令关闭。

第六十九条 生产、进口、销售国家明令淘汰的用能产品、设备的，使用伪造的节能产品认证标志或者冒用节能产品认证标志的，依照《中华人民共和国产品质量法》的规定处罚。

第七十条 生产、进口、销售不符合强制性能源效率标准的用能产品、设备的，由产品质量监督部门责令停止生产、进口、销售，没收违法生产、进口、销售的用能产品、设备和违法所得，并处违法所得一倍以上五倍以下罚款；情节严重的，由工商行政管理部门吊销营业执照。

第七十一条 使用国家明令淘汰的用能设备或者生产工艺的，由管理节能工作的部门责令停止使用，没收国家明令淘汰的用能设备；情节严重的，可以由管理节能工作的部门提出意见，报请本级人民政府按照国务院规定的权限责令停业整顿或者关闭。

第七十二条 生产单位超过单位产品能耗限额标准用能，情节严重，经限期治理逾期不治理或者没有达到治理要求的，可以由管理节能工作的部门提出意见，报请本级人民政府按照国务院规定的权限责令停业整顿或者关闭。

第七十三条 违反本法规定，应当标注能源效率标识而未标注的，由产品质量监督部门责令改正，处三万元以上五万元以下罚款。

违反本法规定，未办理能源效率标识备案，或者使用的能源效率标识不符合规定的，由产品质量监督部门责令限期改正；逾期不改正的，处一万元以上三万元以下罚款。

伪造、冒用能源效率标识或者利用能源效率标识进行虚假宣传的，由产品质量监督部门责令改正，处五万元以上十万元以下罚款；情节严重的，由工商行政管理部门吊销营业执照。

第七十四条 用能单位未按照规定配备、使用能源计量器具的，由产品质量监督部门责令限期改正；逾期不改正的，处一万元以上五万元以下罚款。

第七十五条 瞒报、伪造、篡改能源统计资料或者编造虚假能源统计数据的，依照《中华人民共和国统计法》的规定处罚。

第七十六条 从事节能咨询、设计、评估、检测、审计、认证等服务的机构提供虚假信息的，由管理节能工作的部门责令改正，没收违法所得，并处五万元以上十万元以下罚款。

第七十七条 违反本法规定，无偿向本单位职工提供能源或者对能源消费实行包费制的，由管理节能工作的部门责令限期改正；逾期不改正的，处五万元以上二十万元以下罚款。

第七十八条 电网企业未按照本法规定安排符合规定的热电联产和利用余热余压发电的机组与电网并网运行，或者未执行国家有关上网电价规定的，由国家电力监管机构责令改正；造成发电企业经济损失的，依法承担赔偿责任。

第七十九条 建设单位违反建筑节能标准的，由建设主管部门责令改正，处二十万元以上五十万元以下罚款。

设计单位、施工单位、监理单位违反建筑节能标准的，由建设主管部门责令改正，处十万元以上五十万元以下罚款；情节严重的，由颁发资质证书的部门降低资质等级或者吊销资质证书；造成损失的，依法承担赔偿责任。

第八十条 房地产开发企业违反本法规定，在销售房屋时未向购买人明示所售房屋的节能措施、保温工程保修期等信息的，由建设主管部门责令限期改正，逾期不改正的，处三万元以上五万元以下罚款；对以上信息作虚假宣传的，由建设主管部门责令改正，处五万元以上二十万元以下罚款。

第八十一条 公共机构采购用能产品、设备，未优先采购列入节能产品、设备政府采购名录中的产品、设备，或者采购国家明令淘汰的用能产品、设备的，由政府采购监督管理部门给予警告，可以并处罚款；对直接负责的主管人员和其他直接责任人员依法给予处分，并予通报。

第八十二条 重点用能单位未按照本法规定报送能源利用状况报告或者报告内容不实的，由管理节能工作的部门责令限期改正；逾期不改正的，处一万元以上五万元以下罚款。

第八十三条 重点用能单位无正当理由拒不落实本法第五十四条规定的整改要求或者整改没有达到要求的，由管理节能工作的部门处十万元以上三十万元以下罚款。

第八十四条　重点用能单位未按照本法规定设立能源管理岗位，聘任能源管理负责人，并报管理节能工作的部门和有关部门备案的，由管理节能工作的部门责令改正；拒不改正的，处一万元以上三万元以下罚款。

第八十五条　违反本法规定，构成犯罪的，依法追究刑事责任。

第八十六条　国家工作人员在节能管理工作中滥用职权、玩忽职守、徇私舞弊，构成犯罪的，依法追究刑事责任；尚不构成犯罪的，依法给予处分。

第七章　附　则

第八十七条　本法自 2008 年 4 月 1 日起施行。

中华人民共和国科学技术进步法

（中华人民共和国主席令　第 82 号）

1993 年 7 月 2 日第八届全国人民代表大会常务委员会第二次会议通过 2007 年 12 月 29 日第十届全国人民代表大会常务委员会第三十一次会议修订

目　录

第一章　总　则

第一条　为了促进科学技术进步，发挥科学技术第一生产力的作用，促进科学技术成果向现实生产力转化，推动科学技术为经济建设和社会发展服务，根据宪法，制定本法。

第二条　国家坚持科学发展观，实施科教兴国战略，实行自主创新、重点跨越、支撑发展、引领未来的科学技术工作指导方针，构建国家创新体系，建设创新型国家。

第三条　国家保障科学技术研究开发的自由，鼓励科学探索和技术创新，保护科学技术人员的合法权益。

全社会都应当尊重劳动、尊重知识、尊重人才、尊重创造。

学校及其他教育机构应当坚持理论联系实际，注重培养受教育者的独立思考能力、实践能力、创新能力，以及追求真理、崇尚创新、实事求是的科学精神。

第四条　经济建设和社会发展应当依靠科学技术，科学技术进步工作应当为经济建设和社会发展服务。

国家鼓励科学技术研究开发，推动应用科学技术改造传统产业、发展高新技术产业和社会事业。

第五条　国家发展科学技术普及事业，普及科学技术知识，提高全体公民的科学文化素质。

国家鼓励机关、企业事业组织、社会团体和公民参与和支持科学技术进步活动。

第六条　国家鼓励科学技术研究开发与高等教育、产业发展相结合，鼓励自然科学与人文社会科学交叉融合和相互促进。

国家加强跨地区、跨行业和跨领域的科学技术合作，扶持民族地区、边远地区、贫困地区的科学技术进步。

国家加强军用与民用科学技术计划的衔接与协调，促进军用与民用科学技术资源、技术开发需求的互通交流和技术双向转移，发展军民两用技术。

第七条　国家制定和实施知识产权战略，建立和完善知识产权制度，营造尊重知识产权的社会环境，依法保护知识产权，激励自主创新。

企业事业组织和科学技术人员应当增强知识产权意识，增强自主创新能力，提高运用、保护和管理知识产权的能力。

第八条 国家建立和完善有利于自主创新的科学技术评价制度。

科学技术评价制度应当根据不同科学技术活动的特点，按照公平、公正、公开的原则，实行分类评价。

第九条 国家加大财政性资金投入，并制定产业、税收、金融、政府采购等政策，鼓励、引导社会资金投入，推动全社会科学技术研究开发经费持续稳定增长。

第十条 国务院领导全国科学技术进步工作，制定科学技术发展规划，确定国家科学技术重大项目、与科学技术密切相关的重大项目，保障科学技术进步与经济建设和社会发展相协调。

地方各级人民政府应当采取有效措施，推进科学技术进步。

第十一条 国务院科学技术行政部门负责全国科学技术进步工作的宏观管理和统筹协调；国务院其他有关部门在各自的职责范围内，负责有关的科学技术进步工作。

县级以上地方人民政府科学技术行政部门负责本行政区域的科学技术进步工作；县级以上地方人民政府其他有关部门在各自的职责范围内，负责有关的科学技术进步工作。

第十二条 国家建立科学技术进步工作协调机制，研究科学技术进步工作中的重大问题，协调国家科学技术基金和国家科学技术计划项目的设立及相互衔接，协调军用与民用科学技术资源配置、科学技术研究开发机构的整合以及科学技术研究开发与高等教育、产业发展相结合等重大事项。

第十三条 国家完善科学技术决策的规则和程序，建立规范的咨询和决策机制，推进决策的科学化、民主化。

制定科学技术发展规划和重大政策，确定科学技术的重大项目、与科学技术密切相关的重大项目，应当充分听取科学技术人员的意见，实行科学决策。

第十四条 中华人民共和国政府发展同外国政府、国际组织之间的科学技术合作与交流，鼓励科学技术研究开发机构、高等学校、科学技术人员、科学技术社会团体和企业事业组织依法开展国际科学技术合作与交流。

第十五条 国家建立科学技术奖励制度，对在科学技术进步活动中做出重要贡献的组织和个人给予奖励。具体办法由国务院规定。

国家鼓励国内外的组织或者个人设立科学技术奖项，对科学技术进步给予奖励。

第二章 科学研究、技术开发与科学技术应用

第十六条 国家设立自然科学基金，资助基础研究和科学前沿探索，培养科学技术人才。

国家设立科技型中小企业创新基金，资助中小企业开展技术创新。

国家在必要时可以设立其他基金，资助科学技术进步活动。

第十七条 从事下列活动的，按照国家有关规定享受税收优惠：

（一）从事技术开发、技术转让、技术咨询、技术服务；

（二）进口国内不能生产或者性能不能满足需要的科学研究或者技术开发用品；

（三）为实施国家重大科学技术专项、国家科学技术计划重大项目，进口国内不能生产的关键设备、原材料或者零部件；

（四）法律、国家有关规定规定的其他科学研究、技术开发与科学技术应用活动。

第十八条 国家鼓励金融机构开展知识产权质押业务，鼓励和引导金融机构在信贷等方面支持科学技术应用和高新技术产业发展，鼓励保险机构根据高新技术产业发展的需要开发保险品种。

政策性金融机构应当在其业务范围内，为科学技术应用和高新技术产业发展优先提供金融服务。

第十九条 国家遵循科学技术活动服务国家目标与鼓励自由探索相结合的原则，超前部署和发展基础研究、前沿技术研究和社会公益性技术研究，支持基础研究、前沿技术研究和社会公益性技术研究持续、稳定发展。

科学技术研究开发机构、高等学校、企业事业组织和公民有权依法自主选择课题，从事基础研究、前沿技术研究和社会公益性技术研究。

第二十条 利用财政性资金设立的科学技术基金项目或者科学技术计划项目所形成的发明专利权、计算机软件著作权、集成电路布图设计专有权和植物新品种权，除涉及国家安全、国家利益和

重大社会公共利益的外，授权项目承担者依法取得。

项目承担者应当依法实施前款规定的知识产权，同时采取保护措施，并就实施和保护情况向项目管理机构提交年度报告；在合理期限内没有实施的，国家可以无偿实施，也可以许可他人有偿实施或者无偿实施。

项目承担者依法取得的本条第一款规定的知识产权，国家为了国家安全、国家利益和重大社会公共利益的需要，可以无偿实施，也可以许可他人有偿实施或者无偿实施。

项目承担者因实施本条第一款规定的知识产权所产生的利益分配，依照有关法律、行政法规的规定执行；法律、行政法规没有规定的，按照约定执行。

第二十一条　国家鼓励利用财政性资金设立的科学技术基金项目或者科学技术计划项目所形成的知识产权首先在境内使用。

前款规定的知识产权向境外的组织或者个人转让或者许可境外的组织或者个人独占实施的，应当经项目管理机构批准；法律、行政法规对批准机构另有规定的，依照其规定。

第二十二条　国家鼓励根据国家的产业政策和技术政策引进国外先进技术、装备。

利用财政性资金和国有资本引进重大技术、装备的，应当进行技术消化、吸收和再创新。

第二十三条　国家鼓励和支持农业科学技术的基础研究和应用研究，传播和普及农业科学技术知识，加快农业科学技术成果转化和产业化，促进农业科学技术进步。

县级以上人民政府应当采取措施，支持公益性农业科学技术研究开发机构和农业技术推广机构进行农业新品种、新技术的研究开发和应用。

地方各级人民政府应当鼓励和引导农村群众性科学技术组织为种植业、林业、畜牧业、渔业等的发展提供科学技术服务，对农民进行科学技术培训。

第二十四条　国务院可以根据需要批准建立国家高新技术产业开发区，并对国家高新技术产业开发区的建设、发展给予引导和扶持，使其形成特色和优势，发挥集聚效应。

第二十五条　对境内公民、法人或者其他组织自主创新的产品、服务或者国家需要重点扶持的产品、服务，在性能、技术等指标能够满足政府采购需求的条件下，政府采购应当购买；首次投放市场的，政府采购应当率先购买。

政府采购的产品尚待研究开发的，采购人应当运用招标方式确定科学技术研究开发机构、高等学校或者企业进行研究开发，并予以订购。

第二十六条　国家推动科学技术研究开发与产品、服务标准制定相结合，科学技术研究开发与产品设计、制造相结合；引导科学技术研究开发机构、高等学校、企业共同推进国家重大技术创新产品、服务标准的研究、制定和依法采用。

第二十七条　国家培育和发展技术市场，鼓励创办从事技术评估、技术经纪等活动的中介服务机构，引导建立社会化、专业化和网络化的技术交易服务体系，推动科学技术成果的推广和应用。

技术交易活动应当遵循自愿、平等、互利有偿和诚实信用的原则。

第二十八条　国家实行科学技术保密制度，保护涉及国家安全和利益的科学技术秘密。

国家实行珍贵、稀有、濒危的生物种质资源、遗传资源等科学技术资源出境管理制度。

第二十九条　国家禁止危害国家安全、损害社会公共利益、危害人体健康、违反伦理道德的科学技术研究开发活动。

第三章　企业技术进步

第三十条　国家建立以企业为主体，以市场为导向，企业同科学技术研究开发机构、高等学校相结合的技术创新体系，引导和扶持企业技术创新活动，发挥企业在技术创新中的主体作用。

第三十一条　县级以上人民政府及其有关部门制定的与产业发展相关的科学技术计划，应当体现产业发展的需求。

县级以上人民政府及其有关部门确定科学技术计划项目，应当鼓励企业参与实施和平等竞争；对具有明确市场应用前景的项目，应当鼓励企业联合科学技术研究开发机构、高等学校共同实施。

第三十二条　国家鼓励企业开展下列活动：

（一）设立内部科学技术研究开发机构；

（二）同其他企业或者科学技术研究开发机构、高等学校联合建立科学技术研究开发机构，或者以委托等方式开展科学技术研究开发；

（三）培养、吸引和使用科学技术人员；

（四）同科学技术研究开发机构、高等学校、职业院校或者培训机构联合培养专业技术人才和高技能人才，吸引高等学校毕业生到企业工作；

（五）依法设立博士后工作站；

（六）结合技术创新和职工技能培训，开展科学技术普及活动，设立向公众开放的普及科学技术的场馆或者设施。

第三十三条 国家鼓励企业增加研究开发和技术创新的投入，自主确立研究开发课题，开展技术创新活动。

国家鼓励企业对引进技术进行消化、吸收和再创新。

企业开发新技术、新产品、新工艺发生的研究开发费用可以按照国家有关规定，税前列支并加计扣除，企业科学技术研究开发仪器、设备可以加速折旧。

第三十四条 国家利用财政性资金设立基金，为企业自主创新与成果产业化贷款提供贴息、担保。

政策性金融机构应当在其业务范围内对国家鼓励的企业自主创新项目给予重点支持。

第三十五条 国家完善资本市场，建立健全促进自主创新的机制，支持符合条件的高新技术企业利用资本市场推动自身发展。

国家鼓励设立创业投资引导基金，引导社会资金流向创业投资企业，对企业的创业发展给予支持。

第三十六条 下列企业按照国家有关规定享受税收优惠：

（一）从事高新技术产品研究开发、生产的企业；

（二）投资于中小型高新技术企业的创业投资企业；

（三）法律、行政法规规定的与科学技术进步有关的其他企业。

第三十七条 国家对公共研究开发平台和科学技术中介服务机构的建设给予支持。

公共研究开发平台和科学技术中介服务机构应当为中小企业的技术创新提供服务。

第三十八条 国家依法保护企业研究开发所取得的知识产权。

企业应当不断提高运用、保护和管理知识产权的能力，增强自主创新能力和市场竞争能力。

第三十九条 国有企业应当建立健全有利于技术创新的分配制度，完善激励约束机制。

国有企业负责人对企业的技术进步负责。对国有企业负责人的业绩考核，应当将企业的创新投入、创新能力建设、创新成效等情况纳入考核的范围。

第四十条 县级以上地方人民政府及其有关部门应当创造公平竞争的市场环境，推动企业技术进步。

国务院有关部门和省、自治区、直辖市人民政府应当通过制定产业、财政、能源、环境保护等政策，引导、促使企业研究开发新技术、新产品、新工艺，进行技术改造和设备更新，淘汰技术落后的设备、工艺，停止生产技术落后的产品。

第四章 科学技术研究开发机构

第四十一条 国家统筹规划科学技术研究开发机构的布局，建立和完善科学技术研究开发体系。

第四十二条 公民、法人或者其他组织有权依法设立科学技术研究开发机构。国外的组织或者个人可以在中国境内依法独立设立科学技术研究开发机构，也可以与中国境内的组织或者个人依法联合设立科学技术研究开发机构。

从事基础研究、前沿技术研究、社会公益性技术研究的科学技术研究开发机构，可以利用财政性资金设立。利用财政性资金设立科学技术研究开发机构，应当优化配置，防止重复设置；对重复设置的科学技术研究开发机构，应当予以整合。

科学技术研究开发机构、高等学校可以依法设立博士后工作站。科学技术研究开发机构可以依法在国外设立分支机构。

第四十三条 科学技术研究开发机构享有下列权利：

（一）依法组织或者参加学术活动；

（二）按照国家有关规定，自主确定科学技术研究开发方向和项目，自主决定经费使用、机构设置和人员聘用及合理流动等内部管理事务；

（三）与其他科学技术研究开发机构、高等学校和企业联合开展科学技术研究开发；

（四）获得社会捐赠和资助；

（五）法律、行政法规规定的其他权利。

第四十四条 科学技术研究开发机构应当按照章程的规定开展科学技术研究开发活动；不得在科学技术活动中弄虚作假，不得参加、支持迷信活动。

利用财政性资金设立的科学技术研究开发机构开展科学技术研究开发活动，应当为国家目标和社会公共利益服务；有条件的，应当向公众开放普及科学技术的场馆或者设施，开展科学技术普及活动。

第四十五条 利用财政性资金设立的科学技术研究开发机构应当建立职责明确、评价科学、开放有序、管理规范的现代院所制度，实行院长或者所长负责制，建立科学技术委员会咨询制和职工代表大会监督制等制度，并吸收外部专家参与管理、接受社会监督；院长或者所长的聘用引入竞争机制。

第四十六条 利用财政性资金设立的科学技术研究开发机构，应当建立有利于科学技术资源共享的机制，促进科学技术资源的有效利用。

第四十七条 国家鼓励社会力量自行创办科学技术研究开发机构，保障其合法权益不受侵犯。

社会力量设立的科学技术研究开发机构有权按照国家有关规定，参与实施和平等竞争利用财政性资金设立的科学技术基金项目、科学技术计划项目。

社会力量设立的非营利性科学技术研究开发机构按照国家有关规定享受税收优惠。

第五章 科学技术人员

第四十八条 科学技术人员是社会主义现代化建设事业的重要力量。国家采取各种措施，提高科学技术人员的社会地位，通过各种途径，培养和造就各种专门的科学技术人才，创造有利的环境和条件，充分发挥科学技术人员的作用。

第四十九条 各级人民政府和企业事业组织应当采取措施，提高科学技术人员的工资和福利待遇；对有突出贡献的科学技术人员给予优厚待遇。

第五十条 各级人民政府和企业事业组织应当保障科学技术人员接受继续教育的权利，并为科学技术人员的合理流动创造环境和条件，发挥其专长。

第五十一条 科学技术人员可以根据其学术水平和业务能力依法选择工作单位、竞聘相应的岗位，取得相应的职务或者职称。

第五十二条 科学技术人员在艰苦、边远地区或者恶劣、危险环境中工作，所在单位应当按照国家规定给予补贴，提供其岗位或者工作场所应有的职业健康卫生保护。

第五十三条 青年科学技术人员、少数民族科学技术人员、女性科学技术人员等在竞聘专业技术职务、参与科学技术评价、承担科学技术研究开发项目、接受继续教育等方面享有平等权利。

发现、培养和使用青年科学技术人员的情况，应当作为评价科学技术进步工作的重要内容。

第五十四条 国家鼓励在国外工作的科学技术人员回国从事科学技术研究开发工作。利用财政性资金设立的科学技术研究开发机构、高等学校聘用在国外工作的杰出科学技术人员回国从事科学技术研究开发工作的，应当为其工作和生活提供方便。

外国的杰出科学技术人员到中国从事科学技术研究开发工作的，按照国家有关规定，可以依法优先获得在华永久居留权。

第五十五条 科学技术人员应当弘扬科学精神，遵守学术规范，恪守职业道德，诚实守信；不得在科学技术活动中弄虚作假，不得参加、支持迷信活动。

第五十六条 国家鼓励科学技术人员自由探索、勇于承担风险。原始记录能够证明承担探索性强、风险高的科学技术研究开发项目的科学技术人员已经履行了勤勉尽责义务仍不能完成该项目的，给予宽容。

第五十七条 利用财政性资金设立的科学技术基金项目、科学技术计划项目的管理机构，应当为参与项目的科学技术人员建立学术诚信档案，作为对科学技术人员聘任专业技术职务或者职称、审批科学技术人员申请科学技术研究开发项目等的依据。

第五十八条 科学技术人员有依法创办或者参加科学技术社会团体的权利。

科学技术协会和其他科学技术社会团体按照

章程在促进学术交流、推进学科建设、发展科学技术普及事业、培养专门人才、开展咨询服务、加强科学技术人员自律和维护科学技术人员合法权益等方面发挥作用。

科学技术协会和其他科学技术社会团体的合法权益受法律保护。

第六章　保障措施

第五十九条　国家逐步提高科学技术经费投入的总体水平；国家财政用于科学技术经费的增长幅度，应当高于国家财政经常性收入的增长幅度。全社会科学技术研究开发经费应当占国内生产总值适当的比例，并逐步提高。

第六十条　财政性科学技术资金应当主要用于下列事项的投入：

（一）科学技术基础条件与设施建设；

（二）基础研究；

（三）对经济建设和社会发展具有战略性、基础性、前瞻性作用的前沿技术研究、社会公益性技术研究和重大共性关键技术研究；

（四）重大共性关键技术应用和高新技术产业化示范；

（五）农业新品种、新技术的研究开发和农业科学技术成果的应用、推广；

（六）科学技术普及。

对利用财政性资金设立的科学技术研究开发机构，国家在经费、实验手段等方面给予支持。

第六十一条　审计机关、财政部门应当依法对财政性科学技术资金的管理和使用情况进行监督检查。

任何组织或者个人不得虚报、冒领、贪污、挪用、截留财政性科学技术资金。

第六十二条　确定利用财政性资金设立的科学技术基金项目，应当坚持宏观引导、自主申请、平等竞争、同行评审、择优支持的原则；确定利用财政性资金设立的科学技术计划项目的项目承担者，应当按照国家有关规定择优确定。

利用财政性资金设立的科学技术基金项目、科学技术计划项目的管理机构，应当建立评审专家库，建立健全科学技术基金项目、科学技术计划项目的专家评审制度和评审专家的遴选、回避、问责制度。

第六十三条　国家遵循统筹规划、优化配置的原则，整合和设置国家科学技术研究实验基地。

国家鼓励设置综合性科学技术实验服务单位，为科学技术研究开发机构、高等学校、企业和科学技术人员提供或者委托他人提供科学技术实验服务。

第六十四条　国家根据科学技术进步的需要，按照统筹规划、突出共享、优化配置、综合集成、政府主导、多方共建的原则，制定购置大型科学仪器、设备的规划，并开展对以财政性资金为主购置的大型科学仪器、设备的联合评议工作。

第六十五条　国务院科学技术行政部门应当会同国务院有关主管部门，建立科学技术研究基地、科学仪器设备和科学技术文献、科学技术数据、科学技术自然资源、科学技术普及资源等科学技术资源的信息系统，及时向社会公布科学技术资源的分布、使用情况。

科学技术资源的管理单位应当向社会公布所管理的科学技术资源的共享使用制度和使用情况，并根据使用制度安排使用；但是，法律、行政法规规定应当保密的，依照其规定。

科学技术资源的管理单位不得侵犯科学技术资源使用者的知识产权，并应当按照国家有关规定确定收费标准。管理单位和使用者之间的其他权利义务关系由双方约定。

第六十六条　国家鼓励国内外的组织或者个人捐赠财产、设立科学技术基金，资助科学技术研究开发和科学技术普及。

第七章　法律责任

第六十七条　违反本法规定，虚报、冒领、贪污、挪用、截留用于科学技术进步的财政性资金，依照有关财政违法行为处罚处分的规定责令改正，追回有关财政性资金和违法所得，依法给予行政处罚；对直接负责的主管人员和其他直接责任人员依法给予处分。

第六十八条　违反本法规定，利用财政性资金和国有资本购置大型科学仪器、设备后，不履行大型科学仪器、设备等科学技术资源共享使用义务的，由有关主管部门责令改正，对直接负责的主管人员和其他直接责任人员依法给予处分。

第六十九条　违反本法规定，滥用职权，限制、压制科学技术研究开发活动的，对直接负责的主管人员和其他直接责任人员依法给予处分。

第七十条 违反本法规定，抄袭、剽窃他人科学技术成果，或者在科学技术活动中弄虚作假的，由科学技术人员所在单位或者单位主管机关责令改正，对直接负责的主管人员和其他直接责任人员依法给予处分；获得用于科学技术进步的财政性资金或者有违法所得的，由有关主管部门追回财政性资金和违法所得；情节严重的，由所在单位或者单位主管机关向社会公布其违法行为，禁止其在一定期限内申请国家科学技术基金项目和国家科学技术计划项目。

第七十一条 违反本法规定，骗取国家科学技术奖励的，由主管部门依法撤销奖励，追回奖金，并依法给予处分。

违反本法规定，推荐的单位或者个人提供虚假数据、材料，协助他人骗取国家科学技术奖励的，由主管部门给予通报批评；情节严重的，暂停或者取消其推荐资格，并依法给予处分。

第七十二条 违反本法规定，科学技术行政等有关部门及其工作人员滥用职权、玩忽职守、徇私舞弊的，对直接负责的主管人员和其他直接责任人员依法给予处分。

第七十三条 违反本法规定，其他法律、法规规定行政处罚的，依照其规定；造成财产损失或者其他损害的，依法承担民事责任；构成犯罪的，依法追究刑事责任。

第八章 附 则

第七十四条 涉及国防科学技术的其他有关事项，由国务院、中央军事委员会规定。

第七十五条 本法自2008年7月1日起施行。

中华人民共和国循环经济促进法

（中华人民共和国主席令 第4号）

《中华人民共和国循环经济促进法》已由中华人民共和国第十一届全国人民代表大会常务委员会第四次会议于2008年8月29日通过，现予公布，自2009年1月1日起施行。

目 录

第一章 总 则

第一条 为了促进循环经济发展，提高资源利用效率，保护和改善环境，实现可持续发展，制定本法。

第二条 本法所称循环经济，是指在生产、流通和消费等过程中进行的减量化、再利用、资源化活动的总称。

本法所称减量化，是指在生产、流通和消费等过程中减少资源消耗和废物产生。

本法所称再利用，是指将废物直接作为产品或者经修复、翻新、再制造后继续作为产品使用，或者将废物的全部或者部分作为其他产品的部件予以使用。

本法所称资源化，是指将废物直接作为原料进行利用或者对废物进行再生利用。

第三条 发展循环经济是国家经济社会发展的一项重大战略，应当遵循统筹规划、合理布局，因地制宜、注重实效，政府推动、市场引导，企业实施、公众参与的方针。

第四条 发展循环经济应当在技术可行、经济合理和有利于节约资源、保护环境的前提下，按照减量化优先的原则实施。

在废物再利用和资源化过程中，应当保障生产安全，保证产品质量符合国家规定的标准，并防止产生再次污染。

第五条 国务院循环经济发展综合管理部门负责组织协调、监督管理全国循环经济发展工作；国务院环境保护等有关主管部门按照各自的职责负责有关循环经济的监督管理工作。

县级以上地方人民政府循环经济发展综合管理部门负责组织协调、监督管理本行政区域的循环经济发展工作；县级以上地方人民政府环境保护等有关主管部门按照各自的职责负责有关循环经济的监督管理工作。

第六条 国家制定产业政策，应当符合发展循环经济的要求。

县级以上人民政府编制国民经济和社会发展规划及年度计划，县级以上人民政府有关部门编制环境保护、科学技术等规划，应当包括发展循环经济的内容。

第七条 国家鼓励和支持开展循环经济科学技术的研究、开发和推广，鼓励开展循环经济宣传、教育、科学知识普及和国际合作。

第八条 县级以上人民政府应当建立发展循环经济的目标责任制，采取规划、财政、投资、政府采购等措施，促进循环经济发展。

第九条 企业事业单位应当建立健全管理制度，采取措施，降低资源消耗，减少废物的产生量和排放量，提高废物的再利用和资源化水平。

第十条 公民应当增强节约资源和保护环境意识，合理消费，节约资源。

国家鼓励和引导公民使用节能、节水、节材和有利于保护环境的产品及再生产品，减少废物的产生量和排放量。

公民有权举报浪费资源、破坏环境的行为，有权了解政府发展循环经济的信息并提出意见和建议。

第十一条 国家鼓励和支持行业协会在循环经济发展中发挥技术指导和服务作用。县级以上人民政府可以委托有条件的行业协会等社会组织开展促进循环经济发展的公共服务。

国家鼓励和支持中介机构、学会和其他社会组织开展循环经济宣传、技术推广和咨询服务，促进循环经济发展。

第二章　基本管理制度

第十二条 国务院循环经济发展综合管理部门会同国务院环境保护等有关主管部门编制全国循环经济发展规划，报国务院批准后公布施行。设区的市级以上地方人民政府循环经济发展综合管理部门会同本级人民政府环境保护等有关主管部门编制本行政区域循环经济发展规划，报本级人民政府批准后公布施行。

循环经济发展规划应当包括规划目标、适用范围、主要内容、重点任务和保障措施等，并规定资源产出率、废物再利用和资源化率等指标。

第十三条 县级以上地方人民政府应当依据上级人民政府下达的本行政区域主要污染物排放、建设用地和用水总量控制指标，规划和调整本行政区域的产业结构，促进循环经济发展。

新建、改建、扩建建设项目，必须符合本行政区域主要污染物排放、建设用地和用水总量控制指标的要求。

第十四条 国务院循环经济发展综合管理部门会同国务院统计、环境保护等有关主管部门建立和完善循环经济评价指标体系。

上级人民政府根据前款规定的循环经济主要评价指标，对下级人民政府发展循环经济的状况定期进行考核，并将主要评价指标完成情况作为对地方人民政府及其负责人考核评价的内容。

第十五条 生产列入强制回收名录的产品或者包装物的企业，必须对废弃的产品或者包装物负责回收；对其中可以利用的，由各该生产企业负责利用；对因不具备技术经济条件而不适合利用的，由各该生产企业负责无害化处置。

对前款规定的废弃产品或者包装物，生产者委托销售者或者其他组织进行回收的，或者委托废物利用或者处置企业进行利用或者处置的，受托方应当依照有关法律、行政法规的规定和合同的约定负责回收或者利用、处置。

对列入强制回收名录的产品和包装物，消费者应当将废弃的产品或者包装物交给生产者或者其委托回收的销售者或者其他组织。

强制回收的产品和包装物的名录及管理办法，由国务院循环经济发展综合管理部门规定。

第十六条 国家对钢铁、有色金属、煤炭、电力、石油加工、化工、建材、建筑、造纸、印染等行业年综合能源消费量、用水量超过国家规定总量的重点企业，实行能耗、水耗的重点监督管理制度。

重点能源消费单位的节能监督管理，依照《中华人民共和国节约能源法》的规定执行。

重点用水单位的监督管理办法，由国务院循环经济发展综合管理部门会同国务院有关部门规定。

第十七条 国家建立健全循环经济统计制度，加强资源消耗、综合利用和废物产生的统计管理，并将主要统计指标定期向社会公布。

国务院标准化主管部门会同国务院循环经济发展综合管理和环境保护等有关主管部门建立健全循环经济标准体系，制定和完善节能、节水、节材和废物再利用、资源化等标准。

国家建立健全能源效率标识等产品资源消耗标识制度。

第三章 减量化

第十八条 国务院循环经济发展综合管理部门会同国务院环境保护等有关主管部门，定期发布鼓励、限制和淘汰的技术、工艺、设备、材料和产品名录。

禁止生产、进口、销售列入淘汰名录的设备、材料和产品，禁止使用列入淘汰名录的技术、工艺、设备和材料。

第十九条 从事工艺、设备、产品及包装物设计，应当按照减少资源消耗和废物产生的要求，优先选择采用易回收、易拆解、易降解、无毒无害或者低毒低害的材料和设计方案，并应当符合有关国家标准的强制性要求。

对在拆解和处置过程中可能造成环境污染的电器电子等产品，不得设计使用国家禁止使用的有毒有害物质。禁止在电器电子等产品中使用的有毒有害物质名录，由国务院循环经济发展综合管理部门会同国务院环境保护等有关主管部门制定。

设计产品包装物应当执行产品包装标准，防止过度包装造成资源浪费和环境污染。

第二十条 工业企业应当采用先进或者适用的节水技术、工艺和设备，制定并实施节水计划，加强节水管理，对生产用水进行全过程控制。

工业企业应当加强用水计量管理，配备和使用合格的用水计量器具，建立水耗统计和用水状况分析制度。

新建、改建、扩建建设项目，应当配套建设节水设施。节水设施应当与主体工程同时设计、同时施工、同时投产使用。

国家鼓励和支持沿海地区进行海水淡化和海水直接利用，节约淡水资源。

第二十一条 国家鼓励和支持企业使用高效节油产品。

电力、石油加工、化工、钢铁、有色金属和建材等企业，必须在国家规定的范围和期限内，以洁净煤、石油焦、天然气等清洁能源替代燃料油，停止使用不符合国家规定的燃油发电机组和燃油锅炉。

内燃机和机动车制造企业应当按照国家规定的内燃机和机动车燃油经济性标准，采用节油技术，减少石油产品消耗量。

第二十二条 开采矿产资源，应当统筹规划，制定合理的开发利用方案，采用合理的开采顺序、方法和选矿工艺。采矿许可证颁发机关应当对申请人提交的开发利用方案中的开采回采率、采矿贫化率、选矿回收率、矿山水循环利用率和土地复垦率等指标依法进行审查；审查不合格的，不予颁发采矿许可证。采矿许可证颁发机关应当依法加强对开采矿产资源的监督管理。

矿山企业在开采主要矿种的同时，应当对具有工业价值的共生和伴生矿实行综合开采、合理利用；对必须同时采出而暂时不能利用的矿产以及含有有用组分的尾矿，应当采取保护措施，防止资源损失和生态破坏。

第二十三条 建筑设计、建设、施工等单位应当按照国家有关规定和标准，对其设计、建设、施工的建筑物及构筑物采用节能、节水、节地、节材的技术工艺和小型、轻型、再生产品。有条件的地区，应当充分利用太阳能、地热能、风能等可再生能源。

国家鼓励利用无毒无害的固体废物生产建筑材料，鼓励使用散装水泥，推广使用预拌混凝土和预拌砂浆。

禁止损毁耕地烧砖。在国务院或者省、自治区、直辖市人民政府规定的期限和区域内，禁止生产、销售和使用粘土砖。

第二十四条 县级以上人民政府及其农业等主管部门应当推进土地集约利用，鼓励和支持农业生产者采用节水、节肥、节药的先进种植、养殖和灌溉技术，推动农业机械节能，优先发展生态农业。

在缺水地区，应当调整种植结构，优先发展节水型农业，推进雨水集蓄利用，建设和管护节水灌溉设施，提高用水效率，减少水的蒸发和漏失。

第二十五条 国家机关及使用财政性资金的其他组织应当厉行节约、杜绝浪费，带头使用节能、节水、节地、节材和有利于保护环境的产品、设备和设施，节约使用办公用品。国务院和县级以上地方人民政府管理机关事务工作的机构会同本级人民政府有关部门制定本级国家机关等机构的用能、用水定额指标，财政部门根据该定额指标制定支出标准。

城市人民政府和建筑物的所有者或者使用者，应当采取措施，加强建筑物维护管理，延长建筑物使用寿命。对符合城市规划和工程建设标准，在合理使用寿命内的建筑物，除为了公共利益的需要外，城市人民政府不得决定拆除。

第二十六条 餐饮、娱乐、宾馆等服务性企业，应当采用节能、节水、节材和有利于保护环境的产品，减少使用或者不使用浪费资源、污染环境的产品。

本法施行后新建的餐饮、娱乐、宾馆等服务性企业，应当采用节能、节水、节材和有利于保护环境的技术、设备和设施。

第二十七条 国家鼓励和支持使用再生水。在有条件使用再生水的地区，限制或者禁止将自来水作为城市道路清扫、城市绿化和景观用水使用。

第二十八条 国家在保障产品安全和卫生的前提下，限制一次性消费品的生产和销售。具体名录由国务院循环经济发展综合管理部门会同国务院财政、环境保护等有关主管部门制定。

对列入前款规定名录中的一次性消费品的生产和销售，由国务院财政、税务和对外贸易等主管部门制定限制性的税收和出口等措施。

第四章 再利用和资源化

第二十九条 县级以上人民政府应当统筹规划区域经济布局，合理调整产业结构，促进企业在资源综合利用等领域进行合作，实现资源的高效利用和循环使用。

各类产业园区应当组织区内企业进行资源综合利用，促进循环经济发展。

国家鼓励各类产业园区的企业进行废物交换利用、能量梯级利用、土地集约利用、水的分类利用和循环使用，共同使用基础设施和其他有关设施。

新建和改造各类产业园区应当依法进行环境影响评价，并采取生态保护和污染控制措施，确保本区域的环境质量达到规定的标准。

第三十条 企业应当按照国家规定，对生产过程中产生的粉煤灰、煤矸石、尾矿、废石、废料、废气等工业废物进行综合利用。

第三十一条 企业应当发展串联用水系统和循环用水系统，提高水的重复利用率。

企业应当采用先进技术、工艺和设备，对生产过程中产生的废水进行再生利用。

第三十二条 企业应当采用先进或者适用的回收技术、工艺和设备，对生产过程中产生的余热、余压等进行综合利用。

建设利用余热、余压、煤层气以及煤矸石、煤泥、垃圾等低热值燃料的并网发电项目，应当依照法律和国务院的规定取得行政许可或者报送备案。电网企业应当按照国家规定，与综合利用资源发电的企业签订并网协议，提供上网服务，并全额收购并网发电项目的上网电量。

第三十三条 建设单位应当对工程施工中产生的建筑废物进行综合利用；不具备综合利用条件的，应当委托具备条件的生产经营者进行综合利用或者无害化处置。

第三十四条 国家鼓励和支持农业生产者和相关企业采用先进或者适用技术，对农作物秸秆、畜禽粪便、农产品加工业副产品、废农用薄膜等进行综合利用，开发利用沼气等生物质能源。

第三十五条 县级以上人民政府及其林业主管部门应当积极发展生态林业，鼓励和支持林业生产者和相关企业采用木材节约和代用技术，开展林业废弃物和次小薪材、沙生灌木等综合利用，提高木材综合利用率。

第三十六条 国家支持生产经营者建立产业废物交换信息系统，促进企业交流产业废物信息。

企业对生产过程中产生的废物不具备综合利用条件的，应当提供给具备条件的生产经营者进行综合利用。

第三十七条 国家鼓励和推进废物回收体系建设。

地方人民政府应当按照城乡规划，合理布局废物回收网点和交易市场，支持废物回收企业和其他组织开展废物的收集、储存、运输及信息交流。

废物回收交易市场应当符合国家环境保护、安全和消防等规定。

第三十八条 对废电器电子产品、报废机动车船、废轮胎、废铅酸电池等特定产品进行拆解或者再利用，应当符合有关法律、行政法规的规定。

第三十九条 回收的电器电子产品，经过修复后销售的，必须符合再利用产品标准，并在显著位置标识为再利用产品。

回收的电器电子产品，需要拆解和再生利用的，应当交售给具备条件的拆解企业。

第四十条 国家支持企业开展机动车零部件、工程机械、机床等产品的再制造和轮胎翻新。

销售的再制造产品和翻新产品的质量必须符合国家规定的标准，并在显著位置标识为再制造产品或者翻新产品。

第四十一条 县级以上人民政府应当统筹规划建设城乡生活垃圾分类收集和资源化利用设施，建立和完善分类收集和资源化利用体系，提高生活垃圾资源化率。

县级以上人民政府应当支持企业建设污泥资源化利用和处置设施，提高污泥综合利用水平，防止产生再次污染。

第五章 激励措施

第四十二条 国务院和省、自治区、直辖市人民政府设立发展循环经济的有关专项资金，支持循环经济的科技研究开发、循环经济技术和产品的示范与推广、重大循环经济项目的实施、发展循环经济的信息服务等。具体办法由国务院财政部门会同国务院循环经济发展综合管理等有关主管部门制定。

第四十三条 国务院和省、自治区、直辖市人民政府及其有关部门应当将循环经济重大科技攻关项目的自主创新研究、应用示范和产业化发展列入国家或者省级科技发展规划和高技术产业发展规划，并安排财政性资金予以支持。

利用财政性资金引进循环经济重大技术、装备的，应当制定消化、吸收和创新方案，报有关主管部门审批并由其监督实施；有关主管部门应当根据实际需要建立协调机制，对重大技术、装备的引进和消化、吸收、创新实行统筹协调，并给予资金支持。

第四十四条 国家对促进循环经济发展的产业活动给予税收优惠，并运用税收等措施鼓励进口先进的节能、节水、节材等技术、设备和产品，限制在生产过程中耗能高、污染重的产品的出口。具体办法由国务院财政、税务主管部门制定。

企业使用或者生产列入国家清洁生产、资源综合利用等鼓励名录的技术、工艺、设备或者产品的，按照国家有关规定享受税收优惠。

第四十五条 县级以上人民政府循环经济发展综合管理部门在制定和实施投资计划时，应当将节能、节水、节地、节材、资源综合利用等项目列为重点投资领域。

对符合国家产业政策的节能、节水、节地、节材、资源综合利用等项目，金融机构应当给予优先贷款等信贷支持，并积极提供配套金融服务。

对生产、进口、销售或者使用列入淘汰名录的技术、工艺、设备、材料或者产品的企业，金融机构不得提供任何形式的授信支持。

第四十六条 国家实行有利于资源节约和合理利用的价格政策，引导单位和个人节约和合理使用水、电、气等资源性产品。

国务院和省、自治区、直辖市人民政府的价格主管部门应当按照国家产业政策，对资源高消耗行业中的限制类项目，实行限制性的价格政策。

对利用余热、余压、煤层气以及煤矸石、煤泥、垃圾等低热值燃料的并网发电项目，价格主管部门按照有利于资源综合利用的原则确定其上网电价。

省、自治区、直辖市人民政府可以根据本行政区域经济社会发展状况，实行垃圾排放收费制度。收取的费用专项用于垃圾分类、收集、运输、贮存、利用和处置，不得挪作他用。

国家鼓励通过以旧换新、押金等方式回收废物。

第四十七条 国家实行有利于循环经济发展的政府采购政策。使用财政性资金进行采购的，应当优先采购节能、节水、节材和有利于保护环境的产品及再生产品。

第四十八条 县级以上人民政府及其有关部门应当对在循环经济管理、科学技术研究、产品开发、示范和推广工作中做出显著成绩的单位和个人给予表彰和奖励。

企业事业单位应当对在循环经济发展中做出突出贡献的集体和个人给予表彰和奖励。

第六章　法律责任

第四十九条　县级以上人民政府循环经济发展综合管理部门或者其他有关主管部门发现违反本法的行为或者接到对违法行为的举报后不予查处，或者有其他不依法履行监督管理职责行为的，由本级人民政府或者上一级人民政府有关主管部门责令改正，对直接负责的主管人员和其他直接责任人员依法给予处分。

第五十条　生产、销售列入淘汰名录的产品、设备的，依照《中华人民共和国产品质量法》的规定处罚。

使用列入淘汰名录的技术、工艺、设备、材料的，由县级以上地方人民政府循环经济发展综合管理部门责令停止使用，没收违法使用的设备、材料，并处五万元以上二十万元以下的罚款；情节严重的，由县级以上人民政府循环经济发展综合管理部门提出意见，报请本级人民政府按照国务院规定的权限责令停业或者关闭。

违反本法规定，进口列入淘汰名录的设备、材料或者产品的，由海关责令退运，可以处十万元以上一百万元以下的罚款。进口者不明的，由承运人承担退运责任，或者承担有关处置费用。

第五十一条　违反本法规定，对在拆解或者处置过程中可能造成环境污染的电器电子等产品，设计使用列入国家禁止使用名录的有毒有害物质的，由县级以上地方人民政府产品质量监督部门责令限期改正；逾期不改正的，处二万元以上二十万元以下的罚款；情节严重的，由县级以上地方人民政府产品质量监督部门向本级工商行政管理部门通报有关情况，由工商行政管理部门依法吊销营业执照。

第五十二条　违反本法规定，电力、石油加工、化工、钢铁、有色金属和建材等企业未在规定的范围或者期限内停止使用不符合国家规定的燃油发电机组或者燃油锅炉的，由县级以上地方人民政府循环经济发展综合管理部门责令限期改正；逾期不改正的，责令拆除该燃油发电机组或者燃油锅炉，并处五万元以上五十万元以下的罚款。

第五十三条　违反本法规定，矿山企业未达到经依法审查确定的开采回采率、采矿贫化率、选矿回收率、矿山水循环利用率和土地复垦率等指标的，由县级以上人民政府地质矿产主管部门责令限期改正，处五万元以上五十万元以下的罚款；逾期不改正的，由采矿许可证颁发机关依法吊销采矿许可证。

第五十四条　违反本法规定，在国务院或者省、自治区、直辖市人民政府规定禁止生产、销售、使用粘土砖的期限或者区域内生产、销售或者使用粘土砖的，由县级以上地方人民政府指定的部门责令限期改正；有违法所得的，没收违法所得；逾期继续生产、销售的，由地方人民政府工商行政管理部门依法吊销营业执照。

第五十五条　违反本法规定，电网企业拒不收购企业利用余热、余压、煤层气以及煤矸石、煤泥、垃圾等低热值燃料生产的电力的，由国家电力监管机构责令限期改正；造成企业损失的，依法承担赔偿责任。

第五十六条　违反本法规定，有下列行为之一的，由地方人民政府工商行政管理部门责令限期改正，可以处五千元以上五万元以下的罚款；逾期不改正的，依法吊销营业执照；造成损失的，依法承担赔偿责任：

（一）销售没有再利用产品标识的再利用电器电子产品的；

（二）销售没有再制造或者翻新产品标识的再制造或者翻新产品的。

第五十七条　违反本法规定，构成犯罪的，依法追究刑事责任。

第七章　附　则

第五十八条　本法自 2009 年 1 月 1 日起施行。

中华人民共和国劳动合同法实施条例

（中华人民共和国国务院令　第535号）

《中华人民共和国劳动合同法实施条例》已经2008年9月3日国务院第25次常务会议通过，现予公布，自公布之日起施行。

第一章　总　则

第一条　为了贯彻实施《中华人民共和国劳动合同法》（以下简称劳动合同法），制定本条例。

第二条　各级人民政府和县级以上人民政府劳动行政等有关部门以及工会等组织，应当采取措施，推动劳动合同法的贯彻实施，促进劳动关系的和谐。

第三条　依法成立的会计师事务所、律师事务所等合伙组织和基金会，属于劳动合同法规定的用人单位。

第二章　劳动合同的订立

第四条　劳动合同法规定的用人单位设立的分支机构，依法取得营业执照或者登记证书的，可以作为用人单位与劳动者订立劳动合同；未依法取得营业执照或者登记证书的，受用人单位委托可以与劳动者订立劳动合同。

第五条　自用工之日起一个月内，经用人单位书面通知后，劳动者不与用人单位订立书面劳动合同的，用人单位应当书面通知劳动者终止劳动关系，无需向劳动者支付经济补偿，但是应当依法向劳动者支付其实际工作时间的劳动报酬。

第六条　用人单位自用工之日起超过一个月不满一年未与劳动者订立书面劳动合同的，应当依照劳动合同法第八十二条的规定向劳动者每月支付两倍的工资，并与劳动者补订书面劳动合同；劳动者不与用人单位订立书面劳动合同的，用人单位应当书面通知劳动者终止劳动关系，并依照劳动合同法第四十七条的规定支付经济补偿。

前款规定的用人单位向劳动者每月支付两倍工资的起算时间为用工之日起满一个月的次日，截止时间为补订书面劳动合同的前一日。

第七条　用人单位自用工之日起满一年未与劳动者订立书面劳动合同的，自用工之日起满一个月的次日至满一年的前一日应当依照劳动合同法第八十二条的规定向劳动者每月支付两倍的工资，并视为自用工之日起满一年的当日已经与劳动者订立无固定期限劳动合同，应当立即与劳动者补订书面劳动合同。

第八条　劳动合同法第七条规定的职工名册，应当包括劳动者姓名、性别、公民身份证号码、户籍地址及现住址、联系方式、用工形式、用工起始时间、劳动合同期限等内容。

第九条　劳动合同法第十四条第二款规定的连续工作满10年的起始时间，应当自用人单位用工之日起计算，包括劳动合同法施行前的工作年限。

第十条　劳动者非因本人原因从原用人单位被安排到新用人单位工作的，劳动者在原用人单位的工作年限合并计算为新用人单位的工作年限。原用人单位已经向劳动者支付经济补偿的，新用人单位在依法解除、终止劳动合同计算支付经济补偿的工作年限时，不再计算劳动者在原用人单位的工作年限。

第十一条　除劳动者与用人单位协商一致的情形外，劳动者依照劳动合同法第十四条第二款的规定，提出订立无固定期限劳动合同的，用人单位应当与其订立无固定期限劳动合同。对劳动合同的内容，双方应当按照合法、公平、平等自愿、协商一致、诚实信用的原则协商确定；对协商不一致的内容，依照劳动合同法第十八条的规定执行。

第十二条　地方各级人民政府及县级以上地方人民政府有关部门为安置就业困难人员提供的给予岗位补贴和社会保险补贴的公益性岗位，其劳动合同不适用劳动合同法有关无固定期限劳动合同的规定以及支付经济补偿的规定。

第十三条　用人单位与劳动者不得在劳动合同法第四十四条规定的劳动合同终止情形之外约

定其他的劳动合同终止条件。

第十四条 劳动合同履行地与用人单位注册地不一致的，有关劳动者的最低工资标准、劳动保护、劳动条件、职业危害防护和本地区上年度职工月平均工资标准等事项，按照劳动合同履行地的有关规定执行；用人单位注册地的有关标准高于劳动合同履行地的有关标准，且用人单位与劳动者约定按照用人单位注册地的有关规定执行的，从其约定。

第十五条 劳动者在试用期的工资不得低于本单位相同岗位最低档工资的80%或者不得低于劳动合同约定工资的80%，并不得低于用人单位所在地的最低工资标准。

第十六条 劳动合同法第二十二条第二款规定的培训费用，包括用人单位为了对劳动者进行专业技术培训而支付的有凭证的培训费用、培训期间的差旅费用以及因培训产生的用于该劳动者的其他直接费用。

第十七条 劳动合同期满，但是用人单位与劳动者依照劳动合同法第二十二条的规定约定的服务期尚未到期的，劳动合同应当续延至服务期满；双方另有约定的，从其约定。

第三章 劳动合同的解除和终止

第十八条 有下列情形之一的，依照劳动合同法规定的条件、程序，劳动者可以与用人单位解除固定期限劳动合同、无固定期限劳动合同或者以完成一定工作任务为期限的劳动合同：

（一）劳动者与用人单位协商一致的；

（二）劳动者提前30日以书面形式通知用人单位的；

（三）劳动者在试用期内提前3日通知用人单位的；

（四）用人单位未按照劳动合同约定提供劳动保护或者劳动条件的；

（五）用人单位未及时足额支付劳动报酬的；

（六）用人单位未依法为劳动者缴纳社会保险费的；

（七）用人单位的规章制度违反法律、法规的规定，损害劳动者权益的；

（八）用人单位以欺诈、胁迫的手段或者乘人之危，使劳动者在违背真实意思的情况下订立或者变更劳动合同的；

（九）用人单位在劳动合同中免除自己的法定责任、排除劳动者权利的；

（十）用人单位违反法律、行政法规强制性规定的；

（十一）用人单位以暴力、威胁或者非法限制人身自由的手段强迫劳动者劳动的；

（十二）用人单位违章指挥、强令冒险作业危及劳动者人身安全的；

（十三）法律、行政法规规定劳动者可以解除劳动合同的其他情形。

第十九条 有下列情形之一的，依照劳动合同法规定的条件、程序，用人单位可以与劳动者解除固定期限劳动合同、无固定期限劳动合同或者以完成一定工作任务为期限的劳动合同：

（一）用人单位与劳动者协商一致的；

（二）劳动者在试用期间被证明不符合录用条件的；

（三）劳动者严重违反用人单位的规章制度的；

（四）劳动者严重失职，营私舞弊，给用人单位造成重大损害的；

（五）劳动者同时与其他用人单位建立劳动关系，对完成本单位的工作任务造成严重影响，或者经用人单位提出，拒不改正的；

（六）劳动者以欺诈、胁迫的手段或者乘人之危，使用人单位在违背真实意思的情况下订立或者变更劳动合同的；

（七）劳动者被依法追究刑事责任的；

（八）劳动者患病或者非因工负伤，在规定的医疗期满后不能从事原工作，也不能从事由用人单位另行安排的工作的；

（九）劳动者不能胜任工作，经过培训或者调整工作岗位，仍不能胜任工作的；

（十）劳动合同订立时所依据的客观情况发生重大变化，致使劳动合同无法履行，经用人单位与劳动者协商，未能就变更劳动合同内容达成协议的；

（十一）用人单位依照企业破产法规定进行重整的；

（十二）用人单位生产经营发生严重困难的；

（十三）企业转产、重大技术革新或者经营方式调整，经变更劳动合同后，仍需裁减人员的；

(十四)其他因劳动合同订立时所依据的客观经济情况发生重大变化,致使劳动合同无法履行的。

第二十条 用人单位依照劳动合同法第四十条的规定,选择额外支付劳动者一个月工资解除劳动合同的,其额外支付的工资应当按照该劳动者上一个月的工资标准确定。

第二十一条 劳动者达到法定退休年龄的,劳动合同终止。

第二十二条 以完成一定工作任务为期限的劳动合同因任务完成而终止的,用人单位应当依照劳动合同法第四十七条的规定向劳动者支付经济补偿。

第二十三条 用人单位依法终止工伤职工的劳动合同的,除依照劳动合同法第四十七条的规定支付经济补偿外,还应当依照国家有关工伤保险的规定支付一次性工伤医疗补助金和伤残就业补助金。

第二十四条 用人单位出具的解除、终止劳动合同的证明,应当写明劳动合同期限、解除或者终止劳动合同的日期、工作岗位、在本单位的工作年限。

第二十五条 用人单位违反劳动合同法的规定解除或者终止劳动合同,依照劳动合同法第八十七条的规定支付了赔偿金的,不再支付经济补偿。赔偿金的计算年限自用工之日起计算。

第二十六条 用人单位与劳动者约定了服务期,劳动者依照劳动合同法第三十八条的规定解除劳动合同的,不属于违反服务期的约定,用人单位不得要求劳动者支付违约金。

有下列情形之一,用人单位与劳动者解除约定服务期的劳动合同的,劳动者应当按照劳动合同的约定向用人单位支付违约金:

(一)劳动者严重违反用人单位的规章制度的;

(二)劳动者严重失职,营私舞弊,给用人单位造成重大损害的;

(三)劳动者同时与其他用人单位建立劳动关系,对完成本单位的工作任务造成严重影响,或者经用人单位提出,拒不改正的;

(四)劳动者以欺诈、胁迫的手段或者乘人之危,使用人单位在违背真实意思的情况下订立或者变更劳动合同的;

(五)劳动者被依法追究刑事责任的。

第二十七条 劳动合同法第四十七条规定的经济补偿的月工资按照劳动者应得工资计算,包括计时工资或者计件工资以及奖金、津贴和补贴等货币性收入。劳动者在劳动合同解除或者终止前12个月的平均工资低于当地最低工资标准的,按照当地最低工资标准计算。劳动者工作不满12个月的,按照实际工作的月数计算平均工资。

第四章 劳务派遣特别规定

第二十八条 用人单位或者其所属单位出资或者合伙设立的劳务派遣单位,向本单位或者所属单位派遣劳动者的,属于劳动合同法第六十七条规定的不得设立的劳务派遣单位。

第二十九条 用工单位应当履行劳动合同法第六十二条规定的义务,维护被派遣劳动者的合法权益。

第三十条 劳务派遣单位不得以非全日制用工形式招用被派遣劳动者。

第三十一条 劳务派遣单位或者被派遣劳动者依法解除、终止劳动合同的经济补偿,依照劳动合同法第四十六条、第四十七条的规定执行。

第三十二条 劳务派遣单位违法解除或者终止被派遣劳动者的劳动合同的,依照劳动合同法第四十八条的规定执行。

第五章 法律责任

第三十三条 用人单位违反劳动合同法有关建立职工名册规定的,由劳动行政部门责令限期改正;逾期不改正的,由劳动行政部门处2 000元以上2万元以下的罚款。

第三十四条 用人单位依照劳动合同法的规定应当向劳动者每月支付两倍的工资或者应当向劳动者支付赔偿金而未支付的,劳动行政部门应当责令用人单位支付。

第三十五条 用工单位违反劳动合同法和本条例有关劳务派遣规定的,由劳动行政部门和其他有关主管部门责令改正;情节严重的,以每位被派遣劳动者1 000元以上5 000元以下的标准处以罚款;给被派遣劳动者造成损害的,劳务派遣单位和用工单位承担连带赔偿责任。

第六章　附　则

第三十六条　对违反劳动合同法和本条例的行为的投诉、举报，县级以上地方人民政府劳动行政部门依照《劳动保障监察条例》的规定处理。

第三十七条　劳动者与用人单位因订立、履行、变更、解除或者终止劳动合同发生争议的，依照《中华人民共和国劳动争议调解仲裁法》的规定处理。

第三十八条　本条例自公布之日起施行。

汶川地震灾后恢复重建条例

（中华人民共和国国务院令　第526号）

《汶川地震灾后恢复重建条例》已经2008年6月4日国务院第11次常务会议通过，现予公布，自公布之日起施行。

第一章　总　则

第一条　为了保障汶川地震灾后恢复重建工作有力、有序、有效地开展，积极、稳妥恢复灾区群众正常的生活、生产、学习、工作条件，促进灾区经济社会的恢复和发展，根据《中华人民共和国突发事件应对法》和《中华人民共和国防震减灾法》，制定本条例。

第二条　地震灾后恢复重建应当坚持以人为本、科学规划、统筹兼顾、分步实施、自力更生、国家支持、社会帮扶的方针。

第三条　地震灾后恢复重建应当遵循以下原则：

（一）受灾地区自力更生、生产自救与国家支持、对口支援相结合；

（二）政府主导与社会参与相结合；

（三）就地恢复重建与异地新建相结合；

（四）确保质量与注重效率相结合；

（五）立足当前与兼顾长远相结合；

（六）经济社会发展与生态环境资源保护相结合。

第四条　各级人民政府应当加强对地震灾后恢复重建工作的领导、组织和协调，必要时成立地震灾后恢复重建协调机构，组织协调地震灾后恢复重建工作。

县级以上人民政府有关部门应当在本级人民政府的统一领导下，按照职责分工，密切配合，采取有效措施，共同做好地震灾后恢复重建工作。

第五条　地震灾区的各级人民政府应当自力更生、艰苦奋斗、勤俭节约，多种渠道筹集资金、物资，开展地震灾后恢复重建。

国家对地震灾后恢复重建给予财政支持、税收优惠和金融扶持，并积极提供物资、技术和人力等方面的支持。

国家鼓励公民、法人和其他组织积极参与地震灾后恢复重建工作，支持在地震灾后恢复重建中采用先进的技术、设备和材料。

国家接受外国政府和国际组织提供的符合地震灾后恢复重建需要的援助。

第六条　对在地震灾后恢复重建工作中做出突出贡献的单位和个人，按照国家有关规定给予表彰和奖励。

第二章　过渡性安置

第七条　对地震灾区的受灾群众进行过渡性安置，应当根据地震灾区的实际情况，采取就地安置与异地安置，集中安置与分散安置，政府安置与投亲靠友、自行安置相结合的方式。

政府对投亲靠友和采取其他方式自行安置的受灾群众给予适当补助。具体办法由省级人民政府制定。

第八条　过渡性安置地点应当选在交通条件便利、方便受灾群众恢复生产和生活的区域，并避开地震活动断层和可能发生洪灾、山体滑坡和崩塌、泥石流、地面塌陷、雷击等灾害的区域以及生产、储存易燃易爆危险品的工厂、仓库。

实施过渡性安置应当占用废弃地、空旷地，尽量不占用或者少占用农田，并避免对自然保护区、饮用水水源保护区以及生态脆弱区域造成破坏。

第九条 地震灾区的各级人民政府根据实际条件，因地制宜，为灾区群众安排临时住所。临时住所可以采用帐篷、篷布房，有条件的也可以采用简易住房、活动板房。安排临时住所确实存在困难的，可以将学校操场和经安全鉴定的体育场馆等作为临时避难场所。

国家鼓励地震灾区农村居民自行筹建符合安全要求的临时住所，并予以补助。具体办法由省级人民政府制定。

第十条 用于过渡性安置的物资应当保证质量安全。生产单位应当确保帐篷、篷布房的产品质量。建设单位、生产单位应当采用质量合格的建筑材料，确保简易住房、活动板房的安全质量和抗震性能。

第十一条 过渡性安置地点应当配套建设水、电、道路等基础设施，并按比例配备学校、医疗点、集中供水点、公共卫生间、垃圾收集点、日常用品供应点、少数民族特需品供应点以及必要的文化宣传设施等配套公共服务设施，确保受灾群众的基本生活需要。

过渡性安置地点的规模应当适度，并安装必要的防雷设施和预留必要的消防应急通道，配备相应的消防设施，防范火灾和雷击灾害发生。

第十二条 临时住所应当具备防火、防风、防雨等功能。

第十三条 活动板房应当优先用于重灾区和需要异地安置的受灾群众，倒塌房屋在短期内难以恢复重建的重灾户特别是遇难者家庭、孕妇、婴幼儿、孤儿、孤老、残疾人员以及学校、医疗点等公共服务设施。

第十四条 临时住所、过渡性安置资金和物资的分配和使用，应当公开透明，定期公布，接受有关部门和社会监督。具体办法由省级人民政府制定。

第十五条 过渡性安置用地按临时用地安排，可以先行使用，事后再依法办理有关用地手续；到期未转为永久性用地的，应当复垦后交还原土地使用者。

第十六条 过渡性安置地点所在地的县级人民政府，应当组织有关部门加强次生灾害、饮用水水质、食品卫生、疫情的监测和流行病学调查以及环境卫生整治。使用的消毒剂、清洗剂应当符合环境保护要求，避免对土壤、水资源、环境等造成污染。

过渡性安置地点所在地的公安机关，应当加强治安管理，及时惩处违法行为，维护正常的社会秩序。

受灾群众应当在过渡性安置地点所在地的县、乡（镇）人民政府组织下，建立治安、消防联队，开展治安、消防巡查等自防自救工作。

第十七条 地震灾区的各级人民政府，应当组织受灾群众和企业开展生产自救，积极恢复生产，并做好受灾群众的心理援助工作。

第十八条 地震灾区的各级人民政府及政府农业行政主管部门应当及时组织修复毁损的农业生产设施，开展抢种抢收，提供农业生产技术指导，保障农业投入品和农业机械设备的供应。

第十九条 地震灾区的各级人民政府及政府有关部门应当优先组织供电、供水、供气等企业恢复生产，并对大型骨干企业恢复生产提供支持，为全面恢复工业、服务业生产经营提供条件。

第三章 调查评估

第二十条 国务院有关部门应当组织开展地震灾害调查评估工作，为编制地震灾后恢复重建规划提供依据。

第二十一条 地震灾害调查评估应当包括下列事项：

（一）城镇和乡村受损程度和数量；

（二）人员伤亡情况，房屋破坏程度和数量，基础设施、公共服务设施、工农业生产设施与商贸流通设施受损程度和数量，农用地毁损程度和数量等；

（三）需要安置人口的数量，需要救助的伤残人员数量，需要帮助的孤寡老人及未成年人的数量，需要提供的房屋数量，需要恢复重建的基础设施和公共服务设施，需要恢复重建的生产设施，需要整理和复垦的农用地等；

（四）环境污染、生态损害以及自然和历史文化遗产毁损等情况；

（五）资源环境承载能力以及地质灾害、地震次生灾害和隐患等情况；

（六）水文地质、工程地质、环境地质、地形地貌以及河势和水文情势、重大水利水电工程的受影响情况；

（七）突发公共卫生事件及其隐患；

（八）编制地震灾后恢复重建规划需要调查评估的其他事项。

第二十二条 县级以上人民政府应当依据各自职责分工组织有关部门和专家，对毁损严重的水利、道路、电力等基础设施，学校等公共服务设施以及其他建设工程进行工程质量和抗震性能鉴定，保存有关资料和样本，并开展地震活动对相关建设工程破坏机理的调查评估，为改进建设工程抗震设计规范和工程建设标准，采取抗震设防措施提供科学依据。

第二十三条 地震灾害调查评估应当采用全面调查评估、实地调查评估、综合评估的方法，确保数据资料的真实性、准确性、及时性和评估结论的可靠性。

地震部门、地震监测台网应当收集、保存地震前、地震中、地震后的所有资料和信息，并建立完整的档案。

开展地震灾害调查评估工作，应当遵守国家法律、法规以及有关技术标准和要求。

第二十四条 地震灾害调查评估报告应当及时上报国务院。

第四章 恢复重建规划

第二十五条 国务院发展改革部门会同国务院有关部门与地震灾区的省级人民政府共同组织编制地震灾后恢复重建规划，报国务院批准后组织实施。

地震灾后恢复重建规划应当包括地震灾后恢复重建总体规划和城镇体系规划、农村建设规划、城乡住房建设规划、基础设施建设规划、公共服务设施建设规划、生产力布局和产业调整规划、市场服务体系规划、防灾减灾和生态修复规划、土地利用规划等专项规划。

第二十六条 地震灾区的市、县人民政府应当在省级人民政府的指导下，组织编制本行政区域的地震灾后恢复重建实施规划。

第二十七条 编制地震灾后恢复重建规划，应当全面贯彻落实科学发展观，坚持以人为本，优先恢复重建受灾群众基本生活和公共服务设施；尊重科学、尊重自然，充分考虑资源环境承载能力；统筹兼顾，与推进工业化、城镇化、新农村建设、主体功能区建设、产业结构优化升级相结合，并坚持统一部署、分工负责，区分缓急、突出重点，相互衔接、上下协调，规范有序、依法推进的原则。

编制地震灾后恢复重建规划，应当遵守法律、法规和国家有关标准。

第二十八条 地震灾后调查评估获得的地质、勘察、测绘、水文、环境等基础资料，应当作为编制地震灾后恢复重建规划的依据。

地震工作主管部门应当根据地震地质、地震活动特性的研究成果和地震烈度分布情况，对地震动参数区划图进行复核，为编制地震灾后恢复重建规划和进行建设工程抗震设防提供依据。

第二十九条 地震灾后恢复重建规划应当包括地震灾害状况和区域分析，恢复重建原则和目标，恢复重建区域范围，恢复重建空间布局，恢复重建任务和政策措施，有科学价值的地震遗址、遗迹保护，受损文物和具有历史价值与少数民族特色的建筑物、构筑物的修复，实施步骤和阶段等主要内容。

地震灾后恢复重建规划应当重点对城镇和乡村的布局、住房建设、基础设施建设、公共服务设施建设、农业生产设施建设、工业生产设施建设、防灾减灾和生态环境以及自然资源和历史文化遗产保护、土地整理和复垦等做出安排。

第三十条 地震灾区的中央所属企业生产、生活等设施的恢复重建，纳入地震灾后恢复重建规划统筹安排。

第三十一条 编制地震灾后恢复重建规划，应当吸收有关部门、专家参加，并充分听取地震灾区受灾群众的意见；重大事项应当组织有关方面专家进行专题论证。

第三十二条 地震灾区内的城镇和乡村完全毁损，存在重大安全隐患或者人口规模超出环境承载能力，需要异地新建的，重新选址时，应当避开地震活动断层或者生态脆弱和可能发生洪灾、山体滑坡、崩塌、泥石流、地面塌陷等灾害的区域以及传染病自然疫源地。

地震灾区的县级以上地方人民政府应当组织有关部门、专家对新址进行论证，听取公众意见，并报上一级人民政府批准。

第三十三条 国务院批准的地震灾后恢复重建规划,是地震灾后恢复重建的基本依据,应当及时公布。任何单位和个人都应当遵守经依法批准公布的地震灾后恢复重建规划,服从规划管理。

地震灾后恢复重建规划所依据的基础资料修改、其他客观条件发生变化需要修改的,或者因恢复重建工作需要修改的,由规划组织编制机关提出修改意见,报国务院批准。

第五章 恢复重建的实施

第三十四条 地震灾区的省级人民政府,应当根据地震灾后恢复重建规划和当地经济社会发展水平,有计划、分步骤地组织实施地震灾后恢复重建。

国务院有关部门应当支持、协助、指导地震灾区的恢复重建工作。

城镇恢复重建应当充分考虑原有城市、镇总体规划,注重体现原有少数民族建筑风格,合理确定城镇的建设规模和标准,并达到抗震设防要求。

第三十五条 发展改革部门具体负责灾后恢复重建的统筹规划、政策建议、投资计划、组织协调和重大建设项目的安排。

财政部门会同有关部门负责提出资金安排和政策建议,并具体负责灾后恢复重建财政资金的拨付和管理。

交通运输、水利、铁路、电力、通信、广播影视等部门按照职责分工,具体组织实施有关基础设施的灾后恢复重建。

建设部门具体组织实施房屋和市政公用设施的灾后恢复重建。

民政部门具体组织实施受灾群众的临时基本生活保障、生活困难救助、农村毁损房屋恢复重建补助、社会福利设施恢复重建以及对孤儿、孤老、残疾人员的安置、补助、心理援助和伤残康复。

教育、科技、文化、卫生、广播影视、体育、人力资源社会保障、商务、工商等部门按照职责分工,具体组织实施公共服务设施的灾后恢复重建、卫生防疫和医疗救治、就业服务和社会保障、重要生活必需品供应以及维护市场秩序。高等学校、科学技术研究开发机构应当加强对有关问题的专题研究,为地震灾后恢复重建提供科学技术支撑。

农业、林业、水利、国土资源、商务、工业等部门按照职责分工,具体组织实施动物疫情监测、农业生产设施恢复重建和农业生产条件恢复,地震灾后恢复重建用地安排、土地整理和复垦、地质灾害防治,商贸流通、工业生产设施等恢复重建。

环保、林业、民政、水利、科技、安全生产、地震、气象、测绘等部门按照职责分工,具体负责生态环境保护和防灾减灾、安全生产的技术保障及公共服务设施恢复重建。

中国人民银行和银行、证券、保险监督管理机构按照职责分工,具体负责地震灾后恢复重建金融支持和服务政策的制定与落实。

公安部门具体负责维护和稳定地震灾区社会秩序。

海关、出入境检验检疫部门按照职责分工,依法组织实施进口恢复重建物资、境外捐赠物资的验放、检验检疫。

外交部会同有关部门按照职责分工,协调开展地震灾后恢复重建的涉外工作。

第三十六条 国务院地震工作主管部门应当会同文物等有关部门组织专家对地震废墟进行现场调查,对具有典型性、代表性、科学价值和纪念意义的地震遗址、遗迹划定范围,建立地震遗址博物馆。

第三十七条 地震灾区的省级人民政府应当组织民族事务、建设、环保、地震、文物等部门和专家,根据地震灾害调查评估结果,制定清理保护方案,明确地震遗址、遗迹和文物保护单位以及具有历史价值与少数民族特色的建筑物、构筑物等保护对象及其区域范围,报国务院批准后实施。

第三十八条 地震灾害现场的清理保护,应当在确定无人类生命迹象和无重大疫情的情况下,按照统一组织、科学规划、统筹兼顾、注重保护的原则实施。发现地震灾害现场有人类生命迹象的,应当立即实施救援。

第三十九条 对清理保护方案确定的地震遗址、遗迹应当在保护范围内采取有效措施进行保护,抢救、收集具有科学研究价值的技术资料和实物资料,并在不影响整体风貌的情况下,对有倒塌危险的建筑物、构筑物进行必要的加固,对废墟中有毒、有害的废弃物、残留物进行必要的清理。

对文物保护单位应当实施原址保护。对尚可保留的不可移动文物和具有历史价值与少数民族特色的建筑物、构筑物以及历史建筑，应当采取加固等保护措施；对无法保留但将来可能恢复重建的，应当收集整理影像资料。

对馆藏文物、民间收藏文物等可移动文物和非物质文化遗产的物质载体，应当及时抢救、整理、登记，并将清理出的可移动文物和非物质文化遗产的物质载体，运送到安全地点妥善保管。

第四十条 对地震灾害现场的清理，应当按照清理保护方案分区、分类进行。清理出的遇难者遗体处理，应当尊重当地少数民族传统习惯；清理出的财物，应当对其种类、特征、数量、清理时间、地点等情况详细登记造册，妥善保存。有条件的，可以通知遇难者家属和所有权人到场。

对清理出的废弃危险化学品和其他废弃物、残留物，应当实行分类处理，并遵守国家有关规定。

第四十一条 地震灾区的各级人民政府应当做好地震灾区的动物疫情防控工作。对清理出的动物尸体，应当采取消毒、销毁等无害化处理措施，防止重大动物疫情的发生。

第四十二条 对现场清理过程中拆除或者拆解的废旧建筑材料以及过渡安置期结束后不再使用的活动板房等，能回收利用的，应当回收利用。

第四十三条 地震灾后恢复重建，应当统筹安排交通、铁路、通信、供水、供电、住房、学校、医院、社会福利、文化、广播电视、金融等基础设施和公共服务设施建设。

城镇的地震灾后恢复重建，应当统筹安排市政公用设施、公共服务设施和其他设施，合理确定建设规模和时序。

乡村的地震灾后恢复重建，应当尊重农民意愿，发挥村民自治组织的作用，以群众自建为主，政府补助、社会帮扶、对口支援，因地制宜，节约和集约利用土地，保护耕地。

地震灾区的县级人民政府应当组织有关部门对村民住宅建设的选址予以指导，并提供能够符合当地实际的多种村民住宅设计图，供村民选择。村民住宅应当达到抗震设防要求，体现原有地方特色、民族特色和传统风貌。

第四十四条 经批准的地震灾后恢复重建项目可以根据土地利用总体规划，先行安排使用土地，实行边建设边报批，并按照有关规定办理用地手续。对因地震灾害毁损的耕地、农田道路、抢险救灾应急用地、过渡性安置用地、废弃的城镇、村庄和工矿旧址，应当依法进行土地整理和复垦，并治理地质灾害。

第四十五条 国务院有关部门应当组织对地震灾区地震动参数、抗震设防要求、工程建设标准进行复审；确有必要修订的，应当及时组织修订。

地震灾区的抗震设防要求和有关工程建设标准应当根据修订后的地震灾区地震动参数，进行相应修订。

第四十六条 对地震灾区尚可使用的建筑物、构筑物和设施，应当按照地震灾区的抗震设防要求进行抗震性能鉴定，并根据鉴定结果采取加固、改造等措施。

第四十七条 地震灾后重建工程的选址，应当符合地震灾后恢复重建规划和抗震设防、防灾减灾要求，避开地震活动断层、生态脆弱地区、可能发生重大灾害的区域和传染病自然疫源地。

第四十八条 设计单位应当严格按照抗震设防要求和工程建设强制性标准进行抗震设计，并对抗震设计的质量以及出具的施工图的准确性负责。

施工单位应当按照施工图设计文件和工程建设强制性标准进行施工，并对施工质量负责。

建设单位、施工单位应当选用施工图设计文件和国家有关标准规定的材料、构配件和设备。

工程监理单位应当依照施工图设计文件和工程建设强制性标准实施监理，并对施工质量承担监理责任。

第四十九条 按照国家有关规定对地震灾后恢复重建工程进行竣工验收时，应当重点对工程是否符合抗震设防要求进行查验；对不符合抗震设防要求的，不得出具竣工验收报告。

第五十条 对学校、医院、体育场馆、博物馆、文化馆、图书馆、影剧院、商场、交通枢纽等人员密集的公共服务设施，应当按照高于当地房屋建筑的抗震设防要求进行设计，增强抗震设防能力。

第五十一条 地震灾后恢复重建中涉及文物保护、自然保护区、野生动植物保护和地震遗址、遗迹保护的，依照国家有关法律、法规的规定执行。

第五十二条 地震灾后恢复重建中，货物、工程和服务的政府采购活动，应当严格依照《中华人民共和国政府采购法》的有关规定执行。

第六章　资金筹集与政策扶持

第五十三条　县级以上人民政府应当通过政府投入、对口支援、社会募集、市场运作等方式筹集地震灾后恢复重建资金。

第五十四条　国家根据地震的强度和损失的实际情况等因素建立地震灾后恢复重建基金，专项用于地震灾后恢复重建。

地震灾后恢复重建基金由预算资金以及其他财政资金构成。

地震灾后恢复重建基金筹集使用管理办法，由国务院财政部门制定。

第五十五条　国家鼓励公民、法人和其他组织为地震灾后恢复重建捐赠款物。捐赠款物的使用应当尊重捐赠人的意愿，并纳入地震灾后恢复重建规划。

县级以上人民政府及其部门作为受赠人的，应当将捐赠款物用于地震灾后恢复重建。公益性社会团体、公益性非营利的事业单位作为受赠人的，应当公开接受捐赠的情况和受赠财产的使用、管理情况，接受政府有关部门、捐赠人和社会的监督。

县级以上人民政府及其部门、公益性社会团体、公益性非营利的事业单位接受捐赠的，应当向捐赠人出具由省级以上财政部门统一印制的捐赠票据。

外国政府和国际组织提供的地震灾后恢复重建资金、物资和人员服务以及安排实施的多双边地震灾后恢复重建项目等，依照国家有关规定执行。

第五十六条　国家鼓励公民、法人和其他组织依法投资地震灾区基础设施和公共服务设施的恢复重建。

第五十七条　国家对地震灾后恢复重建依法实行税收优惠。具体办法由国务院财政部门、国务院税务部门制定。

地震灾区灾后恢复重建期间，县级以上地方人民政府依法实施地方税收优惠措施。

第五十八条　地震灾区的各项行政事业性收费可以适当减免。具体办法由有关主管部门制定。

第五十九条　国家向地震灾区的房屋贷款和公共服务设施恢复重建贷款、工业和服务业恢复生产经营贷款、农业恢复生产贷款等提供财政贴息。具体办法由国务院财政部门会同其他有关部门制定。

第六十条　国家在安排建设资金时，应当优先考虑地震灾区的交通、铁路、能源、农业、水利、通信、金融、市政公用、教育、卫生、文化、广播电视、防灾减灾、环境保护等基础设施和公共服务设施以及关系国家安全的重点工程设施建设。

测绘、气象、地震、水文等设施因地震遭受破坏的，地震灾区的人民政府应当采取紧急措施，组织力量修复，确保正常运行。

第六十一条　各级人民政府及政府有关部门应当加强对受灾群众的职业技能培训、就业服务和就业援助，鼓励企业、事业单位优先吸纳符合条件的受灾群众就业；可以采取以工代赈的方式组织受灾群众参加地震灾后恢复重建。

第六十二条　地震灾区接受义务教育的学生，其监护人因地震灾害死亡或者丧失劳动能力或者因地震灾害导致家庭经济困难的，由国家给予生活费补贴；地震灾区的其他学生，其父母因地震灾害死亡或者丧失劳动能力或者因地震灾害导致家庭经济困难的，在同等情况下其所在的学校可以优先将其纳入国家资助政策体系予以资助。

第六十三条　非地震灾区的县级以上地方人民政府及其有关部门应当按照国家和当地人民政府的安排，采取对口支援等多种形式支持地震灾区恢复重建。

国家鼓励非地震灾区的企业、事业单位通过援建等多种形式支持地震灾区恢复重建。

第六十四条　对地震灾后恢复重建中需要办理行政审批手续的事项，有审批权的人民政府及有关部门应当按照方便群众、简化手续、提高效率的原则，依法及时予以办理。

第七章　监督管理

第六十五条　县级以上人民政府应当加强对下级人民政府地震灾后恢复重建工作的监督检查。

县级以上人民政府有关部门应当加强对地震灾后恢复重建建设工程质量和安全以及产品质量的监督。

第六十六条　地震灾区的各级人民政府在确定地震灾后恢复重建资金和物资分配方案、房屋分配方案前，应当先行调查，经民主评议后予以公布。

第六十七条　地震灾区的各级人民政府应当

定期公布地震灾后恢复重建资金和物资的来源、数量、发放和使用情况，接受社会监督。

第六十八条 财政部门应当加强对地震灾后恢复重建资金的拨付和使用的监督管理。

发展改革、建设、交通运输、水利、电力、铁路、工业和信息化等部门按照职责分工，组织开展对地震灾后恢复重建项目的监督检查。国务院发展改革部门组织开展对地震灾后恢复重建的重大建设项目的稽察。

第六十九条 审计机关应当加强对地震灾后恢复重建资金和物资的筹集、分配、拨付、使用和效果的全过程跟踪审计，定期公布地震灾后恢复重建资金和物资使用情况，并在审计结束后公布最终的审计结果。

第七十条 地震灾区的各级人民政府及有关部门和单位，应当对建设项目以及地震灾后恢复重建资金和物资的筹集、分配、拨付、使用情况登记造册，建立健全档案，并在建设工程竣工验收和地震灾后恢复重建结束后，及时向建设主管部门或者其他有关部门移交档案。

第七十一条 监察机关应当加强对参与地震灾后恢复重建工作的国家机关和法律、法规授权的具有管理公共事务职能的组织及其工作人员的监察。

第七十二条 任何单位和个人对地震灾后恢复重建中的违法违纪行为，都有权进行举报。

接到举报的人民政府或者有关部门应当立即调查，依法处理，并为举报人保密。实名举报的，应当将处理结果反馈举报人。社会影响较大的违法违纪行为，处理结果应当向社会公布。

第八章 法律责任

第七十三条 有关地方人民政府及政府部门侵占、截留、挪用地震灾后恢复重建资金或者物资的，由财政部门、审计机关在各自职责范围内，责令改正，追回被侵占、截留、挪用的地震灾后恢复重建资金或者物资，没收违法所得，对单位给予警告或者通报批评；对直接负责的主管人员和其他直接责任人员，由任免机关或者监察机关按照人事管理权限依法给予降级、撤职直至开除的处分；构成犯罪的，依法追究刑事责任。

第七十四条 在地震灾后恢复重建中，有关地方人民政府及政府有关部门拖欠施工单位工程款，或者明示、暗示设计单位、施工单位违反抗震设防要求和工程建设强制性标准，降低建设工程质量，造成重大安全事故，构成犯罪的，依法追究刑事责任；尚不构成犯罪的，对直接负责的主管人员和其他直接责任人员，由任免机关或者监察机关按照人事管理权限依法给予降级、撤职直至开除的处分。

第七十五条 在地震灾后恢复重建中，建设单位、勘察单位、设计单位、施工单位或者工程监理单位，降低建设工程质量，造成重大安全事故，构成犯罪的，依法追究刑事责任；尚不构成犯罪的，由县级以上地方人民政府建设主管部门或者其他有关部门依照《建设工程质量管理条例》的有关规定给予处罚。

第七十六条 对毁损严重的基础设施、公共服务设施和其他建设工程，在调查评估中经鉴定确认工程质量存在重大问题，构成犯罪的，对负有责任的建设单位、设计单位、施工单位、工程监理单位的直接责任人员，依法追究刑事责任；尚不构成犯罪的，由县级以上地方人民政府建设主管部门或者其他有关部门依照《建设工程质量管理条例》的有关规定给予处罚。涉嫌行贿、受贿的，依法追究刑事责任。

第七十七条 在地震灾后恢复重建中，扰乱社会公共秩序，构成违反治安管理行为的，由公安机关依法给予处罚。

第七十八条 国家工作人员在地震灾后恢复重建工作中滥用职权、玩忽职守、徇私舞弊的，依法给予处分；构成犯罪的，依法追究刑事责任。

第九章 附 则

第七十九条 地震灾后恢复重建中的其他有关法律的适用和有关政策，由国务院依法另行制定，或者由国务院有关部门、省级人民政府在各自职权范围内做出规定。

第八十条 本条例自公布之日起施行。

中央企业资产损失责任追究暂行办法

（国务院国有资产监督管理委员会令　第20号）

《中央企业资产损失责任追究暂行办法》已经国务院国有资产监督管理委员会第63次主任办公会议审议通过，现予公布，自2008年10月1日起施行。

第一章　总　则

第一条　为加强企业国有资产保护，完善中央企业资产管理责任制度，规范中央企业资产损失责任追究行为，根据《中华人民共和国物权法》、《企业国有资产监督管理暂行条例》等国家有关法律、行政法规，制定本办法。

第二条　国务院国有资产监督管理委员会（以下简称国资委）履行出资人职责的企业（以下简称企业）及其独资或者控股子企业（以下简称子企业）资产损失责任追究工作，适用本办法。

第三条　企业及其子企业经营管理人员和其他有关人员违反国家有关规定以及企业规章制度，未履行或者未正确履行职责，造成企业直接或者间接资产损失的，经调查核实和责任认定，应当追究其责任。

第二章　工作职责

第四条　国资委在资产损失责任追究工作中的主要职责包括：

（一）研究制定企业资产损失责任追究有关规章、制度；

（二）负责管理权限范围内相关责任人的资产损失责任追究工作；

（三）负责特别重大和连续发生的重大资产损失责任追究工作；

（四）指导和监督企业资产损失责任追究工作；

（五）受理企业直接处罚的相关责任人的申诉或者复查申请；

（六）其他有关资产损失责任追究工作。

第五条　企业在资产损失责任追究工作中的主要职责包括：

（一）研究制定本企业资产损失责任追究工作制度；

（二）负责管理权限范围内相关责任人的资产损失责任追究工作；

（三）指导和监督子企业资产损失责任追究工作；

（四）配合国资委开展特别重大和连续发生的重大资产损失责任追究工作；

（五）受理子企业处罚的相关责任人的申诉或者复查申请；

（六）国资委交办的其他有关资产损失责任追究工作。

设立董事会的企业对经营管理层的责任追究工作，应当由董事会负责组织实施，并报国资委备案。但按照规定应当由国资委组织实施的除外。

第六条　企业应当明确监察、审计、财务、法律和人事等部门在资产损失责任追究工作中的职责。

第七条　企业发生资产损失，应当及时采取有效措施，减少或者挽回损失；发生重大或者特别重大资产损失的，应当及时向国资委报告。

第八条　开展资产损失责任追究工作按照以下流程进行：

（一）组织调查、核实资产损失情况；

（二）明确资产损失性质，进行责任认定，听取相关责任人的陈述；

（三）研究作出责任追究决定，或者按照有关规定移交相关部门处理；

（四）受理相关责任人的申诉，组织复查；

（五）组织落实处理决定，监督检查执行情况。

企业内部下一级单位应当向上一级单位报告资产损失责任追究情况，企业应当向国资委报告资产损失责任追究情况。

第九条　企业资产损失相关责任人对处理建议有异议的，可以提出书面陈述意见，并提供相关证明材料；对处理决定有异议的，可以在处理决定下达之日起30个工作日内，向上级单位申请复查。

上级单位复查过程不影响处理决定的下达和执行。

第三章 资产损失认定

第十条 对企业发生的资产损失，应当在调查核实的基础上，依据有关规定认定损失性质、情形及金额。

第十一条 企业资产损失责任追究中能够证明资产损失真实情况的各种事实，均可作为损失认定证据。主要包括：

（一）司法机关、公安机关、行政部门、专业技术鉴定部门等依法出具的与本企业资产损失相关的书面文件；

（二）会计师事务所、资产评估机构、律师事务所、税务师事务所等社会中介机构对企业某项经济事项出具的专项经济鉴证证明或者意见书；

（三）企业内部涉及特定事项的资产损失的会计记录、内部证明材料或者内部鉴定意见书等；

（四）可以认定资产损失的其他证明材料。

第十二条 认定资产损失金额应当包括直接损失金额和间接损失金额。直接损失金额是与相关人员行为有直接因果关系的资产损失金额；间接损失金额是由相关人员行为引发或者导致的、除直接损失金额之外的、能够确认计量的其他资产损失金额。

第十三条 资产损失金额应当依据有关会计账簿记录，按照会计核算确认的损失分类分项进行认定。

未在会计账簿记录或者账面价值与公允价值相差较大的资产，应当按照市价、重置价值等公允价值认定资产损失金额。

第十四条 相关的交易或者事项尚未形成事实损失，但确有证据证明在可预见的未来将发生事实损失，且能计量损失金额的，应当认定为资产损失。

第十五条 资产损失根据企业实际情况，按照金额大小和影响程度划分为一般资产损失、较大资产损失、重大资产损失和特别重大资产损失：

（一）一般资产损失是指企业资产损失金额较小且造成影响较小的；

（二）较大资产损失是指企业资产损失金额较大或者在企业造成一定不良影响的；

（三）重大资产损失是指企业资产损失金额巨大或者在企业及社会造成严重不良影响的；

（四）特别重大资产损失是指企业资产损失巨大并影响企业持续经营和发展能力，或者在国际、国内造成严重不良影响的。

第四章 资产损失责任追究范围

第十六条 在企业采购产品、服务过程中，企业经营管理人员有下列情形之一造成资产损失的，应当追究相关责任人责任：

（一）未按照规定订立合同的；

（二）未按照规定进行招标的；

（三）未进行必要的资信调查支付预付款项的；

（四）采购标的物与市场同类商品价格相比明显偏高的；

（五）采购标的物与合同约定严重不符而未采取有效措施的；

（六）虚报、瞒报物资（劳务）采购价格的；

（七）授意、指使或者串通进行违规采购的；

（八）未按照规定造成资产损失的其他情形。

第十七条 在销售产品或者提供服务的过程中，企业经营管理人员有下列情形之一造成资产损失的，应当追究相关责任人责任：

（一）未按照规定订立合同的；

（二）擅自压低价格销售产品或者提供服务的；

（三）擅自提供赊销信用或者超出信用额度、期限提供赊销信用的；

（四）应收账款未进行及时催收、对账，以及对异常应收款项未及时追索或者未采取有效保全措施的；

（五）签订虚假合同，提供虚假产品或者服务的；

（六）未按照规定造成资产损失的其他情形。

第十八条 在资金管理和使用中，企业经营管理人员有下列情形之一造成资产损失的，应当追究相关责任人责任：

（一）未按照规定使用、调度资金的；

（二）超越权限或者违反程序授权、批准资金支出的；

（三）违规拆借资金的；

（四）因资金管理不严，发生贪污、失窃、携款潜逃等事件的；

（五）支票等票据丢失未及时采取有效措施的；

（六）违反有关规定委托其他机构或者个人从事理财业务的；

（七）未及时核对银行存款余额、清理未达账项的；

（八）现金未及时入账、留存现金超过核定限额或者私存私放资金的；

（九）未按照规定造成资产损失的其他情形。

第十九条 在投资决策和投资管理中，企业经营管理人员有下列情形之一造成资产损失的，应当追究相关责任人责任：

（一）未履行规定的投资决策程序的；

（二）对投资项目未进行必要、充分可行性研究论证的；

（三）越权审批或者擅自立项扩大投资规模和生产经营规模的；

（四）未履行规定程序超概算投资的；

（五）对投资项目未进行有效监管，发生损失未及时采取有效措施的；

（六）未按照规定进行非主业投资的；

（七）未按照规定造成资产损失的其他情形。

第二十条 在从事股票、期货、外汇，以及金融衍生工具等投资业务中，企业经营管理人员有下列情形之一造成资产损失的，应当追究相关责任人责任：

（一）违规经营或者超范围经营的；

（二）风险控制制度存在重大缺陷的；

（三）资金来源违反国家有关规定的；

（四）以个人名义使用企业资金从事投资业务的；

（五）违规买卖本企业股票、债券的；

（六）未履行规定程序或者未经授权擅自决策的；

（七）未按照规定造成资产损失的其他情形。

第二十一条 在从事保证、抵押、质押等担保活动中，企业经营管理人员有下列情形之一造成资产损失的，应当追究相关责任人责任：

（一）违规进行保证、抵押、质押的；

（二）对担保项目未进行有效监管，发生损失未及时采取有效措施的；

（三）未履行规定程序或者未经授权擅自为其他企业及个人提供担保的；

（四）未按照规定造成资产损失的其他情形。

第二十二条 在资产转让、收购和改组改制过程中，企业经营管理人员有下列情形之一造成资产损失的，应当追究相关责任人责任：

（一）企业管理层转（受）让资产或者产权（股权），主导制订改制方案、指定中介机构、确定转让、收购价格的；

（二）未按照规定进行清产核资、财务审计和资产评估的；

（三）干预或者操纵清产核资、财务审计和资产评估，造成鉴证结果不实的；

（四）向中介机构提供虚假材料，造成审计、评估结果不实的；

（五）将国有资产低价折股或者无偿分给其他单位、个人的；

（六）未按照规定进场交易（国家另有规定的除外）或者超越规定权限，擅自转让资产或者产权（股权）的；

（七）在企业资产租赁或者承包经营中，以不合理低价出租或者发包的；

（八）以不合理低价或者无偿转让资产、主要业务的；

（九）未按照规定造成资产损失的其他情形。

第二十三条 对房屋建筑物、机器设备、运输设备、原材料、在产品、产成品等实物资产保管不当、维护不善，造成非正常毁损、报废或者丢失、被盗的，应当追究相关责任人责任。

第二十四条 未按照会计制度及会计准则规定核算或者披露已发生的资产损失，导致企业严重账实不符、会计信息失真的，应当追究相关责任人责任。

第二十五条 除第十六条至第二十四条以外，因企业内部控制存在重大缺陷或者内部控制执行不力等其他情形造成资产损失的，应当追究相关责任人的责任。

第五章 资产损失责任划分

第二十六条 企业资产损失责任分为直接责任、主管责任、分管领导责任和重要领导责任。

（一）直接责任是指相关人员在其职责范围内，未履行或者未正确履行职责，以及违反法律、法规和相关规定，对造成资产损失起决定性作用时所应当承担的责任。

（二）主管责任是指企业部门主管负责人在其职责范围内，未履行或者未正确履行主管工作职责，以及违反法律、法规和相关规定，造成资产损失时所应当承担的责任。

（三）分管领导责任是指企业分管负责人在其职责范围内，未履行或者未正确履行分管工作职责，以及违反法律、法规和相关规定，造成资产损失时所应当承担的责任。

（四）重要领导责任是指企业主要负责人在其职责范围内，未履行或者未正确履行管理职责，以及违反法律、法规和相关规定，造成资产损失时所应当承担的责任。

第二十七条 企业因未建立内控管理制度或者内控管理制度存在重大缺陷，造成企业重大或者特别重大资产损失的，除按照本办法对其他相关责任人进行责任认定外，企业分管负责人和企业主要负责人应当分别承担分管领导责任和重要领导责任。

第二十八条 子企业发生重大或者特别重大资产损失，除按照本办法对子企业相关责任人进行责任认定外，其上级企业相关负责人应当承担相应的分管领导责任或者重要领导责任。

第二十九条 企业因违反有关规定，未履行或者未正确履行职责，导致决策失误造成重大或者特别重大资产损失的，企业主要负责人应当承担直接责任，参与决策的企业其他人员应当承担相应的责任。

参与决策的人员经会议记录证明决策时曾表明异议的，可以免除相应的责任。

第三十条 企业发生重大或者特别重大资产损失隐瞒不报或者少报资产损失的，除按照本办法对相关责任人进行责任认定外，总会计师或者企业分管财务负责人和企业主要负责人应当承担分管领导责任和重要领导责任。

第三十一条 企业发生重大或者特别重大资产损失，未对相关人员进行责任追究的，一经查实，除按照本办法对相关责任人进行处罚外，对企业主要负责人应当比照直接责任人进行处罚。

第六章 资产损失责任处罚

第三十二条 对资产损失责任人的处罚包括经济处罚、行政处分和禁入限制：

（一）经济处罚是指扣发绩效薪金（奖金），终止授予新的股权。

（二）行政处分是指警告、记过、降级（职）、责令辞职、撤职、解聘、开除等。

（三）禁入限制是指在1至5年内或者终身不得被企业聘用或者担任企业负责人。

以上处罚可以单独适用，也可以合并适用。

第三十三条 企业发生资产损失，经过查证核实和责任认定后，在依据国家或者企业有关规定要求予以赔偿的基础上，应当根据程度及影响对相关责任人分别给予以下处罚：

（一）企业发生一般资产损失的，在责任认定年度对直接责任人和主管责任人处以扣发一定比例的绩效薪金（奖金）的经济处罚，以及警告、记过或者降级（职）等处分。

（二）企业发生较大资产损失的，在责任认定年度对直接责任人和主管责任人处以扣发一定比例的绩效薪金（奖金）的经济处罚，以及降级（职）、责令辞职、撤职、解聘或者开除等处分；对分管领导责任人处以扣发一定比例的绩效薪金（奖金）的经济处罚，以及记过、降级（职）、责令辞职或者撤职等处分。

（三）企业发生重大资产损失的，在责任认定年度对直接责任人和主管责任人处以扣发一定比例的绩效薪金（奖金）、一定期限内不授予新的股权的经济处罚，以及撤职、解聘或者开除等处分；对分管领导责任人和重要领导责任人处以扣发一定比例的绩效薪金（奖金）、一定期限内不授予新的股权的经济处罚，以及降级（职）、责令辞职或者撤职等处分。

（四）企业发生特别重大资产损失的，在责任认定年度对直接责任人和主管责任人处以扣发一定比例的绩效薪金（奖金）、一定期限内不授予新的股权的经济处罚，以及解聘或者开除等处分；对分管领导责任人或者重要领导责任人处以扣发一定比例的绩效薪金（奖金）、一定期限内不授予新的股权的经济处罚，以及撤职、解聘或者开除等处分。

第三十四条 企业发生特别重大资产损失，以及连续发生重大资产损失的，除对相关责任人处以经济处罚和行政处分外，应当同时给予禁入限制。

第三十五条 有下列情形之一的，应当对资产损失相关责任人从重处罚：

（一）情节恶劣或者多次造成资产损失的；

（二）发生资产损失，未及时采取措施或者措施不力，导致资产损失继续扩大的；

（三）干扰、抵制资产损失责任追究工作的；

（四）对企业发生资产损失隐瞒不报或者谎报、漏报的；

（五）强迫、唆使他人违法违纪造成资产损失的；

（六）伪造、毁灭、隐匿证据，或者阻止他人揭发检举、提供证据材料的；

（七）其他应当从重处罚的。

第三十六条 有下列情形之一的，可以对相关责任人从轻或者免予处罚：

（一）及时采取措施减少或者挽回损失的；

（二）主动反映资产损失情况的；

（三）主动检举其他相关人员，经查证属实的；

（四）有其他重大立功表现的。

第三十七条 对调离工作岗位或者已离退休的资产损失相关责任人，应当按照本办法相关规定给予经济处罚、行政处分和禁入限制。

给予经济处罚的，若离职后薪金尚未发放完毕，应当扣发相应的薪金；对继续在中央企业担任职务的，应当在其以后年度薪金中予以扣发；对调离中央企业的，应当向其工作单位提出处罚建议。

第三十八条 建立董事会制度的企业（含董事会试点企业），董事未履行或者未正确履行职责给企业造成资产损失的，除依法承担赔偿责任以外，国资委应当依照本办法及公司法规定的有关程序对其选任的董事进行处罚。

第三十九条 除按照本办法对资产损失相关责任人进行责任追究外，对违反国家有关法律法规规定的，还应当依法承担相应的法律责任。涉嫌犯罪的，依法移送司法机关处理。

资产损失相关责任人违反《中国共产党纪律处分条例》等有关规定的，建议党组织进行处理。

第四十条 国资委及企业负责资产损失责任追究工作的相关人员收受贿赂、徇私舞弊、泄露工作秘密以及协助资产损失相关责任人逃避责任的，视情节轻重给予相应的处罚；涉嫌犯罪的，依法移送司法机关处理。

第七章　附　则

第四十一条 根据本办法制定的中央企业资产损失责任追究实施细则另行公布。

第四十二条 企业应当根据本办法，结合本企业实际情况，制定子企业资产损失责任追究具体工作规范。

第四十三条 各地区国有资产监督管理机构可以参照本办法制定所出资企业资产损失责任追究办法。

第四十四条 本办法自 2008 年 10 月 1 日起施行。

建筑起重机械安全监督管理规定

（中华人民共和国建设部令　第 166 号）

《建筑起重机械安全监督管理规定》已于 2008 年 1 月 8 号经建设部第 145 次常务会议讨论通过，现予发布，自 2008 年 6 月 1 日起施行。

第一条 为了加强建筑起重机械的安全监督管理，防止和减少生产安全事故，保障人民群众生命和财产安全，依据《建设工程安全生产管理条例》、《特种设备安全监察条例》、《安全生产许可证条例》，制定本规定。

第二条 建筑起重机械的租赁、安装、拆卸、使用及其监督管理，适用本规定。

本规定所称建筑起重机械，是指纳入特种设备目录，在房屋建筑工地和市政工程工地安装、拆卸、使用的起重机械。

第三条 国务院建设主管部门对全国建筑起重机械的租赁、安装、拆卸、使用实施监督管理。

县级以上地方人民政府建设主管部门对本行政区域内的建筑起重机械的租赁、安装、拆卸、使用实施监督管理。

第四条 出租单位出租的建筑起重机械和使用单位购置、租赁、使用的建筑起重机械应当具有特种设备制造许可证、产品合格证、制造监督检验证明。

第五条 出租单位在建筑起重机械首次出租前，自购建筑起重机械的使用单位在建筑起重机械首次安装前，应当持建筑起重机械特种设备制造许可证、产品合格证和制造监督检验证明到本单位工商注册所在地县级以上地方人民政府建设主管部门办理备案。

第六条 出租单位应当在签订的建筑起重机械租赁合同中，明确租赁双方的安全责任，并出具建筑起重机械特种设备制造许可证、产品合格证、制造监督检验证明、备案证明和自检合格证明，提交安装使用说明书。

第七条 有下列情形之一的建筑起重机械，不得出租、使用：

（一）属国家明令淘汰或者禁止使用的；

（二）超过安全技术标准或者制造厂家规定的使用年限的；

（三）经检验达不到安全技术标准规定的；

（四）没有完整安全技术档案的；

（五）没有齐全有效的安全保护装置的。

第八条 建筑起重机械有本规定第七条第（一）、（二）、（三）项情形之一的，出租单位或者自购建筑起重机械的使用单位应当予以报废，并向原备案机关办理注销手续。

第九条 出租单位、自购建筑起重机械的使用单位，应当建立建筑起重机械安全技术档案。

建筑起重机械安全技术档案应当包括以下资料：

（一）购销合同、制造许可证、产品合格证、制造监督检验证明、安装使用说明书、备案证明等原始资料；

（二）定期检验报告、定期自行检查记录、定期维护保养记录、维修和技术改造记录、运行故障和生产安全事故记录、累计运转记录等运行资料；

（三）历次安装验收资料。

第十条 从事建筑起重机械安装、拆卸活动的单位（以下简称安装单位）应当依法取得建设主管部门颁发的相应资质和建筑施工企业安全生产许可证，并在其资质许可范围内承揽建筑起重机械安装、拆卸工程。

第十一条 建筑起重机械使用单位和安装单位应当在签订的建筑起重机械安装、拆卸合同中明确双方的安全生产责任。

实行施工总承包的，施工总承包单位应当与安装单位签订建筑起重机械安装、拆卸工程安全协议书。

第十二条 安装单位应当履行下列安全职责：

（一）按照安全技术标准及建筑起重机械性能要求，编制建筑起重机械安装、拆卸工程专项施工方案，并由本单位技术负责人签字；

（二）按照安全技术标准及安装使用说明书等检查建筑起重机械及现场施工条件；

（三）组织安全施工技术交底并签字确认；

（四）制定建筑起重机械安装、拆卸工程生产安全事故应急救援预案；

（五）将建筑起重机械安装、拆卸工程专项施工方案，安装、拆卸人员名单，安装、拆卸时间等材料报施工总承包单位和监理单位审核后，告知工程所在地县级以上地方人民政府建设主管部门。

第十三条 安装单位应当按照建筑起重机械安装、拆卸工程专项施工方案及安全操作规程组织安装、拆卸作业。

安装单位的专业技术人员、专职安全生产管理人员应当进行现场监督，技术负责人应当定期巡查。

第十四条 建筑起重机械安装完毕后，安装单位应当按照安全技术标准及安装使用说明书的有关要求对建筑起重机械进行自检、调试和试运转。自检合格的，应当出具自检合格证明，并向使用单位进行安全使用说明。

第十五条 安装单位应当建立建筑起重机械安装、拆卸工程档案。

建筑起重机械安装、拆卸工程档案应当包括以下资料：

（一）安装、拆卸合同及安全协议书；

（二）安装、拆卸工程专项施工方案；

（三）安全施工技术交底的有关资料；

（四）安装工程验收资料；

（五）安装、拆卸工程生产安全事故应急救援预案。

第十六条 建筑起重机械安装完毕后，使用单位应当组织出租、安装、监理等有关单位进行验收，或者委托具有相应资质的检验检测机构进行验收。建筑起重机械经验收合格后方可投入使用，未经验收或者验收不合格的不得使用。

实行施工总承包的，由施工总承包单位组织验收。

建筑起重机械在验收前应当经有相应资质的检验检测机构监督检验合格。

检验检测机构和检验检测人员对检验检测结果、鉴定结论依法承担法律责任。

第十七条 使用单位应当自建筑起重机械安装验收合格之日起30日内，将建筑起重机械安装验收资料、建筑起重机械安全管理制度、特种作业人员名单等，向工程所在地县级以上地方人民政府建设主管部门办理建筑起重机械使用登记。登记标志置于或者附着于该设备的显著位置。

第十八条 使用单位应当履行下列安全职责：

（一）根据不同施工阶段、周围环境以及季节、气候的变化，对建筑起重机械采取相应的安全防护措施；

（二）制定建筑起重机械生产安全事故应急救援预案；

（三）在建筑起重机械活动范围内设置明显的安全警示标志，对集中作业区做好安全防护；

（四）设置相应的设备管理机构或者配备专职的设备管理人员；

（五）指定专职设备管理人员、专职安全生产管理人员进行现场监督检查；

（六）建筑起重机械出现故障或者发生异常情况的，立即停止使用，消除故障和事故隐患后，方可重新投入使用。

第十九条 使用单位应当对在用的建筑起重机械及其安全保护装置、吊具、索具等进行经常性和定期的检查、维护和保养，并做好记录。

使用单位在建筑起重机械租期结束后，应当将定期检查、维护和保养记录移交出租单位。

建筑起重机械租赁合同对建筑起重机械的检查、维护、保养另有约定的，从其约定。

第二十条 建筑起重机械在使用过程中需要附着的，使用单位应当委托原安装单位或者具有相应资质的安装单位按照专项施工方案实施，并按照本规定第十六条规定组织验收。验收合格后方可投入使用。

建筑起重机械在使用过程中需要顶升的，使用单位委托原安装单位或者具有相应资质的安装单位按照专项施工方案实施后，即可投入使用。

禁止擅自在建筑起重机械上安装非原制造厂制造的标准节和附着装置。

第二十一条 施工总承包单位应当履行下列安全职责：

（一）向安装单位提供拟安装设备位置的基础施工资料，确保建筑起重机械进场安装、拆卸所需的施工条件；

（二）审核建筑起重机械的特种设备制造许可证、产品合格证、制造监督检验证明、备案证明等文件；

（三）审核安装单位、使用单位的资质证书、安全生产许可证和特种作业人员的特种作业操作资格证书；

（四）审核安装单位制定的建筑起重机械安装、拆卸工程专项施工方案和生产安全事故应急救援预案；

（五）审核使用单位制定的建筑起重机械生产安全事故应急救援预案；

（六）指定专职安全生产管理人员监督检查建筑起重机械安装、拆卸、使用情况；

（七）施工现场有多台塔式起重机作业时，应当组织制定并实施防止塔式起重机相互碰撞的安全措施。

第二十二条 监理单位应当履行下列安全职责：

（一）审核建筑起重机械特种设备制造许可证、产品合格证、制造监督检验证明、备案证明等文件；

（二）审核建筑起重机械安装单位、使用单位的资质证书、安全生产许可证和特种作业人员的特种作业操作资格证书；

（三）审核建筑起重机械安装、拆卸工程专项施工方案；

（四）监督安装单位执行建筑起重机械安装、拆卸工程专项施工方案情况；

（五）监督检查建筑起重机械的使用情况；

（六）发现存在生产安全事故隐患的，应当要求安装单位、使用单位限期整改，对安装单位、使用单位拒不整改的，及时向建设单位报告。

第二十三条 依法发包给两个及两个以上施工单位的工程，不同施工单位在同一施工现场使用多台塔式起重机作业时，建设单位应当协调组织制定防止塔式起重机相互碰撞的安全措施。

安装单位、使用单位拒不整改生产安全事故隐患的，建设单位接到监理单位报告后，应当责令安装单位、使用单位立即停工整改。

第二十四条 建筑起重机械特种作业人员应当遵守建筑起重机械安全操作规程和安全管理制度，在作业中有权拒绝违章指挥和强令冒险作业，有权在发生危及人身安全的紧急情况时立即停止作业或者采取必要的应急措施后撤离危险区域。

第二十五条 建筑起重机械安装拆卸工、起重信号工、起重司机、司索工等特种作业人员应当经建设主管部门考核合格，并取得特种作业操作资格证书后，方可上岗作业。

省、自治区、直辖市人民政府建设主管部门负责组织实施建筑施工企业特种作业人员的考核。

特种作业人员的特种作业操作资格证书由国务院建设主管部门

第二十六条 建设主管部门履行安全监督检查职责时，有权采取下列措施：

（一）要求被检查的单位提供有关建筑起重机械的文件和资料；

（二）进入被检查单位和被检查单位的施工现场进行检查；

（三）对检查中发现的建筑起重机械生产安全事故隐患，责令立即排除；重大生产安全事故隐患排除前或者排除过程中无法保证安全的，责令从危险区域撤出作业人员或者暂时停止施工。

第二十七条 负责办理备案或者登记的建设主管部门应当建立本行政区域内的建筑起重机械档案，按照有关规定对建筑起重机械进行统一编号，并定期向社会公布建筑起重机械的安全状况。

第二十八条 违反本规定，出租单位、自购建筑起重机械的使用单位，有下列行为之一的，由县级以上地方人民政府建设主管部门责令限期改正，予以警告，并处以5 000元以上1万元以下罚款：

（一）未按照规定办理备案的；

（二）未按照规定办理注销手续的；

（三）未按照规定建立建筑起重机械安全技术档案的。

第二十九条 违反本规定，安装单位有下列行为之一的，由县级以上地方人民政府建设主管部门责令限期改正，予以警告，并处以5 000元以上3万元以下罚款：

（一）未履行第十二条第（二）、（四）、（五）项安全职责的；

（二）未按照规定建立建筑起重机械安装、拆卸工程档案的；

（三）未按照建筑起重机械安装、拆卸工程专项施工方案及安全操作规程组织安装、拆卸作业的。

第三十条 违反本规定，使用单位有下列行为之一的，由县级以上地方人民政府建设主管部门责令限期改正，予以警告，并处以5 000元以上3万元以下罚款：

（一）未履行第十八条第（一）、（二）、（四）、（六）项安全职责的；

（二）未指定专职设备管理人员进行现场监督检查的；

（三）擅自在建筑起重机械上安装非原制造厂制造的标准节和附着装置的。

第三十一条 违反本规定，施工总承包单位未履行第二十一条第（一）、（三）、（四）、（五）、（七）项安全职责的，由县级以上地方人民政府建设主管部门责令限期改正，予以警告，并处以5 000元以上3万元以下罚款。

第三十二条 违反本规定，监理单位未履行第二十二条第（一）、（二）、（四）、（五）项安全职责的，由县级以上地方人民政府建设主管部门责令限期改正，予以警告，并处以5 000元以上3万元以下罚款。

第三十三条 违反本规定，建设单位有下列行为之一的，由县级以上地方人民政府建设主管部门责令限期改正，予以警告，并处以5 000元以上3万元以下罚款；逾期未改的，责令停止施工：

（一）未按照规定协调组织制定防止多台塔式起重机相互碰撞的安全措施的；

（二）接到监理单位报告后，未责令安装单位、使用单位立即停工整改的。

第三十四条 违反本规定，建设主管部门的工作人员有下列行为之一的，依法给予处分；构成犯罪的，依法追究刑事责任：

（一）发现违反本规定的违法行为不依法查处的；

（二）发现在用的建筑起重机械存在严重生产安全事故隐患不依法处理的；

（三）不依法履行监督管理职责的其他行为。

第三十五条 本规定自2008年6月1日起施行。

大事记

记载2007年度发生的工程机械行业的重大事件

专题报道
综述篇
行业篇
企业篇
市场编
统计资料
标准索引
政策法规
大事记

大事记

中国工程机械行业大事记(2007 年)

1 月

10 日 中国工程机械工业协会2006年度分支机构工作会在宁波召开。参加会议的有中国工程机械工业协会下属28个分支机构(分会)的秘书长、副秘书长等共40多名代表。

会议由俞琚秘书长主持,韩学松理事长首先在会上作了2006年工程机械运行形势和2007年行业发展预测的报告。俞琚秘书长作2006年协会工作总结以及2007年协会工作的初步打算的报告。

28 日 中国机械工业联合会筹建的机械行业全国标准化技术委员会在海南召开筹备工作会议。属于工程机械行业的有6个全国专业标准化技术委员会(含分技术委员会)。

国家标准化管理委员会于2006年12月12日批准筹建135个全国专业标准化技术委员会,其中涉及工程机械行业的有6个全国专业标准化技术委员会(含分技术委员会)。

国家标准化管理委员会此次批准筹建全国专业标准化技术委员会是为了确保完成《国民经济和社会发展第十一个五年规划纲要》和《国家中长期科学和技术发展规划纲要(2006~2020年)》对标准化工作提出的各项任务,同时也是为了落实建设以企业为主体的标准化技术委员会队伍。

月内 徐工集团试验研究中心一期建设初步完成,试验设备投入运转。这是目前国内机械行业首个企业试验研究中心,标志着该集团的研发手段和自主创新能力上了一个新的台阶,标志着徐工集团向着自主创新、研发核心技术、提升产品可靠性、推进品牌战略和技术进步战略方向,迈出了坚实的重要的一步。

徐工集团试验研究中心一期包括智能控制试验室、传动试验室、液压试验室、结构与整机试验室等四大试验室,功能覆盖徐工集团产品整机和基础零部件以及系统的试验、检测和研究。智能控制试验室和传动试验室已经开展正常试验,结构与整机试验室和液压试验室外设备已调试完毕并投入运行。

月内 由广东佛山公路养护设备有限公司和长安大学联合开发的GFY0500型灌缝机产品,首次在该公司测试场地亮相,这预示着“设计外包+联合开发”的运作模式已得到初步验证。

2 月

8 日 徐工集团徐州液压件有限公司在徐州经济开发区隆重举行新厂区竣工投产典礼,宣告徐工集团有限公司投资3.4亿元液压件项目竣工投产。徐州市副市长李坚,市政府副秘书长王琦,徐州经济开发区管委会有关领导,公司领导共400余人参加了竣工投产典礼。王民董事长在致辞中指出,徐工集团有限公司在关注主机产品快速发展的同时,也十分关注基础零部件的水平和能力的提升。

12 日 继成功研制出了具有完全自主知识产权的WK—20、WK—27、WK—35等大型矿用挖掘机后,太原重型机械集团有限公司再出重拳,成功与中国中煤能源集团公司联姻,双方签署了WK—55大型矿用挖掘机的生产制造合同。该合同的签订，标志着太原重型机械集团有限公司跨入了世界上最大矿用挖掘机制造公司的行列。

WK—55矿用挖掘机是我国自主制造并拥有自主知识产权的最大挖掘机，对我国大型露天矿设备的国产化具有重要的意义。该设备是我国2 000万吨级以上大型露天矿成套设备中的关键设备，可以满足当今世界上所有露天矿山的采掘条件。WK—55大型矿用挖掘机是太原重型机械集团有限公司在结合多年来挖掘机制造经验和消化、吸收已引进的国外产品技术的基础上开发的，在研制过程中采用了当今世界领先的新技术、新工艺、新材料，利用了现代设计理论和方法以及和国内著名院校联合攻关等手段，是技术水平国际领先、性价比最佳的产品。此次签约的2台大型矿用挖掘机将用于平朔露天矿的生产。

13日　中国工程机械工业协会施工机械化分会在河北廊坊中国建筑科学研究院建筑机械化研究分院召开了京津地区理事长（扩大）会议。会上除总结分会十年来的工作并表彰先进以外，仍然以交流机械化施工新技术、新工艺和新设备等先进经验为主，从当日起开始征集论文。

26日　经中国工程机械工业协会第三届二次理事会审议通过、报上级主管部门审批同意，“中国工程机械工业协会工程机械租赁分会”正式设立。分会秘书处办公地址为：北京市安内方家胡同21号，负责人：田广范。

28日　中国工程机械工业协会工程机械维修分会经第三届二次理事会通过、上级主管部门审批同意，办理了变更登记手续，分会秘书处变更挂靠在“工程机械与维修杂志社”，负责人变更为杜海涛同志。

月内　“2006中国工程机械十大新闻暨年度产品TOP50”评选结果隆重公布。

由中国工程机械工业协会主办，工程机械与维修杂志社承办，工程机械杂志社、今日工程机械杂志社、建设机械技术与管理杂志社、机电商报社、HC360慧聪网工程机械行业频道联合承办的“长城润滑油2006中国工程机械十大新闻暨年度产品TOP50”评选活动于2007年元月在北京落下帷幄。

如今，“中国工程机械十大新闻暨年度产品TOP50”活动已经演化成为中国工程机械工业协会与行业主流媒体共同组织的年度盛典。此次“中国工程机械年度产品TOP50”的评选范围包括了2006年度在中国生产和组装的各大类工程机械产品。此次评选，共收到83家企业的186个产品提名。评选专家委员会根据近百名业内专家的票选结果并结合网络投票结果，最终综合评选出年度十大新闻和年度产品TOP50。

此项活动得到了中国交通报、中国建设报、中华建筑报、中国水利报、建筑机械化杂志、筑路机械与施工机械化杂志、中国公路杂志、交通世界杂志、工程机械文摘、中国工程机械商贸网、中国工程机械信息网、中国机经网、中国工程机械商界网、中国工程机械用户网、中国挖掘机械网、中国工程机械配套件网等众多媒体的支持，并得到了中国石化润滑油公司和铁姆肯公司的鼎力协助。

月内　沃尔沃建筑设备公司宣称，其对山东临工工程机械有限公司70%股份的收购已获得了中国政府的审批，项目投资总额为3.275亿元。此举有助于沃尔沃工程建筑设备在中国工程机械市场地位的提升。沃尔沃目前在海外装载机市场排名第二。

月内　由商务部、国家发展改革委员会、科技部、财政部、信息产业部、中国人民银行、海关总署、国家税务总局、国家质量监督检验检疫总局联合提出的《关于“十一五”期间加快转变机电产品出口增长方式的意见》已经国务院同意，正式执行。

“意见”要求，加快机电产品出口结构调整，努力提高产品质量。在提高出口传统机电产品技术含量和附加值的同时，努力扩大技术密集、附加值高的机电产品出口，积极发展和扩大关键零部件、元器件及与整机配套产品的出口。重点是飞机及航空设备、船舶及船用设备、铁路机车、汽车及零部件、机床、工程及农业机械、集成电路、通信设备和电力、冶金、石化成套设备以及新一代通信产品、数字化家电和视听设备、计算机网络等产品。

“意见”指出，深入实施市场多元化战略，加强境外营销网络和售后服务体系建设。在巩固东南亚和欧美传统出口市场的基础上，加大对俄罗斯、东欧、非洲、拉丁美洲、印度等新兴市场的开发力度，提高新兴市场的出口占有比例。以销售网为基础建立健全维修服务网点，逐步解决机电产品售后维修服务问题，并力争在工程机械、农业机械、通信设备、汽车、摩托车等重点产品的全球销售网络和售后维修服务网点建设方面取得突破。鼓励和支持机电企业参加国外知名专业展览会等。

“意见”最后提出，推进进出口商会和行业协会改革，增强其协调自律的权威性和有效性，建立机制完善、协调有效的工作体系，充分发挥进出口商会和行业协会在促进机电产品出口方面的作用。

月内 2007 年，全国铁路固定资产投资总规模达 3 320 亿元，拟开工项目 70 个。项目前期工作、大规模铁路建设、装备现代化、投融资改革、节能环保、外资管理等成为铁道部 2007 年铁路计划工作的关键词。

会议提出，铁道部当年拟安排固定资产投资总规模 3 320 亿元，其中基本建设 2 560 亿元、更新改造 160 亿元、机车车辆购置 600 亿元。据中国工程机械工业协会相关分析，受新一轮铁路建设投资增长拉动，未来 5 年工程机械的需求量将大幅增加，从而给整个工程机械行业带来强劲需求。

月内 镇江华晨华通路面机械有限公司又有 15 项专利经国家知识产权局正式授权，至此，该公司已拥有自主知识产权的国家专利 54 项。同时，24 项实用新型专利和 4 项发明专利正在被国家知识产权局受理中。

这些专利技术的广泛研发与应用，对打造企业核心技术、推进自主创新、引领企业持续快速发展起到了强力支撑作用。上年，公司拥有自主知识产权产品销售额已占销售总额八成以上，产品出口总值首次突破 1 亿元大关，创历史最好水平。

月内 全智能摊铺机在徐工科技股份有限公司实现国产化。由徐工科技股份有限公司和德国 MOBA 公司共同研究开发的国内第一台具有找平一体化先进控制技术的全数字控制 RP1256/RP956 型智能一体化沥青混凝土摊铺机已批量投放市场，受到了用户的一致好评。该机率先应用了当代先进的 CAN－BUS 智能化控制技术，实现了自动找平与主机电气的一体化控制，从而使该机真正实现了找平系统多因素智能化控制，提高了找平精度，使得路面摊铺平整度比其他同类机型提高 20% 左右，满足了高等级公路施工质量要求。

月内 福田雷沃国际重工股份有限公司突破“百亿”目标。以打造现代化机械装备工业基地为宗旨的福田雷沃国际重工股份有限公司，在农业装备制造领域获得长足发展的基础上，2007 年工程机械业务将锁定挖掘机械、桩工机械等为其业务主要增长点，从而实现经济规模突破 100 亿元的目标。

3 月

1 日 国内投资项目中，部分进口工程机械不予免税的商品目录(2006 年修订版)开始执行。根据财政部 1 月 22 日发布的公告，自 2007 年 3 月 1 日起，新批准的国内投资项目进口设备将一律按照《国内投资项目不予免税的进口商品目录(2006 年修订)》执行，这是我国继 2000

年后再次对该目录进行全面修订。

5日 河南陆德筑机股份有限公司LBQ1500沥青混凝土搅拌设备出口黎巴嫩发车仪式隆重举行。这是该公司坚持产品出口战略取得的又一硕果，也是继该公司上年整体改制为河南陆德筑机股份有限公司及实现股权挂牌上市交易以来焕发勃勃生机的重要体现。

6日 按照国家发展和改革委员会工业司要求，对我国高速铁路建设中的施工装备是否要进口的产品目录进行了审议。提出了在高速铁路建设施工中原则上不予进口的“设备清单”报送国家发展和改革委员会工业司，保护了我国民族工业的发展环境。

7日 中国工程机械工业协会装修与高空作业机械分会在无锡召开了部分高处作业吊篮生产企业出口工作座谈会，出席会议的有10个单位的10名代表，会议由分会秘书长霍玉兰主持，中国工程机械工业协会副秘书长茅仲文出席了会议，并代表总会作了重要的讲话，指出行业恶性竞争不利于稳定开拓国际市场，不利于企业自身发展，不利于产品技术升级，会引发国际贸易摩擦；要集中精力提高产品技术水平，加快国外销售网点建设，在国际努力打造品牌信誉，达到扩大出口的目的。

为了规范市场行为，根据企业的要求，经请示总会同意，召开了此次会议。经过认真交流和协商，一致同意制定产品最低销售价，并考虑到执行的有关细节，并做出相关规定。

月内 外资并购审查规范性文件由国家发展和改革委员委和商务部共同修改制订，该文件是2006年年底商务部等六部委颁布的《关于外国投资者并购境内企业的规定》的细则。商务部研究院外资研究室主任金伯生研究员表示，出台外资并购的规范性文件不是为了限制，而是重在规范。为适应当前我国外资并购的新形势，出台一个规范性、操作性强的政策是好事。

《外商投资产业指导目录》也在第四次修订中，修订后的《目录》将是第五版。

月内 财政部等4个部门联合发布了《关于落实国务院加快振兴装备制造业的若干意见有关进口税收政策的通知》。财政部副部长朱志刚近日表示，此次调整重大装备进口税收政策有两方面突破，一是规定享受政策的企业要将所退税款转作国家资本金，并主要用于新产品的研制以及自主创新能力的建设，这个做法是一次机制创新的尝试；二是对进口零部件、原材料实行税收先征后退的范围比较大。

据悉，国务院确定的重大技术装备关键领域涉及能源、交通、工程、农业和纺织等16个方面。通过实施上述政策，将在公平竞争和科技创新两方面为企业提供一个良好的外部环境。

月内 机电产品进出口月均将超千亿美元，工程机械国内及国际市场需求两旺，将带动进出口快速发展。出口方面，在国际市场旺盛的需求下，工程机械将继续保持35%以上的高速增长。尤其是随着“中非合作论坛北京峰会”将基础设施工程建设列入未来发展的重点领域，工程机械对非洲出口大有可为。进口方面，国内固定资产投资的快速增长将起到促进作用，特别是在关键部件与核心技术方面进口依赖性较大，国内产业的快速发展所带来的替代效应将延缓进口增长。

4月

2日 中国工程机械工业协会筑路机械分会在湖南省长沙市召开了2007年年会及沥青搅拌设备技术进步专题讨论会，会议由长沙中联重工科技发展股份有限公司协办，参加会议代表共52人。

会议期间姬光才理事长作了筑路机械分会2006年工作总结及2007年工作重点的报告。

会议期间交通部西部建设科技项目管理中心刘家镇主任

到会，并作了公路建设及筑养路机械发展的发言；国家发展和改革委员会李镜作了2007年经济运行形势取向及相关政策的发言；分会副理事长张超群介绍了国内沥青搅拌设备技术现况和发展趋势专题论文；分会副事理长朱文天介绍了强制间歇沥青搅拌设备技术及发展的专题论文。分会副理事长关歧生、彭长顺作了相关的发言。会上印发了《沥青搅拌设备技术进步专题讨论会论文集》，共收集论文20篇。会议期间还参观了长沙中联重工科技发展股份有限公司所在的麓谷工业园区。

11日　山东省政府有关方面负责人在济南会见了日本小松制作所中国总代表米山正博一行，就山东省与日本经贸合作情况作进一步沟通。米山总代表通报了小松制作所的近期发展规划。他表示，山东是小松的重要合作伙伴，小松有关部门对山东进行了重点调研，计划把济宁作为小松中小型工程机械的研发和制造基地。将有更多的配套企业落户山东。

20日　中国工程机械工业协会在北京民族饭店举行隆重的颁奖典礼，授予中国光大银行"中国工程机械行业金融突出贡献奖"，以表彰中国光大银行的卓越工作和对中国工程机械行业的贡献。"中国光大银行对工程机械行业的按揭业务，对中国工程机械的发展起到不可估量的扶持作用。"中国工程机械工业协会理事长韩学松对光大银行的工作给予充分肯定。

23日　中国工程机械工业协会与中国机电产品进出口商会共同率领中国展团参加了在德国慕尼黑市举行的国际工程机械规模最大的展示平台——第28届bauma2007博览会。展览面积达54万m^2，比上届（2004年）增加4万m^2，增长8%。其中室内展厅18万m^2，室外36万m^2。本届博览会中国展商展位面积达到13 200m^2，比上届净增1万m^2，增长3.2倍。

此次展会中国展团展出了大型设备100多台，展示影响力大大超过bauma2004中国展团的展出情况。出展7天中，中国展位前人流活跃，发送宣传册及样本47 000多份，展出样品的80%均已现场出售，成交2 450万美元，意向成交超过1亿美元。通过出展，初步奠定了中国工程机械产品在国际市场上的地位。

月内　徐工集团徐州重型机械有限公司举行了隆重的发车仪式，1台100t汽车起重机和1台240t全地面起重机盛装出行，奔赴德国慕尼黑，参加两年一度、全球高端客户云集的国际工程机械盛会。此次参展产品集合了公司近两年来依靠自主创新，全力向高端进取，全线产品优化升级的最新成果，代表了中国起重装备制造业的最高成就，其采用的圆弧吊臂、单缸插销式自动伸缩系统、PLC集成控制系统等多项高端技术均达到了国际先进水平。这是我国工程机械行业第一次派出超百吨级的起重机产品参加国际展会，预示着徐州工程机械产业集群与国际最高水准的成功接轨。

月内　我国第一个非道路机械污染物排放国家标准出台。于2005年4月开始征求意见的《非道路移动机械用柴油机排气污染物排放限值及测量方法（中国Ⅰ、Ⅱ阶段）》在2007年正式颁布执行。

在城市建设中，离不开推土机、压路机、挖掘机；在农业生产中，少不了拖拉机、联合收割机、伸缩臂挖掘机……这些非道路车辆和机械，虽然在数量上无法与道路上行驶的众多机动车相比，但其污染物的排放也不容忽视。美国一项对移动污染源NOx排放率的调查显示，道路用轻型车占49%、道路用重型柴油车占22%；非道路用柴油机占16%、非道路用汽油机占1.0%；火车占8.7%；船舶占1.9%；飞机占1.4%。

据介绍，《非道路移动机械用柴油机排气污染物排放限值及测量方法》（中国Ⅰ、Ⅱ阶段）主要适用于非道路移动机械装用的额定净功率不超过560kW

的柴油机。包括非恒定转速下的工业钻探设备、工程机械、农用机械、林业机械、材料装卸机械、叉车、雪犁装备和机场地勤设备,以及恒定转速下的空气压缩机、发电机组、渔业机械、水泵等。

此项标准Ⅰ、Ⅱ阶段的实施时间将按照发动机的功率予以区分。据透露,第Ⅰ阶段标准可能在今年开始实施,第Ⅱ阶段标准可能于2010年开始实施。

月内 日立建机(中国)有限公司拟在合肥增资5.2亿元,该公司将进一步扩大规模,对公司的各项工程和配套设施进行大规模投资。预计增资后日立建机的厂房面积将达到目前的两倍以上,职工人数也将翻一番。

月内 石家庄煤矿机械有限责任公司最新开发研制的QYS—10Ⅲ型10t随车起重运输车近日试车成功,并正式交付用户作用。

该公司是国内最大的直臂随车吊机生产厂家,有着近30年的吊机生产历史,10t直臂吊机是该公司继12t直臂吊机之后的又一大吨位吊机,弥补了8t和12t直臂式随车起重机之间的空白,至此该公司的直臂式随车起重机从2~12t之间的各个系列已经全部研制成功。由于该公司生产的系列吊机各项技术指标处于国内领先水平,整体性能可靠稳定,新研制生产出的第一批10t样机已全部售出,市场前景十分看好。

月内 工程机械修理工新职业标准编写工作逐步展开。按照劳动和社会保障部以及机械工业职业技能鉴定指导中心的要求,由中国工程机械工业协会代理商工作委员会及工程机械与维修杂志社共同组织部分专家召开了工程机械修理工新职业标准编写工作研讨会。

会议审议通过了工程机械修理工新职业标准第1、第2、第4部分(职业概况、基本要求、比重表)草案的内容,对第3部分(工作内容部分)的编写进行了讨论和分工。此外,标准的审定、教材的编写、人员的培训等工作也将陆续展开。

新职业标准是一项基础性、政策性很强的工作,此项工作的顺利展开,为工程机械行业技能型人才的培养工作创造了有利的条件。

月内 徐州工程机械产业基地举行了揭牌仪式。据悉,该基地是国家科技部在苏北批准的第一家国家火炬计划特色产业基地。

国家火炬计划特色产业基地是指在特定地域内,在实施火炬计划的基础,发挥当地的资源和技术优势,依托一批产业特色鲜明、产业关联度大、技术水平高的高新技术企业而建立起来的高新技术产业集群。

月内 山东常林机械集团股份有限公司在内蒙古呼和浩特市召开了“2007年山东常林集团工程机械产品推介会”。来自内蒙古交通厅以及各旗、市交通系统、路桥集团、矿山企业等单位的200多位代表参加了此次产品推介会。集团董事长兼总经理张义华就企业的基本状况、经营理念和企业未来的发展目标和发展前景向与会的代表作了详细介绍。

5月

8日 中国工程机械工业协会进行了全新改版后的网站,在继续保持和完善原有优势、热点栏目的基础上,进行了栏目创新设计和调整。开办了协会介绍、最新通知、市场动态、协会简报、职业培训、行业展会、政策法规、标准质量、行业品牌、会员天地和行业论坛等11个栏目。在内容上,重点突出了行业导向的特点,加强了对行业市场的分析评论,以提高协会对行业经济现象分析与经济行为引导的权威性,同时强调了为行业服务的意识,侧重向会员传达国家有关行业发展的政策、法规;及时报道新职业、新技能培训方向;广泛宣传行业优秀会员和名优新品。

9日 卡特彼勒(中国)机械部件有限公司在江苏省无锡

市新区正式开业。

美国卡特彼勒公司是世界最大的土方工程机械和建筑机械的生产商，也是全球柴油机、天然气和工业燃气涡轮机的主要供应商，自上世纪70年代，卡特彼勒就开始进军中国市场，至目前在中国投资额已达数亿美元。在江苏、山东、山西、广东、天津等地设有13个合资及独资生产厂，制造液压挖掘机、压实机、发动机和工程机械零部件。

11日 针对商务部要求中国工程机械工业协会对建立中韩自由贸易区后，对我国工程机械产业发展有何影响提出评价报告的要求，已向商务部报送的研究报告认为，从产业规模、产品品种发展、产品技术水平、进出口贸易等方面分析，该项目能促进双边贸易健康发展，对我国工程机械行业发展不会产生明显影响。

17日 加纳勇狮公司与长沙中联重工科技发展股份有限公司中标分公司签订包括拉臂式垃圾车、清洗车在内的117台产品的购买合同，创下了我国环卫车辆单笔出口金额的新纪录。加纳勇狮公司是中联的老客户，从2004年起，勇狮公司就已购买中标产品32台(套)，中标产品良好的性能和在使用过程中的优异表现，为此次合同的签订奠定了坚实的基础。

22日 中国工程机械工业协会根据商务部世界贸易组织司提纲要求，向商务部全面报告了我国工程机械行业在进出口贸易中的优势和劣势，对工程机械产品进出口关税税率调整提出了原则性修改意见，提出了敏感性产品的理由及保护方式。

25日 中国工程机械工业协会根据国务院国有资产监督管理委员会委关于承担中国工程机械行业加入GPA组织(WTO国际政府采购协议)评价报告的工作要求，向国资委提供报告，同意加入GPA组织，同时提出对敏感性产品领域和无自主知识产权产品领域政府要制定相关政策，建议设立新产品研发基金和高新技术产品进出口结构调整资金补助项目，加大支持力度。此项工作已纳入商务部工作计划，工程机械被列为41种支持的产品之一。

30日 中国工程机械工业协会应国家发展和改革委员会工业司要求，编制了“扩大机电产品进口目录清单”。根据国际工程机械市场情况和我国工程机械进出口贸易现状，提出工程机械不应列为国家减少贸易顺差的谈判对象，同时对工程机械行业中可以扩大进口的少数产品领域进行了界定，列出了建议目录。

月内 徐工集团徐州重型机械有限公司宣布，企业一季度实现销售收入24.2亿元，同比增幅达69%，其中仅3月份单月销售收入就达11亿元，超出历史最高水平的73%；起重机市场占有率实现60%的历史性突破，泵车、履带起重机销量和市场占有率分别同比增长175%、150%和52%、64%；出口额达4.6亿元，在与全球50家起重机企业的竞争中，占有超过1/5的市场份额，赢得了首季开门红。

月内 世界工程机械50强2006年排名出炉，英国《国际建设》杂志按照各公司2005年工程机械产品销售额，推出了“2006年世界工程机械50强”。50家上榜企业分布在14个国家，工程机械产品销售总额为988.63亿美元，其中前10名市场份额合计占68.05%，同比提高1.1个百分点。市场份额超过10%的只有卡特彼勒一家(23.19%)，占5%以上的也只有4家，不足1%的占到29家，本次排行榜中国共有7家企业上榜。

月内 国产随车起重机进军俄罗斯市场。河北金能石家庄煤矿机械有限公司生产的石煤牌随车起重机在当年销往印度哈萨克斯坦3台吊机后，又有20多台随车起重机销售到俄罗斯建材建筑运输等行业，扩大了我国随车起重机产品的国际影响。

月内 连续两月销量突破万台，这一利好消息给中国挖掘机行业内人士以极大的鼓舞，而2001年国内挖掘机全年的销量也只有12 397台。

据中国工程机械工业协会挖掘机分会统计数据，2007年1~5月，参加协会挖掘机销售统计的国内主要20家挖掘机制造公司共销售挖掘机33 820台。6年时间，中国挖掘机市场步入了发展的高峰期。

6月

2日 全国土方机械标准化技术委员会筹备工作会议召开。此次会议是根据国家标准化委员会计划〔2006〕95号“关于批准筹建全国辛香料标准化技术委员会等135个全国专业标准化技术委员会的通知”和中机联标〔2007〕53号“关于印发机械工业领域全国专业标准化技术委员会筹建工作指南的通知”精神召开的。

5日 第二届小型液压挖掘机配套研讨会在贵阳市举行，国内主机厂、配套企业和国外液压件企业的250多名代表参加了会议。会议主题是以突破变量液压传动系统为主要目标，全面提高国产小型液压挖掘机各类配套件水平和配套能力。通过会议研讨和现场参观，代表们认为，小型挖掘机市场的迅猛发展给液压件生产企业带来了机遇，配套企业应高度重视小型挖掘机配套国产化的趋势，为其提供可靠的产品。

13日 根据商务部要求，对《外商投资产业指导目录(2007年)》中对外商投资的限制类和鼓励类工程机械产品领域提出了修改意见，并报送商务部外资司。

19日 日本建设机械工业会会长岛田博夫、秘书长相泽徹一行5人拜访中国工程机械工业协会。协会理事长韩学松及秘书长俞据与日本客人进行了亲切友好的交谈。会上，韩学松理事长详细介绍了中国工程机械行业2006年的发展情况，并就数据统计、行业发展前景、展览会等热点问题与岛田先生交换了意见。岛田先生表示希望今后加强两国协会和企业的交流与沟通，为工程机械行业的发展做出更大的贡献。

21日 2007年中国工程机械精英代理商热点论坛在杭州圆满召开。中国工程机械工业协会秘书长俞据、中国工程机械工业协会代理商工作委员会理事长杜海涛、秘书长冯桂英以及来自业内的70余名中坚代理商借本次论坛契机，就共同关心的宏观环境政策、未来工程机械市场发展趋势和多元化投资等焦点问题进行了深入的交流和讨论。

月内 针对财政部、国家税务总局联合发布的《关于调低部分商品出口退税率的通知》，向政府有关部门明确提出：鉴于目前我国工程机械产品的出口尚处于起步发展阶段，在国际市场上竞争力还不强，也不属于“两高一资”(高污染、高能耗、资源型)产品，属技术密集型产品，应继续给予出口政策的支持，不应被列入调低名单。经多方反映，政府基本采纳了工程行业协会的意见，保持了工程机械产品的出口退税水平，对行业继续开拓国际市场争取了有利的环境条件。

月内 广西柳工机械股份有限公司创新项目获国家专项拨款。该公司以提高装载机技术创新能力建设项目为题申报国家技术创新专项资金拨款，通过国家发展和改革委员会层层筛选和严格评审，最终被列入国家高技术产业发展项目计划及国家资金补助计划，并获得300万元的专项资金拨款，成为行业内在广西惟一获得该项拨款的企业。这是对柳工技术创新能力建设工作的肯定和褒奖。

月内 美国凯斯公司推出AP系列冷铣刨机，该机是该公司最新引入中国市场的高流量工作附件。AP系列冷铣刨机延续凯斯一贯的传统，巧妙地将行业领先的制造技术与先进科技、重载设计和人性化设计相结合，使设备更强大、更可靠和更耐用。

凯斯AP系列冷铣刨机拥有专利设计和开片式滚轮，可以减少“二次铣刨”，降低灰尘、提高效率、充分二次利用铣刨渣并延长铣刨刀头的使用寿命。中心轴式设计的优点是滑移和铣刨机的重量和推力通过中心轴集中在铣刨鼓上，从而增强了铣刨的稳定性，提高铣刨机的工作效率，减轻滑移和操作手的震动。

月内 在漳州港招银码头，历史上最大的一单厦工机械装载机等工程机械产品正被装到货轮上运往南美洲。

这批出口南美洲的厦工机械产品涵盖了多类产品，有装载机、小型挖掘机、压路机、叉车和半挂车等，总数达115台。

厦工工程机械股份有限公司大力拓展海外市场，公司在中东、东南亚、非洲主动营销，增加网点，进行售后服务和市场开拓工作，并针对不同市场、不同地区、不同用户精心设计产品，海外销售大幅增长。当年第一季度，厦工产品迎来了一个前所未有的出口高峰，截至6月底，累计出口装载机等工程机械产品256台，出口总额达900多万美元，超过2006年全年出口总额。

月内 徐工集团徐州重型机械有限公司再拔头筹，国产起重机首次批量进入欧美市场。徐工集团徐州重型机械有限公司近日为QY60K汽车起重机进入欧美市场举行了简短而又富有民族特色的交接仪式。

据悉，此次发往美国的QY60K汽车起重机为该公司承接Can－Pick公司3年7 500万美元合作项目中的第1台，随后将陆续批量发车。

月内 一拖（洛阳）建筑机械有限公司开发出LSD218GH多功能全液压振动压路机，它的研制成功开创了国内压实机械行业的先河。

该压路机在它的机身前面设计了用于推土的铲刀，离地面的高度可以通过液压来调整。在振动轮的设计上，它一改传统的圆形轮与凸块轮的结构，为三段式八边形结构。三段式多边形的压实轮把平板夯极大的振动影响深度与自行式单钢轮振动压路机的高压实效率结合在了一起，使钢轮传递到地面的振动力达到了前所未有的程度。输出的揉搓力和最高的接地压力可以压实2.5m以上的混合土铺层和1m以上粘性极强的粘土层。压实遍数减少50%，铺层厚度提高100%，大大提高了压实效率。该机既可以推土又可以压实，实现了一机两用。该机的成功推出是国内压实机械由单一压实向多功能发展的一个标志。“洛建”已为该产品申请注册国家专利。

月内 为提升市场竞争能力，进一步拓宽吊管机系列产品，山推工程机械股份有限公司从4月份开始着手100t吊管机的生产试制工作。

据悉，该公司设计的100t吊管机以313kW（420马力）推土机为工作底盘，整机使用重量为61t，最小转弯半径3.7m，吊臂长度8.6m，特别是配重形式设计新颖，采取水平两极展开。

7月

18日 中国工程机械工业协会应邀派代表参加了在日本镰仓召开的一年一度工程机械行业世界贸易委员会（1TC）及工程机械协会大会（1AC），秘书长俞据代表中国工程机械工业协会作了名为“回顾与发展”的发言，介绍了2006年和2007年上半年中国工程机械发展情况、主要经济政策和市场需求等。并与参会的世界各主要工程机械生产国的协会及大企业的高层领导就当前全球工程机械行业的问题广泛交换了意见。

31日 国家发展和改革委员会在新疆乌鲁木齐召开部分省机械行业经济运行会，中国工程机械工业协会被特邀参会，被邀参加会议的还有工程机械行业企业。

会上由国家发展和改革委员会经济运行局林玉龙副巡视员及中国机械工业联合会蔡惟慈副会长作了上半年机械工业运行情况的报告，各省、自治区、直辖市发改委运行局均有书面报告。会议进行了分组讨论。

中国工程机械工业协会与会代表介绍了工程机械上半年的总体运行情况，并听取了与会的新疆自治区经贸委运行局及自治区机电行业工作办公室领导对新疆投资环境及机械行业的发展情况。

月内　江麓压路机批量出口尼日利亚。湖南江麓机械集团有限公司11台压路机将通过上海港运抵非洲大陆。

此次江麓压路机批量出口尼日利亚，将参与中国土木工程集团公司援外施工项目——尼日利亚南部城市拉各斯到北部城市卡诺的双线标准轨铁路，该铁路全长1 315km，设计时速150km/h，项目合同额为83亿美元，是中国企业迄今为止承揽的最大的国际工程承包项目，对施工设备的质量与服务要求都非常严格。湖南江麓集团有限公司是在国内外众多竞争中脱颖而出，获此大单的。仅这11台压路机的出口金额就达到1 000万元。

月内　威斯特中国有限公司近日在京宣布，北方地区首家卡特彼勒租赁旗舰店正式落户北京花乡。该店位于北京市南四环花乡桥东，占地面积达2 000多m^2，可进行大型设备的维修和上千种卡特彼勒和山工品牌产品的零配件库存管理。

威斯特中国有限公司相关负责人表示，此次开办的卡特彼勒租赁旗舰店将为中国客户提供更全面的销售、租赁、维修等服务，同时也是卡特彼勒在华业务布局的重要棋子。业内人士分析，在北京开设租赁旗舰店，意味着卡特彼勒中国战略开始向产品和渠道建设倾斜，力求以旗舰店为点，带动区域常规店为面，进一步扩大市场。

月内　越南交通运输部物资建设总公司总经理裴孟雄一行4人在湖南省商务厅有关领导同志的陪同下莅临湖南山河智能机械股份有限公司考察访问。

越南客人的到来受到该公司的热烈欢迎，在董事长何清华、总经理彭孟武、董事龚进等公司领导的陪同下，客人们参观了山河智能小型工程机械、静力压桩机和旋挖钻机生产线，以及即将建成投产的该公司第二产业园，双方就共同开发东盟市场进行了沟通与交流。

月内　日立建机(上海)有限公司在高行分公司举行了隆重的开业典礼暨ZAXIS60新机发布会。总公司领导、外高桥管委会领导、行业协会领导等，以及来自全国各地的30多家日立建机(上海)有限公司的代理商、专业媒体记者、日立建机(上海)有限公司员工参加了庆典仪式。日立建机(上海)有限公司坂井总经理在庆典中致词，感谢各位代理商对日立建机(上海)有限公司长期支持与合作，并对日立公司新推出的ZAXIS60在中国的销售寄予厚望；外高桥集团公司领导到会并发言，祝贺日立建机(上海)有限公司高行分公司成立并对日立建机(上海)有限公司在中国的发展感到欣慰。

月内　山东省国税局将山推工程机械股份有限公司(简称:山推)进出口公司确定为加快退税审批工作试点单位，为此济宁市国税局专门到山推进行现场办公，鉴于山推进出口公司财务核算健全、企业信誉好、无出口骗税行为，承诺为山推提供退税绿色通道，争取当月申报、当月受理、当月审核和当月退税。该市国税局还专门制定了针对山推进出口公司的出口退税管理办法，该办法的出台，缩短了企业的出口退税周期，极大地改进了企业资金状况，为山推产品占领国际市场提供了有力保障。

据悉，山东省试行该办法的企业共17家，山推是济宁市惟一一家，也是该省惟一一家外贸试点企业。

月内　山东常林机械集团股份有限公司推出为期两个月的客户走访服务活动。自7月开始，由公司中层干部带队，组建了7个走访服务队，对公司产品销售范围内的14个区域、13

个省市的用户进行分批、有重点的走访。在这次活动中,公司为产品用户提供了优惠的服务。对于“三包”期内的车辆,提供免费维修,并免费更换故障件。对于“三包”期外的产品,同样提供免费维修。在配件方面,如果配件价格在100元以下,公司免费赠送,100元以上配件,按照公司配件门市价格优惠15%。在与客户的交流中,走访队员积极沟通,了解用户对设备的使用情况,并提供切实可行的建议和更好的产品使用方法。对于发现的产品故障和其他需要解决的问题当场解决,不能现场解决的就记录在案,汇报给相关部门,争取在最短时间内给予解决。

月内 鼎盛天工工程机械股份有限公司120台工程机械出口非洲新闻发布会在天津中国工程机械总公司举行。2007年1~7月公司实现对非洲出口主机近百台,出口创汇500多万美元,通过与非洲法语区代理一年多的合作,对方代理认为该公司的产品质量已经完全具备了和欧美产品竞争的水平。作为一家专业生产平地机的厂家,该公司一直以雄厚的实力,领先的技术,完善的服务,行走在行业前列。此次出口非洲120台工程机械产品是继2005年8月向阿根廷出口140台平地机之后,产品又一次大规模出口。

8月

1日 中联牌超大型平头塔式起重机试制成功。中联牌TP350/20(7032)平头塔式起重机在常德灌溪工业园塔机坪安装调试成功。拥有自主知识产权的TP350/20(7032)平头塔机的试制成功,不仅填补了中联牌平头塔机的空白,而且对我国塔机制造业的发展和中国塔机制造企业走向国际市场有着重大意义。

3日 鉴于国产大型履带起重机的产品技术不断成熟,为保护国产大型履带起重机的发展环境,中国工程机械工业协会向商务部外资司提出关于“严格控制大型履带起重机外商独资、合资项目审批的报告”,并建议将其纳入国家投资项目中不鼓励进口的设备名录。

21日 山东常林机械集团股份有限公司再传喜讯:山东常林机械集团股份有限公司在山西省公路局组织的工程机械设备招标中再次中标常林德宝牌三钢轮静碾压路机7台。

21日 山东德工机械有限公司装载机在乌克兰的组装厂举行开业庆典,卡霍夫卡市市长担任会议主持,乌克兰总统尤先科、山东德工机械有限公司董事长唐大勇出席仪式并剪彩。乌克兰总统尤先科发表了热情洋溢的讲话,他高度评价中乌此次合作,并祝愿此次交易成为中乌合作的典范、友谊的桥梁。

彼得洛尼克公司在乌克兰非常有名,此次合作采用山东德工机械有限公司生产、彼得洛尼克公司组装的方式,在较短时间内彼得洛尼克公司已经具备了较为完善的生产能力。当年5月,彼得洛尼克公司董事长彼得先生来华后曾与国内近十家工程机械生产厂家进行合作洽谈,最终经过实地考察和交流与该公司正式签署了合作协议。5月12日双方签订了2亿元的装载机购销合同,成为中国工程机械单笔工程机械出口史上的最大一笔订单,合同总金额达2 500万美元。

22日 中国工程机械出口贸易高级研修班在京圆满结业,由中国工程机械工业协会主办、中国工程机械工业协会代理商工作委员会承办、卡特彼勒(中国)投资有限公司协办的中国工程机械出口贸易高级研修班在北京香山饭店成功拉开了序幕。这是中国工程机械工业协会继2006年“首届全国工程机械进出口贸易实务培训班”之后,又一次在全行业内掀起的进出口贸易培训浪潮,为期3天的培训吸引了来自全国各地的众多知名制造商、代理商、贸易公司等共60余人参加。

此次研修班围绕“国际工程机械市场情况”、“国际市场准入法则”和“知识产权管理”等企业关心的问题，特邀有关专家有针对性地授课；希望通过培训，让企业在深入了解国内外工程机械市场的基础上，进一步掌握不同国家的工程机械市场准入法则，同时借鉴国际知名公司知识产权管理的经验，拓展工程机械企业开拓国际市场的思路，让企业在有效规避可能发生的贸易风险的同时，更快、更健康地进军国际市场。

月内 河南陆德筑机股份有限公司新产品销售成绩喜人，2台LBQ4000型强制式沥青混凝土搅拌设备分别在北京和河南签约销售，1台15t沥青再生设备销往山西。

这两个类型的产品均是该公司2006年研制开发的新产品。其中15t沥青再生设备是该公司与韩国四海公司共同研制开发的新产品。该设备采取二次燃烧系统，有效地减少了对空气的污染；只需一次破碎即可再生，再生效率100%。该机总装机功率仅为32kW，每吨再生料耗柴油仅有6～7L，既环保又节能。

而LBQ4000型强制式沥青混凝土搅拌设备以产品超前的设计、新颖的造型、精湛的制作工艺在当年11月的上海bauma展上吸引了同行的眼球。该设备整体布局为成品料仓置于拌和楼下，并具有成品料仓仓容扩容功能；除尘器与拌和楼并置，结构紧凑，占地面积小。干燥滚筒采用异型提料叶片结构，形成理想的料帘，能够充分利用热能。控制系统利用冗余技术，采用双控方式，有效地保证了整体控制的可靠性。

月内 广西玉柴工程机械公司的YC18—8、YC35SR、YC75SR三种机型通过了中国TUV莱茵认证公司CE认证的性能测试。

据悉，这次测试的内容包括产品的噪声、振动、视野和安全等项目。CE认证小组对该3种机型进行了为期6天的严格测试，结果显示它们的性能完全符合CE认证的标准。该公司的YC18—8、YC35SR、YC75SR三种机型顺利地通过了性能测试。符合CE认证的产品，表示该产品符合卫生、安全、环保和消费者保护等统一欧洲指标，是被允许在欧洲市场上进行自由流通的一种标志，是欧盟对在欧洲市场流通的产品提出的一种强制性的法律要求。欧洲市场是该公司产品出口的一个主要市场，YC18—8、YC35SR、YC75SR三种机型获得CE认证，将会给该公司开拓欧洲市场带来极有利的条件。

月内 根据《社会团体登记管理条例》的有关规定，民政部于2007年3～7月开展全国性社会团体2006年度检查工作。中国工程机械工业协会登记证书是“社证字3246号”，在国务院国有资产监督管理委员会业务主管领导下的277个协会中，排序在第50号，年度检查合格。

9月

8日 经企业申报和实地考察，机械工业职业技能鉴定指导中心，以机职鉴字〔2007〕044号文件批复同意中国工程机械工业协会所属16家会员单位成为工程机械行业首批工程机械行业特有工种职业技能鉴定点。

12日 三一重工股份有限公司投资美国建厂一事终于尘埃落定。三一重工股份有限公司将与美国乔治亚州政府正式签署投资1亿美元建设工程机械研发制造基地的协议。这一协议也成为三一重工股份有限公司继印度投资项目之后，在国外投资建设的第二个海外制造基地。

12日 中国工程机械维修市场发展论坛及中国工程机械工业协会工程机械维修分会2007年年会在北京市塔里木石油宾馆隆重召开，业内各大企业高管、营销、技术等负责人共100余人参加了本届年会。这是该分会变更为挂靠工程机械维修杂志社后首次换届会议。

会议进行了换届选举，选出了新的分会理事长和秘书长。

会议针对当前我国工程机械维修市场地域性强、专业性强、企业规模普遍较小等特点，以及市场所呈现出来的无序竞争、零配件质量难以保证等问题，共同研讨了工程机械维修企业的经营管理，工程机械维修市场的发展趋势以及工程机械维修企业的应对策略，并发布《2007 年中国工程机械维修市场调查报告》。

15 日　马鞍山方圆回转支承股份有限公司技改项目破土动工。马鞍山方圆回转支承股份有限公司总经理钱森力、副总经理余云霓等公司和部门领导到园区制造部，为 2 000 套大型和 3 万套精密级回转支承技改项目土建工程破土动工仪式点炮。

2 000 套大型回转支承、3 万套精密回转支承厂房及附设建筑面积共计为 21 700 多 m^2。项目达产后，公司回转支承生产能力将得到大幅度的提高，可以更好地满足客户从风电设备、大、小型挖掘机、港机到随车吊、高空作业车和国外厂商等多方面对回转支承的需求，进一步提高公司的行业地位。

21 日　中国工程机械工业协会混凝土机械分会、中国工程机械工业协会混凝土振动机械分会和中国工程机械学会混凝土机械分会 3 个协会联合召开的 2007 年年会在厦门召开，有 70 个单位的 85 名代表出席了这次会议。中国工程机械工业协会秘书长俞据到会并作了题为“世界工程机械行业发展形势和我们的对策”的专题报告，向与会代表详细介绍了世界工程机械行业发展状况，并对行业内制造企业在新形势下应对的策略进行了指导性的阐述。福建南方路面机械有限公司方庆熙董事长在大会上作了发言，题目是：“传统建机行业的专业化与创新”。中国工程机械工业协会混凝土机械分会理事长陈润余作了题为：“关于我国混凝土机械发展方向的探讨”的主题报告，详细分析了混凝土机械行业面临的宏观环境和企业在发展过程中应注意的几个问题。

湖南省政协副主席、长沙建设机械研究院副院长龙国健在讲话中向与会代表阐述了混凝土振动机械分会和混凝土机械分会合并的背景和形势的需要，得到了与会代表的一致理解与支持。

24 日　2007 年中国机械工业科学技术奖评审会在北京举行。此次评审会对各专业评审小组初评后获二等奖、三等奖项目进行了审议。同时，主要对各专业评审小组推荐上来的一等奖共 28 个项目逐一进行了答辩评审。

经评审，中国机械工业科学技术奖各专业评审组推荐的共 28 个一等奖项目中，有 1 项被评为特等奖，16 个项目被评审一等奖通过，11 个项目被评为二等奖。其中由中国工程机械行业专业评审组初评获 8 个二等奖和 7 个三等奖项目全部获得通过，推荐的 3 个一等奖项目经过答辩评审也已获得通过。

月内　根据上级主管部门的要求，对工程机械分行业科学技术奖评审专家组成员完成了换届调整和报批审查工作；完成了 2007 年度中国机械工业科学技术奖工程机械分行业组的评审及其申报工作。当年度工程机械行业共计申报了 35 个项目，经评审后，获推荐为一等奖的有 3 项，获二等奖有 8 项，获三等奖有 7 项。

月内　中国工程机械工业协会工业车辆分会首次参加了世界工业车辆联盟会议，今后将定期参加世界工业车辆统计协会的年会，及时准确地了解世界范围行业发展情况。

月内　根据海通证券研究报告，“十一五”期间我国铁路固定资产总投资规模 1.5 万亿元，其中基本建设和更新改造投资规模 1.25 万亿元，另外，机车车辆购置和技术改造投资规模为 2 500亿元。因此，海通证券研究报告认为，国内那些技术底蕴相对雄厚、技术吸收创新能力强的骨干企业将成为中国铁路国内设备商中的最大获益者。

月内　山推工程机械股份

有限公司传动试验室对变速操纵阀试验采用压力传感器和采集卡相结合,实现了动态测试。

该公司生产的系列变速箱均采用通过液压油压紧离合器片来实现动力传递,这一过程由变速操纵阀控制液压油进入不同的离合器,从而改变不同的传速输出。在换挡过程中,由于压力变化对于变速箱的使用寿命及可靠性至关重要。而换挡压力的变化用普通的机械压力表和电感压力表都不能直观地反映出来,这是因为压力变化周期短,压力表表针的机械惯性影响了压力表的读取。现在采用压力传感器和采集卡相结合,变速操纵阀换挡过程中压力变化可在微机上直观显示,为公司选择、鉴定变速操纵阀提供了可靠的依据。

月内 2007 年中国工程机械行业中国名牌产品及生产企业公布,根据《中国名牌产品管理办法》的规定,国家质量监督检验检疫总局授权中国名牌战略推进委员会在 162 类产品中开展了 2007 年中国名牌产品的评价工作。经企业自愿申请,专业委员会严格评价,中国名牌战略推进委员会确认了 856 个产品为 2007 年中国名牌产品。

2007 年中国工程机械行业新增两类产品和复评一类产品参加了中国名牌产品的评价。新增产品是液压搬运车和推土机,复评产品是装载机。2007 年中国工程机械行业共有 12 个企业的产品获得"中国名牌"的称号。

月内 中国工程机械工业协会工程机械行业分中心获 2006 年度职业技能鉴定质量优等单位,为提高特有职业(工种)技能鉴定质量,促进职业技能培训和鉴定工作在全行业健康有序地发展,2007 年 4 ~ 6 月,机械工业职业技能鉴定指导中心根据劳动和社会保障部有关规定和文件精神,组织机械行业各职业技能鉴定分中心、站开展了 2006 年度职业技能鉴定质量自查、抽查及考核评估工作。在此次检查评估工作中,设立在中国工程机械工业协会的"工程机械行业分中心"作为新建单位,因各项工作开展较快,评估等级被列为"优"。

月内 国内最长伸缩臂随车起重机面世,随着国际工程机械市场的持续看好,国际市场对工程机械的需求进一步增加。为满足出口需求,徐工集团随车起重机公司又一型新产品——DQ12SA2Q 随车起重机即将面世,该产品为目前国内最长伸缩臂式随车起重机。

DQ12SA2Q 随车起重机与传统产品相比具有如下特点:首先该产品臂体长达 8m,工作幅度最大可达到 21.236m,是国内同吨位产品臂体最长的伸缩臂类随车起重机;其次,该产品首次采用控制器集成显示系统,即集角度传感器、长度传感器、称重传感器、过卷保护等装置于一身,此系统提高了操作者的安全性,满足了北美用户对产品人性化设计的需求,为打入该市场作了充分的准备;再次,该产品采用双链条齿条缸,可最大限度提高工作效率;最后,该产品支腿形式与目前传统产品有很大区别,改变了传统意义上的活动腿与固定腿配合,支腿与基座的联结采用一套连杆机构,使底盘在行驶状态下可折叠收回,对提高整车稳定性有很大帮助。

DQ12SA2Q 随车起重机是该公司针对国外随车起重机用户对产品使用习惯进行深入研究调查,并对国外产品进行消化吸收的基础上进行国产化设计的产品,其主要是针对北美国家特殊用户群体、特殊使用习惯进行的有针对性的设计,它的诞生将为该公司进军北美市场打下坚实基础。

月内 由中国龙工控股有限公司董事局主席李新炎先生捐资设立,龙岩市第一家以个人名字命名的非公募基金会——龙岩市李新炎慈善基金会在龙岩举行成立大会。会上,江西省高安市向基金会赠送了牌匾。

据悉,创办人李新炎先生将在首期捐赠 3 000 万元给慈善基金会的基础上,坚持每年将个人收益部分按一定比例捐赠给慈善基金会。

10月

11日 沃尔沃建筑设备(中国)有限公司(简称:沃尔沃)向山东临工工程机械有限公司(山东临工)增加投资。沃尔沃总裁兼首席执行官托尼·海尔山宣布,沃尔沃将向山东临工增加注册资本。托尼·海尔山和山东临工总裁、首席执行官王志中代表双方签订了意向书。继沃尔沃成功以70%股份投资山东临工后,沃尔沃又与其合作伙伴签署了增加企业注册资本近两成的意向书,此意向待国家有关部门审批后,一旦实施,沃尔沃对山东临工工程机械有限公司的投资将达到9 500万美元。政府代表和企业高层出席了增加投资意向书的签字仪式。

16日 第九届北京国际工程机械展览与技术交流会(9TH BICES)在北京全国农业展览馆开幕。全国政协副主席李蒙、中国机械工业联合会会长于珍、中国国际贸易促进委员会副会长董松根、中国工程机械工业协会理事长韩学松到会并剪彩。共有来自28个国家和地区的600多个展商参加本届展会,展馆启用了可使用的全部5个室内展馆和室外展区。

作为国内最早获得国际展览联盟会员资格的工程机械展览会,BICES从1989年开展,迄今已经走过了18个年头,目前已经发展成为国内最具专业性和国际性的工程机械展会之一。

此届展会以"以人为本,关爱生命,安全、节能、环保、高效"为主题,旨在倡导工程机械行业的绿色发展,同时展会还与德国慕尼黑展览公司合作,结合国际一流展览公司的办展理念和服务模式,意在将BICES展打造成为更具国际化服务水准的大型展览会。据初步统计,展会第一天即迎来参观观众两万余名。

16日 江苏沃得集团在北京农业展览馆召开战略重组新闻发布会暨招商会,宣布江苏沃得集团并购江苏常松机械集团有限公司装载机、汽车配件单元,并重组江西宜工集团,全面进军工程机械行业。中国工程机械工业协会副秘书长茅仲文、康至谦等行业领导受邀参加了此次发布会。

16日 中国机械工业年鉴编辑委员会在北京农业展览馆举办了《中国工程机械工业年鉴(2007刊)》新书发布仪式。全国政协常委、中国机械工业联合会会长于珍,中国工程机械工业协会理事长韩学松,机械工业信息研究院副院长郭锐,成都神钢工程机械(集团)有限公司董事长王锦,中国工程机械工业协会秘书长俞据,日本KOBEL CO建机株式会社中国事业本部长泷口和光,以及国内外企业和新闻媒体的代表数百人出席了新书发布仪式。

16日 广西柳工机械股份有限公司(简称:柳工)在第9届BICES展会现场举行了隆重的建厂50周年庆典仪式。

从1958年建厂到现在,在近半个世纪的时间里,柳工从一个小型的钢结构生产企业成长为中国工程机械行业的领军企业,经历了是一段自强不息、合作发展的历史。1965年,柳工的先辈选定了轮式装载机为方向性产品,开创了柳工生产装载机的历史。1966年的10月1日试制成功了中国第一台通过专家鉴定的轮式装载机——Z435型装载机。从此,柳工纳入国家定点生产装载机系列产品的发展轨道。

22日 2007年中国工程机械工业协会桩工机械分会年会在徐州市召开,来自桩工机械生产企业、配套件厂、高校以及桩基础施工部门等87个单位、128位代表参加了会议。

会议由中国工程机械工业协会副秘书长、中国工程机械工业协会桩工机械分会理事长陆学文主持。这次年会得到了中国工程机械工业协会和徐州工程机械集团有限公司领导的关心和支持,徐州工程机械集团有限公司副总经理王岩松出席了会议并致辞;中国工程机械工业协会秘书长俞据作了“世界工程机械行业发展形势和我们的对策”的报告,全面论述了国际工程机械行业的发展状况及国内企业在新形势下应对策略。

会议期间,中国工程机械工业协会桩工机械分会秘书长施引蕃作了一年来分会工作与行业概况的汇报;会议组织了专题报告,有铁道部工程管理局杜永昌的“铁路工程施工设备的现状与发展”、北京建筑工程研究院沈保汉的“基础施工机械施工新方法与设备”、大庆石油学院赵伟民的“桩工机械的创新与计算”、北京建筑机械化研究院郭传新的“关于打桩与钻孔设备安全性的几个问题”和国土资源部勘探技术研究所于好善的“旋挖钻机施工工艺的发展概况”等。

24日　中国工程机械工业协会装修与高空作业机械分会2007年年会暨技术交流会在西安召开,出席会议的有121个单位共140名代表。会议由装修与高空作业机械分会副理事长潘荣度主持。中国工程机械工业协会俞琚秘书长到会讲话,他概要介绍了2007年全国工程机械行业情况和国际上工程机械发展情况,对分会近年来的工作给予了充分的肯定,并对今后工作提出了要求。中国建筑科学研究院建筑机械化分会李守林院长也到会讲话,他介绍了建设部行业管理有关新的要求,分析了行业发展前景和趋势,并对本行业产品中的安全问题、风险归避、行业维权等问题谈了很好的看法。

28日　2007年中国工程起重机行业年会于在湖北宜昌召开。此次盛会是由中国工程机械工业协会工程起重机分会主办,中国长江航运集团红光港机厂和中国起重机网协办。共有72个单位、105位代表出席会议,其中包括11家新闻媒体。

会议由分会理事长北京京城重工机械有限公司董事长苏杰主持。中国工程机械工业协会副秘书长江琳在会上作了“我国工程机械企业如何规避国际贸易的风险”的专题报告,分会秘书长沈永明作了行业形势分析和工作汇报。

月内　北方重工集团有限公司以绝对控股方式并购德国维尔特控股集团公司/法国NFM公司。公司董事长耿洪臣在德国斯图加特市与德国维尔特控股集团公司/法国NFM公司原股东方共同签署了股权转让协议。至此,在沈阳市政府及有关部门的大力支持下,经过历时两年的周密策划、精心运作和多轮谈判,该公司对拥有世界隧道掘进机知名品牌和核心技术的德国维尔特控股集团公司/法国NFM公司的并购终于落下帷幕。成功并购德国维尔特控股集团公司/法国NFM公司,使得在隧道掘进机制造领域的技术优势更为突显,标志着打造世界级隧道掘进机制造基地的步伐提速。

此次并购,是强强联合、全力进军盾构机市场的重大举措,也是双方在产品合作基础上发展到以资本层面紧密联合的方式提升其核心竞争力。

月内　一拖(洛阳)建筑机械有限公司YL16G全液压轮胎压路机备受土耳其用户青睐,又有3台产品发往该国,这是2006年以来该国第四次采购公司产品。

一拖(洛阳)建筑机械有限公司在国内率先研制了YL16G全液压轮胎压路机,该机选用康明斯发动机,动力强劲,可适用各种恶劣工况。该产品已通过“CE”认证。

月内　经国务院批准,国家发展和改革委员会批复京沪高速铁路可行性研究报告。多位铁路专家表示,铁路建设、机械制造等行业有望从中直接受益。京沪高速铁路采用高速轮轨技术建设,全线按最高时速350km、运行时速300km设计,该项目正线全长1 318km。

根据2006年7月铁道部就京沪高速铁路项目向保险业进行的推介会上披露的数字,京沪高铁的总预算超过1 600亿元。对此,中国铁路工程总公司有关人士表示:京沪高铁的投资主要有铁路建设、车辆设备和运营管理三块，其中铁路建设所占总成本比例最高。

月内 由建设部科技司和长沙中联重工科技发展股份有限公司共同组织的“十一五”国家科技支撑计划课题“建筑基础地下连续墙施工设备研究与产业化开发”、“大型建筑主体施工动臂变幅大吨位起重机研究与产业化开发”技术方案评审会，分别在上海宝隆美爵宾馆、公司麓谷工业园举行。

月内 2007年厦门厦工集团有限公司经营收入将实现50亿元。该公司非公开增发的申请，获得中国证监会审核通过。据了解，此次融资距离上次配股融资已有11年，预计此次非公开增发募集的资金约达4.30亿人民币。公司有关负责人说，本次募集的资金，将全部用于对主导产品装载机关键零部件驱动桥和变速箱、液压挖掘机、小型工程机械的扩大生产规模、技术改造项目的投资。

业内人士评价说，该公司本次再融资完成后，将大大增加公司的净资产，提高主导产品的自制率，加大核心技术研发的投入力度，全面提升公司盈利能力和可持续发展能力。

月内 湖南省政府下发文件，明确了对该省工程机械产业发展的一系列扶持政策。其中规定，工程机械产业技术开发费允许按当年实际发生额的150%在企业所得税税前加计扣除。凡符合条件的企业，还可免征进口关税和进口环节增值税、消费税，对企业所取得的收入免征营业税。

月内 徐工集团徐州重型机械有限公司已成功实现销售收入92亿元，在继创“金九”佳绩后，10月份更呈现出主机、侧翼同步并进的良好态势。主机产品在保持强势占有的基础上，进一步优化中大吨级市场结构和海外市场拓展力度，中大吨级销售比重比上月提高16.6%，海外市场销售比重已达到30%；履带吊、泵车、消防车分别比上月增长23.08%、57.14%和50%。公司全体员工再次抓住发展机遇，按照“一强二壮三精”的产业战略思想，成功构建了良好的产业市场结构。

11月

5日 2007年中国工程机械配套件行业年会暨配套件产品展示会在宁波大榭国际大酒店召开。

会议由中国工程机械工业协会工程机械配套件分会主办，宁波大港意宁液压有限公司协办，会议的主题是“以市场为导向，以提升各类配套件水平为目标，满足主机需要，实现协调发展和共赢。”这次年会召开的形式有别于以往，将以“研讨交流+产品展示，大会和小会及个别交流相结合”的形式展开。

15日 中国工程机械工业协会应邀参加了在由西班牙对外贸易局（ICEX）主办的中西企业投资合作洽谈会。西班牙王储夫妇殿下、中国商务部部长薄熙来出席开幕仪式并致辞。洽谈会上，俞据秘书长代表中国工程机械工业协会与西班牙建筑和采掘设备制造商联合会（ANMOPYC）进行了会谈，俞据向该协会秘书长达斯蒂斯先生介绍了中国工程机械行业的发展情况及规模，并就客人提出的有关行业、展会等问题进行了解答，表示非常愿意和西班牙企业在高端产品的配套件等领域进行合作。达斯蒂斯表示他会将这些信息带回西班牙，并希望能与中国工程机械工业协会保持良好的沟通和联络，为中西双方的工程机械企业搭建一个合作、互赢的平台。

15日 中国工程机械工业协会工程机械租赁分会在北京召开了成立大会。工程机械租赁企业代表、相关行业人士、媒体代表共140多人参加成立大会。中国工程机械工业协会俞据秘书长，建设部华建玲处长，中国建筑科学研究院建筑机械化研究分院李守林院长，田广范副院长等领导出席并讲话。

会上中国工程机械工业协

会工程机械租赁分会筹备组向到会代表作了筹备工作情况的汇报，宣读并通过了中国工程机械工业协会工程机械租赁分会的工作条例；大会选举产生了首届工程机械租赁分会的理事长、副理事长单位、理事单位和秘书长。当选的工程机械租赁分会理事长为田广范；秘书长为翟会昆。

28日 中国工程机械工业协会三届三次理事会暨第六届中国工程机械发展高层论坛在山东省济宁市召开。会议由中国工程机械工业协会、济宁市人民政府和山推工程机械股份有限公司共同主办。协会各理事单位的领导、各分支机构的负责人、地方政府领导和相关媒体等167位代表出席了会议。

韩学松理事长主持大会并作了关于工程机械行业发展形势的报告。俞琚秘书长作了协会2007年工作情况和2008年工作计划的报告。南开大学的盛斌院长和北京外国语大学的应惟伟所长在大会上分别以“国际形势变化与中国企业和海外经营”和“当前国际经贸形势”为题作了专题报告。会议围绕“走国际化道路，构建持续稳定发展的中国工程机械行业”的主题进行了交流发言，多家企业分别介绍了企业发展的经验；渣打银行中国大型企业部向与会企业介绍了它们在国际金融服务方面的产品和服务方式；国家质量监督检验检疫总局尚洪处长就特种设备管理的有关政策法规进行了宣讲。

月内 国家发展和改革委员会、科技部、财政部、海关总署、国家税务总局公布了第十四批国家认定企业技术中心名单，经国家认定的企业技术中心可享受海关优惠政策。

企业技术中心是企业创新体系建设的核心，可以反映一个地区或企业创新能力的高低。为推进企业技术中心建设，确立企业技术创新和科技投入的主体地位，国家对国民经济主要产业中技术创新能力较强、创新业绩显著、具有重要示范作用的企业技术中心予以认定，并给予相应的优惠政策，以鼓励和引导企业不断提高自主创新能力。

月内 2007年工程机械用户满意度调查结果揭晓。中国工程机械工业协会用户工作委员会、全国建设机械设备用户委员会、中国质量协会工程机械分会2007年年会在宁波召开。

会上公布了“2007年混凝土、筑养路、高空作业和钢筋机械等产品用户满意度评价调查结果”，其中共有36家企业在产品质量和服务质量的用户满意度上获得较高评价。同时发布的还有第四次全国工程机械行业创建“用户满意服务明星”活动的评选结果。

12月

12日 为加快工程机械行业技术技能型、复合技能型和知识技能型人才队伍的培养，建立完善的行业特有工种职业技能鉴定体系，全面开展工程机械职业技能鉴定工作，工程机械行业职业技能鉴定工作，全国机械行业2007年度职业技能鉴定工作会议暨总结表彰大会会议在北京召开。劳动部职业技能鉴定中心、机械工业职业技能鉴定指导中心、机械工业职业技能鉴定工程机械分中心及所属各鉴定站（点）领导和代表共70人出席了会议。

劳动部职业技能鉴定中心李克同志讲解了国家职业标准审定及编制要求后，由27人组成的专家评审团对“工程机械修理工”国家职业标准（草案）进行了为期两天的审核，最终通过了审定意见并对送审稿提出了修改方案。

设立在中国工程机械工业协会的“工程机械行业分中心”因工作积极、成绩显著受到表彰，同时分中心副主任江琳荣获了“2007年度机械工业职业技能鉴定工作优秀管理者”称号，高衡获“先进工作者”光荣称号。

18日 徐工集团工程机械有限公司捐赠江西省会昌县挖掘机仪式在中华全国总工会举

行。公司董事长、党委书记王民将1台价值40万元的该公司新品EC80挖掘机钥匙亲手交给革命老区代表江西会昌县县委书记廖成铭手中，送去了公司对革命老区人民的真挚情谊和致富奔小康的美好祝愿。

此次捐赠对象是江西革命老区会昌珠兰示范学校，活动是由全国政协委员、中华全国总工会原书记处书记李永海发起的，受到了各界人士的广泛关注，尤其是以该公司为首的企业界人士，更是给予了大力支持。

该公司EC80挖掘机，是自主创新研制的新产品，具有小型挖掘机精致小巧、灵活机动的优点，同时兼具中型挖掘机的基本功能，将在老区教育和经济建设中发挥作用。这次捐助彰显了该公司秉承的“满足超值需求、效力社会进步”的经营宗旨和倾力回报社会的责任感。2002年以来，该公司为各类社会公益事业捐款已达2 350万元。

19日　经中国交通建设股份有限公司（简称：中交股份）批复，西安筑路机械有限公司自11月19日起正式更名为中交西安筑路机械有限公司（简称：中交西筑），成为中交股份二级企业大家庭的一员。

中国交通建设股份有限公司已向该公司注资2.2亿元，至此，中交西筑注册资本金3.28亿元，中交股份成为中交西筑第一大股东，中交西筑总资产近8亿元。

中交西筑是目前国内最大的专业筑养路机械研发和制造企业之一，其前身交通部西安筑路机械厂，始建于1959年。1999年11月，西安筑路机械厂进行了股份制改造，生产经营部分随路桥建设整体上市，当时更名为西安筑路机械有限公司。

月内　国家发展和改革委员会、财政部和商务部联合下达《关于发布鼓励进口技术和产品目录的通知》。“通知”说，为积极扩大国内短缺的资源类产品、技术类产品进口，根据国务院的工作安排，制定《鼓励进口技术和产品目录》。《鼓励进口技术和产品目录》分为四个部分：第一部分是鼓励引进的先进技术，第二部分是鼓励进口的重要装备，第三部分是鼓励发展的重点行业，第四部分是资源性产品、原材料。

月内　因工作积极、成效显著，中国工程机械工业协会被中国机械工业联合会评为“2007年度先进单位”。中国工程机械工业协会2007年发展新会员已达180家，是历年来数量最多的，这一方面说明我国工程机械行业行业在不断发展，同时也说明了行业协会的影响和凝聚力有所增强。

月内　福田雷沃国际重工股份有限公司获“国家认定企业技术中心”称号。在国家发展改革委员会、科技部、财政部、海关总署、国家税务总局联合发文公布的第14批国家认定企业技术中心名单中，福田雷沃重工工程技术研究院名列其中。这一荣誉的获得是该公司始终遵循“集成知识、整合创新”的创新发展模式，不断提升创新实力，推动企业快速发展的结果。

近年来，该公司始终遵循“集成知识、整合创新”的技术创新理念，不断完善技术创新体系，提升创新实力，积极争创“国家认定企业技术中心”。目前，公司已建立了1个研究院、2个分中心、3个专业中心、4个合作体的技术创新体系，拥有专业技术人员近500人，形成了一支层次合理，基础扎实的技术创新团队。此外，他们还加大了“产学研”合作力度，先后与吉林大学、中国农业大学、山东大学、中国农业机械化科学研究院等国内多所大学及科研机构建立了产学研平台。

月内　山东山推工程机械结构件有限公司产品出口日本再次实现免检。从该公司传来喜讯，继出口到日本大阪工场PC300、400系列斗杆得到免检后，PC200斗杆从日本质量反馈UT不良率达到0.8%，也实行了免检直接上线。此次产品再次免检，彰显了该公司产品质量保证体系逐步完善，产品在国际舞台上崭露头角。

据悉，该公司从2004年6月开始把市场重心从国内转向国际大舞台，历经3年拼搏，目前50%以上的产品为出口产品，品种包括斗杆、动臂、推土铲、车架等，主要销往小松集团等企业，如日本大阪工场、粟津工场、小松美国、小松英国、小松德国以及日本竹内公司等。出口斗杆产量也由最初的260台/月跃升到目前的1 500台/月，其中出口大阪工场PC120、PC200、PC300、PC400系列斗杆达到700台/月。

月内 辽宁抚顺永茂建筑机械有限公司实现出口创汇达3 400万美元，公司产品成功打入欧美市场。辽宁抚顺永茂建筑机械有限公司是一家中外合资的集科、工、贸于一体的大型民营企业，去年他们出资控股国内行业龙头企业——北京建筑工程机械厂，组建了北京建工永茂机械制造有限公司，使资产总额达到37 126万元。

据了解，永茂塔机是中国第一个整机打入欧美市场的塔机产品，目前80%出口国外，主要销往亚洲、欧洲、美洲、非洲、中东等近30个国家和地区。

月内 山东山推工程机械结构件有限公司获小松全球技能比武第一。以“提高员工技能增强员工竞争意识”为主题的日本小松全球技能比武焊接比赛在粟津工厂落下帷幕，山东山推工程机械结构件有限公司员工魏立新勇折桂冠。

近年来，该公司十分重视员工在技能方面的培训，坚持“质量是企业的生命，技能是质量的保障”、“掌握高超的技能者不仅会留用，而且还会被重用”的员工教育思想，让员工从意识上明白技能的重要性。公司每年举行一次全体焊接人员参加的定级、比武活动，由日方焊接专家为主组成的“焊接委员会”对全体员工进行技能培训，最终将定级成绩分为特级、上级、中一级、中二级、初级5个档次，并通过比武选拔出排名前两名的员工参加小松山推组织的全球比武，再选派1名优胜者到日本参加小松全球的技能比武。

目前，山东山推工程机械结构件有限公司已有21名员工取得“金蓝领技师”证书，40多名取得焊接高级资格证书。

月内 小松在中国成立小松山东行走件公司，生产建设机械用履带。除了供应该公司设在中国的建机组装工厂外，还将作为消耗部件向客户销售。

公司注册资本为48亿日元，小松出资75%，其余部分由长津工业（京都市）、高周波热炼（Neturen）、北陆工业（新泻县三条市）出资。该工厂将进行从履带的压延和锻造部件的制造到履带组装的一条龙生产。新工厂于2008年8月投产。

〔供稿人：中国工程机械工业协会王金星〕

中国机械工业年鉴系列

《中国机械工业年鉴》

《中国电器工业年鉴》

《中国工程机械工业年鉴》

《中国机床工具工业年鉴》

《中国通用机械工业年鉴》

《中国机械通用零部件工业年鉴》

《中国模具工业年鉴》

《中国液压气动密封工业年鉴》

《中国重型机械工业年鉴》

《中国农业机械工业年鉴》

《中国石油石化设备工业年鉴》

《中国塑料机械工业年鉴》

《中国齿轮工业年鉴》

《中国磨料磨具工业年鉴》

《中国机电产品市场年鉴》

MESSE MÜNCHEN INTERNATIONAL
造就稳健成长